D1705783

Martin Böhmer / Sylvia Böhmer

WordPerfect für Windows

für den Anwender

Lektorat: Marlis Buchner

Layout und Satz: Reemers EDV-Satz, Krefeld

Redaktion: Marlis Buchner, Detlef Poppenborg

Druck und buchbinderische Verarbeitung: PDC – Paderborner Druck Centrum, Paderborn

Copyright © 1992 by BHV Verlag
Bürohandels- und Verlagsgesellschaft mbH
Postfach 62
4052 Korschenbroich 3
Germany
Telefon: (0 21 82) 40 63–65
Telefax: (0 21 82) 5 09 15

1. Auflage

ISBN 3-89360-035-3

Printed in Germany

Inhaltsverzeichnis

1 Die Benutzeroberfläche
– Anwendung und Anpassung

Die Benutzeroberfläche ist das Bindeglied zwischen Ihnen und dem Computer. Die Benutzeroberfläche bestimmt das Aussehen des Bildschirms, die Belegung der Tasten mit Funktionen und die Art und Weise, in der Sie dem Programm klar machen, was Sie zu tun gedenken. Darum ist es von besonderer Wichtigkeit, die Benutzeroberfläche eines Programms zu beherrschen und die Oberfläche optimal auf die eigenen Bedürfnisse abzustimmen. Und genau darum geht es in diesem Kapitel.

Sie lernen hier, wie Sie Windows und WordPerfect starten und verlassen, wie die Arbeitsfläche aufgebaut ist, wie das Menü bedient wird, welche Elemente die Dialogboxen enthalten, was Fenster sind und wie sie funktionieren, und wie Sie mit der Hilfefunktion Rat und Beistand in allen Situationen erhalten. Das neu erworbene Wissen werden Sie dann auch gleich praktisch einsetzen können, denn in diesem Kapitel werden Sie WordPerfect auf Ihre Erfordernisse umstellen: Sie werden also Lineale, Tastenleiste, Verzeichnispfade etc. einstellen und dabei gleich die Benutzeroberfläche zu Ihrem Nutzen einsetzen.

1.1 Programmstart

Bevor Sie mit WordPerfect arbeiten, müssen Sie zunächst die grafische Benutzeroberfläche Windows und natürlich das Programm selbst starten. Windows ist ein Oberflächenstandard, an dem sich auch WordPerfect orientiert. Zahlreiche andere Programme, wie z. B. die Tabellenkalkulation Excel, laufen ebenfalls unter Windows. Das hat für Sie den Vorteil, daß Sie in mehreren Anwendungsprogrammen mit denselben Menüs, Dialogen, Fenstern und anderen Befehlselementen zu tun haben. Mit weniger Lernaufwand erreichen Sie mehr. Außerdem sind die Windows-Programme besonders gut aufeinander abgestimmt: So können mehrere Anwendungen gleichzeitig laufen (aktiv sein) und sogar nebeneinander auf dem Bildschirm dargestellt werden. Das fördert die Übersichtlichkeit. Der Datenaustausch unter den Programmen ist kein

Problem, so sind Sie z. B. in der Lage, Tabellen oder Grafiken aus anderen Anwendungsprogrammen in ein WordPerfect-Dokument einzubinden. Sie können sich um die Lösung Ihres Problems kümmern und müssen sich nicht so sehr mit den Unzulänglichkeiten der Software herumschlagen.

Windows ist also für Sie der Garant einer angenehmen Arbeitsumgebung. Sie verabschieden sich damit vom öden DOS-Prompt und begeben sich in eine Welt von Farben, bunten Symbolen und Fenstern. In diesem Kapitel geht es darum, Windows und WordPerfect zu starten. Daß diesem Thema ein ganzes Kapitel gewidmet ist, liegt daran, daß unter Windows die verschiedensten Wege zum gleichen Ziel führen. Dieses Kapitel ist für Sie der Wegweiser.

Hinweis: Der Komfort von Windows basiert ganz wesentlich auf der Maus, dem kleinen Eingabegerät mit den zwei oder drei Tasten. Mit der Maus können Sie unter Windows Befehle ausgeben, Funktionen aktivieren, Texte markieren und verschieben, Fenster manipulieren und vieles mehr. Im Umgang mit WordPerfect kann Ihnen nur der Einsatz einer Maus empfohlen werden. In diesem Buch wird deshalb hauptsächlich auf die Mausbedienung eingegangen und nur dann von der Tastaturbedienung die Rede sein, wenn sie sinnvolle Abkürzungen anbietet. Diejenigen, die auf die Tastatur schwören, finden im Anhang eine Übersicht über alle Tastenbelegungen.

1.1.1 Windows-Start

Windows wird von der DOS-Oberfläche (es erscheint nur etwas wie C: oder C:\WINDOWS auf dem Bildschirm) mit dem Befehl

```
win [Eingabe]
```

gestartet. Dies sollte eigentlich immer funktionieren, denn bei der Installation von Windows wird zu Windows hin ein Wegweiser (Path-Befehl) aufgestellt. Im Installationsteil des Anhangs erfahren Sie mehr dazu.

Sollte wider Erwarten Windows nicht gestartet werden, dann müssen Sie zuvor ins Windows-Verzeichnis wechseln. Dieses sollte C:\WINDOWS heißen. Die Befehle lauten entsprechend

```
cd C:\WINDOWS [Eingabe]

win [Eingabe]
```

um Windows zu starten.

Nun dürfte in jedem Fall die Benutzeroberfläche Windows auf dem Bildschirm erscheinen und Ihnen den Programm-Manager einblenden.

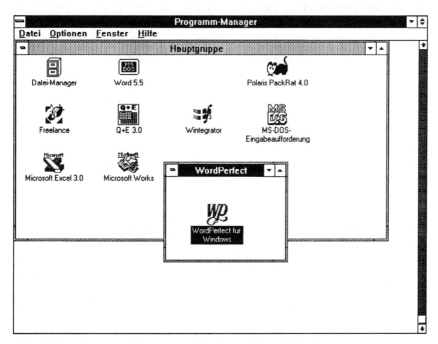

Abb. 1.1: Der Programm-Manager von Windows auf dem Bildschirm

Vom Programm-Manager aus verzweigen Sie in die weite Welt von Windows. Von hier aus starten Sie auch WordPerfect.

13

1.1.2 Programmstart vom Programm-Manager aus

Im Programm-Manager finden Sie ein Symbol mit der Bezeichnung WordPerfect. Dies ist das Gruppensymbol für die WordPerfect-Programme, genaugenommen WordPerfect selbst, den Datei-Manager, das Lexikon und den Thesaurus.

Diese drei eigenständigen Zusatzprogramme sind in WordPerfect integriert. Mit einem Doppelklick (schneller, zweifacher Druck auf die linke Maustaste) auf das Gruppensymbol öffnen Sie die WordPerfect-Gruppe. Sie sehen nun das Programm-Symbol für WordPerfect. Ein Doppelklick auf das Symbol genügt, und das Programm wird gestartet.

Wenn Sie WordPerfect nach den Empfehlungen im Anhang installiert haben, dann befindet sich das Programm-Symbol für WordPerfect natürlich nicht in der Gruppe WordPerfect, sondern direkt in der Hauptgruppe. Sie ersparen sich also das Öffnen der WordPerfect-Gruppe und können sofort das Programm durch einen Doppelklick auf das Programm-Symbol in der Hauptgruppe starten.

Sollte aus unerklärlichen Gründen weder in der Hauptgruppe noch in der WordPerfect-Gruppe ein Programm-Symbol für WordPerfect zu finden sein, dann müssen Sie dies selbst anlegen. Dazu drücken Sie [Alt-D] für das DATEI-Menü, drücken dann [N] für NEU und bestätigen mit [Eingabe] die Erstellung eines Programm-Objekts. Es erscheint folgender Dialog:

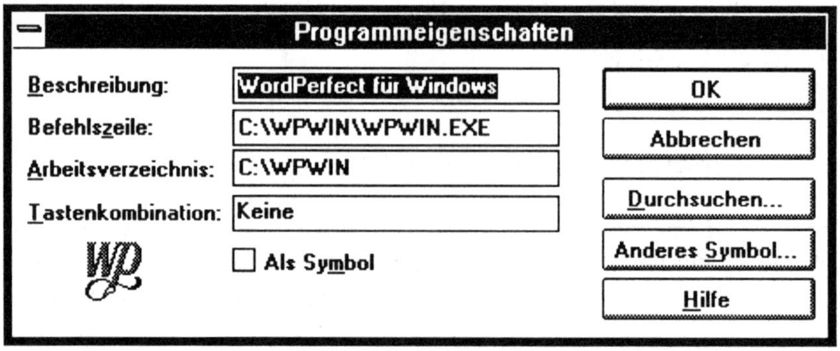

Abb. 1.2: WordPerfect-Programm-Symbol anlegen

Als Beschreibung geben Sie

```
WordPerfect 5.1
```

ein und wechseln mit [Tab] zum nächsten Eingabefeld. Unter Befehls-
zeile schreiben Sie den Programmaufruf, wie er unter DOS zu erfolgen
hätte, und zwar mit vollem Pfadnamen, damit nichts schiefgehen
kann:

```
C:\WPWIN\WPWIN.EXE
```

Mit [Tab] kommen Sie zur Eingabe des Arbeitsverzeichnisses. Dies sollte ebenfalls das WordPerfect-Verzeichnis sein, also schreiben Sie hierhin

```
C:\WPWIN
```

Mit TASTENKOMBINATION können Sie ein Tastaturkürzel bestimmen, das
Sie direkt aus jeder Situation heraus zu WordPerfect führt. Alle möglichen Kombinationen müssen mit [Alt] und einer weiteren Umschalt-
taste wie [Umschalt] oder [Strg] beginnen. So wäre

```
[Alt-Strg-W]
```

für WordPerfect sinnvoll. Sie geben diese Kombination ein, indem Sie
einfach die entsprechenden Tasten drücken. Die weiteren Schalter sollen hier nicht von Interesse sein. Bestätigen Sie also die bisher gemach-
ten Angaben mit [Eingabe]. In Ihrer Hauptgruppe erscheint nun ein
Symbol für WordPerfect, und Sie können das Programm mit einem
Doppelklick starten.

1.1.3 Programmstart vom Datei-Manager aus

Wenn Sie lieber mit dem Datei- als mit dem Programm-Manager arbeiten, weil Sie hier neben den Programmen auch alle Dokumente direkt
im Griff haben, dann wollen Sie WordPerfect sicherlich von hier aus
starten. Auch dies ist natürlich möglich. Den Datei-Manager starten Sie
durch einen Doppelklick auf das entsprechende Symbol im Programm-
Manager.

Im Datei-Manager sehen Sie links einen Verzeichnisbaum und rechts eine Dateiliste des aktuellen Verzeichnisses. Dieses wird im Verzeichnisbaum invertiert dargestellt und in der Titelleiste des Datei-Managers genannt. Sie müssen nun im Verzeichnisbaum das WordPerfect-Verzeichnis suchen und doppelt anklicken, rechts erscheint dann der Verzeichnis-Inhalt. Dort suchen Sie nach der Datei WPWIN.EXE und klicken diese doppelt an. Damit starten Sie WordPerfect.

Sie können WordPerfect auch direkt mit einer zu bearbeitenden Dokument-Datei starten. WordPerfect schreibt Ihnen keine Dateinamenerweiterung vor. Sie können demnach jede beliebige Extension wählen, z. B. .TXT, .DOC, .WKB, .TST, etc. Wenn Sie z. B. in der Verzeichnisliste PRINTER.TST doppelt anklicken, wird WordPerfect gestartet und gleichzeitig wird die Datei PRINTER.TST zur Bearbeitung geladen. Diese Druckertestdatei enthält sämtliche denkbaren Schriftauszeichnungen, -attribute, -größen sowie Grafiken und Formeln. Damit wird überprüft, ob Ihr Drucker und WordPerfect miteinander zurechtkommen.

1.1.4 Programmwechsel über den Task-Manager

Unter Windows ist es – wie bereits gesagt – möglich, mehrere Programme gleichzeitig zu starten. WordPerfect und Excel können so z. B. parallel laufen. Über verschiedene Tastenkombinationen und den Task-Manager wechseln Sie zwischen den aktiven Anwendungen.

[Alt-Tab] führt Sie zur nächsten Anwendung oder zurück zum Programm-Manager (in der zeitlichen Reihenfolge der Programmaufrufe). [Alt-Umschalt-Tab] springt eine Anwendung zurück, so daß Sie mit beiden Tastenkombinationen schnell zwischen zwei Programmen hin und her wechseln können.

Eleganter erledigt diese Aufgabe der Task-Manager, den Sie über das System-Menü ([Alt-Leertaste]) und den Befehl WECHSELN ZU erreichen oder mit der Tastenkombination [Strg-Esc]. Der Task-Manager erlaubt Ihnen den Wechsel zu laufenden Applikationen, die Anordnung der Programm-Fenster auf dem Bildschirm sowie den Abbruch nicht benötigter oder abgestürzter Programme.

16

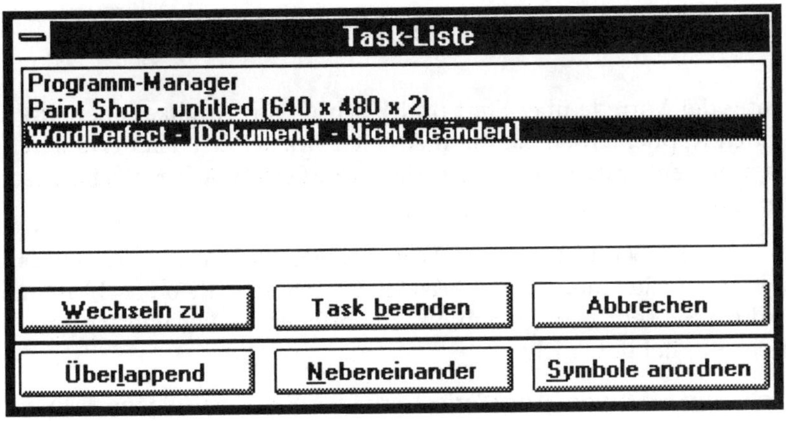

```
┌─────────────────────────────────────────────────┐
│ ▬                    Task-Liste                   │
├───────────────────────────────────────────────────┤
│ Programm-Manager                                   │
│ Paint Shop - untitled (640 x 480 x 2)              │
│ WordPerfect - [Dokument1 - Nicht geändert]         │
│                                                    │
│                                                    │
│                                                    │
│   ┌──────────────┐  ┌───────────────┐  ┌──────────────┐  │
│   │ Wechseln zu  │  │ Task beenden  │  │  Abbrechen   │  │
│   └──────────────┘  └───────────────┘  └──────────────┘  │
│   ┌──────────────┐  ┌───────────────┐  ┌──────────────┐  │
│   │  Überlappend │  │ Nebeneinander │  │ Symbole anordnen │  │
│   └──────────────┘  └───────────────┘  └──────────────┘  │
└───────────────────────────────────────────────────┘
```

Abb. 1.3: Der Task-Manager im Einsatz

Mit den Pfeiltasten wählen Sie in der Liste die gewünschte Anwendung, mit der [Tab]-Taste kommen Sie von einem zum anderen Schalter. WECHSELN ZU verläßt die laufende Anwendung und holt die in der Liste markierte Applikation nach vorn. TASK BEENDEN beendet die markierte Anwendung. Sicherheitsabfragen, falls Dokumente noch nicht gespeichert wurden, sind selbstverständlich. Es geht Ihnen also nichts verloren. ABBRECHEN bricht den Task-Manager selbst ab, Sie landen wieder in der Anwendung, von der aus Sie den Task-Manager gestartet hatten. Die drei unteren Schalter dienen zur Aufteilung des Bildschirms auf die laufenden Anwendungsprogramme. So können sich die Programm-Fenster überlappen oder nebeneinander stehen, zu Symbolen verkleinerte Programme können übersichtlich angeordnet werden.

Fragen und Übungen:

1. Starten Sie Windows und WordPerfect.

2. Starten Sie eine zweite Windows-Applikation, z. B. den Datei-Manager oder das Grafik-Programm Paintbrush.

3. Wechseln Sie zwischen den gestarteten Applikationen via Tastenkombination.

4. Ordnen Sie die gestarteten Programme über den Task-Manager auf dem Bildschirm an.

17

1.2 Die Bildschirmelemente

Genug der Vorrede über Start und Wechsel von Applikationen. Im folgenden Kapitel lernen Sie Ihren Arbeitsplatz kennen. Hier erfahren Sie, aus welchen Bestandteilen sich die WordPerfect-Arbeitsfläche zusammensetzt.

Sie werden über Tastenleisten, Statuszeilen, Menüleisten, Knöpfe, Buttons und vieles mehr lesen. Was jetzt noch sehr theoretisch anmutet, wird für Sie sehr bald großen Nutzen bringen. Daher überschlagen Sie dieses Kapitel bitte nicht.

Nach dem Start von WordPerfect erhalten Sie etwa folgendes Bild auf Ihrem Monitor:

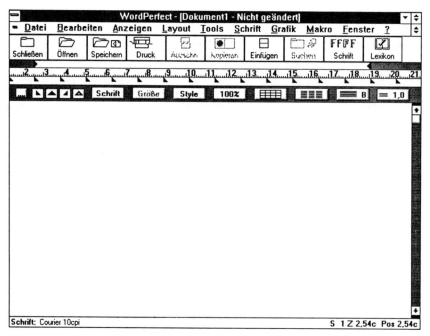

Abb. 1.4: Die WordPerfect-Arbeitsfläche

Sie sehen WordPerfect, die Arbeitsumgebung für Ihre textlichen Arbeiten, sozusagen Ihren elektronischen Schreibtisch. Und so wie Sie sich auf Ihrem Tisch auskennen (ein sicherer Griff kramt im Aktenberg

18

genau das richtige Papier zutage), sollten Sie sich auch in der Word-
Perfect-Arbeitsfläche zurechtfinden. Die einzelnen Elemente nun im
Überblick.

1.2.1 Titelleiste

Titelleiste wird die oberste Bildschirmzeile genannt. Hier lesen Sie den
Namen der aktiven Anwendung, also WordPerfect, und dahinter die
genaue Bezeichnung der gerade bearbeiteten Datei. Das gilt auch für
andere Windows-Applikationen. So wissen Sie immer, mit welchem
Programm Sie arbeiten und welches Dokument bearbeitet wird. Für
Sie hat diese Angabe zudem den Vorteil, daß Sie WordPerfect auch immer als WordPerfect erkennen. Durch die vielen Anpassungsmöglich-
keiten der Benutzeroberfläche kann WordPerfect nämlich auch gänzlich anders aussehen, und so könnte bei Ihnen der Eindruck entstehen,
es handele sich um ein anderes Programm. Folgende Abbildung ver-
deutlicht dies:

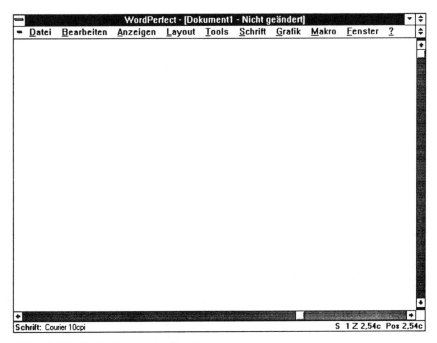

Abb. 1.5: WordPerfect anders konfiguriert

Außerdem finden Sie in der Titelleiste drei Felder, eines ganz links und zwei am rechten Ende. Das linke Feld wird Systemfeld genannt. Wenn Sie es anklicken, wird das sogenannte System-Menü heruntergeklappt, das zahlreiche Befehle zur Manipulation der Fenster enthält (daher lesen Sie mehr zum System-Menü in Kapitel 1.7, "Die Fenster"). Auch die beiden anderen Felder auf der rechten Seite haben mit der Fenstertechnik zu tun. Das erste wird Symbolfeld genannt, weil es das aktive Programm auf ein Symbol verkleinert (auch dazu mehr in Kapitel 1.7). Das zweite Feld heißt Wiederherstellen-Feld, weil es vergrößerte oder verkleinerte Programm-Fenster wieder auf Normalmaß bringt.

1.2.2 Menüleiste

Die Menüleiste mit den Wahlbegriffen

- DATEI

- BEARBEITEN

- ANZEIGEN

- LAYOUT

- TOOLS

- SCHRIFT

- GRAFIK

- MAKRO

- FENSTER

- ?

finden Sie unterhalb der Titelleiste. Hinter der Menüleiste verbergen sich sämtliche Funktionen und Befehle von WordPerfect. Wie Sie das Menü für Ihre Zwecke nutzen, erfahren Sie im nächsten Kapitel 1.3. Außerdem finden Sie gegenwärtig in der Menüleiste ein weiteres Systemfeld und noch ein Wiederherstellen-Feld. Was es damit auf sich hat, lesen Sie in Kapitel 1.7, "Die Fenster".

1.2.3 Tastenleiste

In der Tastenleiste sehen Sie zahlreiche Symbole. Diese Symbole stellen Abkürzungen zu Befehlen dar, die Sie auch im Menü finden. Doch mit Hilfe der Maus und der Tastenleiste geht vieles schneller.

Hinweis: Sollte diese Tastenleiste auf Ihrem Bildschirm nicht zu sehen sein, rufen Sie diese auf, indem Sie [Alt-A] [T] drücken.

1.2.4 Lineal

Befindet sich das Lineal noch nicht auf Ihrem Bildschirm, rufen Sie es mit [Alt-A] [L] auf. Das Lineal bietet Ihnen folgende Möglichkeiten:

- Tabstopps setzen und ändern

- Schrift und Schriftgröße wechseln

- Zeilenausrichtung festlegen

- Tabellen aufbauen und Tabellenspaltenweite modifizieren

- Spalten definieren und bearbeiten

- Zeilenabstand ändern

- Ränder links und rechts sowie Spaltenränder einstellen

- Styles auswählen

- Dialogfelder zwecks weiterer Formatierungsmaßnahmen öffnen

Auf dem Lineal vorgenommene Einstellungen werden mit dem aktuellen Dokument zusammen gespeichert. Eine ausführlichere Beschreibung der einzelnen Linealbestandteile finden Sie in Kapitel 3.

1.2.5 Statuszeile

Die Statuszeile wird am unteren Rand des WordPerfect-Fensters eingeblendet und enthält stichwortartige Informationen zu dem Menüeintrag oder der Option, den bzw. die Sie gerade ausgewählt haben.

Die Statuszeile gibt Ihnen außerdem eine Reihe von nützlichen Hinweisen zur Bearbeitung Ihres Textes. So erfahren Sie hier, mit welcher

Schrift Sie arbeiten, auf welcher Seite im Text Sie stehen, wieviel Zentimeter Sie vom oberen und linken Rand entfernt sind etc. Die Angaben von rechts nach links:

Beispiel	Beschreibung
Schrift: Courier 10cpi	Sie arbeiten gerade mit der Schrift Courier in der Größe 10cpi (cpi=characters per inch)
S 7	Die Einfügemarke befindet sich auf Seite 7
Z 22,86c	Die Einfügemarke ist 22,86 cm vom oberen Seitenrand entfernt
Pos 4,06c	Die Einfügemarke ist 4,06 cm vom linken Seitenrand entfernt

1.2.6   Bildlaufleisten

Sie sehen zwei Bildlaufleisten auf dem Bildschirm, die vertikale am rechten Bildschirmrand sowie die horizontale oberhalb der Statuszeile am unteren Bildschirmrand. Diese Bildlaufleisten zeigen Ihnen grob an, wo Sie sich im Text befinden (weit links oder rechts, weit oben, in der Mitte oder am Ende).

Über die Bildlaufleisten können Sie aber auch durch einen Text durchblättern und in ihm wandern. Wie das geht, zeigt Kapitel 1.7, "Die Fenster".

Hinweis: WordPerfect spricht nicht von Bildlaufleisten, sondern von Rollbalken, was jedoch absolut das gleiche ist.

1.2.7   Arbeitsfläche

Bleibt nur noch die große weiße Fläche in der Bildschirmmitte zu erklären. Dies ist Ihre eigentliche Arbeitsfläche. Auf dieser Arbeitsfläche sehen Sie gegenwärtig nur einen blinkenden senkrechten Strich. Der blinkende Strich wird Cursor genannt und markiert die Position Ihrer Einfügemarke. An dieser Stelle werden Zeichen eingefügt oder gelöscht, hier befinden Sie sich gerade.

1.3 Die Mausbedienung

Viele Funktionen von WordPerfect lassen sich leichter und schneller mit der Maus auswählen. Welche Möglichkeiten komfortablen Arbeitens Ihnen die Maus im einzelnen bietet, lernen Sie in den nachfolgenden Kapiteln genauer kennen. An dieser Stelle sollen zunächst einmal die grundlegenden Begriffe erklärt werden, die im Zusammenhang mit der Mausbedienung immer wieder auftauchen.

1. Klicken: Ein kurzer Druck auf die linke Maustaste über dem zu aktivierenden Element, dem zu drückenden Schalter, dem zu wählenden Listenelement etc.

2. Ergreifen: Ein Druck auf das zu ergreifende Element, wobei die linke Maustaste gedrückt bleibt. Erst am Ende der Operation wird die Maustaste und damit das ergriffene Objekt wieder losgelassen.

3. Ziehen: Das Bewegen eines ergriffenen Objekts mit der Maus.

1.4 Das Menü

Aus dem Menü wählen Sie in WordPerfect die Funktionen, die Sie für Ihre Arbeit am Text benötigen. Damit die Fülle der Funktionen etwas übersichtlicher wird, sind die Befehle in Gruppen geordnet, den sogenannten *Untermenüs*.

Natürlich ist das Menü sehr einfach mit der Maus zu bedienen: Sie klicken auf den Menüpunkt Ihrer Wahl, um das jeweilige Menü aufzuklappen, und den gewünschten Befehl wählen Sie ebenfalls mit einem Mausklick aus.

Das ganze funktioniert aber auch mit der Tastatur. Um ins Menü zu gelangen, drücken Sie entweder die [Alt]-Taste oder [F10]. Daß das Menü aktiviert ist, erkennen Sie daran, daß das Systemfeld in der Menüleiste invertiert wird. Sie wandern durch das Hauptmenü mit [→] und mit [←] wieder zurück.

Wenn Sie bereits in der Menüleiste sind, können Sie alternativ auch einen der unterstrichenen Kennbuchstaben wählen. Beim DATEI-Menü ist z. B. das D unterstrichen. Wenn Sie also [D] drücken, wird der Auswahlbalken direkt auf das DATEI-Menü geschoben. So ersparen Sie sich eine ganze Reihe von Tastenanschlägen. Drücken Sie also von vornherein z. B. [Alt-D] zusammen, dann wird direkt das DATEI-Menü heruntergeklappt. Eine gute Abkürzung.

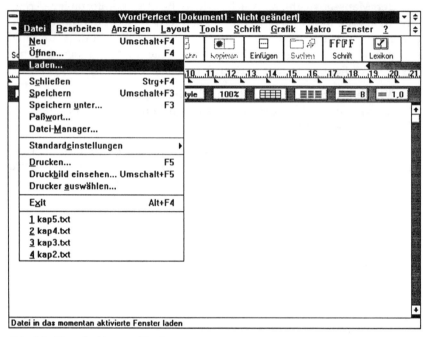

Abb. 1.6: Ein aufgeklapptes Menü

Innerhalb dieses Untermenüs werden einzelne Befehle nun wieder über die Cursortasten auf und ab vorgewählt und mit [Eingabe] bestätigt. Schneller geht es über die unterstrichenen Kennbuchstaben, mit denen Sie den jeweiligen Befehl direkt aufrufen, z. B. [N] für NEU im DATEI-Menü. Befehle, deren Namen drei Pünktchen folgen, werden dabei nicht sofort ausgeführt. Hier wird zunächst ein Dialog auf dem Bildschirm eingeblendet. Mehr zu den Dialogen im folgenden Abschnitt 1.5.

Viele Untermenüs sind mit einem kleinen Pfeil versehen. Dieser Pfeil ist ein Hinweis darauf, daß sich hinter dem jeweiligen Untermenü noch weitere Menüpunkte befinden, die Sie mit einem Klick auf den Pfeil seitlich aufklappen können. Hinter einigen dieser aufgeklappten Menüpunkte stehen drei Pünktchen, d. h. daß sich hinter diesen Befeh-

24

len wiederum mehr oder weniger ausführliche Dialoge verbergen; alle Befehle ohne Pünktchen werden direkt ausgeführt.

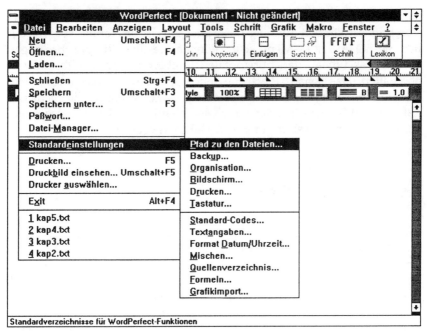

Abb. 1.7: Untermenü mit Aufklappmenü

Sie haben nun die verschiedenen Möglichkeiten kennengelernt, wie Sie sich in der Menüleiste bewegen und welche Menüformen es gibt (Untermenüs mit drei Punkten, Untermenüs mit zusätzlichem Aufklappmenü etc.). Nun noch ein paar Worte zu Abkürzungsmöglichkeiten über die Tastatur. Sie werden bereits gesehen haben, daß einigen Menüpunkten, wie z. B. DRUCKEN im DATEI-Menü, eine Tastenbezeichnung nachgestellt ist, bei DRUCKEN ist dies [F5]. Die Taste [F5] ist eine Abkürzung zum Drucken-Dialog. Drücken Sie diese Funktionstaste, so wird ohne Umweg über Menü und Untermenü direkt zum Druck gewechselt. Einen Überblick über alle verfügbaren Tastaturabkürzungen finden Sie im Referenz-Kapitel dieses Buches.

Oft erscheinen Befehle nicht in schwarzer, sondern in einer blaßgrauen Schrift. Diese Befehle stehen dann jeweils gerade nicht zur Verfügung. Das kann mehrere Ursachen haben. Immer aber ist eine Vorbedingung für die Ausführung dieses Befehls nicht erfüllt. So können Sie einen Block nicht ausschneiden, wenn keiner markiert ist, und Sie können keine Tabelle überarbeiten, wenn keine Tabelle existiert.

Sollten Sie schon jetzt die vielen Bildschirmelemente von WordPerfect stören, dann können Sie über das Menü gleich für Abhilfe sorgen. Gehen Sie ins ANZEIGEN-Menü. Hier können Sie über die gleichnamigen Befehle das Lineal, den horizontalen Rollbalken und die Tastenleiste abschalten. Das schafft Platz, Sie sehen später mehr von Ihrem Text. Ob die Elemente ein- oder ausgeschaltet sind, erkennen Sie nicht nur auf dem Bildschirm, sondern auch im Menü. Die aktiven, also angeschalteten Elemente sind mit einem Häkchen versehen.

1.5 Die Dialogboxen

Immer dann, wenn eine Funktion nicht mit einem schlichten Befehl aufzurufen ist, konfrontiert Sie WordPerfect mit einer Dialogbox. Das Programm möchte nähere Einzelheiten zur Ausführung des Befehls von Ihnen erfahren. Wenn z. B. ein Text gespeichert werden soll, muß das Programm wissen, auf welchem Laufwerk, in welchem Verzeichnis und unter welchem Namen Sie das Dokument ablegen wollen (vgl. Abbildung 1.8). An dieser Stelle werden jetzt die einzelnen, immer gleichen Elemente, solcher Dialogboxen vorgestellt. Der Dialog wird von einer Linie eingerahmt, oben in der Titelleiste der Dialogbox finden Sie eine Kurzbezeichnung des Dialogs und abermals ein dialogspezifisches Systemfeld.

Dialog-Systemfeld

Auch ein Dialog verfügt in seiner Titelleiste über ein Systemfeld. Sie klappen es mit [Alt-Leertaste] auf. Standardmäßig stehen im Systemfeld die beiden Befehle VERSCHIEBEN und SCHLIESSEN. Mit dem Befehl SCHLIESSEN wird logischerweise die Dialgbox wieder verlassen. Wählen Sie VERSCHIEBEN, so erscheint ein Pfeil in vier Richtungen. Mit den Pfeiltasten können Sie nun den Dialog an jede beliebige Stelle auf dem Bildschirm verschieben, und Sie bekommen damit wieder einen freieren Blick auf Ihren Text. Alternativ ergreifen Sie den Dialogtitel mit der Maus und ziehen die Dialogbox an die gewünschte Stelle. Bei Dialogen, die sich direkt auf den Text beziehen, ist dies durchaus sinnvoll.

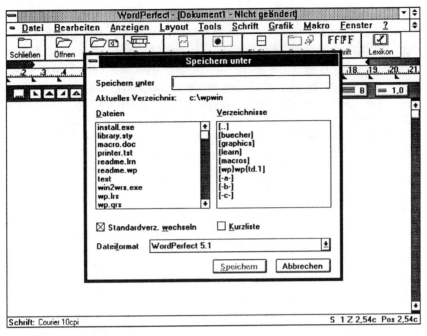

Abb. 1.8: Eine Dialogbox

Innerhalb eines Dialoges finden Sie die verschiedensten Elemente: Schalter, Listen, Kreuzfelder, Knöpfe und Textfelder. Die Elemente sind jeweils in thematischen Gruppen angeordnet, damit Sie nicht den Überblick verlieren. Eine Gruppe erkennen Sie an dem Rahmen drumherum.

Sie wechseln zwischen den Gruppen mit der [Tabulator]-Taste. Mit dieser Taste kommen Sie auch zu den großen Schaltern wie OK und ABBRECHEN. Die Gruppennamen heben durch Unterstreichung einen Buchstaben als Kennbuchstaben hervor. Wenn Sie diesen Buchstaben zusammen mit [Alt] drücken, wechseln Sie zu der gewünschten Gruppe. Innerhalb einer Gruppe kommen Sie mit den Pfeiltasten voran. Ein invertierter Auswahlbalken zeigt Ihnen an, wo Sie sich gerade befinden.

Eine einzelne Option in Kreuzfeldern (eckige Kästchen mit einem Kreuz darin) und Knöpfen (kleine runde Schalter) wird mit der Leertaste an- und ausgeschaltet, wenn der Cursor daraufsteht. Der gesamte Dialog läßt sich mit [Eingabe], einer Abkürzung für den Schalter OK (oder Schalter mit gleicher Funktion, wie z. B. ÖFFNEN, SPEICHERN, SUCHEN etc.), bestätigen oder mit [Esc], der Taste für ABBRECHEN, beenden. [Eingabe] bewirkt aber nur dann ein OK, wenn der OK-Schalter vorgewählt ist (er ist dann stärker umrandet als die anderen Schalter).

Wenn Sie diese Vorwahl mit der [Tabulator]-Taste geändert haben, kann [Eingabe] auch den ABBRECHEN-Schalter bestätigen. Also Vorsicht! Mit [Eingabe] bestätigen Sie in einer Dialogbox immer den Schalter, der mit einer dicken Linie umrandet ist.

1.5.1 Schalter

Der ABBRECHEN-Schalter ist immer von besonderer Bedeutung, solange Sie noch mit dem Programm herumexperimentieren. Er dient – wozu wohl sonst – zum Abbruch des Dialoges und damit zum Verlassen der Funktion. Alle Einstellungen, die Sie zuvor gemacht haben, gehen verloren, eventuell zuvor vorhandene Vorgabe-Einstellungen erhalten wieder ihre Gültigkeit. ABBRECHEN wählen Sie also immer dann, wenn Sie alles rückgängig machen oder einfach nur aus dem Dialog heraus wollen. Für ABBRECHEN dient die [Esc]-Taste als Abkürzung.

Der OK-Schalter bestätigt alle Einstellungen des Dialogs und veranlaßt WordPerfect, den Befehl nun auszuführen. In manchen Dialogboxen sehen Sie statt des OK-Schalters funktionsspezifische Schalter, z. B. ÖFFNEN, um eine Datei zu öffnen, SPEICHERN, um eine Datei zu speichern, SUCHEN, um nach einer Textstelle zu suchen etc.

Wie bereits gesagt, erfüllt [Eingabe] im Normalfall die Funktion des OK-Schalters, aber nur dann, wenn nicht mit der Tabulatortaste die Markierung des Schalters aufgehoben wurde.

Neben den beiden Schaltern OK und ABBRECHEN gibt es zuweilen noch andere große Schalter, die zumeist in weitere Dialoge verzweigen. An dieser Stelle lernen Sie eine Besonderheit von WordPerfect kennen. Gehen Sie z. B. ins DATEI-Menü und wählen den Befehl ÖFFNEN.

In der aufgerufenen Dialogbox finden Sie unten links den Schalter OPTIONEN, der mit einem kleinen schwarzen Pfeil versehen ist. Einen solchen Schalter nennt man Popup-Schalter, denn dahinter verbergen sich noch weitere Befehle.

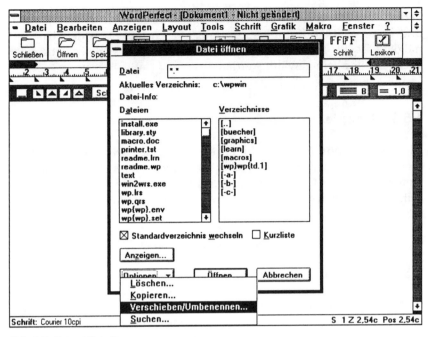

Abb. 1.9: Popup-Schalter

Diese Befehle stehen zur Auswahl, wenn Sie mit der Maus auf den Schalter klicken und bei gedrückter linker Maustaste durch die einzelnen Befehle wandern. Halten Sie die Maustaste auf jeden Fall gedrückt, denn sonst verschwindet das Popup-Menü wieder. Alternativ können Sie diese Befehle auch mit der Tastenkombination [Alt-↓] aufrufen – nun bleibt das Menü stehen, so daß Sie sich mit [↓] darin bewegen können.

An anderer Stelle werden Sie Schalter wie SPEICHERN oder SCHLIESSEN finden. Meistens dürften sich diese Schalter von selbst erklären. In jedem Fall werden deren jeweilige Funktionen in den entsprechenden Kapiteln dieses Buches ausführlich erläutert.

1.5.2 Kreuzfelder

Kreuzfelder sind die kleinen viereckigen Schalter, die, wenn man sie anschaltet, ein Kreuzchen enthalten. Solche Kreuzfelder benutzt Word-

29

Perfect immer dann, wenn mehrere Optionen gewählt werden können und jede beliebige Kombination unter diesen Optionen denkbar und möglich ist. So können z. B. Fett- und Kursivdruck gleichzeitig oder auch jeweils allein gewählt werden.

1.5.3 Knöpfe

Die runden Knöpfe werden hingegen verwendet, wenn zwar mehrere Optionen zur Auswahl stehen, aber jeweils nur eine von ihnen gewählt werden kann. Es kann z. B. unmöglich ein Bildschirmelement gleichzeitig blau und rot sein. Sie haben lediglich die Wahl zwischen verschiedenen Farben.

1.5.4 Eingabefelder

Eingabefelder werden dann gebraucht, wenn eine Eingabe in Klartext von Ihnen verlangt wird. Wenn Sie z. B. eine Datei importieren wollen, muß das Programm schon den genauen Dateinamen von Ihnen wissen. Diesen können Sie direkt in ein Textfeld eintippen, wenn es nicht schneller ist, die Datei aus Laufwerks- und Verzeichnislisten auszusuchen. Textfelder lassen sich genauso wie normaler Text mit Cursortasten editieren, löschen etc.

1.5.5 Listen

Wenn Sie wie bei der Wahl von Schriften und Schriftgrößen, Dateien, Farben etc. die Auswahl aus einer Reihe von vorgegebenen Möglichkeiten haben, stellt das Programm diese Möglichkeiten in Form einer Liste vor. Sobald sich der Auswahlbalken innerhalb dieser Liste befindet, kann mit dem Cursor in der Liste geblättert werden. Ein Listenelement wird mit der [Leertaste] markiert.

1.6 Einstellungen – WordPerfect anpassen

Das Wissen über Menüs und Dialoge können Sie nun gleich in der Praxis erproben. Wählen Sie den Befehl STANDARDEINSTELLUNGEN im DATEI-Menü, und klappen Sie das dahinter verborgene Untermenü mit einem Klick auf den Pfeil seitlich auf. Hier finden Sie eine Reihe von Optionen, die Ihnen die Anpassung von WordPerfect an Ihre Bedürfnisse erlauben.

An dieser Stelle sollen nicht alle Befehle erläutert werden, sondern nur diejenigen, die Ihnen eine individuelle Einstellung von WordPerfect erlauben, bevor Sie mit der eigentlichen Arbeit mit dem Programm beginnen. Alle anderen Optionen werden dann jeweils themenbezogen in den einzelnen Kapiteln behandelt, z. B. die Druckoptionen in Kapitel 2.9, "Text drucken". Widmen Sie bitte Ihre Aufmerksamkeit den Befehlen PFAD ZU DEN DATEIEN, BACKUP, ORGANISATION, BILDSCHIRM, TASTATUR und FORMAT DATUM/UHRZEIT.

1.6.1 Pfad zu den Dateien

Klicken Sie diesen Befehl an, erscheint eine große Dialogbox (vgl. Abbildung 1.10).

Hier werden Verzeichnisse angegeben, in denen bestimmte Dateien abgelegt werden und in denen WordPerfect diese Dokumente später auch grundsätzlich sucht. Zur Erklärung des ganzen die ersten fünf Eingabefelder:

BACKUP-VERZEICHNIS: Hier geben Sie an, in welchem Verzeichnis WordPerfect die Sicherungskopien Ihrer Dokumente standardmäßig ablegen soll. Hintergrund: Wenn Ihnen ein Text durch Stromausfall oder einen Programmabsturz einmal verlorengeht, so steht Ihnen immer noch die vom Programm automatisch angelegte Sicherungskopie des jeweiligen Textes zur Verfügung. Diese können Sie dann in dem angegebenen Backup-Verzeichnis leicht auffinden.

DOKUMENTE: Hier geben Sie an, in welches Verzeichnis die Dokumente, die Sie mit WordPerfect anlegen, geschrieben werden sollen, damit WordPerfect in diesem Verzeichnis auch gezielt nach Dokumenten suchen kann.

Abb. 1.10: Pfad zu den Dateien

GRAFIKDATEIEN: WordPerfect gibt Ihnen als Standardverzeichnis für Grafikdateien das Verzeichnis C:\WPWIN\GRAPHICS vor. Wenn Sie lieber ein eigenes, individuelles Verzeichnis für Grafiken anlegen möchten, überschreiben Sie die Vorgabe und geben das gewünschte Verzeichnis mit kompletter Pfadangabe ein.

DRUCKERDATEIEN: Hier steht bereits die Standardvorgabe C:\WPWIN\WPC. Diese Vorgabe können Sie ändern, wenn Sie in Ihrem Büro z. B. mit mehreren Druckern arbeiten. Dann ist es sinnvoll, die verschiedenen Druckertreiber in unterschiedlichen Verzeichnissen abzulegen. Im Normalfall steht Ihnen aber wahrscheinlich nur ein Drucker und damit ein Druckertreiber zur Verfügung, also lassen Sie die Vorgabe im Eingabefeld stehen.

ARBEITSBLATTDATEIEN: Hier geben Sie dem Programm an, in welchem Verzeichnis alle Tabellen, die Sie mit WordPerfect anlegen, abgelegt werden sollen.

Wenn Ihnen der Name eines gewünschten Verzeichnisses nicht mehr einfällt, klicken Sie auf das Verzeichnis-Symbol rechts von dem jeweiligen Eingabefeld. Es erscheint eine Dialogbox, in der Sie alle verfügbaren Verzeichnisse durchsuchen und das gewünschte auswählen können. Wie Sie dabei genau vorgehen, erfahren Sie in Kapitel 2.8.5, "Dateien öffnen und laden". Ein Klick auf OK schließt die Dialogbox, und der komplette Suchpfad wird automatisch in das entsprechende Eingabefeld übernommen.

Hinweis: Wird an dieser Stelle ein nicht existierendes Verzeichnis angegeben und OK gewählt, so erscheint die Meldung, daß dieses Verzeichnis nicht vorhanden ist, sowie die Frage, ob es erstellt werden soll. Wie Sie ein Verzeichnis anlegen, erfahren Sie in Kapitel 9.2, "Dateien verwalten".

1.6.2 Backup

WordPerfect bietet Ihnen zwei Funktionen als Schutz vor unbeabsichtigtem Datenverlust: Backup des Originals und Backup in Intervallen. Durch Backup des Originals wird verhindert, daß Daten versehentlich überschrieben werden; mit Backup in Intervallen sind die Daten gegen Verlust durch Stromausfall oder Absturz des Programms gesichert.

Wählen Sie den Befehl BACKUP aus dem Untermenü von STANDARDEINSTELLUNGEN aus, um die Backup-Optionen einzustellen.

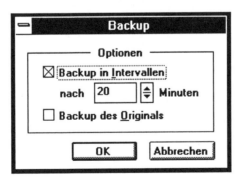

Abb. 1.11: Backup-Optionen

Kreuzen Sie das Feld BACKUP IN INTERVALLEN an, wenn WordPerfect das jeweils aktuelle Dokument in regelmäßigen Abständen automatisch speichern soll. In das Textfeld darunter tragen Sie die Anzahl der Minuten zwischen den einzelnen Sicherungsvorgängen ein oder wählen mit den Pfeiltasten rechts vom Eingabefeld die gewünschte Zahl. Dabei gilt: Je öfter der Text gespeichert wird, desto sicherer sind Sie vor größerem Datenverlust. Geben Sie WordPerfect z. B. an, daß Ihre Dokumente alle fünf Minuten ungefragt gesichert werden sollen.

Möchten Sie statt des automatischen Speicherns lieber immer eine ganze Sicherungskopie Ihrer Dokumente erstellen, d. h. ein Abbild des Originals, wählen Sie das Kreuzfeld BACKUP DES ORIGINALS. WordPerfect legt dann für jede Datei, die Sie erstellen, automatisch eine Sicherungskopie an und speichert diese in dem Verzeichnis, das Sie unter PFAD ZU DEN DATEIEN angegeben haben.

Mit OK bestätigen Sie Ihre Wahl und verlassen die Dialogbox.

1.6.3   Organisation

Hinter diesem Befehl verbergen sich Optionen, mit deren Hilfe Sie die Arbeitsweise einiger Funktionen festlegen können.

Klicken Sie den Befehl ORGANISATION an, und es erscheint eine sehr umfangreiche Dialogbox (vgl. Abbildung 1.12).

Diese Dialogbox ist in mehrere Themenbereiche aufgeteilt. In den einzelnen Bereichen stehen Ihnen Kreuzfelder bzw. Knöpfe zur Verfügung, mit denen Sie eine Option wahlweise ein- oder ausschalten können.

Optionen

Hierunter sind einige thematisch nicht zusammengehörende Funktionen zusammengefaßt, im einzelnen:

- AUTOMATISCHE CODE-POSITION: Dieses Kreuzfeld ist standardmäßig bereits angekreuzt und bedeutet, daß WordPerfect sämtliche Steuercodes, z. B. [NZ] für NEUE ZEILE, automatisch an der Cursorposition setzt. Lassen Sie diese Vorgabe bestehen.

- BESTÄTIGEN BEI CODE-LÖSCHUNG: Wenn Sie diese Option ankreuzen, macht WordPerfect jedesmal, wenn Sie einen Steuercode löschen möchten, eine Sicherheitsabfrage.

34

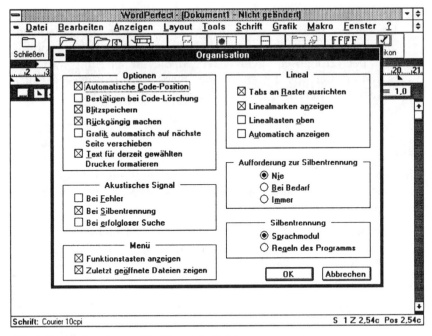

Abb. 1.12: Arbeitsweise von Funktionen festlegen

- BLITZSPEICHERN: Auch diese Option ist angekreuzt und bewirkt, daß WordPerfect alle Dokumente schneller speichern kann, was vorteilhaft ist, denn Zeit ist Geld.

- RÜCKGÄNGIG MACHEN: Lassen Sie diese Option angekreuzt, steht Ihnen im BEARBEITEN-Menü der Befehl RÜCKGÄNGIG zur Verfügung, mit dem Sie den letzten Arbeitsschritt wieder rückgängig machen können (mehr dazu in Kapitel 2.1.5, "Text einfügen").

- GRAFIK AUTOMATISCH AUF NÄCHSTE SEITE VERSCHIEBEN: Diese Option macht in der Praxis wenig Sinn, weil Grafiken immer komplett auf die nächste Seite verschoben werden, wenn sie nicht mehr auf eine Seite passen – auch wenn Sie diese Option nicht ankreuzen.

- TEXT FÜR DERZEIT GEWÄHLTEN DRUCKER FORMATIEREN: Auch diese Option ist bereits angekreuzt, was bedeutet, daß jeder Text grundsätzlich mit den Merkmalen formatiert wird, die der Drucker auch wirklich realisieren kann. Das ist sinnvoll, also lassen Sie den Befehl aktiviert.

35

■ AKUSTISCHES SIGNAL: Hier wird festgelegt, ob der Computer beim Erscheinen bestimmter Meldungen gleichzeitig ein akustisches Signal ausgeben soll: Signal bei einem Fehler, bei Silbentrennung und bei erfolgloser Suche. Kreuzen Sie an, ob und wann ein Signal ertönen soll. Da ein solches Piepsen in den meisten Fällen einfach nur nervig ist, sollten Sie vielleicht ganz darauf verzichten.

Menü

Mit diesen Optionen wird das Aussehen der Pulldown-Menüs festgelegt. Beide Optionen sind standardmäßig angekreuzt, was im einzelnen folgendes bedeutet:

■ FUNKTIONSTASTEN ANZEIGEN: In den Menüs und Untermenüs werden hinter den Menüpunkten, die alternativ auch mit Tastenkombinationen aufgerufen werden können, die jeweiligen Tastenfolgen angezeigt.

■ ZULETZT GEÖFFNETE DATEIEN ZEIGEN: Ganz unten im DATEI-Menü werden immer die vier zuletzt bearbeiteten Dateien angezeigt. Diese können Sie direkt aus der Liste heraus mit einem Mausklick auf den Dateinamen wieder öffnen.

Beide Optionen sind durchaus praxistauglich und sollten deshalb angekreuzt bleiben.

Lineal

In diesem Bereich wird festgelegt, wie einige der Funktionen auf dem Lineal gestaltet sind und arbeiten.

■ TABS AN RASTER AUSRICHTEN: Alle Tabulatoren werden standardmäßig an einem Zentimeter-Raster ausgerichtet.

■ LINEALMARKEN ANZEIGEN: Alle Marken des Lineals, z. B. Tabulatoren, Ränder, Spaltenränder etc. werden angezeigt.

Diese ersten beiden Optionen sollten Sie angekreuzt lassen.

■ LINEALTASTEN OBEN: Die Formatierungstasten innerhalb des Lineals werden angezeigt.

■ AUTOMATISCH ANZEIGEN: Das Lineal wird immer, wenn Sie Word-Perfect starten, um damit zu arbeiten, automatisch angezeigt.

36

Aufforderung zur Silbentrennung

Mit diesen Optionen kann der Benutzer festlegen, wann er zur Mitwirkung bei der Silbentrennung aufgefordert werden soll.

- NIE: Die Silbentrennung wird von WordPerfect ohne jegliche Rückfrage immer vollautomatisch durchgeführt.

- BEI BEDARF: Wenn sich das Programm an einer Stelle nicht sicher ist, wie das betreffende Wort getrennt werden soll, fragt es Sie nach Ihrer Meinung.

- IMMER: WordPerfect hält bei jeder Trennung, die nach Meinung des Programms vorgenommen werden soll, Rücksprache mit Ihnen.

Das Programm scheint sich einiges zuzutrauen und davon überzeugt zu sein, alle Regeln der Silbentrennung sicher zu beherrschen, denn die Option NIE ist als Vorgabe bereits aktiviert.

Leben Sie nach dem Motto "Vertrauen ist gut, Kontrolle ist besser", aktivieren Sie lieber die Option BEI BEDARF, um in schwierigen Fällen mitentscheiden zu können. Normalerweise können Sie es aber getrost wagen, die Vorgabe NIE aktiviert zu lassen.

Silbentrennung

Hier wird festgelegt, auf welche Silbentrennungsquellen das Programm bei aktiver Silbentrennung zurückgreift.

- SPRACHMODUL: Die Trennregeln werden aus dem jeweils installierten Sprachmodul genommen, z. B. die deutschen Trennregeln beim deutschen Sprachmodul.

- REGELN DES PROGRAMMS: WordPerfect greift auf seine eigenen Trennlinien zurück, die im Programm selbst definiert wurden.

Verlassen Sie sich lieber nicht auf solche eigenen Regeln, sondern wählen die Trennregeln aus dem Sprachmodul aus.

Haben Sie alle Einstellungen ausgewählt, klicken Sie auf OK, um die Dialogbox zu verlassen.

1.6.4 Bildschirm

Mit den Optionen dieser Funktion können Sie festlegen, wie die einzelnen WordPerfect-Funktionen angezeigt werden. Die auf diese Weise vorgenommenen Änderungen bzw. Einstellungen bleiben auch nach dem Verlassen des Programms erhalten; sie werden aktiviert, sobald das Programm gestartet wird.

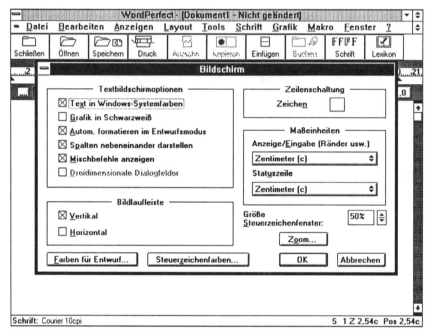

Abb. 1.13: Anzeige der Funktionen bestimmen

Folgende Gruppen stehen zur Verfügung:

Textbildschirmoptionen

- TEXT IN WINDOWS-SYSTEMFARBEN: Damit legen Sie fest, ob die Textfarbe von WordPerfect oder von Windows bestimmt wird. Lassen Sie das Feld angekreuzt, erhalten Sie den Windows-Standard – schwarze Schrift auf weißem Hintergrund – die übliche und für die Augen am verträglichste Bildschirmdarstellung.

- GRAFIK IN SCHWARZWEISS: Sie bestimmen, ob Abbildungen im Dokumentfenster oder in der Funktion DRUCKBILD EINSEHEN in Farbe oder Schwarzweiß dargestellt werden.

- AUTOMATISCH FORMATIEREN IM ENTWURFSMODUS: Sie geben an, wie Text nach einer Änderung im Entwurfsmodus formatiert werden soll. Ist diese Option aktiv, wird Text nach dem Betätigen der [Tab]-, der [Eingabe]- oder der [↑]- bzw. [↓]-Taste automatisch neu formatiert.

Text erst nach dem
nach Aufrufen der
eventuellen Ände-

Sie fest, ob Spalten
uf dem Bildschirm
gezeigt werden sol-
Form, in der Spal-

hwindigkeit, in der
natiert wird, unter

b WordPerfect-Dia-
en dargestellt oder
dkanten ein dreidi-
sem Fall muß eine
Kauf genommen

e Bildlaufleiste neu
tikale als auch die
ie es auch belassen,

durch Betätigen der
zeile abgeschlossen

Bitte freimachen!

Buch

Absender:

Ich benutze folgende Software:

☐ Hiermit bestätige ich die umseitige Bestellung und erhalte außerdem Ihr Gesamtprogramm.

☐ Ich bestelle nichts, fordere jedoch kostenlos Ihr aktuelles Gesamtprogramm an.

Datum, Unterschrift

☐ Ich bin übrigens im Ausbildungsbereich tätig.

BHV Verlags GmbH
Postfach 62
D-4052 Korschenbroich 3

39

wird. Mit dieser Option wird angegeben, ob bei einer Zeilenschaltung ein Zeichen (z. B. _) erzeugt werden soll. Dieses Zeichen ist im regulären Dokumentfenster zu sehen, nicht jedoch im Steuerzeichenbildschirm oder in der Druckbildvorschau und wird auch nicht gedruckt.

Tragen Sie im Textfeld ZEICHEN das gewünschte Symbol ein.

Hinweis: Über die Dialogbox ZEICHENSÄTZE im SCHRIFT-Menü können Symbole aus diesen Zeichensätzen eingefügt werden; Sie können diese Dialogbox auch mit [Strg-W] aufrufen und das gewünschte Zeichen auswählen.

Maßeinheiten

Hier werden die bei der Anzeige und Eingabe von Zahlen in Dialogboxen sowie bei der Darstellung in der Statuszeile zu verwendenden Maßeinheiten festgelegt.

Standardvorgabe ist in beiden Fällen die Angabe in Zentimetern. Wenn Sie für die Ränder etc. die Maßeinheit ändern wollen, öffnen Sie das Popup-Menü ANZEIGE/EINGABE mit einem Mausklick und wählen Sie bei gedrückter linker Maustaste das Maß Ihrer Wahl:

- ZOLL (")

- ZOLL (z)

- ZENTIMETER (c)

- PUNKT (p)

- 1200TEL ZOLL (w)

Genauso verfahren Sie, wenn Ihre aktuelle Schreibposition in der Statuszeile zukünftig nicht in Zentimtern, sondern z. B. in Punkt angegeben werden soll.

Farben für Entwurf

Mit dem Schalter FARBEN FÜR ENTWURF wird festgelegt, wie bestimmte Attribute (z. B. FETT, UNTERSTREICHEN und KURSIV) im Entwurfsmodus auf dem Bildschirm dargestellt werden. Klicken Sie auf den Schalter, erscheint eine Dialogbox, mit deren Hilfe Sie die Farben für Attribute und verschiedene Textgrößen je nach Geschmack bzw. Hardwarekonfiguration einstellen können.

Hinweis: Der gedruckte Text wird durch die Einstellungen nicht beeinflußt.

Wählen Sie in der Dialogbox eine Farbeinstellung aus der Popup-Liste FARBEN.

Alternative: Um Farben für einzelne Attribute zu wählen, suchen Sie in den Feldern GESTALTUNG, GRÖSSE bzw. ANDERE eine Option aus und spezifizieren für diese Option in den Paletten der Felder VORDERGRUND und HINTERGRUND eine Farbe.

Tip: Der Entwurfsmodus ist nicht sonderlich empfehlenswert, weil er erstens den Text nicht so anzeigt, wie dieser gedruckt wird, und zweitens in der Darstellung des Textes langsamer ist als der Normalmodus.

Ganz zu schweigen davon, daß der Entwurfsmodus nicht Windowskonform ist und nur für diejenigen interessant sein könnte, die schon immer mit WordPerfect gearbeitet haben und sich auch unter Windows nicht auf eine andere Bildschirmdarstellung umstellen wollen oder können.

Schreibmarkefarben

Mit dem Schalter SCHREIBMARKE FARBEN wird das Aussehen von Text und Codes im Schreibmarkefenster festgelegt. In der Dialogbox können Sie die Farbe für die verschiedenen Schreibmarken individuell einstellen. Hierdurch wird Text beim Ausdruck jedoch nicht beeinflußt.

Größe Schreibmarkefenster

Hier haben Sie Einfluß auf die Größe des Schreibmarkefensters auf dem Bildschirm. Standardmäßig ist dieses Fenster genau halb so groß wie das Dokumentfenster, in dem Sie arbeiten (Vorgabe 50%).

Sie können das Schreibmarkefenster nun nach Belieben verkleinern oder vergrößern, indem Sie mit Hilfe der Pfeile neben dem Eingabefeld die gewünschte Größe in Prozent auswählen.

Zoom

Mit dem ZOOM-Schalter wird die Größe des aktuellen Bearbeitungsfensters, sprich die Größe des Textes in der Anzeige, verändert. Die hier eingestellte Standardgröße ist für alle Dokumente gültig; mit dem Befehl ZOOM im ANZEIGEN-Menü hingegen wird die Größe lediglich für das auf dem Bildschirm befindliche Dokument verändert. Standardvorgabe ist hier 100%.

Hinweis: Die von Ihnen gewählte Standardgröße bleibt solange gültig, bis Sie sie wieder ändern. Es ist nicht möglich, mehr als eine Größe einzustellen.

1.6.5   Tastatur

Unter WordPerfect für Windows unterscheidet sich die Zuordnung von Funktionen zu Tasten von der unter WordPerfect 5.1 für DOS gültigen Tastaturbelegung. Beispielsweise ist die Storno- bzw. Abbruchfunktion auf die [Esc]-Taste gelegt, die Hilfefunktion liegt auf [F1] etc.

Das standardmäßige Tastaturlayout für WordPerfect für Windows ist CUA-kompatibel. CUA steht für *Common User Access* und bedeutet, daß die Tastenbelegungen in etwa denjenigen anderer unter Windows laufender Programme entsprechen.

In der Dialogbox TASTATUR wird der Name des aktuellen Tastaturlayouts angezeigt, ein vom Benutzer definiertes oder geändertes Tastaturlayout ausgewählt oder die standardmäßige Tastatur reaktiviert.

■ ERSTELLEN: Sie können Ihr eigenes Tastaturlayout definieren.

■ BEARBEITEN: Hiermit läßt sich Ihr Tastaturlayout nach Wunsch modifizieren.

■ AUSWÄHLEN: Die Dialogbox TASTATURDATEI AUSWÄHLEN wird angezeigt. Wählen Sie ein Tastaturlayout aus und klicken Sie auf den Schalter AUSWÄHLEN. Sie kehren zur Dialogbox TASTATUR zurück, in der der soeben ausgesuchte Tastaturname rechts neben NAME angezeigt wird.

Hinweis: In Dialogboxen hat stets das Windows/CUA-Tastaturlayout Gültigkeit, auch wenn Sie mit dem Tastaturlayout der DOS-Version von WordPerfect 5.1 arbeiten.

42

1.6.6 Format Datum/Uhrzeit

In der Regel wird das Datum nach der in Deutschland gültigen Datumsnorm (Tag.Monat.Jahr, z. B. *7. Januar 1993*) eingesetzt. Wird jedoch eine andere Form gewünscht, kann dies in der Dialogbox FORMAT DATUM/UHRZEIT festgelegt werden.

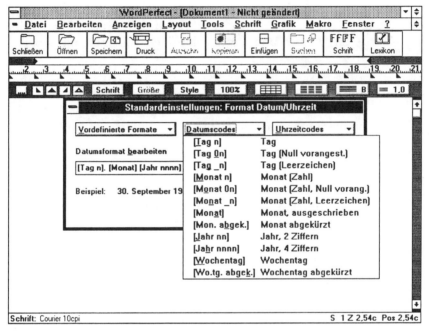

Abb. 1.14: Datums- und Uhrzeitformat auswählen

Schließlich gibt es viele verschiedene Möglichkeiten, das Datum zu schreiben, z. B.

- 07.01.1993

- 7.1.93

- 7. Januar 1993

- Donnerstag, 7. Januar 1993 etc.

In der Dialogbox stehen Ihnen drei Schalter zur Verfügung, hinter denen sich jeweils eine Popup-Liste verbirgt.

- Mit VORDEFINIERTE FORMATE wählen Sie ein Datumsformat aus, das bereits definiert wurde.

- Mit DATUMSCODES können Sie sich Ihr Datumsformat individuell aus einzelnen Angaben zusammenstellen. Die Elemente, die Sie ausgewählt haben, erscheinen im Textfeld DATUMSFORMAT BEARBEITEN.

- Wenn Sie ein ganz genauer und pünktlicher Mensch sind, sollten Sie aus der Popup-Liste UHRZEITCODES auch noch das Format der Uhrzeit bestimmen und dieses zukünftig zusammen mit dem Datum anzeigen lassen.

Fragen und Übungen:

1. Welche Wege führen ins Menü?

2. Welche Elemente gibt es in Dialogen, und wie werden sie bedient?

3. Stellen Sie WordPerfect auf Ihre Bedürfnisse ein.

4. Blättern Sie durch die Menüs und verschaffen Sie sich einen Überblick über die angebotenen Funktionen.

1.7 Die Fenster

WordPerfect verfügt dank Windows über eine fensterorientierte Oberfläche. Jeder Text wird in einem Fenster dargestellt, das Programm selbst läuft in einem Fenster; strenggenommen sind auch die Dialoge Fenster. Die Elemente jedes Fensters sind:

- Titelzeile mit Systemfeld

- Titel

- Symbolfeld

- Größer-/Kleiner-Feld

- Lineal

- Fensterrahmen

- Bildlaufleiste rechts (für vertikalen Bildlauf) und unten (für horizontalen Bildlauf)

- Zwei Zoom-Ecken rechts und links unten am Fensterrand

In diesem Kapitel werden Sie lernen, wie Sie all diese Elemente für Ihre Zwecke einsetzen.

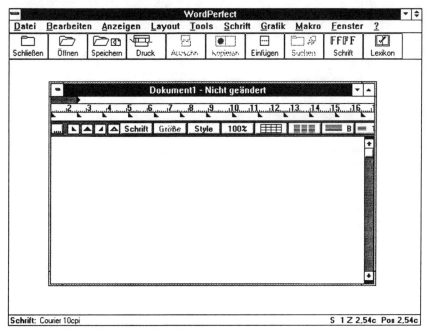

Abb. 1.15: Ein Fenster und seine Elemente

1.7.1 Programm- und Dokument-Fenster

Das Starten von WordPerfect entspricht dem Einziehen eines Papierbogens in eine Schreibmaschine. Der Papierbogen ist hierbei identisch mit dem Dokumentfenster. Beim Aufrufen des Programms wird innerhalb des Programmfensters ein Dokumentfenster geöffnet. Es gibt nur ein Programmfenster, jedoch maximal neun Dokumentfenster; jedes dieser Fenster verfügt über ein eigenes Systemmenü.

Wenn Sie einmal das Wiederherstellen-Feld in der Titelleiste ganz oben rechts sowie das Wiederherstellen-Feld in der Menüleiste anklicken, werden Sie sehen, was gemeint ist. WordPerfect erscheint in einem Fenster mit Fensterrahmen sowie Systemfeld und Größer-/Kleiner-Feldern, das Dokument in einem eigenen Fenster mit Rahmen, Bildlaufleisten, Systemfeld, eigener Titelleiste und Größer-Feld.

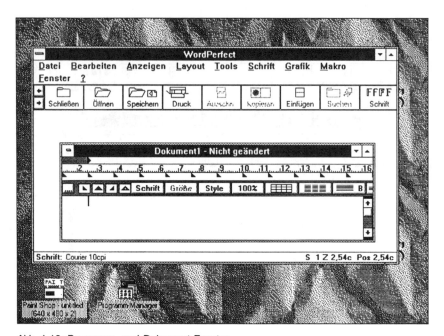

Abb. 1.16: Programm- und Dokument-Fenster

Zuvor waren beide Fenster nur verschmolzen gewesen. Wenn Sie nämlich das Dokument-Fenster über das Größer-Feld wieder auf volle Größe bringen, werden die Titelleisten von Programm- und Dokument-Fenster zusammengelegt, die System- und Wiederherstellen-Felder des Dokument-Fensters werden in die Menüleiste verlegt. Es fällt gar nicht mehr auf, daß eigentlich zwei Fenster auf dem Bildschirm erscheinen.

Durch die Dokument-Fenster sehen Sie auf einen Teil des geschriebenen Textes genauso, wie Sie durch Ihre Fenster zuhause einen Teil Ihres Gartens sehen. Auf dem Bildschirm erkennen Sie den Fensterrahmen an den Linien um Ihren Text herum.

1.7.2 Blättern

Leider ist immer nur ein Textausschnitt auf dem Bildschirm sichtbar, nie der ganze Text auf einmal. Wenn Sie zuhause die Fenster öffnen und den Kopf herausstecken, werden Sie viel mehr sehen.

Nun können Sie unmöglich ein Loch in den Monitor schneiden, aber mit den sogenannten Bildlaufleisten am Fensterrand haben Sie die Möglichkeit, Ihre Perspektive zu verändern. Wenn Sie die Cursortasten nach oben, unten, rechts oder links bewegen, wird Ihnen ein anderer Ausschnitt des Textes gezeigt – vorausgesetzt natürlich, ein längerer Text ist in Bearbeitung.

Die Bildlaufleiste, die aussieht wie ein Lautstärke-Regler an Ihrer Stereoanlage, zeigt an, welcher Ausschnitt des Textes gezeigt wird. Mit der Maus können Sie den Schieber direkt ergreifen (anklicken und Maustaste gedrückt halten) und an die gewünschte Position schieben. Klicken Sie in der Bildlaufleiste den nach oben bzw. den nach unten gerichteten Pfeil an, so wird der Text zeilenweise hoch- oder runtergeblättert. Klicken Sie in der Bildlaufleiste auf eine andere Stelle, wird exakt diese Textpassage aufgeblättert.

Hinweis: Sollten Sie am unteren Bildschirmrand keine horizontale Bildlaufleiste finden, so können Sie diese über die Option HORIZ. ROLLBALKEN im ANZEIGEN-Menü einschalten (Die Begriffe *Rollbalken* und *Bildlaufleiste* sind identisch).

1.7.3 Vergrößern und Verkleinern

WordPerfect kann mit mehreren Fenstern gleichzeitig arbeiten. Einen zweiten Text holen Sie in ein neues Fenster über den Befehl ÖFFNEN im DATEI-Menü. Mit [Strg-F6] wechseln Sie zum nächsten Dokumentfenster, mit [Strg-Umschalt-F6] wieder zurück. Ein Klick auf den Fenstertitel oder die Auswahl des gewünschten Fensters über das FENSTER-Menü bewirken dasselbe.

Sollen mehrere Textfenster auf dem Bildschirm zu sehen sein, muß es möglich sein, diese in ihrer Größe zu verändern. Diesem Zweck dienen im Systemfeld ([Alt-Leertaste] drücken) die Befehle GRÖSSE ÄNDERN, VOLLBILD und WIEDERHERSTELLEN:

Mit WIEDERHERSTELLEN schalten Sie ein vergrößertes oder verkleinertes Fenster wieder auf die normale Größe zurück.

Ein normales Fenster können Sie über GRÖSSE ÄNDERN variieren. Es erscheint ein Pfeil nach oben und unten, und mit den entsprechenden Pfeiltasten ziehen Sie das Fenster auf die gewünschte Größe. Mit [Eingabe] wird bestätigt.

VOLLBILD vergrößert das Fenster auf die größtmögliche Ausdehnung – das Fenster nimmt dann den gesamten Bildschirm ein.

Zwischen Vollbild und Normalansicht des Fensters schalten Sie mit der Maus über das Größer- und Wiederherstellen-Feld um. Ein Klick darauf genügt. Ein normales Fenster kann auch mit der Maus verändert werden. Dazu ergreifen Sie eine der beiden Zoom-Ecken und ziehen das Fenster auf die gewünschte Größe.

1.7.4 Verschieben

Ein Fenster, das nicht den vollen Bildschirm einnimmt, kann nun auch bewegt werden. Das funktioniert genauso wie bei den Dialogen. Im Systemfeld rufen Sie den Befehl VERSCHIEBEN auf und verschieben das Fenster mit den Pfeiltasten an die gewünschte Position auf dem Bildschirm. Mit [Eingabe] wird bestätigt, mit [Esc] abgebrochen.

Mit der Maus ergreifen Sie den Titelbalken und ziehen das Fenster an die gewünschte Stelle. Lassen Sie die Maus los, und schon wird das Fenster neu positioniert.

1.7.5 Anordnen

Über das FENSTER-Menü ordnen Sie mehrere Fenster an. Sie haben dabei zwei Möglichkeiten.

Wählen Sie den Befehl ÜBERLAPPEND, werden sämtliche zu dem Zeitpunkt geöffneten Fenster hintereinander auf dem Bildschirm angeordnet, so daß von jedem Fenster – bis auf das vordere – nur noch die Titelleiste als Erkennungszeichen zu sehen ist. Diese Anordnung erinnert an Karteikarten.

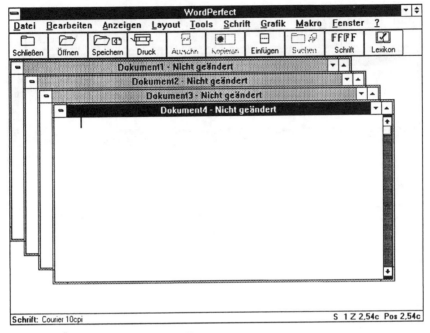

Abb. 1.17: Überlappend angeordnete Fenster

Mit dem Befehl NEBENEINANDER werden alle geöffneten Fenster nebeneinander auf dem Bildschirm angeordnet. Die Fenster werden dabei vertikal und horizontal so lange verkleinert, bis alle Fenster Platz haben (vgl. Abbildung 1.18).

Die Anordnung nehmen Sie zurück, indem Sie ein Fenster wieder auf volle Bildschirmgröße bringen.

1.7.6 Symbole

Wenn Sie mit mehreren Programm-Fenstern arbeiten, werden Sie wohl nicht immer alle Fenster sehen wollen. Über das Symbol-Feld in der Programm-Fenster-Titelleiste wird das Fenster zu einem Symbol am unteren Bildschirmrand verkleinert. Mit [Alt-Tab] gelangen Sie zu den Symbol-Fenstern und öffnen sie damit wieder. Mit der Maus genügt ein Klick auf das Symbol (vgl. Abbildung 1.19).

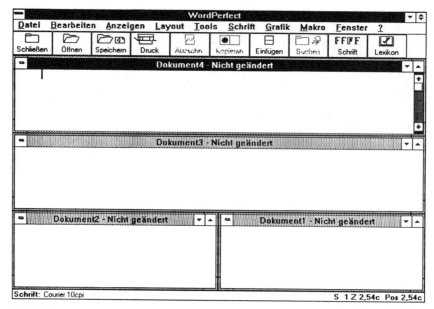

Abb. 1.18: Nebeneinander angeordnete Fenster

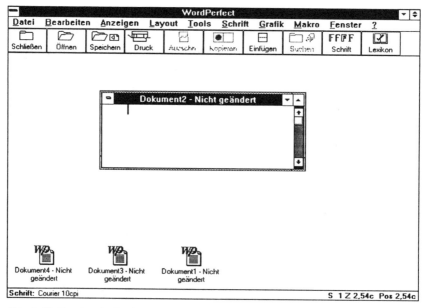

Abb. 1.19: Fenster als Symbole

Alternativ können Sie auch über den Task-Manager Programme zu Symbolen verkleinern und anschließend wieder in voller Größe auf den Bildschirm holen.

1.7.7 Systemfeld

Jedes Dokumentfenster wie auch jedes Programmfenster enthält ein Systemfeld ([Alt-Leertaste] zur Aktivierung), das wie ein Menü verschiedene Befehle enthält. Dazu zählen bei WordPerfect:

- WIEDERHERSTELLEN stellt die ursprüngliche Fenstergröße her

- GRÖSSE ÄNDERN ändert die Fenstergröße

- VERSCHIEBEN verschiebt das Fenster

- SYMBOL verkleinert das Fenster zum Symbol

- VOLLBILD bringt das Fenster auf volle Größe

- SCHLIESSEN schließt das Fenster

- NÄCHSTES wechselt zum nächsten Fenster

Beim Programmfenster lautet der letzte Befehl nicht NÄCHSTES, sondern WECHSELN ZU.

All diese Funktionen dürften Ihnen bereits geläufig sein und brauchen daher hier nicht noch einmal erklärt zu werden.

Fragen und Übungen:

1. Trennen Sie Dokument- und Programmfenster.

2. Verkleinern Sie das Dokument-Fenster.

3. Verschieben Sie das Dokument-Fenster.

4. Bringen Sie das Dokument-Fenster auf volle Größe.

5. Verkleinern Sie das Programmfenster auf Symbol-Größe.

6. Bringen Sie WordPerfect wieder in voller Größe auf den Bildschirm. (Benutzen Sie den Task-Manager. Drücken Sie dazu [Strg-Esc].)

1.8 Tastenleiste definieren

Im Abschnitt 1.2, "Die Bildschirmelemente", haben Sie die Tastenleiste kennengelernt. Mit der Tastenleiste haben Sie einen schnellen Zugriff auf häufig benötigte Befehle ohne den oft recht langen (Um-)Weg über das Menü. Wollen Sie z. B. einen Text drucken, klicken Sie das Druck-Symbol an; das reicht.

Nun kann es sein, daß Ihnen die Auswahl der Symbole nicht zusagt oder Sie die Tastenleiste statt oben auf dem Bildschirm lieber an einer anderen Stelle stehen hätten. Glücklicherweise haben Sie für solche Fälle die Möglichkeit, die Tastenleiste zu bearbeiten, und zwar mit dem Befehl TASTENLEISTE DEFINIEREN im ANZEIGEN-Menü. Hinter diesem Befehl verbirgt sich ein seitliches Aufklappmenü mit den verschiedensten Optionen.

Mit dieser Funktion wird Ihnen ein rascher Zugriff auf die Befehle und Makros ermöglicht, mit denen Sie am häufigsten arbeiten.

Tastenleiste erstellen

Mit der Option NEU können Sie sich Ihre ganz individuelle Tastenleiste zusammenstellen. Klicken Sie auf den Befehl, öffnet sich eine Dialogbox mit dem Namen TASTENLEISTE BEARBEITEN.

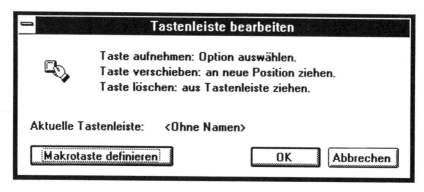

Abb. 1.20: Tastenleiste neu definieren

In dieser Dialogbox werden Sie darüber informiert, wie Sie vorgehen müssen, um die Tastenleiste nach Ihren Wünschen neu zu gestalten.

Werfen Sie einen Blick auf den Bildschirmbereich unterhalb der Menüleiste. Dort, wo sonst die vordefinierte Standardtastenleiste steht, sehen Sie lediglich eine leere graue Zeile. Um Tasten in die Leiste aufzunehmen, müssen Sie die entsprechenden Optionen aus dem Menü auswählen, die mit Tasten belegt werden sollen. Natürlich macht eine solche Tastenbelegung nur für Funktionen Sinn, die Sie für Ihre Arbeit mit WordPerfect auch wirklich häufig benötigen. Dann lohnt es sich, statt übers Menü zu gehen, nur einen Mausklick auf die entsprechende Funktion zu machen.

Angenommen, der Thesaurus, das Synonymwörterbuch von WordPerfect, soll Ihnen bei Ihrer zukünftigen Arbeit mit dem Programm in der Tastenleiste auf Mausklick zur Verfügung stehen. Gehen Sie bei geöffneter Dialogbox mit der Maus ins TOOLS-Menü, denn dort steht die Funktion THESAURUS. Sie sehen, daß sich der Mauszeiger in eine Hand mit einer Taste verwandelt – der Hinweis darauf, daß die Funktion, die Sie nun anklicken, sofort in die Tastenleiste aufgenommen wird. Ein Klick auf den Thesaurus, und schon erscheint das entsprechende Symbol in der Leiste.

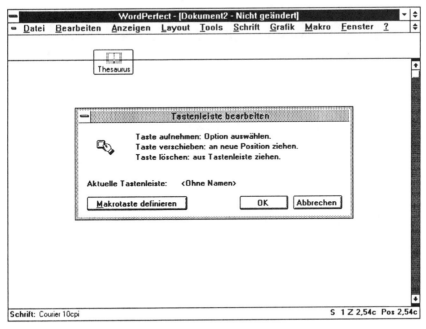

Abb. 1.21: Taste in Tastenleiste aufnehmen

Aufgabe: Nehmen Sie zusätzlich noch folgende weitere Funktionen in die Tastenleiste auf: DATEI-MANAGER im DATEI-Menü, FARBE im SCHRIFT-Menü, RÄNDER im LAYOUT-Menü, AUSFÜHREN und AUFZEICHNEN im MAKRO-Menü.

Ihre Tastenleiste nimmt nun langsam Formen an. Wenn Ihnen eine der Funktionen nicht mehr gefällt oder Sie der Meinung sind, daß Sie diese Funktion wohl doch nicht so oft anwenden werden, ergreifen Sie die entsprechende Taste mit der Maus und ziehen sie einfach aus der Leiste heraus. Lassen Sie die Maustaste los, und schon ist die Funktionstaste aus Ihrer Tastenleiste gelöscht. Wenn Ihnen die Reihenfolge nicht mehr gefällt, verschieben Sie die Tasten durch Ziehen mit der Maus beliebig an eine andere Position in der Leiste.

Richten Sie Ihr Augenmerk in der Dialogbox auf die Zeile AKTUELLE TASTENLEISTE: Dahinter steht OHNE NAMEN. Das sollten Sie ändern, indem Sie die Leiste speichern. Wenn die Tastenleiste also jetzt Ihren Vorstellungen entspricht, schließen Sie die Dialogbox mit OK und wählen aus dem ANZEIGEN-Menü wiederum die Option TASTENLEISTE DEFINIEREN und im Aufklappmenü die Funktion SPEICHERN UNTER.

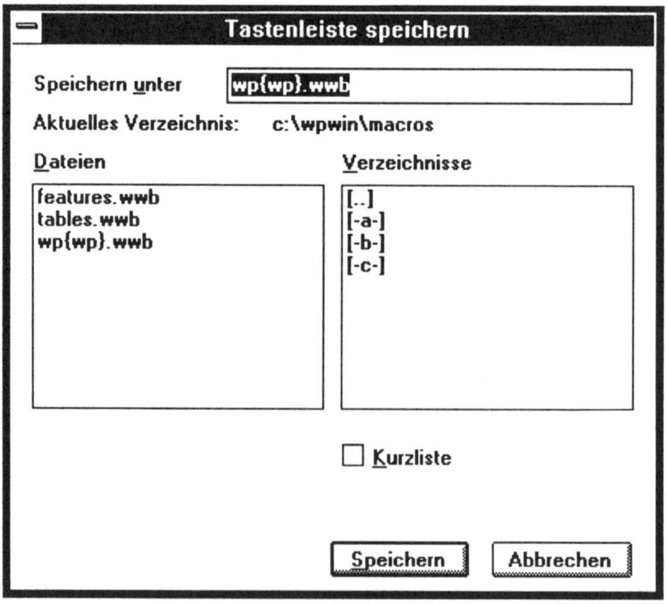

Abb. 1.22: Tastenleiste speichern

In der aufgerufenen Dialogbox können Sie in der rechten Hälfte das Verzeichnis angeben, in dem die Tastenleiste abgelegt werden soll. In der linken Hälfte sind alle Leisten aufgelistet, die bereits definiert worden sind und Ihnen zur Verfügung stehen. WordPerfect vergibt für alle Tastenleisten die Dateinamenserweiterung .wwb. Geben Sie nun in das Eingabefeld hinter SPEICHERN UNTER einen Dateinamen Ihrer Wahl ein, z. B. Ihren Nachnamen (oder einen Teil davon). Schließen Sie die Dialogbox mit OK, und Ihre Tastenleiste steht Ihnen in Zukunft immer zur Verfügung.

Position und Gestaltung ändern

Sie sind nicht verpflichtet, die Tastenleiste unterhalb der Menüleiste stehenzulassen. Eigentlich ist die Position für Ihre Arbeit nämlich eher unpraktisch, weil die Tastenleiste Ihnen einen beträchtlichen Teil des Dokumentfensters wegnimmt und Sie daher weniger von Ihrem Text sehen.

Um die Position Ihrer Tastenleiste zu ändern, müssen Sie die Leiste zunächst einmal auf den Bildschirm holen. Gehen Sie über TASTENLEISTE DEFINIEREN zur Funktion AUSWÄHLEN. In der erscheinenden Dialogbox schreiben Sie entweder den Namen der gewünschten Tastenleiste in das Eingabefeld ganz oben, oder Sie markieren den Namen der Tastenleiste in der Liste. In beiden Fällen schließen Sie die Dialogbox mit OK, und Ihre eigens definierte Tastenleiste wird unterhalb der Menüleiste eingeblendet. Verschieben Sie die Leiste nun an eine andere Stelle auf Ihrem Bildschirm, indem Sie unter TASTENLEISTE DEFINIEREN die Funktion OPTIONEN anklicken.

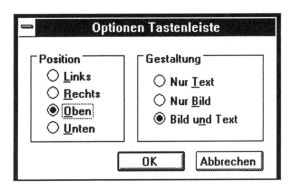

Abb. 1.23: Position und Gestaltung ändern

55

In der linken Hälfte der Dialogbox sehen Sie den Bereich POSITION mit vier Knöpfen. Sie können Ihre Tastenleiste am linken, rechten, oberen oder unteren Bildschirmrand positionieren. Vorgabe ist OBEN, und genau das wollen Sie ändern. Ob Ihre Tastenleiste am linken, rechten oder unteren Rand stehen soll, bleibt Ihnen überlassen. Am besten ist die Tastenleiste jedoch am linken oder rechten Bildschirmrand aufgehoben, denn dort steht sie am wenigsten im Weg bzw. verdeckt keinen Text. Klicken Sie z. B. den Knopf LINKS an und schließen die Dialogbox mit OK. Ihre Tastenleiste erscheint umgehend am linken Rand.

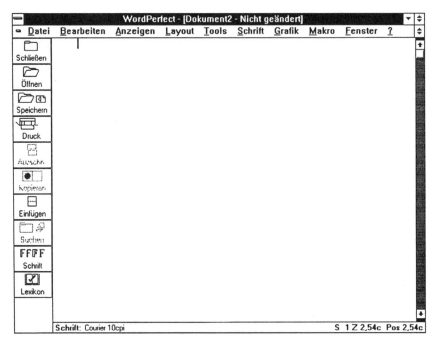

Abb. 1.24: Tastenleiste am linken Bildschirmrand

Alternativ zum Verschieben können Sie die Tastenleiste auch schlichtweg verkleinern, damit sie am oberen Bildschirmrand nicht mehr soviel Platz einnimmt. Öffnen Sie also erneut die Dialogbox OPTIONEN TASTENLEISTE und widmen sich diesmal der rechten Hälfte der Dialogbox, in der Sie die Gestaltung der Tastenleiste ändern können. Wie Sie festgestellt haben, versieht WordPerfect jede Funktion, die Sie für die Aufnahme in die Tastenleiste aufgenommen haben, mit einem Symbol, das

56

aus einem Bild und Text besteht. Diese Anzeigeform können Sie beeinflussen. Sie haben die Wahl zwischen

- NUR TEXT

- NUR BILD

- BILD UND TEXT.

Standardmäßig ist hier BILD UND TEXT angekreuzt. Dadurch wird die Tastenleiste auch recht groß. NUR BILD macht wenig Sinn, weil die Bilder oft genug nicht ganz eindeutig sind und Sie hinterher Schwierigkeiten beim Zuordnen bekommen könnten. NUR TEXT hingegen ist empfehlenswert, denn auf die Bilder kann man schließlich leicht verzichten. Klicken Sie auf diesen Knopf und schließen die Dialogbox mit OK. Ihre Tastenleiste enthält nun nur noch Textschalter.

Möchten Sie diese Tastenleiste irgendwann nachträglich noch bearbeiten, d. h. Tasten herausnehmen und andere Tasten hinzufügen, rufen Sie dafür die Funktion BEARBEITEN unter TASTENLEISTE DEFINIEREN auf. Die zu bearbeitende Tastenleiste muß ausgewählt sein (siehe oben). Nun gehen Sie genauso vor wie beim Erstellen der Leiste – deshalb erscheint auch exakt die gleiche Dialogbox auf dem Bildschirm. Sie haben nun die Möglichkeit, die Leiste komplett umzustricken.

Wenn diese Tastenleiste bei Ihrer zukünftigen Arbeit mit WordPerfect auf dem Bildschirm erscheinen soll, müssen Sie nur noch den Befehl TASTENLEISTE im ANZEIGEN-Menü wählen, und die Leiste wird an der gewählten Position (z. B. am linken Rand) und in der definierten Gestaltung (z. B. nur Text) auf den Bildschirm geholt.

1.9 Die Hilfefunktion

WordPerfect verfügt über ein ausführliches und ausgetüfteltes Hilfesystem, das Ihnen in allen Zweifelsfällen und Notlagen weiterzuhelfen vermag. Es lohnt sich also, mit diesem System umgehen zu lernen.

Das Hilfesystem von WordPerfect unterscheidet seine Hilfestellungen in die unterschiedlichsten Bereiche: Der Index, der Ihnen alphabetischen Zugang zu allen Hilfethemen gewährt; das Glossar, das Ihnen wichtige Fachbegriffe in kurzen Definitionen erklärt; die kontextsensitive Hilfe, die Ihnen zum gerade akuten Problem Hilfestellung gewährt; die Referenz zur Tastaturbelegung und zur Ausführung der gängigsten Aufgaben; Hilfe bei der Arbeit mit Makrobefehlen.

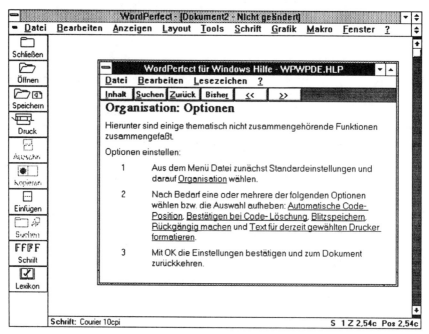

Abb. 1.25: Ein Hilfetext

Wie kommen Sie nun an diese vielseitige Hilfe heran?

- Sie haben ein Problem und suchen eine Lösung. Sie sind z. B. im Dialog STANDARDEINSTELLUNGEN/PFAD ZU DEN DATEIEN und verstehen einen Eintrag nicht. Dann drücken Sie [F1] und erhalten eine kontextsensitive Hilfe.

- Sie verstehen in einem Hilfetext – z. B. den zu PFAD ZU DEN DATEIEN – einen bestimmten Begriff, wie z. B. VERZEICHNISTASTE, nicht. Dieser Begriff ist unterstrichen, was darauf hinweist, daß er im Glossar steht. Klicken Sie den Begriff an, und Sie erhalten eine Definition des Begriffs, d. h. konkret erfahren Sie, was eine Verzeichnistaste ist.

- Sie schreiben gerade einen Text zu einem Thema, zu dem Sie Hilfestellung benötigen. Gehen Sie ins ?-Menü und klicken Sie auf

58

den Befehl INFO ÜBER. Der Mauszeiger wird mit einer Sprechblase mit einem Fragezeichen darin versehen. Klicken Sie nun in Ihrem Dokument auf den Begriff, zu dem Sie Hilfe wünschen, und die Hilfefunktion wird gestartet.

■ Sie suchen unabhängig von der jetzigen Aufgabenstellung Hilfe, z. B. zum Thema Serienbriefe. Dann rufen Sie im ?-Menü den Befehl INDEX auf, drücken [F1] oder klicken innerhalb der Hilfefunktion auf den Schalter INHALT. Klicken Sie im Hilfeindex auf den jeweiligen Buchstaben, also z. B. *S* für Serienbriefe. Es erscheint eine Liste aller mit einem S anfangenden Hilfebegriffe. Blättern Sie durch die Liste und klicken Sie auf den Begriff Ihrer Wahl. Alternativ können Sie im Hilfe-Fenster auch jederzeit den SUCHEN-Schalter aktivieren und Ihren Suchbegriff eingeben.

■ Sie wollen die genaue Tastaturbelegung einsehen. Dann rufen Sie im ?-Menü TASTATUR auf und wählen die Tastaturschablone (CUA oder DOS) bzw. die Tastenfolge mit einem Mausklick aus, zu der Sie nähere Informationen wünschen. Die WordPerfect-Hilfefunktion blendet sofort die gewählte Tastaturschablone oder aber die gewünschten Tastenfolgen ein.

Innerhalb der Hilfe-Texte können Sie über die unterstrichenen Begriffe zu weiteren Hilfetexten verzweigen, so daß Sie sich je nach Interesse und Notwendigkeit zwischen den Texten hin- und herbewegen können. Haben Sie eine falsche Fährte verfolgt, kommen Sie über den Schalter ZURÜCK wieder an den Ausgangspunkt zurück.

Wer die Hilfetexte lieber schwarz auf weiß liest, kann jedes Hilfethema auch über den Befehl DRUCKEN im DATEI-Menü der Hilfefunktion zu Papier bringen. Sie verlassen die Hilfe über BEENDEN im DATEI-Menü, einen Doppelklick auf das Systemfeld oder die Tastenkombination [Alt-F4].

1.10 Programmende

Normalerweise ist das Programmende mit einem Satz abgehakt. Da es unter Windows aber die verschiedensten Wege zum Beenden einer Applikation gibt und außerdem ein Programm nur vorübergehend verlassen werden kann, ist hier dem Thema ein ganzes Unterkapitel gewidmet. So viele Möglichkeiten sollten besprochen und erläutert werden.

1.10.1 WordPerfect vorübergehend verlassen

Da Sie unter Windows die Möglichkeit haben, mehrere Programme gleichzeitig geladen zu halten, sollten Sie sich jedes Programmende gründlich überlegen. Wenn Sie z. B. nur mal schnell zwischendurch in den Terminkalender schauen wollen, dann ist es wenig sinnvoll, WordPerfect komplett zu verlassen. Auch wenn Sie für die nächste Stunde mit einer Datenbank arbeiten sollen, kann es durchaus vernünftig sein, WordPerfect nicht zu beenden, sondern nur vorübergehend zu verlassen. Vielleicht müssen Sie doch noch schnell zwischendurch an einen Text heran. Sie sparen sich dann den lästigen erneuten Programmstart und unter Umständen auch das erneute Laden eines Textes.

Sie verlassen WordPerfect vorübergehend, indem Sie zum Datei-, Programm-, Task-Manager oder direkt zu einer anderen Anwendung wechseln. Dazu drücken Sie

[Alt-Tab]   Wechsel zur nächsten aktiven Anwendung, was eine Applikation oder der Programm- oder Datei-Manager sein kann,

              oder

[Strg-Esc]   Wechsel zum Task-Manager, von wo aus Sie andere Programme aufrufen können.

Außerdem haben Sie die Möglichkeit, über das System-Feld des Programmfensters WordPerfect zu einem Symbol zu verkleinern. Dadurch wird automatisch eine andere Anwendung aktiviert.

Zurück zu WordPerfect kommen Sie über einen Doppelklick auf das Programmsymbol, den Task-Manager oder mit der Tastenkombination [Alt-Tab].

1.10.2 WordPerfect beenden

Bevor Sie WordPerfect beenden, sollten Sie Ihre Texte speichern oder die Textdateien schließen (wie Sie das machen, erfahren Sie in Kapitel 2.8). Ansonsten werden Sie mit einer Unmenge von Sicherheitsabfra-

60

gen erschlagen. Haben Sie Ihren Arbeitsplatz aufgeräumt, wählen Sie im DATEI-Menü den Befehl EXIT oder rufen im System-Feld des Programm-Fensters den Befehl SCHLIESSEN. Ein Doppelklick auf das System-Feld bewirkt dasselbe. Sie kehren zum Programm-Manager oder zum Datei-Manager zurück. Alternativ könnten Sie auch den Task-Manager aufrufen, dort den Task WORDPERFECT beenden und dann zu einem anderen Task wechseln.

1.10.3 Windows beenden

Windows beenden Sie über das Systemfeld des Programm-Managers mit dem Befehl SCHLIESSEN oder mit einem Doppelklick auf das System-Feld. Alternativ können Sie auch über das DATEI-Menü des Programm-Managers gehen und dort den Befehl WINDOWS BEENDEN aufrufen oder [Alt-F4] drücken, wenn Sie sich im Programm-Manager befinden. Einen Weg nach draußen sollten Sie finden. Am Ende erscheint wieder das DOS-Prompt.

Fragen und Übungen:

1. Definieren Sie eine beliebige neue Tastenleiste und positionieren diese am unteren Bildschirmrand nur mit Text versehen.

2. Verlassen Sie WordPerfect vorübergehend und starten eine andere Anwendung.

3. Wechseln Sie zwischen beiden Anwendungen.

4. Verlassen Sie die zweite Anwendung.

5. Verlassen Sie WordPerfect und Windows.

2 Grundfunktionen der Textverarbeitung – Die Korrespondenz

Nachdem Sie die Benutzeroberfläche von WordPerfect kennengelernt und auch einige Änderungen und Anpassungen vorgenommen haben, sollen Sie nun mit der eigentlichen Textbearbeitung beginnen. In diesem Kapitel werden Sie Texte eingeben, korrigieren, umstellen und drucken. Dabei lernen Sie Spezialfunktionen, wie den automatischen Zeilenumbruch, die Markierungen und das Suchen&Ersetzen kennen.

Damit der praktische Nutzen nicht ausbleibt, bearbeiten wir Ihre Korrespondenz. Nehmen Sie also einen Vorgang, den Sie schon lange erledigen wollten. Mit WordPerfect wird die Arbeit endlich in Angriff genommen.

Sollten Sie keine unerledigte Arbeit mehr auf Ihrem Tisch haben, können Sie auch den folgenden Beispieltext bearbeiten, eine Interne Mitteilung der Presseabteilung an die Geschäftsführung.

Beispieltext

```
Der Terminplan für Pressereisen, Presseveranstaltun-
gen und andere wichtige Pressetermine für das er-
ste Halbjahr 1993 steht fest.

Wir haben sämtliche Pressetermine, die unsere Ab-
teilung in den ersten sechs Monaten des kommenden
Jahres wahrnehmen wird, aufgeführt.

25.-27.1. Pressereise Bangkok (Dr. Friedrich)

6.-7.2. Presseveranstaltung Thé S.A., Paris (Frau
Müller)

15.-24.3. Deutsche Teemesse, Köln (Herr Zapf)

21.-23.4. Produktvorstellung Tee Gesund, Berlin
(Frau Müller)

3.-10.5. International Tea Fair, Sri Lanka (Dr.
Friedrich)
```

```
16.6. Pressekonferenz Dr. Schlürf, Mannheim (Herr
Zapf)

Die Termine für das zweite Halbjahr werden wir Ih-
nen in ungefähr acht Wochen zukommen lassen.
```

2.1 Text eingeben, löschen und korrigieren

Beginnen Sie zunächst mit der groben Niederschrift Ihres Brieftextes oder des Beispieltextes. Da die Tastatur des Computers nicht viel anders aussieht als die Schreibmaschinentastatur, dürften Sie bei der Texteingabe eigentlich keine Probleme haben. Die von Ihnen getippten Buchstaben erscheinen links oben auf der Arbeitsfläche des leeren Textfensters. Ein Buchstabe wird hinter den anderen gereiht, Groß- und Kleinschreibung wechseln Sie über die [Umschalt]- und [Feststell]-Tasten.

Manche Tasten haben eine zweite oder gar dritte Belegungsebene. Normalerweise ist auf der ersten Ebene der Kleinbuchstabe a und auf der zweiten Ebene, die Sie mit der Umschalt-Taste erreichen, der Großbuchstabe A.

Bei den Zifferntasten darüber hingegen liegen in der zweiten Ebene eine ganze Reihe von Sonderzeichen von % bis &. Einige Tasten haben zudem noch eine dritte Ebene, die Sie mit [AltGr] erreichen. Damit können Sie dann auch noch die Zeichen _ { [ ] } \ ~ | tippen, jedenfalls auf den meisten Tastaturen. Mehr zu Sonderzeichen und ausländischen Buchstaben erfahren Sie in Kapitel 2.7, "Sonderzeichen eingeben".

In obigem Beispieltext haben Sie einmal ein Accent zu tippen, nämlich bei *Thé S.A.* Wenn Sie die Accent-Tasten oben rechts und links auf Ihrer Tastatur anschlagen, erscheint aber im Gegensatz zu den anderen Buchstabentasten nicht gleich ein Zeichen auf dem Bildschirm.

Die Accents werden erst sichtbar, wenn Sie zusätzlich die Leertaste drücken oder einen Buchstaben unter das Accent setzen. Wenn Sie also das Zeichen ′ alleine haben wollen, dann tippen Sie ′ und anschließend die [Leertaste]. Wollen Sie aber *é* für *Thé S.A.*, dann müssen Sie ′ und anschließend e tippen. Gleiches gilt für die anderen beiden Accents ′ und ^.

64

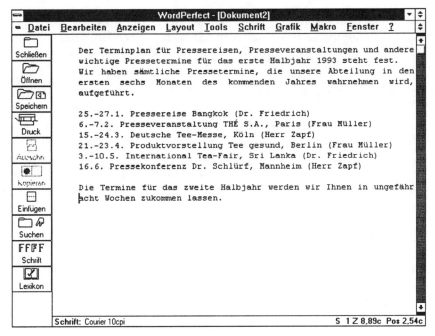

Abb. 2.1: Text auf dem Bildschirm

2.1.1 Automatischer Zeilenumbruch

Am Ende der ersten Zeile werden Sie wahrscheinlich – wie von der Schreibmaschine gewohnt – einen Wagenvorschub mit der [Eingabe]-Taste durchführen wollen. Das sollten Sie nicht tun, sondern statt dessen eine Besonderheit der elektronischen Textverarbeitung kennenlernen. Tippen Sie einfach Ihren Satz weiter, und Sie werden sehen, daß WordPerfect das erste Wort, das nicht mehr in die erste Zeile paßt, komplett in die nächste Zeile schiebt. Dieses Phänomen nennt man den automatischen Zeilenumbruch. Gewöhnen Sie sich an, Ihre Texte im sogenannten Fließtext zu schreiben, d. h. den Schreibfluß nicht nach jeder Zeile zu unterbrechen.

Folgendes müssen Sie sich für die Zukunft unbedingt merken: Jede Zeile umbricht WordPerfect von selbst, das Programm achtet darauf, wann ein Wort nicht mehr in die Zeile paßt und komplett in die nächste Zeile gesetzt werden muß. Und noch wichtiger: Wenn Sie nicht auf viele Vorteile elektronischer Textverarbeitung verzichten wollen, dann

65

dürfen Sie dem Programm nicht ins Handwerk pfuschen. Sie dürfen in keinem Fall eine Zeile künstlich mit [Eingabe] beenden. Dies schaltet den automatischen Zeilenumbruch ab und erschwert damit später jede Korrektur des Textes.

Hinweis: Sollten bei Ihnen die Buchstabenreihen immer hin und her rutschen, weil eine Zeile in der Breite nicht komplett auf den Bildschirm paßt, dann sollten Sie im ANZEIGEN-Menü den Befehl ZOOM wählen und im daneben aufgeklappten Menü die Option SEITENGRÖSSE. Dadurch werden die Textzeilen automatisch so umbrochen, daß sie bequem in das Textfenster hineinpassen.

2.1.2 Absatzenden

Der Wagenvorschub mit [Eingabe] ist in der Textverarbeitung dem Absatzende vorbehalten. Nur wenn Sie einen Absatz beenden und einen neuen Absatz beginnen wollen, dürfen Sie [Eingabe] tippen. Lediglich beim Absatzende also müssen Sie den automatischen Zeilenumbruch unterbrechen. Eine Leerzeile wird ebenfalls mit [Eingabe] definiert.

Der automatische Zeilenumbruch muß ebenfalls unterbunden werden, wenn Sie eine Zeile, wie z. B. die Anrede oder Grußformel in Briefen, vorzeitig beenden wollen. Auch hierhin gehört ein [Eingabe].

Aufzählungen beenden Sie bitte nicht mit [Eingabe], sondern mit [Umschalt-Eingabe]. Dies ist ein sogenannter weicher Zeilenumbruch, der zwar eine neue Zeile beginnt, die Zeilen aber als zusammengehörigen Absatz zusammenhält. Das hat später bei der Formatierung von Absätzen große Vorteile, wenn z. B. Absatzabstände und Zeilenabstände automatisch formatiert werden sollen. Deshalb gewöhnen Sie sich gleich von Beginn die Benutzung von [Umschalt-Eingabe] bei Aufzählungen an. Erst das Ende der Aufzählung und der Beginn eines neuen Textabsatzes wird mit einem festen [Eingabe] besiegelt.

Zur Verdeutlichung noch ein Beispiel:

```
Lieber Leser,        [Eingabe]    (vorzeitiges Zeilenende)

                     [Eingabe]    (Leerzeile)

Sie haben gerade die Bedeutung    [autom. Zeilenumbruch]

des automatischen Zeilenumbruchs  [autom. Zeilenumbruch]
```

der elektronischen Textverar-	[autom. Zeilenumbruch]
beitung kennengelernt.	[Eingabe] (Absatzende)
- Arbeiten im Fließtext	[Umschalt-Eingabe]
- Leichtere Textkorrektur	[Umschalt-Eingabe]
- Kein Wagenvorschub	[Eingabe] (Absatzende, Ende der Aufzählung)

Hinweis: Sie können auf dem Bildschirm überprüfen, an welchen Stellen im Text Absatzendezeichen gesetzt wurden und wo Sie im Fließtext geschrieben haben. Schalten Sie im ANZEIGEN-Menü die Option STEUERZEICHEN an oder drücken [Alt-F3], und das Steuerzeichenfenster wird in der unteren Bildschirmhälfte angezeigt. Das Steuerzeichen [NZ] steht für NEUE ZEILE und zeigt Ihnen die automatischen Zeilenumbrüche an; [FNZ] kennzeichnet immer das Ende eines Absatzes. Sie blenden das Steuerzeichenfenster wieder aus, indem Sie entweder erneut [Alt-F3] drücken, den Befehl STEUERZEICHEN im ANZEIGEN-Menü anklicken oder den oberen Rand des Steuerzeichenfensters mit der Maus ergreifen und ganz nach oben oder nach unten ziehen, sozusagen aus dem Bildschirm herausziehen (vgl. Abbildung 2.2).

Aufgabe: Lassen Sie sich die Steuerzeichen anzeigen, und überprüfen Sie Ihren Text auf die richtige Setzung von Absatzenden.

2.1.3 Text bearbeiten

Sicherlich werden Sie nicht alles in Ihrer Korrespondenz auf Anhieb richtig schreiben. Jeder macht schließlich Fehler. Glücklicherweise besteht der große Vorteil der elektronischen Textverarbeitung gegenüber der Schreibmaschine darin, daß Sie alles ändern, korrigieren, umstellen, löschen und ergänzen können. Der Text läßt sich also jederzeit bearbeiten, ohne daß Sie Passagen neu tippen, mit Tipp-Ex arbeiten oder Abschnitte überkleben müssen.

```
┌─────────────────────────────────────────────────────────────────┐
│ ▬              WordPerfect - [Dokument2]                    ▼ ▲  │
│ ▬  Datei  Bearbeiten  Anzeigen  Layout  Tools  Schrift  Grafik  Makro  Fenster  ? │
├─────────┬─────────────────────────────────────────────────────── │
│   📁    │ Wir haben sämtliche Pressetermine, die unsere Abteilung in den │
│ Schließen│ ersten sechs Monaten des kommenden Jahres wahrnehmen wird, │
│   📂    │ aufgeführt.                                               │
│ Öffnen  │                                                           │
│  📂🖫   │ 25.-27.1. Pressereise Bangkok (Dr. Friedrich)             │
│Speichern│ 6.-7.2. Presseveranstaltung THÉ S.A., Paris (Frau Müller) │
│  🖶     │ 15.-24.3. Deutsche Tee-Messe, Köln (Herr Zapf)            │
│ Druck   │ 21.-23.4. Produktvorstellung Tee gesund, Berlin (Frau Müller) │
│         │ 3.-10.5. International Tea-Fair, Sri Lanka (Dr. Friedrich) │
│ Ausschn.│ 16.6. Pressekonferenz Dr. Schlürf, Mannheim (Herr Zapf)   │
│  ▣      │                                                           │
│ Kopieren│ Die Termine für das zweite Halbjahr werden wir Ihnen in ungefähr │
│         │ acht Wochen zukommen lassen.                              │
│  …      │─────────────────────────────────────────────────────────│
│Einfügen │ wichtige Pressetermine für das erste Halbjahr 1993 steht fest.[HZ] │
│  📁      │ Wir haben sämtliche Pressetermine, die unsere Abteilung in den[HZ] │
│ Suchen  │ ersten sechs Monaten des kommenden Jahres wahrnehmen wird,[HZ] │
│ FFFF    │ aufgeführt.[HZ]                                           │
│ Schrift │ [HZ]                                                      │
│  📖     │ 25.[ ]27.1. Pressereise Bangkok (Dr. Friedrich)[HZ]      │
│ Lexikon │ 6.[ ]7.2. Presseveranstaltung THÉ S.A., Paris (Frau Müller)[HZ] │
│         │ 15.[ ]24.3. Deutsche Tee[ ]Messe, Köln (Herr Zapf)[HZ]   │
│         │ 21.[ ]23.4. Produktvorstellung Tee gesund, Berlin (Frau Müller)[HZ] │
│         │ 3.[ ]10.5. International Tea[ ]Fair, Sri Lanka (Dr. Friedrich)[HZ] │
│         │ 16.6. Pressekonferenz Dr. Schlürf, Mannheim (Herr Zapf)[HZ] │
│         │ [HZ]                                                      │
│         │ Die Termine für das zweite Halbjahr werden wir Ihnen in ungefähr[HZ] │
│         │ acht Wochen zukommen lassen.                              │
├─────────┴─────────────────────────────────────────────────────── │
│ Schrift: Courier 10cpi              S 1 Z 6,77c Pos 2,54c         │
└─────────────────────────────────────────────────────────────────┘
```

Abb. 2.2: Steuerzeichen auf dem Bildschirm

Am häufigsten werden Sie wohl einen gerade getippten Buchstaben wieder entfernen wollen. Dazu drücken Sie die [Rückschritt]-Taste oben rechts auf Ihrer Tastatur, oberhalb der [Eingabe]-Taste. Wenn Sie diese Taste mehrfach drücken, dann werden auch die weiter zurückliegenden Buchstaben gelöscht – bis zum Anfang des Textes, wenn Sie das wollen. Natürlich ist dieses Vorgehen für längere Textpassagen nicht gerade empfehlenswert, weil Sie zuviel Zeit verschwenden, wenn Sie mühsam Buchstaben für Buchstaben rückwärts löschen. Welche anderen Möglichkeiten es gibt, um Text zu löschen, werden Sie im Laufe dieses Kapitels noch kennenlernen.

2.1.4 Die Schreibmarke bewegen

Natürlich kann es auch sein, daß Sie einen einzelnen weiter zurückliegenden Vertipper löschen oder korrigieren wollen. Immerhin fällt einem ein Tippfehler nicht immer gleich auf, wenn man sich vertippt hat, sondern meist erst beim anschließenden nochmaligen Korrekturlesen des Textes.

Doch es ist ohne weiteres möglich, solche Patzer nachträglich noch zu korrigieren. Mit der Textverarbeitung können Sie jede beliebige Stelle Ihres Textes ändern. Doch zunächst müssen Sie den Fehler ansteuern. Dies tun Sie mit den vier Pfeiltasten – auch *Cursortasten* genannt – unten rechts auf Ihrer Tastatur.

Mit [↑] bewegen Sie die Schreibmarke (der kleine blinkende Strich an Ihrer jetzigen Schreibposition, auch *Einfügemarke* oder *Cursor* genannt) eine Zeile nach oben, mit [↓] eine Zeile tiefer. Natürlich sind irgendwann einmal die Grenzen der Seite erreicht: In der ersten Zeile geht es nicht mehr weiter nach oben und in der letzten Zeile nicht mehr weiter nach unten.

Mit [→] und [←] bewegen Sie die Schreibmarke nach rechts und links. Wenn Sie dabei ans Zeilenende kommen, wird die Schreibmarke automatisch auf den Anfang der nächsten Zeile gesetzt, bzw. wenn Sie an den Zeilenanfang kommen, auf das Ende der vorigen Zeile plaziert. So erreichen Sie jede beliebige Textstelle.

Befinden Sie sich auf der gewünschten Position, können Sie z. B. die nachfolgenden Buchstaben mit [Entf] löschen. [Entf] löscht immer den Buchstaben hinter der Schreibmarke.

Aufgabe: Bewegen Sie im Beispieltext den Cursor hinter die letzte Zeile der Pressetermine (*16.6. Pressekonferenz Dr. Schlürf, Mannheim*) und löschen diese Zeile mit der [Rückschritt]-Taste.

2.1.5   Text einfügen

Dank des automatischen Zeilenumbruches ist es nicht nur möglich, Text zu löschen, sondern auch Buchstaben einzufügen. Sie können sogar ganze Absätze oder neue Textpassagen einfügen. Durch den automatischen Zeilenumbruch bleiben die Absätze immer innerhalb des rechten und linken Randes. Daran können auch noch soviele Löschungen und Ergänzungen nichts ändern.

All das funktioniert aber nicht, wenn Sie durch [Eingabe] innerhalb der Absätze den automatischen Zeilenumbruch unterbunden haben. Also nochmals: Keine [Eingabe] innerhalb der Absätze verwenden.

Sie können jedoch jederzeit durch ein [Eingabe] einen zu lang gewordenen Absatz in zwei Absätze teilen. Das geht an jeder beliebigen Stelle im Text. Positionieren Sie die Schreibmarke auf die Textstelle, an der der Schnitt erfolgen soll und drücken zweimal hintereinander [Eingabe] – einmal, um die beiden Absätze zu trennen, und ein zweites Mal, um eine Leerzeile zwischen den Absätzen einzuschieben.

Genauso können Sie zwei sehr kurze Absätze zu einem Absatz zusammenfügen. Dazu gehen Sie auf den Anfang des zweiten Absatzes und drücken [Rückschritt]. Dadurch wird die [Eingabe] zwischen den beiden Absätzen gelöscht und die beiden Absätze zusammengeführt. Auch hier sorgt der automatische Zeilenumbruch für die richtige Formatierung Ihrer Korrespondenz.

2.1.6 Weitere Cursorbewegungen

Neben den vier Cursortasten und der damit möglichen Navigation in alle vier Himmelsrichtungen gibt es noch eine ganze Reihe weiterer Tasten und Tastenkombinationen zur Cursorbewegung. Sie sollten diese Tasten nicht nur ausprobieren, sondern sich gründlich einprägen. Je besser Sie nämlich den Cursor bewegen können, desto schneller überarbeiten Sie Ihre Vorgänge.

Mit [Bild↑] und [Bild↓] springen Sie genau ein Fenster nach oben bzw. nach unten. An den Zeilenanfang kommen Sie mit [Pos1], ans Zeilenende mit [Ende]. Wortweise vorwärts geht es mit [Strg-→] und zurück mit [Strg-←]. Zum Textanfang schließlich führt [Strg-Pos1] und zum Textende [Strg-Ende].

Hinweis: Sie finden eine Übersicht über alle nur denkbaren Tastenkombinationen zum Bewegen innerhalb von Dokumenten im Anhang.

Eine schnellere Alternative, um den Cursor an eine ganz bestimmte Stelle zu setzen, ist die Maus: Klicken Sie einfach auf die gewünschte Position.

Über die beiden Bildlaufleisten (oder Rollbalken) haben Sie außerdem die Möglichkeit, seitenweise zu blättern. Wo genau Sie am Ende gelandet sind, können Sie in der Statuszeile ablesen. Hier steht die genaue Seitennummer sowie die genaue Position, an der sich Ihre Schreibmarke gerade befindet.

2.1.7 Text überschreiben

Normalerweise arbeiten Sie im Einfügemodus. In diesem Modus wird jeder neue Buchstabe eingefügt und vor eventuell schon vorhandenen Text gesetzt. Wenn Sie also einen Text im Einfügemodus bearbeiten, dann ergänzen Sie ihn.

Wollen Sie einen bereits geschriebenen Text aber ersetzen, könnten Sie natürlich zuerst den fehlerhaften Text löschen und dann im Einfügemodus den neuen Text hinschreiben, aber das ist doch sehr aufwendig. Schneller geht's, wenn Sie mit [Einfg] in den Überschreibmodus wechseln. In der Statuszeile steht nun links unten ÜBERSCHREIBEN. Im Überschreibmodus werden bereits geschriebene Passagen mit neuem Text überschrieben. Das ganze funktioniert also ähnlich wie die Korrekturtaste bei der Schreibmaschine. Wieder zurück in den Einfügemodus gelangen Sie mit einem erneuten Druck auf [Einfg]. Das ÜBERSCHREIBEN in der Statuszeile verschwindet.

Aufgabe: Überschreiben Sie den ersten Absatz des Beispieltextes wie folgt:

```
Anbei erhalten Sie die aktuelle Übersicht
über wichtige Pressetermine des ersten
Halbjahres 1993.
```

2.1.8 Text einrücken

Möchten Sie eine Zeile nach rechts einrücken, um sie optisch vom übrigen Text abzuheben, so ist nichts leichter als das. Sie brauchen dazu nur die Tabulatortaste. Sie drücken einfach am Zeilenanfang [Tab] – die Taste mit den beiden Pfeilen neben dem Q – und schon sitzt die Schreibmarke gut fünf Anschläge weiter rechts.

Hinweis: Mit dem Befehl STEUERZEICHEN im ANZEIGEN-Menü können Sie sich die Tabulatoren anzeigen lassen.

Für kleine Tabellen ist es sogar möglich, mit weiteren Tabulatoren zu arbeiten. Standardmäßige Tabstopps sind in Abständen von 1,27 cm vordefiniert. Wählen Sie im ANZEIGEN-Menü den Befehl LINEAL, um sich das Lineal anzeigen zu lassen. Auf diesem Lineal erkennen Sie an den kleinen Dreiecken unterhalb des Zentimetermaßes, an welchen Stellen bereits Tabstopps gesetzt worden sind.

Mehr zu Tabulatoren erfahren Sie im Kapitel 3.2, "Absätze formatieren".

Aufgabe: Gestalten Sie die Liste der Pressetermine mit Hilfe von Tabstopps ansehnlicher, indem Sie jeweils hinter dem Datum und dem Pressetermin einmal [Tab] drücken. Beispiel erste Zeile:

```
25.-27.1.[Tab]Pressereise Bangkok[Tab](Dr. Friedrich)
```

2.1.9 Wörter trennen

Durch den automatischen Zeilenumbruch ergeben sich – trotz aller Vorteile – leider auch einige Probleme. Allzuoft werden nämlich lange Wörter komplett in die nächste Zeile geschrieben, von denen einige Silben noch auf die vorangegangene Zeile gepaßt hätten. So entstehen häßliche Lücken und abgehackte Zeilen. Hier hilft nur die manuelle Trennung eines Wortes am Zeilenende.

Doch Vorsicht! Mit dem normalen Trennstrich [-] können Sie nämlich nicht trennen. Wenn Sie das tun, wird zwar das Wort getrennt und auf die zwei Zeilen neu verteilt, bei einer nachträglichen Korrektur des Textes bleibt der Trennstrich aber immer im Wort stehen, auch wenn das Wort durch nachträgliche Änderung des Textes plötzlich nicht mehr am Zeilenende, sondern mitten in der Zeile steht. Man spricht hier von einem harten Trennstrich. Ein Beispiel soll dies verdeutlichen:

Sie schreiben

```
Anbei erhalten Sie die Übersicht über wichtige
Pressetermine des ersten Halbjahres 1993
```

und der automatische Zeilenumbruch schiebt das Wort *Pressetermine* in die nächste Zeile. Mit einem Trennstrich zwischen *Presse* und *termine* paßt die erste Worthälfte noch in die erste Zeile:

```
Anbei erhalten Sie die Übersicht über wichtige Presse-
termine des ersten Halbjahres 1993.
```

Wenn Sie nun aber ergänzen:

72

```
Anbei erhalten Sie die komplette Übersicht über wichtige
Presse- termine des ersten Halbjahres 1993
```

wird *Presse-termine* wieder auf die nächste Zeile geschoben und vor allem – der Trennstrich bleibt stehen. Ganz und gar nicht das, was Sie wollten. Also: Trennungen nie manuell mit dem Bindestrich einfügen.

Automatische Silbentrennung

Verlassen Sie sich bei der Silbentrennung lieber auf WordPerfect und darauf, daß das Programm die Trennregeln beherrscht und Wörter automatisch trennt, wenn diese am Zeilenende stehen. Vorteil: Der Trennstrich erscheint wirklich nur dann, wenn er am Zeilenende steht und für eine Worttrennung genutzt werden kann. Steht der Trennstrich durch Ergänzungen oder Löschungen nicht mehr am Zeilenende, wird er unterdrückt.

Sie erinnern sich, daß Sie unter STANDARDEINSTELLUNGEN/ORGANISATION im DATEI-Menü festgelegt haben, daß Sie den Trennfähigkeiten von WordPerfect voll vertrauen. Nun müssen Sie dem Programm noch mitteilen, für welche Textpassagen die Silbentrennung eingeschaltet werden soll, denn standardmäßig ist diese Option nicht aktiv.

Sie schalten die Silbentrennung ein, indem Sie den Cursor an die Stelle steuern, ab der Silbentrennung gewünscht wird. In Geschäftsbriefen empfiehlt es sich, den gesamten Text der Silbentrennung zu unterziehen, um einen unschönen, ungleichmäßigen rechten Seitenrand zu vermeiden. Setzen Sie die Schreibmarke also an den Anfang des Textes und wählen zunächst aus dem LAYOUT-Menü die Option ZEILE und im Aufklappmenü den Befehl SILBENTRENNUNG. Es erscheint eine kleine Dialogbox (vgl. Abbildung 2.3).

Klicken Sie auf das Kreuzfeld SILBENTRENNUNG EIN, um die Silbentrennung zu aktivieren.

Oberhalb dieses Kreuzfeldes sehen Sie noch den Bereich RANDZONE. Was bedeutet Randzone? Anhand einer Randzone entscheidet WordPerfect, ob bei aktivierter Silbentrennung ein Wort getrennt wird oder nicht. Die Größe der Randzone entscheidet, ob häufig oder selten getrennt wird. Die Länge der Randzone wird als Prozentsatz der Zeilenlänge angegeben.

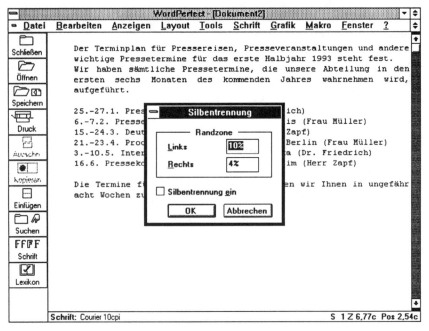

Abb. 2.3: Silbentrennung aktivieren

Es gibt eine linke und eine rechte Randzone. Alle Wörter, die vor oder an der linken Randzone beginnen und über die rechte Randzone hinausragen, werden getrennt. Alle Wörter hingegen, die erst hinter der linken Randzone beginnen, werden komplett in die nächste Zeile übernommen.

Beispiel anhand der Standardeinstellung:

Ist eine Zeile 16 cm lang und wird bei RANDZONE LINKS 10 % angegeben, so beginnt die Randzone 1,6 cm links vom rechten Rand entfernt. Genauso gibt es eine RANDZONE RECHTS von standardmäßig 4 %, d. h. die Randzone geht noch 0,4 cm über den rechten Rand hinaus. Sie können diese beiden Werte nach Belieben ändern, sollten sie aber eher verkleinern als vergrößern. Grundsätzlich gilt nämlich: Je kleiner die Randzone, desto mehr Wörter werden getrennt. Folge: Wenn viele Wörter getrennt werden, stehen die Chancen für einen rechten Rand ohne allzu große Textlücken sehr gut.

Haben Sie alle Einstellungen vorgenommen, schließen Sie die Dialogbox mit OK. WordPerfect begleitet Sie nun beim Schreiben Ihres Textes

74

und trennt Wörter – wenn möglich und nötig – automatisch am Ende der jeweiligen Zeile. Wollen Sie die Silbentrennung wieder abschalten, gehen Sie erneut in den Dialog SILBENTRENNUNG und schalten das angekreuzte Feld SILBENTRENNUNG EIN wieder aus.

Trenncodes

Sehen Sie sich das Ergebnis der automatischen Trennung an, könnten Sie theoretisch an einigen Stellen mit dem, was WordPerfect gemacht hat, nicht ganz zufrieden sein. Vielleicht hätten Sie in der einen oder anderen Zeile anders getrennt. Für solche Fälle sollen Sie zum Schluß dieses Kapitels noch etwas über mögliche Trenncodes erfahren, die Sie unabhängig von der automatischen Silbentrennung auswählen können.

Setzen Sie die Schreibmarke an die gewünschte Stelle und wählen im LAYOUT-Menü die Option ZEILE und anschließend SPEZIELLE CODES. Es erscheint eine sehr umfangreiche Dialogbox, in der Sie sich an dieser Stelle ausschließlich um den Bereich TRENNCODES kümmern.

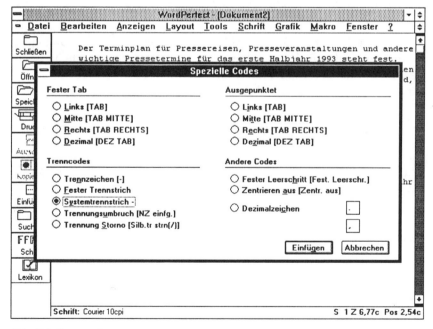

Abb. 2.4: Trenncodes

Folgende Optionen stehen Ihnen in Form von Knöpfen zur Verfügung:

- TRENNZEICHEN [-]: Mit dieser Option trennen Sie ein Wort, auch wenn die Silbentrennung nicht aktiviert ist.

- FESTER TRENNSTRICH: Diese Option ist dann sinnvoll, wenn zwei durch einen Bindestrich verbundene Wörter wie ein einziges Wort behandelt werden sollen und eine Trennung am Bindestrich vermieden werden soll. Beispiele: *Karl-Heinz, Müller-Lüdenscheid* etc.

- SYSTEMTRENNSTRICH: Klicken Sie diese Option an, falls ein Wort an der entsprechenden Stelle getrennt werden soll. Ist die Trennung des Wortes nicht erforderlich, bleibt der Systemtrennstrich zwar erhalten, wirkt sich jedoch nicht weiter auf das Dokument aus. Damit werden Trennstriche nur dann eingefügt, wenn das zu trennende Wort auch wirklich am Zeilenende steht. Man spricht hier von weichen Trennzeichen.

- TRENNUNGSUMBRUCH [NZ Einfg.]: Soll ein Wort getrennt werden, ohne daß ein Trennstrich eingefügt wird, wählen Sie diese Option.

- TRENNUNG STORNO [SILB.TR. STRN (/)]: Dieser Trenncode bietet sich an, um die Trennung eines Wortes aufzuheben oder die bereits bestehende Trennung beizubehalten.

Klicken Sie den Knopf Ihrer Wahl an und verlassen Sie die Dialogbox mit einem Klick auf den Schalter EINFÜGEN, und der gewählte Trenncode wird an der Cursorposition in die Tat umgesetzt.

2.1.10 Weiche und harte Leerzeichen

Ein anderes Problem, das sich durch den automatischen Zeilenumbruch ergibt, ist die Trennung von zusammengehörenden Wörtern. In Ihrer Korrespondenz soll z. B. der Firmenname *Dr. Schlürf & Co.* bestimmt nicht

```
Dr. Schlürf &
Co.
```

getrennt werden. Um nun diesen Firmennamen trotz der trennenden Leerschritte zusammenzuhalten, brauchen Sie nicht auf die Freiräume zu verzichten. Statt des normalen weichen Leerzeichens geben Sie zwischen den einzelnen Bestandteilen des Firmennamens ein hartes Leerzeichen ein. Setzen Sie dazu den Cursor zunächst hinter Dr. und rufen aus dem LAYOUT-Menü unter ZEILE wieder SPEZIELLE CODES auf den Bildschirm – dieses Mal jedoch mit Blick auf den Bereich ANDERE CODES. Klicken Sie die Option FESTER LEERSCHRITT [FEST. LEERSCHR.] an, um zwei Wörter – in diesem Fall Dr. und *Schlürf* in einer Zeile zusammenzuhalten. Mit EINFÜGEN übernehmen Sie diesen festen Leerschritt in Ihren Text. Diesen Leerschritt versteht die Textverarbeitung wie einen normalen Buchstaben und kann entsprechend keine Zeilenumbrüche an dieser Stelle durchführen.

Aufgabe: Geben Sie auch hinter *Schlürf* und hinter & einen festen Leerschritt ein, um sicherzustellen, daß der Firmenname entweder komplett in die erste oder in die zweite Zeile geschrieben wird.

2.1.11 Automatischer Seitenumbruch

Neben dem automatischen Zeilenumbruch gibt es auch einen automatischen Seitenumbruch. Sie werden das bemerken, wenn Sie sehr viel Text schreiben (etwa über die 56. Zeile hinaus). Sobald der Text nicht mehr auf eine Seite paßt, werden die Folgezeilen auf die nächste Seite geschoben, es entsteht eine neue Seite. Sie erkennen dies auf dem Bildschirm daran, daß eine quer über die Seite verlaufende Trennlinie erscheint. Dieser Balken markiert den automatisch eingefügten Seitenumbruch (vgl. Abbildung 2.5).

Nun kann es vorkommen, daß Sie den Seitenumbruch gerne früher im Text hätten (später geht nicht, denn mehr paßt einfach nicht auf die Seite, es sei denn, Sie wählen eine andere Papiergröße). Um einen früheren Seitenumbruch zu erzwingen, gehen Sie mit dem Cursor zunächst in die Zeile, an der die neue Seite beginnen soll. Dann drücken Sie [Strg-Eingabe] oder wählen aus dem LAYOUT-Menü die Option SEITE und danach SEITENUMBRUCH.

Auf dem Bildschirm erscheint ein neuer Seitenumbruch, der mit einem doppelten Querstrich gekennzeichnet wird.

Aufgabe: Fügen Sie in Ihrem Beispieltext probeweise an einer beliebigen Stelle einen Seitenumbruch ein und löschen diesen umgehend wieder mit der [Rückschritt]-Taste.

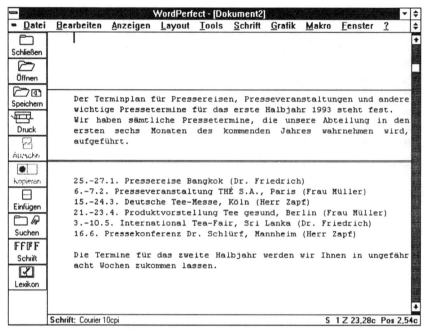

Abb. 2.5: Seitenumbruch auf dem Bildschirm

2.2 Im Text wandern

Neben den bereits erwähnten Möglichkeiten der Cursorbewegung über diverse Tasten und Tastenkombinationen, gibt es noch eine Alternative über das BEARBEITEN-Menü. Hier finden Sie den Befehl GEHE ZU, der Sie an jede gewünschte Stelle Ihres Textes führt (vgl. Abbildung 2.6).

Mit der Funktion GEHE ZU wird der Cursor rasch zu einer bestimmten Seite oder an den oberen bzw. unteren Rand der aktuellen Seite gesteuert.

Angenommen, Sie arbeiten an einem längeren Dokument und möchten mal schnell zwischendurch auf Seite 10 etwas nachlesen. Normalerweise müßten Sie dazu über die vertikale Bildlaufleiste oder mit [Bild↓] manuell bis zur gewünschten Seite blättern.

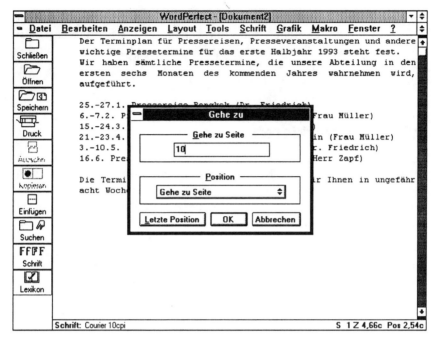

Abb. 2.6: Dialog GEHE ZU

Mit GEHE ZU geht das Ganze wesentlich schneller. Geben Sie in das Textfeld unter GEHE ZU SEITE *10* ein, und die zehnte Seite Ihres Dokuments wird auf dem Bildschirm eingeblendet.

Unter POSITION ist eine Popup-Liste versteckt, die Ihnen nicht nur den Sprung zu einer bestimmten Seite, sondern auch zum oberen oder unteren Rand der aktuellen Seite anbietet, wenn Sie z. B. an der Grußformel eines Briefes angekommen sind und im Adreßfeld oben auf der Seite den Firmennamen nachträglich korrigieren wollen.

Klappen Sie die Liste herunter und wählen das gewünschte Sprungziel aus, z. B. OBERER RAND AKTUELLE SEITE. Schließen Sie die Dialogbox mit OK, und die Schreibmarke springt sofort an den Anfang der Seite. Haben Sie den Firmennamen korrigiert, müssen Sie nicht manuell Zeile für Zeile wieder zu der Stelle wandern, an der Sie vorher stehengeblieben waren. Statt dessen gehen Sie erneut in die Dialogbox GEHE ZU und klicken auf den Schalter LETZTE POSITION. Der Cursor wird wieder an seine vorherige Position gesteuert.

Aufgabe: Wechseln Sie in Ihrem Beispieltext zum unteren Rand der aktuellen Seite und setzen Sie die Schreibmarke anschließend wieder an die Position, an der sie vorher stand.

2.3 Text markieren

Eine besonders wichtige Technik bei der elektronischen Textverarbeitung ist die Markierung von Textteilen. Nur ein markiertes Wort kann unterstrichen werden, nur ein markierter Absatz kann zentriert gesetzt werden, nur markierte Textpassagen können Sie löschen, verschieben und kopieren.

Ohne Markieren läuft also nicht viel. Umso wichtiger ist es daher für Sie, die Markiertechniken zu erlernen und zu beherrschen.

Am leichtesten markieren Sie einen Textteil mit der Maus. Sie zeigen einfach mit dem Mauspfeil auf den Anfang des zu markierenden Blocks und ziehen die Maus dann mit gedrückter linker Maustaste bis zum Ende des Blocks. Der Block wird invertiert und ist nun markiert und damit frei für weitere Bearbeitungsschritte.

Der Block bleibt solange markiert, bis Sie entweder wieder normalen Text eingeben oder eine andere Textpassage markieren. Ein Doppelklick über einem Wort markiert dieses komplett. Mit einem Dreifachklick markieren Sie einen ganzen Satz.

Wollen Sie einen ganzen Absatz markieren, gehen Sie mit dem Mauszeiger vor das erste Wort des Absatzes und fahren mit der Maus bei gedrückter linker Maustaste am linken Seiterand herunter (vgl. Abbildung 2.7).

Über die Tastatur kann natürlich auch markiert werden. Zunächst gibt es den Weg über die Cursortasten. Jede einfache Cursorbewegung mit den Pfeiltasten oder [Pos1], [Ende] und [Bild↑], [Bild↓] wird zusammen mit [Umschalt] zu einer Markierbewegung. So markieren Sie etwa mit der Tastenkombination [Umschalt-Bild↑] ein ganzes Stück des zurückliegenden Textes.

80

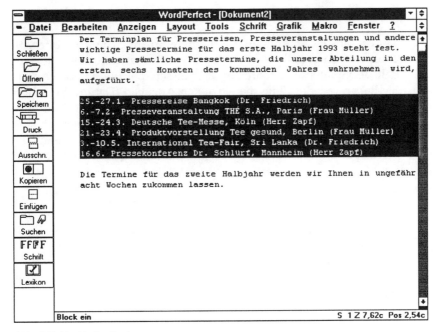

Abb. 2.7: Markierter Text

Hinweis: Blöcke können normalerweise immer nur in der Horizontalen erweitert werden, also nach rechts und links. Wenn Sie mit der Markierung nach oben oder unten wandern, werden immer ganze Zeilen markiert. Darüber hinaus kann immer nur ein Textstück gleichzeitig markiert werden. Aus mehreren Stellen zusammengesetzte Markierungsblöcke sind also nicht möglich.

Alternativ können Sie Text auch über die Menüleiste markieren, und zwar mit dem Befehl MARKIEREN im BEARBEITEN-Menü. Klappen Sie das Menü neben dieser Option auf, und Sie finden vier Möglichkeiten, Text zu markieren.

1. SATZ, um einen Satz zu markieren.

   Der Cursor muß vor dem Satz stehen, den Sie markieren wollen.

2. ABSATZ, um einen Absatz zu markieren.

   Der Cursor muß vor dem ersten Wort des Absatzes stehen, den Sie markieren wollen.

3. TABSPALTE

Mit dieser Option können Sie mehrere Spalten, die mit Hilfe von Tabsprüngen erstellt worden sind, neu formatieren, ohne den Inhalt der Spalten neu schreiben zu müssen. Beispiel Pressetermine: Sie haben in jeder Zeile die einzelnen Angaben (Datum, Pressetermin, Name des Mitarbeiters) jeweils durch einen Tabsprung voneinander getrennt. Dadurch ist die Liste der Pressetermine in drei Spalten aufgeteilt worden. Markieren Sie zur Übung einmal die erste Spalte – die Veranstaltungsdaten. Dazu gehen Sie wie folgt vor:

Setzen Sie den Cursor in der linken Spalte auf das erste Zeichen der ersten Reihe – also das erste Veranstaltungsdatum – und ziehen Sie mit der Maus herunter bis hin zur letzten Reihe der Spalte. WordPerfect markiert einen ungleichmäßig formatierten Textabschnitt innerhalb der gesamten Liste. Gehen Sie dann ins BEARBEITEN-Menü zur Option MARKIEREN und wählen Sie TABSPALTEN. Nun wird nur noch die markierte erste Spalte angezeigt.

4. RECHTECK

Über diese Option wird ein rechteckiges Textstück markiert, ohne daß hierdurch der übrige Text auf der Seite beeinflußt wird. Voraussetzung hierbei ist jedoch, daß die einzelnen Zeilen innerhalb des Rechtecks durch Zeilenschaltungen abgeschlossen wurden. Sie markieren ein rechteckiges Textstück, z. B. die gesamte Liste der Pressetermine, indem Sie den Cursor an einer Ecke des zu markierenden Textstücks (z. B. links oben oder rechts unten) positionieren. Halten Sie die linke Maustaste fest und ziehen Sie die Maus in die diagonal entgegengesetzte Ecke. Der markierte Textblock ist von unregelmäßiger Form. Wählen Sie dann die Markier-Option RECHTECK, und der Textblock wird rechteckig markiert.

Hinweis: Wie Sie schnell feststellen werden, markiert WordPerfect in den drei längsten Zeilen die letzten Buchstaben nicht mit. Das liegt daran, daß das Programm als Länge des gesamten Rechtecks die Länge der letzten markierten Zeile zugrundelegt. Da diese Zeile jedoch zu den kürzeren gehört, werden längere Zeilen in dem Rechteck nicht mehr berücksichtigt. Daher macht diese Option nur in Tabellen Sinn, in denen alle Spalten gleich lang sind. Mehr zu Tabellen erfahren Sie in Kapitel 3.2.4 und 3.2.5.

2.4 Blockfunktionen

Mit einem markierten Block können Sie nun allerhand anstellen. Sie können den Textblock kopieren, verschieben und löschen. Diese Funktionen nennt man Blockbefehle, weil sie nur mit einem markierten Textblock funktionieren. Darum geht es in diesem Abschnitt. Die Blockbefehle finden Sie im BEARBEITEN-Menü.

Hinweis: Die Blockbefehle arbeiten auch über mehrere Dokument-Fenster hinweg. Sie können also in einem Fenster einen Block markieren und kopieren und in einem anderen Fenster als Kopie einfügen. Sie müssen zwischendurch natürlich die Fenster über das FENSTER-Menü wechseln. So können Sie z. B. eine gelungene Textpassage aus dem Angebot an Firma Müller in das Angebot an Firma Meier kopieren.

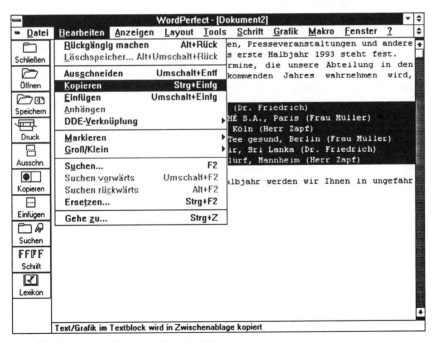

Abb. 2.8: BEARBEITEN-Menü und Blockbefehle

2.4.1 Text kopieren

Um einen Textblock zu kopieren, z. B. weil Sie an anderer Stelle Ihrer Korrespondenz noch einmal dieselbe Passage verwenden möchten, markieren Sie den gewünschten Bereich, wählen im BEARBEITEN-Menü den Befehl KOPIEREN, wandern dann mit dem Cursor auf die Zielposition und wählen im BEARBEITEN-Menü den Befehl EINFÜGEN. Mit dieser Befehlskombination können Sie auch Mehrfachkopien anfertigen, denn den markierten Textblock merkt sich WordPerfect so lange, bis sie einen anderen Block markieren und kopieren. Es ist also bedenkenlos möglich, ein und denselben Textblock in 100 verschiedene Dokumente wieder einzufügen.

Schneller geht das Kopieren von Textblöcken auf zwei anderen Wegen:

1.   Über die Tastenleiste: In der Standard-Tastenleiste finden Sie den Schalter KOPIEREN genauso wie den Schalter EINFÜGEN. Ein Klick auf den entsprechenden Schalter genügt, um den Text zu kopieren und anschließend wieder einzufügen.

2.   Über Tastenkombinationen: Wer lieber mit der Tastatur als mit der Maus arbeitet, der sollte zum Kopieren [Strg-Einfg] und zum Einfügen des Textblocks [Umschalt-Einfg] drücken.

Aufgabe: Kopieren Sie die Liste mit den Presseterminen (Rechteck markieren!), legen Sie über den Befehl NEU im DATEI-Menü ein neues Dokument an und fügen Sie die kopierte Liste in dieses neue leere Bildschirmfenster ein.

2.4.2 Text verschieben

In der Praxis werden Sie sicherlich häufiger einen Textblock nicht kopieren, sondern verschieben wollen. Dafür markieren Sie den gewünschten Absatz, wählen im BEARBEITEN-Menü den Befehl AUSSCHNEIDEN, gehen mit dem Cursor an die neue Position, an der der Text stehen soll, und wählen aus dem BEARBEITEN-Menü wieder den Befehl EINFÜGEN.

Sie müssen den Textblock nicht sofort wieder einfügen. Solange Sie keinen anderen Block markieren und kopieren oder ausschneiden, merkt sich WordPerfect den ausgeschnittenen Textblock. Theoretisch könnten Sie einen Textblock also noch nach mehreren Stunden einfügen – vorausgesetzt, Sie verlassen WordPerfect nicht zwischendurch, denn dabei würde der ausgeschnittene Text ebenfalls gelöscht.

Auch beim Verschieben von Text stehen Ihnen wieder die entsprechenden Schalter AUSSCHNEIDEN und EINFÜGEN in der Tastenleiste zur Verfügung. Oder Sie drücken [Umschalt-Entf], um den Text auszuschneiden, und [Umschalt-Einfg], um ihn an anderer Stelle wieder einzufügen.

Mit der Maus geht das Verschieben von Blöcken dank der sogenannten *Drag&Drop-Technik* (Ziehen und Fallenlassen) besonders einfach. Sie markieren den zu verschiebenden Textblock, ergreifen ihn mit der Maus und ziehen den Block auf die Zielposition. Sobald der Mauszeiger mit dem Rechteck untendran auf die richtige Stelle zeigt, lassen Sie los. Der Textblock wird verschoben.

Aufgabe: Verschieben Sie die erste Spalte der Terminliste – die Veranstaltungsdaten – an die letzte Stelle hinter die Namen der Mitarbeiter (Tabspalte markieren!).

2.4.3 Text anhängen

Der einzige Haken beim sonst so komfortablen Kopieren und Verschieben von Textblöcken ist, daß die Daten in einen temporären Speicher geschrieben werden, die sogenannte Zwischenablage (mehr dazu in Kapitel 4.1). Temporär bedeutet bekanntlich vorübergehend, und daher wird der Inhalt dieser Zwischenablage manchmal schneller überschrieben, als einem lieb ist.

Dadurch ist es z. B. nicht möglich, mehrere Textblöcke gleichzeitig zu kopieren oder zu verschieben. Ein Beispiel aus der Praxis: Sie haben eine längere Dokumentation geschrieben, und jedes Thema wird mit einer Zwischenüberschrift eingeleitet. Nun möchten Sie gern alle Überschriften sozusagen als kleine Inhaltsangabe vorweg aufführen, nach dem Motto: Folgende Themenschwerpunkte werden in der Dokumentation behandelt. Normalerweise müßten Sie jede Überschrift einzeln kopieren und an der neuen Position wieder einfügen – ein sehr zeitraubendes Unternehmen.

WordPerfect bietet Ihnen in solchen Situationen die Möglichkeit, Text an den bereits bestehenden Inhalt der Zwischenablage anzuhängen. Diese Option ist äußerst komfortabel, denn auf diese Weise können Sie sämtliche Überschriften auf einmal an einer Stelle wieder einfügen. Sie gehen dazu folgendermaßen vor:

Markieren Sie die erste Überschrift und wählen Sie den Befehl KOPIEREN aus dem BEARBEITEN-Menü. Die erste Überschrift wird in die Zwischenablage geschrieben. Für alle weiteren Überschriften wählen Sie nicht KOPIEREN, sondern ANHÄNGEN im BEARBEITEN-Menü, so lange, bis alle Überschriften an die erste angehängt sind. Gehen Sie nun mit dem Cursor zu der Stelle, an der das Inhaltsverzeichnis stehen soll, und wählen EINFÜGEN. Der gesamte Inhalt der Zwischenablage wird in das Dokument geholt und alle Überschriften stehen wie gewünscht untereinander.

Hinweis: Diese Funktion steht nicht zur Verfügung , wenn im Text ein Rechteck oder eine Tabspalte markiert ist.

2.4.4   Text löschen

Selbstverständlich können Sie nicht mehr benötigte oder falsche Textblöcke auch löschen. Schließlich ist nicht alles, was Sie auf die Schnelle schreiben, gleich das Ei des Kolumbus. Ein markierter Textblock wird mit [Entf] gelöscht.

Solche Löschungen passieren bisweilen aber überstürzt und unbedacht, und schon ist eine gelungene Textpassage Ihres Schreibens verloren. Doch zum Glück gibt es ja noch den Befehl RÜCKGÄNGIG, der Ihren jeweils letzten Lösch-Befehl rückgängig macht. Um diesen Befehl in Anspruch nehmen zu können, müssen Sie aber sofort nach dem ungewollten Löschen reagieren. Merken Sie den Verlust erst einige Zeit später, nachdem Sie in Ihrem Text schon weitergearbeitet haben, können Sie nichts mehr machen: Die Textpassage kann nicht mehr zurückgeholt werden.

Die Lösung des Problems: Löschen Sie den markierten Textblock nicht mit [Entf] endgültig, sondern vorsichtshalber mit AUSSCHNEIDEN – oder [Umschalt-Entf] – mit Hintertürchen. Sollten Sie dann nämlich kurze Zeit später feststellen, daß Sie den Text gar nicht löschen wollten, können Sie ihn über EINFÜGEN oder [Umschalt-Einfg] wieder zurückholen. Allerdings nur so lange, wie Sie keinen weiteren Textblock ausschneiden und damit den ersten überschreiben.

Eine weitere Möglichkeit, ungewollten Datenverlust rechtzeitig abzuwenden, ist der Löschspeicher von WordPerfect. Mit der Funktion LÖSCHSPEICHER im BEARBEITEN-Menü können die letzten drei Löschungen, die Sie vorgenommen haben, rückgängig gemacht werden. Haben Sie die Option aufgerufen, fügt WordPerfect die letzte Löschung an der Cursorposition invertiert ein und bringt eine Dialogbox mit vier Schaltern auf den Bildschirm.

Abb. 2.9: LÖSCHSPEICHER

Mit einem Klick auf den Schalter ZURÜCKHOLEN fügen Sie den zuletzt gelöschten Text an der Cursorposition wieder ein. Wollen Sie jedoch eine weiter zurückliegende Löschung rückgängig machen, klicken Sie statt dessen auf den Schalter WEITERBLÄTTERN, um die nächste Löschung einsehen zu können. Das ganze können Sie noch ein weiteres Mal wiederholen – mehr als die drei letzten Löschungen können nicht mehr rückgängig gemacht werden. Mit ZURÜCKBLÄTTERN geht es wieder zurück zu der zuletzt gelöschten Textpassage. Haben Sie den gewünschten Text durch Blättern gefunden, drücken Sie auf ZURÜCKHOLEN, um ihn wieder in Ihr Dokument einzufügen.

Aufgabe: Löschen Sie den ersten Absatz des Beispieltextes und machen Sie die Löschung wieder rückgängig.

Fragen und Übungen:

1. Geben Sie einen beliebigen Korrespondenztext ein und korrigieren Sie diesen.

2. Was versteht man unter einem automatischen Zeilenumbruch?

3. Welche Trenncodes gibt es, und was bewirken sie im einzelnen?

4. Wozu dienen harte und weiche Leerzeichen?

5. Erstellen Sie eine kleine Tabelle mit Hilfe der Tabulatoren.

6. Welche verschiedenen Möglichkeiten gibt es, Text zu makieren?

7. Was sind Blockfunktionen, und welche gibt es?

8. Verschieben und kopieren Sie Textblöcke.

2.5 Text suchen

Eine besondere Stärke der Textverarbeitung ist das gezielte Suchen nach bestimmten Begriffen, Textpassagen und Steuerzeichen. Wie oft blättert man in gedruckten Texten nicht hin und her, auf der Suche nach den entscheidenden drei Zeilen. Mit Sicherheit durchstöbern Sie zunächst die Seiten, auf denen garantiert nichts zu Ihrem Thema steht, bevor Sie das Gewünschte endlich finden.

Anders in der Textverarbeitung. Hier haben Sie mit SUCHEN einen leistungsstarken Befehl, mit dessen Hilfe Sie eigentlich jede Textstelle ausfindig machen sollten. Rufen Sie diesen Befehl aus dem BEARBEITEN-Menü oder drücken schlicht und ergreifend [F2]. Eine dritte Möglichkeit ist ein Klick auf den Schalter SUCHEN in der Tastenleiste. Es erscheint eine kleine Dialogbox am unteren Bildschirmrand.

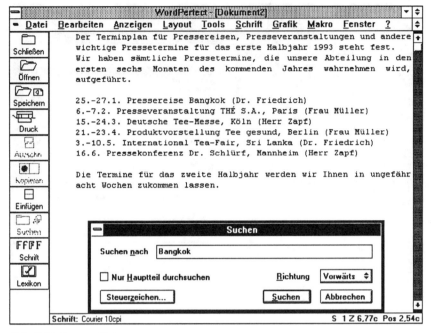

Abb. 2.10: SUCHEN-Dialog

Geben Sie nun in die Eingabezeile hinter SUCHEN NACH Ihren Suchbegriff ein und starten den Suchvorgang mit einem Klick auf den Schalter SUCHEN. Eigentlich sollte WordPerfect nun in Windeseile Ihre gesuchte Textstelle gefunden haben. Wenn WordPerfect nichts findet, kann dies mehrere Ursachen haben:

1. Es kann natürlich sein, daß die gesuchte Textstelle gar nicht in dem Text vorkommt.

2. WordPerfect findet nur exakte Übereinstimmungen von Suchbegriff und durchsuchtem Text. Wenn Sie nach *Karl-Heinz Schäfer* suchen, in der Suchzeile des Dialogs aber *Karlheinz Schäfer* eingeben, wird Ihnen in der Statuszeile angezeigt, daß WordPerfect diesen Namen nicht gefunden hat.

Sie müssen nicht unbedingt nach reinen Textstellen suchen, sondern können auch Codes in die Suche einbeziehen. Hierfür klicken Sie auf den Schalter STEUERZEICHEN, und eine zweite Dialogbox erscheint oberhalb der ersten.

89

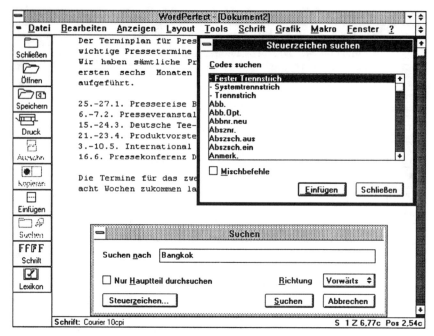

Abb. 2.11: STEUERZEICHEN SUCHEN

Blättern Sie durch die Liste der Steuerzeichen unter CODES SUCHEN – Sie sehen, diese Liste ist endlos lang. Wählen Sie z. B. den Tabulatorcode *Tab* aus, um nach Tabstopps zu suchen. Mit EINFÜGEN übernehmen Sie das gewünschte Steuerzeichen in den SUCHEN-Dialog.

Genausogut können Sie nach Text und Steuerzeichen suchen. Das bietet sich vor allem dann an, wenn Sie die Schreibweise eines Wortes nicht genau im Kopf haben. Es gibt den Platzhaltercode *[Beliebig]*, der immer einen unbekannten Buchstaben ersetzt. Blättern Sie in der Liste der Steuerzeichen bis zu diesem Code. Mit einem Doppelklick darauf oder mit dem Schalter EINFÜGEN übernehmen Sie den Code in Ihren Suchbegriff. Beispiel: Die Schreibweise des Namens *Meier*. Der Suchbegriff *M[Beliebig]ier* findet sowohl *Herrn Meier* als auch *Herrn Maier*.

Hinweis: Mit Kleinbuchstaben im Suchbegriff wird sowohl ein groß geschriebenes als auch ein klein geschriebenes Wort ermittelt; mit Großbuchstaben hingegen läßt sich das gesuchte Wort nur in Großbuchstaben bzw. mit großem Anfangsbuchstaben ermitteln.

90

Das Kreuzfeld NUR HAUPTTEIL DURCHSUCHEN bezieht sich auf eventuell vorhandene Fuß- und Endnoten, die bei angekreuztem Feld nicht in die Suche einbezogen würden. Was man unter Fuß- und Endnoten versteht, erfahren Sie in Kapitel 10.2.

Last but not least haben Sie Einfluß auf die Suchrichtung. Steht Ihr Cursor am Anfang des Textes, lassen Sie die Vorgabe VORWÄRTS des Schalters hinter RICHTUNG stehen. Befinden Sie sich jedoch am Textende und wollen nicht extra zum Anfang springen, klicken Sie auf den Popup-Schalter und markieren Sie die Option RÜCKWÄRTS.

Sind alle Vorbereitungen getroffen, klicken Sie auf den Schalter SUCHEN, um den Suchvorgang zu starten. Findet WordPerfect den Suchbegriff, bleibt der Cursor an der Stelle stehen, und der SUCHEN-Dialog wird geschlossen.

Nun kann es ja vorkommen, daß ein Suchbegriff mehrmals im Text auftaucht. Um auch alle weiteren im Text vorkommenden Begriffe aufzustöbern, brauchen Sie nicht jedesmal von neuem den SUCHEN-Dialog aufrufen und starten, sondern können mit [Umschalt-F2] oder SUCHEN VORWÄRTS im BEARBEITEN-Menü (oder auch SUCHEN RÜCKWÄRTS bzw. [Alt-F2], wenn Sie weit hinten im Text stehen) den Suchvorgang nach dem eingegebenen Begriff so lange fortsetzen, bis das Textende (bzw. der Textanfang) erreicht ist.

2.6 Text ersetzen

Eine Weiterführung des SUCHEN-Befehls ist die Funktion ERSETZEN, die Sie ebenfalls im BEARBEITEN-Menü finden oder mit [Strg-F2] aufrufen.

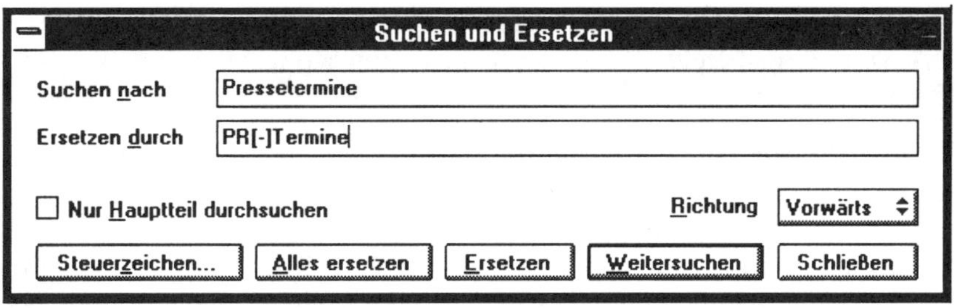

Abb. 2.12: SUCHEN UND ERSETZEN-Dialog

Hier haben Sie nun die Möglichkeit, Silben, Worte oder auch Sätze sowie Steuerzeichen durch andere Formulierungen zu ersetzen, und zwar auch hier in beiden Richtungen vorwärts oder rückwärts. Dies kann in folgenden Fällen sinnvoll sein:

1. Sie haben sich in der Wortwahl vergriffen und wollen einen Rückzieher machen. Sie wollen beispielsweise *Frechheit* durch *Impertinenz* austauschen, weil das Fremdwort gediegener klingt.

2. Sie haben ein Wort schlicht falsch geschrieben und wollen den Patzer schnell richtigstellen. Sie haben beispielsweise *Rythmus* statt *Rhythmus* geschrieben und möchten sich nicht blamieren.

3. Sie haben einen Begriff, ein Wort oder einen Namen nicht vollständig geschrieben, z. B. immer nur *Dr. Schlürf* statt *Dr. Schlürf & Co.* Durch richtige Schreibweisen sammeln Sie bei sehr empfindlichen Leuten Pluspunkte.

4. Sie haben im Text mit Kürzeln gearbeitet und wollen diese nun durch die Langformen austauschen. So empfiehlt es sich beispielsweise, Fachbegriffe wie *Desoxyribonukleinsäure* immer abzukürzen, z. B. durch *DSA*, und diese Abkürzung hinterher durch den vollständigen Begriff zu ersetzen. So erleichtern Sie sich die Arbeit ungemein und vermeiden unnötige Tippfehler.

5. Sie haben mit den falschen Begriffen gearbeitet und z. B. *Einkauf* geschrieben, obwohl Sie *Verkauf* meinten.

6. Sie haben aus Versehen den automatischen Zeilenumbruch unterbunden und jede Zeile mit [Eingabe] beendet. Also ersetzen Sie das Steuerzeichen für das Absatzende [FNZ] durch das Steuerzeichen für das Zeilenende [NZ].

All diese Fälle sind durch einen Ersetzen-Lauf schnell zu beheben. Sie geben einfach den Suchbegriff und den entsprechenden Ersatzbegriff ein. Vom Eingabefeld SUCHEN NACH gelangen Sie mit [Tab] in die Zeile ERSETZEN DURCH.

Aus Erfahrung kann Ihnen beim Ersetzen-Lauf aber nur davon abgeraten werden, ohne Rückfrage zu arbeiten. Deshalb wählen Sie zunächst immer den Schalter WEITERSUCHEN in Kombination mit ERSETZEN und nicht gleich ALLES ERSETZEN. Diese Option beschleunigt zwar das Austauschverfahren ungemein, führt aber oft zu fatalen Fehlern. Was Sie einmal ersetzt haben, können Sie so schnell nicht mehr rückgängig ma-

92

chen. Wehe, es war das falsche, dann sind Sie gezwungen, Ihren Text manuell wieder auf den richtigen Stand zu bringen.

Tip: Achten Sie bei den Austauschpaaren darauf, daß Sie bei Substantiven immer dasselbe Geschlecht für Such- und Ersatzwort verwenden. Sonst bekommen Sie anstelle von *Das Produkt* auf einmal *Das Ware* oder ähnliches. Werden die Substantive auch noch dekliniert, wird es noch schlimmer.

Genauso sollten Sie kein Plural-Substantiv durch ein Singular-Substantiv ersetzen, sonst wird aus *Die Betriebs-rats-Mitglieder tagten* der Satz *Die Betriebsrat tagte*n. Also Vorsicht!

Hinweis: Sollte der ERSETZEN-Dialog die Fundstelle eines Austauschbegriffs verdecken, können Sie den Dialog verschieben, indem Sie die Titelleiste der Dialogbox mit der Maus ergreifen und diese an die gewünschte Position ziehen.

Der ERSETZEN-Dialog wird über den Schalter SCHLIESSEN verlassen.

Aufgabe: Ersetzen Sie den Begriff *Pressetermine* durch *PR-Termine*.

2.7 Sonderzeichen eingeben

Immer wieder werden Sie die Notwendigkeit haben, bestimmte Sonderzeichen in Ihren Text einzufügen. Wenn Sie z. B. französische Geschäftspartner in Besançon haben, brauchen Sie neben den direkt auf der Tastatur verfügbaren Accents auch noch ein ç.

Nun sind solche Sonderzeichen allesamt nicht über die Tastatur erreichbar. Über den Befehl ZEICHENSÄTZE im SCHRIFT-Menü oder mit [Strg-W] kommen Sie aber an jedes nur denkbare Symbol und Zeichen heran, auch an das ç. Bevor Sie diesen Befehl aufrufen, setzen Sie die Schreibmarke an die Stelle, an der das Sonderzeichen eingefügt werden soll, also hinter *Besan*.

Abb. 2.13: Sonderzeichen einfügen

In der Dialogbox WORDPERFECT ZEICHENSÄTZE sehen Sie ganz oben einen Popup-Schalter mit der Bezeichnung SATZ und der Vorgabe ASCII. Klikken Sie den Schalter mit der Maus an, und eine lange Liste verfügbarer Zeichensätze wird eingeblendet, von Bildsymbolen über Griechisch und Kyrillisch bis hin zu benutzerdefinierten Zeichen, die Sie selbst bestimmen können.

Sie interessieren sich für das ç. Dieses Sonderzeichen finden Sie im Zeichensatz *International 1*, den Sie in der Liste der Zeichensätze mit gedrückter Maustaste entsprechend markieren. Unter ZEICHEN erscheinen nun alle Zeichen dieses Zeichensatzes – ebenfalls eine lange Liste. Haben Sie das gewünschte Sonderzeichen gefunden, klicken Sie darauf – das Zeichen wird mit einem blinkenden, gestrichelten Rechteck markiert. Werfen Sie einen Blick in das Feld NUMMER schräg rechts darüber. In diesem Feld erscheint die Nummer des gewählten Zeichens, in diesem Fall *1,39*. Alle Sonderzeichen werden nämlich mit Zeichensatznummer und Zeichennummer sowie Zeichenkombinationen erstellt.

94

Mit einem Klick auf den Schalter EINFÜGEN fügen Sie das Sonderzeichen in Ihr Dokument ein, und zwar an der Stelle, an der Sie vorher die Schreibmarke positioniert haben. Die Dialogbox bleibt geöffnet, um Ihnen Gelegenheit zu geben, weitere Sonderzeichen einzufügen. Möchten Sie es bei diesem einen Zeichen belassen, klicken Sie statt auf EINFÜGEN auf den Schalter EINFÜGEN UND SCHLIESSEN.

Aufgabe: Rufen Sie den griechischen Zeichensatz auf und fügen Sie nacheinander zur Übung die ersten fünf Sonderzeichen in Ihren Text ein.

2.8 Text speichern und laden

Natürlich wollen Sie irgendwann auch einmal Ihre Arbeit beenden und den gerade geschriebenen Text sicher ablegen. In der EDV legen Sie Dokumente durch Speichern auf der Festplatte ab. Speichern ist also die altgewohnte Ablage.

2.8.1 Datei speichern

Um Ihren Text zum erstenmal zu speichern, gehen Sie wie folgt vor: Wählen Sie aus dem DATEI-Menü den Befehl SPEICHERN, drücken Sie [Umschalt-F3] oder klicken Sie in der Tastenleiste auf den Schalter SPEICHERN. Es erscheint ein Dialog wie in Abbildung 2.14.

In der Liste DATEIEN sehen Sie die im aktuellen Verzeichnis gespeicherten Texte, unter VERZEICHNISSE finden Sie eine Übersicht über weitere Unterverzeichnisse des gegenwärtigen Verzeichnisses sowie eine Liste aller verfügbaren Laufwerke (normalerweise die Festplatte C als auch die Diskettenlaufwerke A und B). Welches das aktuelle Verzeichnis ist, lesen Sie oberhalb der Verzeichnisliste hinter AKTUELLES VERZEICHNIS. Normalerweise dürfte Ihr Standardverzeichnis C:\WPWIN sein.

Wie speichern Sie nun Ihr Dokument? In der Dateiliste sehen Sie, welche Dateinamen schon vergeben sind und folglich nicht mehr benutzt werden dürfen. Über die Verzeichnisliste können Sie das Zielverzeichnis für Ihren Text auswählen.

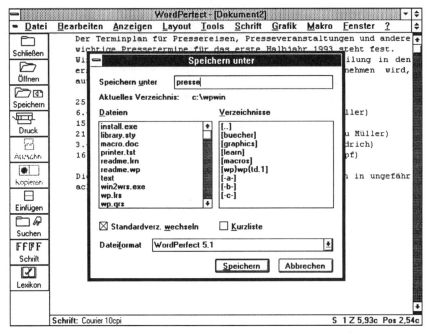

Abb. 2.14: Datei erstmalig speichern

Wenn Sie z. B. ein Verzeichnis C:\WPWIN\BRIEFE für Ihre Korrespondenz erstellt haben (siehe Kapitel 9.2., "Dateien verwalten"), dann können Sie durch einen Doppelklick auf diesen Verzeichnisnamen [BRIEFE] in der Verzeichnisliste zu diesem Verzeichnis wechseln. Genauso können Sie auch durch einen Doppelklick auf [-a-] oder [-b-] zu den Diskettenlaufwerken wechseln und dort einen Text abspeichern.

Hinweis: Ein Doppelkick auf den obersten Verzeichniseintrag mit den beiden Punkten [..] bringt Sie jeweils in das nächsthöhere Verzeichnis, z. B. von C:\WPWIN\BRIEFE nach C:\WPWIN.

Im Eingabefeld unter DATEIEN brauchen Sie jetzt Ihrem Text nur noch einen Namen zu geben, der den DOS-Konventionen entspricht, d. h. der Dateiname darf nicht länger als acht Zeichen sein und weder das Leerzeichen noch andere Sonderzeichen enthalten. Mögliche gültige Dateinamen für Ihre interne Mitteilung an die Geschäftsführung wären beispielsweise:

96

PRESSE

TERMINE

MEMO

Schreiben Sie einen Dateinamen Ihrer Wahl in das Eingabefeld hinter SPEICHERN UNTER. WordPerfect setzt vor den Dateinamen automatisch die unter VERZEICHNISSE gewählte Laufwerks- und Verzeichnisangabe. Hinter dem Dateinamen steht immer die Dateinamenerweiterung des unter DATEIFORMAT gewählten Formats. Standardmäßig steht WORD-PERFECT 5.1 in dem Eingabefeld, und Ihrem zu speichernden Dokument wird automatisch die Endung .TXT zugeteilt. Legen Sie Ihre Datei z. B. im Hauptverzeichnis von WordPerfect ab, steht im Eingabefeld oben die komplette Pfadangabe

```
C:\WPWIN\PRESSE.TXT.
```

Wenn Sie wollen, können Sie die Datei aber auch unter einem anderen Format ablegen, indem Sie aus der Popup-Liste hinter DATEIFORMAT ein Dateiformat Ihrer Wahl aussuchen (mehr dazu im folgenden Kapitel 2.8.2, "Speichern unter").

Hinweis: Die Extension dient auf Betriebssystem-Ebene zur Unterscheidung von Texten, Grafiken, Tabellen, Datenbanken und Programmen. So werden meist folgende Extensionen vergeben:

■ .DBF, .DAT für Datenbanken

■ .TXT, .DOC für Texte

■ .PIC, .PCX für Grafiken

■ .WKS, .XLS für Tabellen

■ .COM, .EXE, .OVL für Programme

Klicken Sie auf SPEICHERN, um Ihr Dokument dauerhaft abzulegen. In der Titelleiste Ihres Dokuments erscheint statt der Dokumentbezeichnung DOKUMENT 1 umgehend der neue Name inklusive Pfadangabe, meist in der Form

```
WordPerfect-[C:\...\PRESSE.TXT].
```

97

Tip: WordPerfect verfügt über eine Autospeichern-Funktion. In einem Zeitabstand, den Sie im DATEI-Menü unter STANDARDEINSTELLUNGEN/BACKUP/BACKUP IN INTERVALLEN eingeben können, speichert WordPerfect Ihr aktuelles Dokument automatisch regelmäßig ab. Auf Ihrem Bildschirm erscheint dann für kurze Zeit die Sanduhr und in der Statuszeile die Mitteilung BACKUP IN INTERVALLEN. Dennoch sollten Sie sich nicht blind darauf verlassen, sondern während Ihrer Arbeit immer mal wieder auf den Schalter SPEICHERN in der Tastenleiste oder [Umschalt-F3] drücken, um vorgenommene Änderungen im aktuellen Dokument zu sichern.

Genausogut können Sie unter BACKUP DES ORIGINALS Sicherungskopien von Ihrem Dokument anlegen. Das ist sinnvoll, weil Sie die jeweils letzte Fassung eines Textes speichern und damit unerwünschte, aber schon gespeicherte Änderungen rückgängig machen können. Die Sicherungskopien erhalten den Dateinamen des Dokuments mit der Endung .BAK.

2.8.2 Speichern unter

Gelegentlich kommt es vor, daß Sie eine Datei unter einem anderen Namen, auf einem anderen Laufwerk, in einem anderen Verzeichnis oder in einem anderen Dateiformat als Kopie speichern wollen (Dateiexport).

Wählen Sie in diesem Fall im DATEI-Menü den Befehl SPEICHERN UNTER oder drücken [F3]. Es erscheint die Ihnen bereits bekannte Dialogbox. Wie gewohnt suchen Sie nun Laufwerk und Verzeichnis aus und vergeben einen Dateinamen. Wollten Sie die Datei nur in einem anderen Verzeichnis oder auf einer Diskette im Laufwerk A ablegen oder das Dokument unter neuem Namen speichern, sind Sie damit bereits am Ende Ihrer Arbeit und können SPEICHERN drücken.

Andere Dateiformate auswählen

Wenn Sie ein Dokument in WordPerfect 5.1 für DOS einlesen möchten, können Sie die Datei ebenfalls getrost im gleichen Format wie WordPerfect für Windows abspeichern. Soll Ihre Datei aber von einer anderen Textverarbeitung eingelesen werden können, muß diese Datei zunächst in ein anderes Dateiformat konvertiert, d. h. umgewandelt, werden. Blättern Sie durch die Liste DATEIFORMAT, und Sie werden feststellen, daß WordPerfect Ihnen eine Vielzahl von Formaten anbietet, in denen Sie Ihre Dateien abspeichern können.

Jedes Textverarbeitungsprogramm muß auf irgendeine Art und Weise neben dem reinen Text auch Angaben zu den Seitenrändern, zu den gewählten Schriftarten und Schriftgrößen, zu integrierten Bildern etc. speichern. Leider beschreitet dabei jeder Hersteller einen anderen Weg. Es gibt eine Lösung, um solche Klippen und damit verbundene Schwierigkeiten beim Konvertieren zu umgehen.

Kleinster gemeinsamer Nenner aller Textverarbeitungen ist der sogenannte ASCII-Code (ASCII = American Standard Code for Information Interchange, Standardcode für den Informationsaustausch). Im ASCII-Code aber werden nur Buchstaben, Satzzeichen und Zahlen gespeichert, so daß sämtliche Formatierungen verlorengehen. Dafür kann den ASCII-Code aber wohl jedes Programm verstehen, und somit können Sie zumindest Ihre Texte über ASCII an jeden weitergeben, der mit elektronischer Textverarbeitung schreibt.

Um im ASCII-Format zu speichern, müssen Sie unter DATEIFORMAT den Eintrag DOS-TEXT (ASCII) wählen. Nun können Sie den Text z. B. auf einer Diskette im ASCII-Format abspeichern und an Auftraggeber, Kunden, Abnehmer oder sonstwen weitergeben. Arbeiten alle in Ihrer Firma oder unmittelbaren Umgebung ausschließlich mit Windows-Textverarbeitungen, können Sie den Text statt im ASCII-Format auch im ANSI-Format (ANSI = American National Standards Institute, Amerikanische DIN-Behörde) abspeichern. In diesem Fall wählen Sie unter DATEIFORMAT den Eintrag *Windows-Text (ANSI)*.

Wenn Sie Ihren Text jedoch aufwendig gestaltet haben, werden Sie sich sicherlich ärgern, daß alle Ihre Formatierungen auf diesem Wege verloren gehen. Wenn doch der Empfänger auch mit WordPerfect arbeiten würde!

Aber es gibt noch einen anderen Weg: Wenn Ihr Abnehmer nämlich mit einer gängigen Textverarbeitung wie MS Word für DOS, WordStar oder AmiPro arbeitet, dann können Sie jeden gespeicherten WordPerfect-Text direkt in die entsprechenden Formate konvertieren. Dazu wählen Sie unter DATEIFORMAT einfach das gewünschte Format und speichern dann mit SPEICHERN.

2.8.3 Textangaben

Mit diesen Angaben lassen sich Dokumente organisieren und leichter wiederfinden. Für Ihre tägliche Arbeit mit WordPerfect sind Textangaben sicherlich recht wertvoll, vor allem, wenn Sie im Laufe der Zeit sehr viele verschiedene Texte geschrieben und abgelegt haben.

Hinweis: Wie sehr diese Textangaben Ihnen die Verwaltung und Organisation Ihrer Dateien erleichtern, werden Sie in Kapitel 9.2, "Dateien verwalten", noch feststellen.

Zunächst einmal rufen Sie unter STANDARDEINSTELLLUNGEN im DATEI-Menü die Option TEXTANGABEN auf. In der Dialogbox kreuzen Sie den Schalter TEXTANGABEN BEIM SPEICHERN/EXIT an und verlassen den Dialog wieder mit OK. Sie haben damit festgelegt, ob Sie beim Aufrufen der Speicher- oder der Exit-Funktion (WordPerfect verlassen, auch [Alt-F4]) zur Erstellung dieser Textangaben aufgefordert werden sollen.

Ist diese Option aktiviert, wird auf den Befehl zum Speichern einer Datei hin die Dialogbox TEXTANGABEN geöffnet, damit die erforderlichen Daten eingetragen werden können.

Sie müssen aber nicht warten, bis Sie das Dokument abspeichern, sondern können Textangaben zu jedem beliebigen Zeitpunkt bei Ihrer Arbeit am Dokument eintragen. Gehen Sie dazu ins LAYOUT-Menü und wählen den Befehl DOKUMENT. In der Aufklappliste markieren Sie den Befehl TEXTANGABEN, und die Dialogbox erscheint auf dem Bildschirm (vgl. Abbildung 2.15).

Die Felder in dieser Dialogbox sind in zwei Gruppen unterteilt: ANGABEN ZUR DATEI und ANGABEN ZU VERFASSER/IN UND INHALT. Im einzelnen:

1.   ANGABEN ZUR DATEI

In diesem Bereich stehen Ihnen die folgenden Felder zur Verfügung.

BESCHREIBENDER NAME

In diesem Feld kann ein bis zu 68 Zeichen langer beschreibender Dateiname eingegeben werden. Wenn Sie mit dem Datei-Manager in WordPerfect arbeiten (siehe dazu Kapitel 9.2, "Dateien verwalten"), kann dieses Feld automatisch in Ihren Dateilisten angezeigt werden.

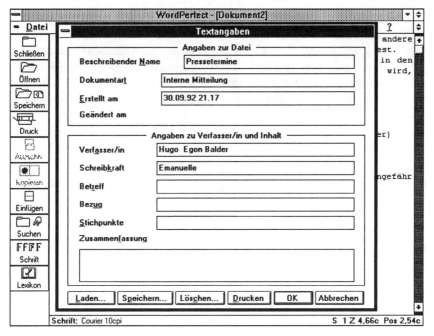

Abb. 2.15: Textangaben eintragen

DOKUMENTART

In diesem Feld wird eine Beschreibung der Dateiart eingegeben. Beispielsweise kann man so alle Briefe, die geschrieben werden, in verschiedene Gruppen einteilen. Dies wiederum erleichtert die Arbeit mit dem Datei-Manager, da man im Datei-Manager die Möglichkeit hat, Dateien nach der Dokumentart zu sortieren.

ERSTELLT AM

In diesem Feld steht das Datum, an dem die Textangaben erstellt wurden. Werden für ein Dokument zum ersten Mal Textangaben erstellt, steht hier das aktuelle Datum. Die Angaben in diesem Feld können vom Benutzer geändert werden, und zwar in folgender Form: Tag, Monat und Jahr werden durch Punkte voneinander getrennt (z. B. 1.2.93 oder 01.02.1993) und die vollständige Uhrzeit wird angegeben (z. B. 10.05). Datum und Uhrzeit müssen im korrekten Format angegeben werden, da sonst eine Fehlermeldung beim Schließen der Dialogbox angezeigt wird.

101

GEÄNDERT AM

In diesem Feld steht das Datum, an dem das Dokument zum letzten Mal geändert wurde. Dieses Datum kann in der Dialogbox nicht bearbeitet oder geändert werden. Nach jedem Bearbeiten und Speichern des Dokumentes fügt das Programm das aktuelle Systemdatum und die Systemzeit ein. Dieses Feld wird bei jedem Speichern des Dokumentes aktualisiert.

2.   ANGABEN ZU VERFASSER/IN UND INHALT

VERFASSER/IN

In diesem Feld steht der Name des Verfassers bzw. der Verfasserin des Dokuments.

SCHREIBKRAFT

Wird das Dokument nicht von Ihnen selbst, sondern von Ihrer Sekretärin geschrieben, sollte deren Name in diesem Textfeld stehen.

BETREFF

Handelt es sich bei dem Dokument um einen Geschäftsbrief mit Betreff-Angabe – was bei der Korrespondenz ja meistens der Fall ist – können Sie diesen Betreff in das Textfeld übernehmen. Entweder schreiben Sie den Betreff direkt in das Feld oder klicken auf den Schalter LADEN und beantworten die kleine Rückfrage, ob WordPerfect die Texteingaben einlesen soll, mit JA. Ihr Dokument wird nun nach dem Eintrag *Betr.:* durchsucht. Das Programm kopiert den unmittelbar auf *Betr.:* folgenden Text in das entsprechende Textfeld.

Hinweis: Soll das Programm nach einem anderen Eintrag suchen, z. B. nach dem Wort *Vorgang* bei internen Mitteilungen, muß der Suchbegriff in der Dialogbox STANDARDEINSTELLUNGEN/TEXTANGABEN unter BETREFF entsprechend geändert werden.

BEZUG

In dieses Feld kann zusätzlicher Text geschrieben werden, der bei der Identifikation des Dokumentes nützlich sein könnte.

STICHPUNKTE

In diesem Feld werden ein oder mehrere Stichpunkte angegeben, anhand derer man das Dokument leichter identifizieren kann.

ZUSAMMENFASSUNG

In diesem Feld wird ein kurzer Überblick über den Inhalt des Dokuments gegeben.

Haben Sie alle Angaben gemacht, schließen Sie die Dialogbox mit OK.

2.8.4 Datei schließen

Wenn Sie die Arbeit an einer Datei beenden oder besser abbrechen wollen, ohne zu speichern, dann ist der SCHLIESSEN-Befehl im DATEI-Menü bzw. der Schalter SCHLIESSEN in der Tastenleiste für Sie genau richtig. Er macht Ihnen den Bildschirm frei für neue Dokumente. Bevor die Datei aber wirklich geschlossen wird, blendet WordPerfect eine Sicherheitsabfrage ein und fragt Sie, ob Sie nicht doch lieber speichern wollen. Diese Abfrage ist zwar manchmal nervig, erspart einem aber oft den Datenverlust durch voreilige Entscheidungen.

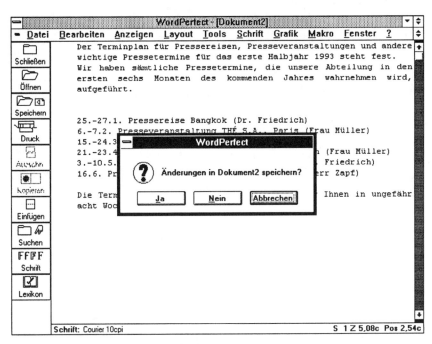

Abb. 2.16: Sicherheitsabfrage beim Speichern

2.8.5   Datei öffnen und laden

Datei öffnen

Jede gespeicherte WordPerfect-Datei kann selbstverständlich auch jederzeit wieder geöffnet und bearbeitet werden. Sie brauchen dazu nur den Befehl ÖFFNEN im DATEI-Menü aufzurufen, auf den Schalter ÖFFNEN in der Tastenleiste zu klicken oder [F4] zu drücken.

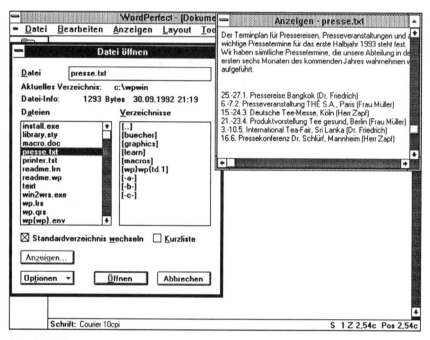

Abb. 2.17: DATEI ÖFFNEN

Um eine Datei zu öffnen, gehen Sie wie folgt vor: Wählen Sie in der Liste VERZEICHNISSE Laufwerk und Verzeichnis und in der Dateiliste die gewünschte Datei durch Anklicken aus. Selbstverständlich können Sie alternativ den Dateinamen auch direkt im Eingabefeld hinter DATEI eingeben. Solange Sie den Dateinamen auswendig kennen, geht das ganz gut, doch das dürfte – je länger Sie mit dem WordPerfect schreiben – immer seltener der Fall sein. Mit ÖFFNEN wird der Text tatsächlich geladen.

104

Tip: Anstatt zuerst den Dateinamen zu markieren und dann den Schalter ÖFFNEN zu drücken, können Sie den Dateinamen in der Liste auch doppelt anklicken, um die Datei auf den Bildschirm zu holen.

Sie können auch mehrere Dateien gleichzeitig öffnen. Jede Datei erscheint dann in einem separaten Fenster. Über das FENSTER-Menü haben Sie dann Zugriff auf die verschiedenen Dokument-Fenster. Doch übertreiben Sie es nicht. Fünf Texte zugleich kann niemand wirklich bearbeiten.

Und hier noch einige Worte zu den anderen verfügbaren Funktionen in der Dialogbox DATEI ÖFFNEN.

Schalter ANZEIGEN

Sie können sich den Inhalt einer Datei anzeigen lassen. Markieren Sie hierfür die Datei in der Dateiliste und klicken auf den Schalter ANZEIGEN. Rechts oben erscheint das gewünschte Dokument in einer eigenen Dialogbox. Sie können durch die Datei blättern, jedoch keine Änderungen vornehmen. Das Anzeigefenster wird mit einem Doppelklick auf das Systemfeld wieder geschlossen.

Schalter OPTIONEN

Mit den Einträgen, die sich hinter dem Popup-Schalter OPTIONEN verbergen, kann eine Datei gelöscht, kopiert, verschoben/umbenannt oder anhand ihres Dateinamens oder ihres Inhalts gefunden werden. Das ist sehr praktisch, denn wenn Sie z. B. ein Dokument nicht mehr benötigen, können Sie es in der Dateiliste markieren, unter OPTIONEN den Befehl LÖSCHEN wählen, und schon verschwindet die Datei ohne größere Umstände von Ihrer Festplatte. Genausogut haben Sie mit einem einfachen Mausklick die Möglichkeit, einem Dokument nachträglich einen anderen Namen zu geben, einen Text in einem anderen Verzeichnis abzulegen oder gezielt nach einer Datei zu suchen.

Kreuzfeld STANDARDVERZEICHNIS WECHSELN

Wenn dieses Kreuzfeld beim Öffnen einer Datei ausgewählt ist, so wird das neben dem Eintrag AKTUELLES VERZEICHNIS angezeigte Verzeichnis beim nächsten Öffnen oder Speichern einer Datei als Standardverzeichnis verwendet. Wenn Sie z. B. eine Datei aus dem Unterverzeichnis C:\WPWIN\BRIEFE auswählen, würde dieses Verzeichnis bei aktiviertem Kreuzfeld STANDARDVERZEICHNIS WECHSELN zukünftig immer angezeigt.

Ist beim Öffnen einer Datei dieses Kreuzfeld nicht markiert, so wird beim nächsten Öffnen oder Speichern einer Datei das zuvor als Standardverzeichnis verwendete Verzeichnis angezeigt. Ist unter STANDARDEINSTELLUNGEN in der Dialogbox PFAD ZU DEN DATEIEN (siehe Kapitel 1.6.1) kein Verzeichnis vorgegeben, so wird das Verzeichnis angezeigt, von dem aus WordPerfect gestartet wird (z. B. C:\WPWIN).

Hinweis: Dem Kreuzfeld KURZLISTE ist ein Extra-Kapitel gewidmet, und zwar das Folgekapitel 2.8.6.

Datei laden

Wählen Sie die Option LADEN aus dem DATEI-Menü, um eine Datei zu laden. Es gibt einen gewaltigen Unterschied zwischen DATEI ÖFFNEN und DATEI LADEN. Während beim Öffnen einer Datei für jedes Dokument ein neues Dokumentfenster angelegt wird, können Sie beim Laden eine Datei in das aktuelle Dokument oder Bearbeitungsfenster laden, ohne daß hierbei ein neues Dokumentfenster geöffnet wird.

Sie können natürlich nur ein Dokument laden, das bereits zu einem früheren Zeitpunkt gespeichert wurde. Die Optionen in der Dialogbox sind dieselben wie beim Öffnen einer Datei.

2.8.6 Kurzlisten

Eine Kurzliste ist sozusagen eine vordefinierte Suchmaske und enthält definierte Verzeichnisse, die beim Öffnen oder Speichern einer Datei häufig verwendet werden. Über die Kurzliste kann direkt auf diese Verzeichnisse zugegriffen werden; jedem Verzeichnis kann ein beschreibender Name zugewiesen werden.

Wenn statt der Verzeichnisliste die Kurzliste (sofern definiert) angezeigt werden soll, markieren Sie das Kreuzfeld KURZLISTE.

Die Dialogbox DATEI ÖFFNEN verwandelt sich ein wenig – die rechte Liste VERZEICHNISSE wird zur Liste KURZLISTE. Hier sind standardmäßig schon drei Kurzlisten vorgegeben: Grafikdateien, Makros, Style-Bibliotheken. Ein Doppelklick, z. B. auf MAKROS, genügt, um in der linken Hälfte alle verfügbaren Makros (mehr zu Makros in Kapitel 8) aufzulisten. Das bedeutet: Der in der Kurzliste ausgewählte Eintrag bestimmt, welche Dateien im Dateiverzeichnis angezeigt werden.

Mit den drei bereits existierenden Kurzlisten können Sie zu diesem Zeitpunkt ja noch nicht allzuviel anfangen. Angenommen, Sie möchten eine Kurzliste für Ihre Textdateien, also vorwiegend Ihre Briefe, anlegen. Um eine neue Kurzliste hinzuzufügen, klicken Sie auf den Schalter KURZLISTE BEARBEITEN, und eine weitere Dialogbox erscheint.

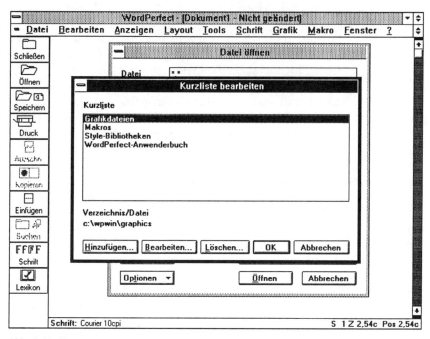

Abb. 2.18: KURZLISTE BEARBEITEN

Eintrag in Kurzliste aufnehmen

Um einen Eintrag in die Kurzliste aufzunehmen, drücken Sie den Schalter HINZUFÜGEN, und WordPerfect setzt noch eine Dialogbox obendrauf. In dieser Dialogbox sehen Sie zwei Eingabefelder. Hinter VERZEICHNIS/DATEI geben Sie die Dateien an, die in der neuen Kurzliste erscheinen sollen. Da alle WordPerfect-Textdateien mit der Endung .TXT versehen werden, geben Sie genau diese Endung in das Eingabefeld ein, und zwar in folgender Form:

`* . TXT`

Das Sternchen vor dem Punkt ist ein Platzhalter für die Namen aller vorhandenen Dateien mit dieser Endung.

Hinweis: Genausogut könnten Sie in das Eingabefeld auch den Namen eines bestimmten Verzeichnisses schreiben, das in der Kurzliste angezeigt werden soll, z. B. C:\WPWIN\BRIEFE.

Anstatt diese Pfadangabe in das Textfeld zu schreiben, reicht auch ein Klick auf das Verzeichnissymbol neben dem Eingabefeld. Eine Liste mit Verzeichnissen und Dateien wird auf den Bildschirm geholt, und Sie können das gewünschte Verzeichnis auswählen und nach Angabe des vollständigen Pfades mit OK wieder zurück zur Dialogbox IN KURZLISTE AUFNEHMEN wechseln.

Im zweiten Eingabefeld dieser Dialogbox definieren Sie den Namen für die Kurzliste. Schreiben Sie also unter BESCHREIBENDER NAME z. B. TEXTDATEIEN und schließen die Dialogbox mit OK. Die neue Kurzliste wird umgehend in die Liste aufgenommen. Klicken Sie die soeben definierte Kurzliste doppelt an, und in der linken Hälfte der Dialogbox werden alle Textdateien aufgeführt. Mit OK besiegeln Sie die Aufnahme der neuen Kurzliste.

Möchten Sie Ihre Kurzliste nachträglich noch ändern (z. B. neuer Name oder anderes Verzeichnis), rufen Sie mit KURZLISTE BEARBEITEN im ÖFFNEN-Dialog alle verfügbaren Kurzlisten auf, markieren die gewünschte und klicken auf BEARBEITEN.

Genausogut können Sie eine Kurzliste, die Sie nicht mehr benötigen, auch löschen, indem Sie die Liste markieren und den Schalter LÖSCHEN drücken. WordPerfect fragt Sie zur Sicherheit noch einmal, ob Sie die Kurzliste wirklich vernichten wollen. Antworten Sie mit JA, und die Liste verschwindet auf Nimmerwiedersehen.

Hinweis: Wird unter STANDARDEINSTELLUNGEN/PFAD ZU DEN DATEIEN die Option KURZLISTE AKTUALISIEREN angekreuzt, so werden Verzeichnisse für Makros, Abbildungen und Druckerdateien, die unter PFAD ZU DEN DATEIEN angegeben werden, automatisch in die Kurzliste übernommen.

108

2.8.7 Fremdformate einlesen

Wenn Sie Fremdtexte von Ihren Kollegen einlesen wollen, dann sind unter Umständen noch weitere Vorkehrungen zu treffen. Solange die Kollegen ebenfalls mit WordPerfect arbeiten, ergeben sich keine Veränderungen, lediglich der Weg zum richtigen Verzeichnis kann länger sein.

Wenn die Kollegen Ihnen aber einen ASCII-Text liefern, wird es etwas schwieriger. Legen Sie die Diskette, auf der sich der Text Ihrer Kollegen befindet, z. B. in Laufwerk A ein, gehen in den Dialog DATEI ÖFFNEN und klicken unter VERZEICHNISSE den Eintrag [-a-] doppelt an. In der Dateiliste erscheinen alle Dateien, die sich auf der Diskette befinden. Markieren Sie den gewünschten Dateinamen, den Ihnen die Kollegen natürlich mitgeteilt haben, und drücken den Schalter ÖFFNEN, oder klikken Sie den Dateinamen doppelt an.

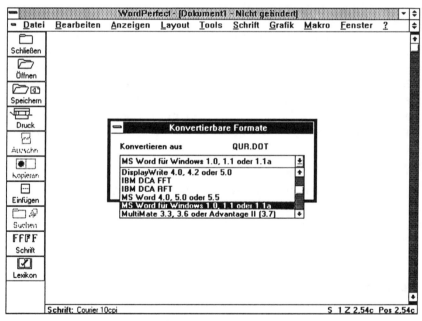

Abb. 2.19: Dateiformat konvertieren

WordPerfect fordert Sie in der Statuszeile auf, bitte zu warten, und öffnet dann die Dialogbox KONVERTIERBARE FORMATE. Klappen Sie die Liste

109

unter *Konvertieren aus* auf und blättern Sie bis zum Eintrag *DOS-Text (ASCII)*. Diesen markieren Sie und klicken auf OK. Auf Ihrem Bildschirm erscheint die Sanduhr – das Symbol dafür, daß Sie etwas Geduld haben müssen, weil das Umwandeln je nach gewähltem Format und je nach der Länge des Textes einige Zeit in Anspruch nehmen kann.

Arbeiten Ihre Kollegen z. B. mit MS Word, können Sie dieses Format im Dialog KONVERTIERBARE FORMATE auch direkt auswählen, genauso wie verschiedene andere Formate von gängigen Textverarbeitungen.

2.8.8 Datei neu anlegen

Bei jedem Start von WordPerfect wird automatisch ein leeres Dokumentfenster geöffnet, so daß Sie sofort nach dem Programmstart mit der Erstellung eines neuen Dokuments beginnen können. Diese Tatsache haben Sie ja bereits kennengelernt.

Wenn Sie das erste Dokument erfolgreich gespeichert haben, möchten Sie sicherlich bald ein neues Dokument anlegen. Sie erhalten ein neues Blatt Papier über den Befehl NEU im DATEI-Menü oder mit [Umschalt-F4]. Auf Ihrem Bildschirm erscheint eine leere Seite, und diese neue Datei wird in der Titelleiste zunächst einmal mit DOKUMENT X benannt. Das X steht für 1, 2, 3, 4, etc., je nachdem, das wievielte neue Dokument Sie gerade anlegen. In Ihrem Fall wird dort wahrscheinlich DOKUMENT 2 stehen.

Hinweis: NEU öffnet immer ein zusätzliches Textfenster für Ihren neuen Text. Sie sollten also nach NEU die alten Textfenster schließen, wenn Sie verhindern wollen, daß Sie bald vor lauter Fenstern Ihren eigentlichen Text nicht mehr sehen.

2.8.9 Textbausteine

Achten Sie bei Ihrer Arbeit mal darauf, wie oft Sie Texte oder Textpassagen schreiben, die immer wieder in gleicher Form vorkommen. Das fängt schon bei kleinsten Textteilen an, wie z. B. die Grußformel *Mit freundlichen Grüßen* unter jedem Brief. Überlegen Sie sich, wieviel Zeit Sie dadurch verschwenden, daß Sie solche immer wiederkehrenden

110

Formulierungen jedes Mal manuell neu eintippen. Es gibt eine Möglichkeit, solche Standardtexte zu automatisiseren – und zwar durch sogenannte Textbausteine. Das sind vorgefertigte Bausteine, die Sie beliebig zu einem Ganzen zusammensetzen können.

Es gibt in WordPerfect eine Funktion für Textbausteine, doch die liegt so versteckt und ist vor allem so kompliziert, daß die Arbeit damit die praktischen Vorteile, die Sie durch die Verwendung mit Textbausteinen haben, wieder zerschlägt. Tip: Wenden Sie statt dessen eine sehr praxistaugliche Alternative an, die Sie leicht anwenden können. Sie sollen die Arbeit mit Textbausteinen in diesem Kapitel an zwei konkreten Beispielen kennenlernen.

1. Die Grußformel

Unter jedem Brief steht nicht nur die eigentliche Grußformel, sondern auch der Firmenname, Ihre Abteilung und Ihr Name. Da lohnt es sich schon, für alle diese Standardzeilen, die sich nie ändern, einen Textbaustein anzulegen. Also, fangen Sie damit an, mit Neu aus dem Datei-Menü eine leere Seite auf Ihren Bildschirm zu holen, und geben auf dieser Seite Ihre ganz individuelle Grußformel ein. Für die Autorin dieses Buches sähe die Grußformel etwa so aus:

```
Mit freundlichen Grüßen


Böhmer Agentur GbR
INtex Die Textagentur
Sylvia Böhmer
```

Sie schreiben natürlich den Namen Ihrer Firma, Ihrer Abteilung und Ihren Vor- und Nachnamen. Diese Grußformel speichern Sie nun als Textbaustein ab, und zwar nicht explizit als Textbaustein, sondern als ganz normales Dokument, welches Sie jedoch durch eine spezielle Dateinamenerweiterung als Textbaustein kennzeichnen.

Wählen Sie den Befehl Speichern. In der Dialogbox geben Sie in das Eingabefeld hinter Speichern unter einen Textnamen für Ihren Textbaustein ein, z. B. *gruss*, sowie – und das ist der Clou bei diesem Verfahren – eine Endung, die das Dokument eindeutig als Textbaustein identifiziert, z. B. .TBS. In der Zeile müßte also stehen:

GRUSS.TBS

In welchem Verzeichnis Sie die Textbausteine ablegen, spielt keine Rolle, wählen Sie z. B. das Hauptverzeichnis C:\WPWIN. Einzig und allein entscheidend ist die Kennung .TBS.

2. Ein Angebot

Auch Angebotsschreiben enthalten zumindest in vielen Teilen immer wieder den gleichen Wortlaut – natürlich bis auf das eigentliche Angebot, das sich von Fall zu Fall unterscheidet (Artikel, Artikel-Nr., Menge, Preis etc.). Der Text drumherum jedoch ändert sich so gut wie nie, daher können Sie ihn als Textbaustein erfassen und abspeichern. Für die individuellen Angaben lassen Sie einfach einige Leerzeilen frei, um dort später den Text eingeben zu können. Ein Angebots-Textbaustein könnte etwa so aussehen:

```
Wunschgemäß unterbreiten wir Ihnen folgendes Ange-
bot:
```

```
Wir hoffen, daß Ihnen unser Angebot zusagt und wür-
den uns sehr freuen, bald von Ihnen zu hören. Für
eventuelle Rückfragen stehen wir Ihnen gern jeder-
zeit zur Verfügung.
```

Schreiben Sie diesen Text wieder auf eine leere Seite und speichern ihn als Baustein, z. B. unter ANGEBOT.TBS, ab.

Wenn Sie später ein Angebot schreiben müssen, setzen Sie die Schreibmarke an die Stelle im Text, an der der jeweilige Textbaustein stehen soll und wählen aus dem DATEI-Menü den Befehl LADEN (nicht ÖFFNEN!). In der Dateiliste wählen Sie den gewünschten Textbaustein ANGEBOT.TBS aus und klicken auf LADEN. WordPerfect fragt Sie, ob die Datei in das aktuelle Dokument geladen werden soll. Beantworten Sie die Frage mit JA, und Ihr Textbaustein erscheint auf dem Bildschirm. Übrigens: Der Baustein der Grußformel kann sich nahtlos an den Angebots-Baustein anschließen. Setzen Sie den Cursor also unter den Angebotstext und laden Sie den Textbaustein GRUSS.TBS.

Tip: Für die Praxis empfiehlt es sich, für alle vorhandenen Textbausteine eine Kurzliste einzurichten, damit Sie nicht immer die gesamte Verzeichnisliste durchblättern müssen, um Ihre Textbausteine zu finden. Wie Sie dabei vorgehen, haben Sie in Kapitel 2.8.6 bereits erfahren.

112

2.8.10 Mit Paßwörtern arbeiten

Persönliche Schreiben oder Texte, die vertraulich behandelt werden sollen, z. B. Mitarbeiterbeurteilungen oder -Zeugnisse, Umsatzzahlen etc., können durch ein Paßwort gesperrt werden. Ohne Kenntnis des Paßwortes kann niemand die gesperrte Datei öffnen, drucken oder sich anzeigen lassen. Verzeichnisse können nicht gesperrt werden.

Hinweis: Das Sperren einer Datei garantiert in der Regel ausreichenden Schutz vor dem Zugriff durch Unberechtigte. Die WordPerfect Corporation und die WordPerfect Software GmbH sind nicht berechtigt, im Auftrag eines Benutzers den Paßwortschutz einer Datei aufzuheben.

So schützen Sie ein Dokument mit Hilfe eines Paßwortes vor dem Zugriff Unberechtigter:

Öffnen Sie das Dokument, das mit einem Paßwort geschützt werden soll, und wählen Sie im DATEI-Menü den Befehl PASSWORT.

Geben Sie in das Eingabefeld unter PASSWORT EINGEBEN das gewünschte Paßwort ein, z. B. die Initialen Ihres Namens oder eine Kurzbeschreibung des zu sperrenden Textes, und klicken Sie auf den Schalter VERGEBEN. Sie werden sich sicherlich wundern, daß statt der Buchstaben, die Sie tippen, nur eine Reihe von Sternchen erscheint. Tippen Sie z. B. *PRESSE*, erscheinen in der Eingabezeile so viele Sternchen, wie das Paßwort Buchstaben hat, also ******.

Genau darin liegt gerade der Sinn der Sache: Das Paßwort ist streng geheim und geht niemanden etwas an; daher ist schon bei der Eingabe höchste Vertraulichkeit gewährleistet. Wenn Ihnen also jemand über die Schulter schaut, während Sie das Paßwort eingeben, kann er nur die Platzhalter, nicht aber das konkrete Paßwort erkennen. Top secret!

Doch damit nicht genug der Sicherheitsvorkehrungen. WordPerfect fordert Sie auf, das Paßwort ein zweites Mal einzugeben, um sicherzustellen, daß der Datei auch wirklich das richtige Paßwort zugeordnet wird. Schreiben Sie es also erneut und klicken wiederum auf VERGEBEN.

Speichern Sie nun Ihr Dokument, um den Paßwortschutz zu aktivieren.

Paßwortschutz aufheben

Möchten Sie den Paßwortschutz zu einem späteren Zeitpunkt wieder aufheben, öffnen Sie das entsprechende Dokument und wählen Sie erneut die Option PASSWORT im DATEI-Menü. Klicken Sie auf den Schalter LÖSCHEN, und der Paßwortschutz wird aufgehoben.

Fragen und Übungen:

1. Speichern Sie Ihren Text im Standard-Laufwerk und -Verzeichnis.

2. Wann verwenden Sie den Befehl SPEICHERN UNTER und wann SPEICHERN?

3. Speichern Sie den Text erneut im ASCII-Format auf Diskette, damit Ihre Kollegen damit weiterarbeiten können.

4. Lesen Sie den Text von der Diskette wieder in WordPerfect ein.

5. Worin besteht der Unterschied zwischen DATEI ÖFFNEN und LADEN?

6. Legen Sie ein neues Dokument an.

7. Erstellen Sie eine Kurzliste für Ihre Textbausteine.

8. Vergeben Sie einen Paßwortschutz für Ihr aktuelles Dokument und heben diesen anschließend wieder auf.

2.9 Text drucken

Es ist nicht weiter schwierig, Texte zu drucken – vorausgesetzt, alle Einstellungen stimmen. Sie wählen für das aktuelle Dokument auf Ihrem Bildschirm einfach den Befehl DRUCKEN aus dem DATEI-Menü. Alternativ können Sie auch auf den Schalter DRUCK in der Tastenleiste klicken oder – noch kürzer – [F5] drücken.

Eine Dialogbox erscheint auf Ihrem Bildschirm, in der Sie alle möglichen Vorab-Einstellungen für den anstehenden Ausdruck treffen können. Lassen Sie für einen ersten Ausdruck Ihres Textes jedoch alle Standardeinstellungen einfach mal so stehen – denn in den meisten Fällen drucken Sie genau mit diesen Druckeinstellungen – und klicken kurzerhand auf den Schalter DRUCKEN.

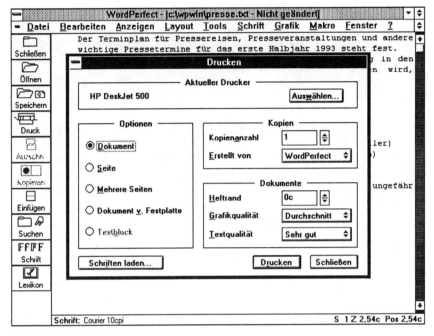

Abb. 2.20: Text drucken

Auf dem Bildschirm erscheint eine Dialogbox mit dem Namen DRUCKERKONTROLLE.

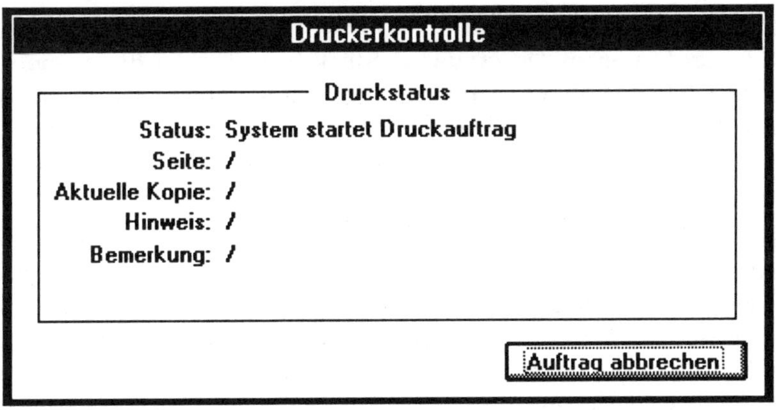

Druckerkontrolle

Druckstatus

Status: **System startet Druckauftrag**
Seite: **/**
Aktuelle Kopie: **/**
Hinweis: **/**
Bemerkung: **/**

Auftrag abbrechen

Abb. 2.21: DRUCKERKONTROLLE

115

Hier werden Informationen zum Status des aktuellen Druckauftrags ausgegeben, so u. a. die Seite, die gerade bearbeitet wird. Dann wird der Ausdruck gestartet, und am Ende des Druckvorgangs halten Sie genau ein gedrucktes Exemplar Ihres Briefes, bzw. Ihrer internen Mitteilung in den Händen. Sie haben die erste Arbeit am PC mit WordPerfect erfolgreich erledigt.

Sollte beim Druck etwas schiefgehen (Papier wird schräg eingezogen, Tinte schmiert etc.) können Sie mit [Esc] oder einem Klick auf den Schalter AUFTRAG ABBRECHEN den Druck sofort beenden. Sollte allerdings die Druckerkontrolle schon nicht mehr eingeblendet sein, müssen Sie zum Druck-Manager wechseln (siehe nächster Abschnitt), um den Druck noch zu stoppen. Sie sollten in keinem Fall den Druck durch Ausschalten des Druckers beenden.

Hinweis: Tut sich entgegen allen Erwartungen nichts auf Ihrem Drucker, ist zu vermuten, daß der Drucker gar nicht angeschlossen ist oder kein Papier mehr hat. Zudem muß der Drucker natürlich vor dem Druckbefehl online, also angeschaltet worden sein. WordPerfect blendet auch gleich eine entsprechende Mitteilung auf dem Bildschirm ein. Sorgen Sie also dafür, daß der Drucker arbeiten kann, und versuchen Sie es erneut.

2.9.1 Druckoptionen auswählen

Zurück zum eigentlichen DRUCKEN-Dialog. Sie können die Druckoptionen in der Dialogbox DRUCKEN individuell für jeden Ausdruck ändern. Welche Optionen Ihnen dafür zur Verfügung stehen, soll an dieser Stelle einmal erläutert werden.

AKTUELLER DRUCKER

Der derzeit gewählte Drucker wird unter AKTUELLER DRUCKER angezeigt. Bevor gedruckt werden kann, muß dem Program mitgeteilt werden, mit welchem Drucker gearbeitet werden soll. Möchten Sie einen anderen Drucker einsetzen als den bereits ausgewählten, klicken Sie auf den Schalter AUSWÄHLEN, und eine zweite Dialogbox erscheint, in der alle definierten Drucker aufgelistet werden, so daß Sie Ihre Druckerauswahl treffen können.

116

Gedruckt werden kann mit WordPerfect-Druckertreibern sowie mit Windows-Druckertreibern, die auch für die anderen Windows-Anwendungen verwendet werden. Standardmäßig sind die WordPerfect-Druckertreiber aktiviert. Mehr zum Auswählen des Druckers erfahren Sie in Kapitel 2.9.3.

Mit einem Klick auf SCHLIESSEN kehren Sie wieder in den DRUCKEN-Dialog zurück.

Optionen

Unter WordPerfect kann Text direkt vom Dokumentfenster aus oder aus einem Dokument auf der Festplatte gedruckt werden.

Wollen Sie den aktuellen Text vom Dokumentfenster aus drucken, klicken Sie in der Optionen-Liste auf den gewünschten Eintrag. Vorgabe ist hier DOKUMENT. WordPerfect geht also davon aus, daß Sie in den allermeisten Fällen das gesamte Dokument, das Sie auf Ihrem Bildschirm haben, drucken möchten.

Einzelne Seiten drucken

Genausogut könnten Sie aber auch nur die aktuelle Seite (Knopf SEITE) oder mehrere Seiten ausdrucken. Klicken Sie den Knopf MEHRERE SEITEN an und drücken anschließend den Schalter DRUCKEN, erscheint eine weitere Dialogbox, in der Sie die Seiten selektieren, die zum Drucker geschickt werden sollen.

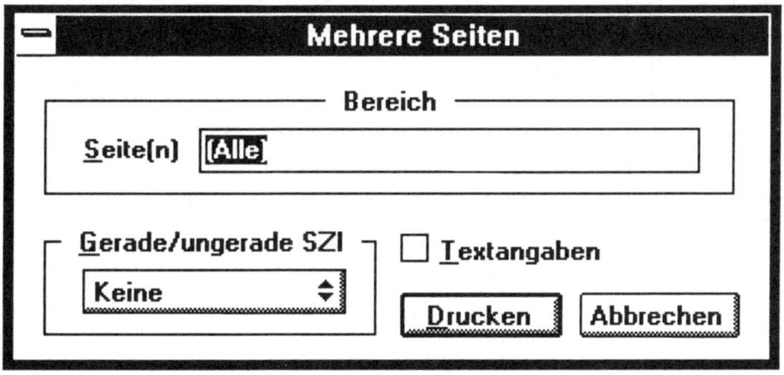

Abb. 2.22: Mehrere Seiten drucken

Geben Sie im Textfeld Bereich die zu druckenden Seiten ein. Vorgabe ist hier Alle; da Sie aber nur einzelne Seiten ausdrucken möchten, schreiben Sie die Seitenzahlen durch Kommata voneinander getrennt hintereinander in die Zeile, also z. B. *1,2,4,7.* Mit Drucken starten Sie den Ausdruck.

Hinweis: Sollen die Textangaben des zu druckenden Dokuments (siehe Kapitel 2.8.3) ebenfalls mitgedruckt werden, kreuzen Sie das Feld Textangaben an.

Dokument von Festplatte

Sie haben die Möglichkeit, ein Dokument zu drucken, das gerade nicht bearbeitet wird und auch nicht geöffnet ist, sondern sich noch in Ruhestellung auf Ihrer Festplatte befindet. Klicken Sie dazu auf den Knopf Dokument v. Festplatte und klicken auf Drucken. Auch hier erscheint eine Dialogbox.

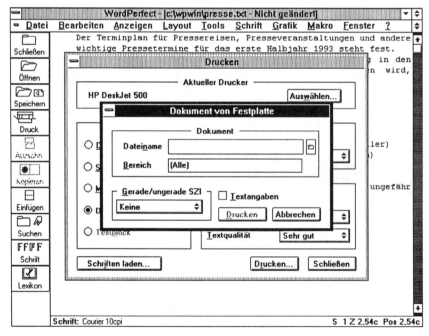

Abb. 2.23: Dokument von Festplatte drucken

118

Geben Sie in den Namen des zu druckenden Dokuments in das Textfeld DATEINAME ein, und zwar mit kompletter Pfadangabe (d. h. Laufwerk und Verzeichnis). Haben Sie den Dateinamen oder das genaue Verzeichnis nicht im Kopf, klicken Sie auf das Verzeichnissymbol neben dem Eingabefeld und wählen aus der Dialgbox DATEI WÄHLEN (identisch mit DATEI ÖFFNEN) die gewünschte Datei aus. Mit einem Doppelklick auf den Dateinamen oder mit einem Klick auf den Schalter AUSWÄHLEN bei markiertem Dateinamen übernehmen Sie die Datei in das Textfeld DATEINAME im Dialog DOKUMENT VON FESTPLATTE.

Soll nicht das gesamte Dokument, sondern nur einzelne Seiten gedruckt werden, geben Sie hinter BEREICH die entsprechenden Seitenzahlen ein. Falls nur Seiten mit geraden oder ungeraden Seitenzahlen gedruckt werden sollen, wählen Sie die entsprechende Option im Popup-Menü GERADE/UNGERADE SZ aus.

Textblock drucken

Falls Sie einen Textblock in Ihrem Dokument markiert haben, können Sie diesen einzeln ausdrucken, wenn Sie den entsprechenden Knopf TEXTBLOCK aktivieren. Dieser Knopf steht ausschließlich bei markiertem Text zur Verfügung.

KOPIEN

Normalerweise werden Sie wohl ein Exemplar Ihres Textes ausdrucken wollen. Wenn eine Interne Mitteilung aber z. B. zur Verteilung an mehrere Abteilungen vorgesehen ist, drucken Sie mehrere Exemplare davon, indem Sie hinter KOPIENANZAHL die gewünschte Anzahl Kopien eingeben oder mit den Pfeilsymbolen bis zu dieser Zahl blättern.

Darunter sehen Sie noch den Popup-Schalter ERSTELLT VON mit der Vorgabe WORDPERFECT. In diesem Fall wird die Vervielfältigung des zu druckenden Textes durch das Programm vorgenommen. WordPerfect erstellt dann die gewünschte Anzahl Kopien vom Druckauftrag und sendet diesen anschließend an den Drucker weiter. Wählen Sie statt dessen die Option DRUCKER, werden die Kopien vom Drucker erzeugt. In diesem Fall wird ein Exemplar des Dokuments vom Programm zum Drucker geschickt.

DOKUMENTE

Hinter HEFTRAND geben Sie den Abstand in Zentimetern an, um den bei doppelseitigem Drucken Text auf Seiten mit gerader Seitenzahl nach

119

rechts und auf Seiten mit ungerader Seitenzahl nach links geschoben werden soll. Vorgabe ist hier 0c – Sie können eine andere Zahl mit den Pfeilsymbolen auswählen oder direkt eingeben.

Mit GRAFIKQUALITÄT wählen Sie die gewünschte Qualitätsstufe aus. Die Optionen SEHR GUT, DURCHSCHNITT (Standardvorgabe!), ENTWURF und NICHT DRUCKEN stehen Ihnen zur Verfügung. Diese Optionen sind nur von Interesse, wenn Sie Grafiken in den Text eingebunden haben.

Auch für die TEXTQUALITÄT geben Sie eine Qualitätsstufe an. Für satzfertiges Drucken, also professionell und peinlich genau layoutete Dokumente, empfiehlt sich die Qualität SEHR GUT. Für den Ausdruck von Geschäftsbriefen dürfte DURCHSCHNITT allemal ausreichen; ENTWURF wählen Sie, wenn Sie z. B. von einem Brief noch ein zusätzliches Exemplar für Ihre Akten ausdrucken. NICHT DRUCKEN macht in der Praxis wenig Sinn, es sei denn, Sie haben Bilder integriert und möchten sich nur diese einmal schwarz auf weiß ansehen.

SCHRIFTEN LADEN

Mit diesem Schalter können Sie alle ladbaren Schriften für das Drucken mit WordPerfect in den Drucker holen. Klicken Sie auf den Schalter und bestätigen Sie mit JA, daß die Schriften geladen werden sollen. Die unter KASSETTEN/SCHRIFTEN als BEI BEGINN DES DRUCKAUFTRAGS VORHANDEN (das sind die mit einem * markierten) Schriften werden in den Drucker geladen.

Hinweis: Wenn beim Drucken mit Windows zusätzliche Kassetten und/oder Schriften benötigt werden, informieren Sie sich über die hierfür erforderlichen Schritte in Ihrer Windows-Dokumentation.

Mit dem Schalter DRUCKEN schicken Sie das Dokument endgültig zum Drucker, mit SCHLIESSEN kehren Sie unverrichteterdinge zum Dokument zurück.

2.9.2   Der Druck-Manager

Der Druck-Manager übernimmt für alle Windows-Programme – wozu ja auch WordPerfect gehört – den Ausdruck von Dokumenten. Er sorgt dafür, daß sich keine Überschneidungen von Druckaufträgen ergeben, daß alle Druckaufträge ordnungsgemäß erledigt werden und dafür, daß Sie während des Ausdrucks schon wieder weiterarbeiten können

(Hintergrunddruck). Der Druck-Manager bricht Druckaufträge aber auch ab, wenn der Drucker sich nicht regt oder das Papier ausgegangen ist. Schließlich können Sie über den Druck-Manager Ausdrucke stoppen, die Sie nur versehentlich gestartet haben oder die sich schnell als Fehldruck herausstellen. Sie können den Druck-Manager sinnvollerweise immer dann aufrufen, wenn gedruckt wird oder gedruckt werden sollte. Dazu drücken Sie [Strg-Esc] für den Task-Manager und wählen in der Task-Liste den Eintrag DRUCK-MANAGER, den Sie mit WECHSELN auch tatsächlich aktivieren.

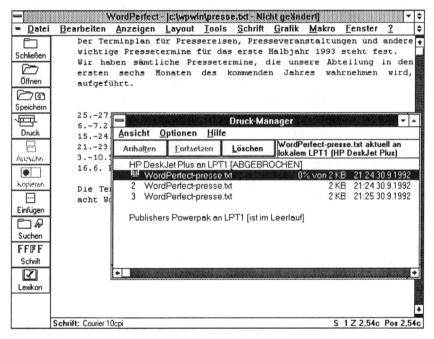

Abb. 2.24: Der Druck-Manager

Im Druck-Manager finden Sie in einer Liste die aktuellen Druckaufträge aufgelistet. Jeder dieser Aufträge kann markiert und über die entsprechenden Schalter angehalten, fortgesetzt oder gar gelöscht werden. Wann tun Sie was?

- Wenn Sie versehentlich den Drucker nicht angeschaltet oder kein Papier eingelegt haben, markieren Sie den Druckauftrag und wählen FORTSETZEN.

121

- Wenn Sie versehentlich das falsche Papier eingelegt haben, wählen Sie ANHALTEN, legen das richtige Papier ein und drücken FORTSETZEN.

- Wenn Sie das falsche Dokument drucken, wählen Sie LÖSCHEN.

Haben Sie Ihre Arbeit im Druck-Manager erledigt, kommen Sie über den Task-Manager ([Strg-Esc]) wieder zurück zu WordPerfect. Der Druck-Manager beendet sich nach Erledigung seiner Druckaufträge automatisch von selbst. Näheres zu den weiteren Optionen des Druck-Managers erfahren Sie in Ihrem Windows-Handbuch. Für den Alltag reicht das hier Gesagte.

Hinweis: Der Druck-Manager reagiert äußerst säuerlich, wenn Sie ihm die Kontrolle entziehen und z. B. einen Fehldruck durch Ausschalten des Druckers selbst beenden. Dann nämlich versucht der Druck-Manager, den Ausdruck anzuhalten und beim nächsten Anschalten des Druckers fortzusetzen. Sie können sich vorstellen, was dabei herauskommt. Also, immer erst den Druckauftrag über den Druck-Manager beenden. Erst, wenn auch der nichts mehr bewirkt (z. B. weil der Auftrag schon komplett zum Drucker gegangen ist), betätigen Sie den Drucker. Anschließend sollte der Drucker zurückgesetzt werden (Reset-Schalter drücken) und der Druck-Manager auf eventuelle Stör- und Fehlermeldungen überprüft werden. Heißt es dort z. B. DRUCKER ANGEHALTEN, müssen Sie vor dem nächsten Ausdruck den FORTSETZEN-Schalter drücken.

2.9.3 Drucker auswählen

Vor dem Drucken eines Dokuments muß dem Programm die Art des zu verwendenden Druckers angegeben werden. Hierfür wählen Sie aus dem DATEI-Menü die Option DRUCKER AUSWÄHLEN, die Ihnen beim DRUCKEN-Dialog schon einmal kurz begegnet ist (vgl. Abbildung 2.25).

Hinweis: Diese Dialogbox muß nicht exakt so aussehen wie die hier abgebildete – das Aussehen hängt im wesentlichen von dem/den für Ihren Arbeitsplatz definierten Drukker/n ab. Die Schalter sind jedoch in jedem Fall dieselben.

122

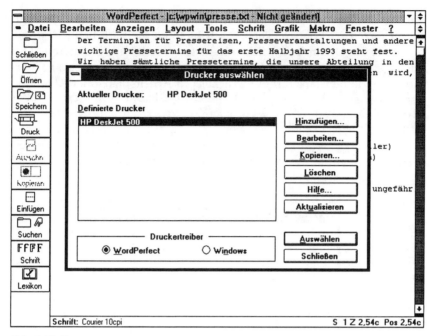

Abb. 2.25: DRUCKER AUSWÄHLEN

Wählen Sie zunächst aus, ob Sie die Druckertreiber von WordPerfect oder Windows verwenden möchten. Am besten belassen Sie es bei der Vorgabe WORDPERFECT, weil die Programm-eigenen Druckertreiber besser auf die Möglichkeiten von WordPerfect abgestimmt sind als die Windows-Treiber, die für alle Programme einsetzbar sind.

Bei Auswahl von WORDPERFECT werden in der Dialogbox die folgenden Optionen angezeigt: HINZUFÜGEN, BEARBEITEN, KOPIEREN, LÖSCHEN, HILFE und AKTUALISIEREN. Bei Windows werden lediglich die Optionen für STANDARDSCHRIFT, BEARBEITUNG, AKTUALISIERUNG und AUSWAHL angezeigt. Angaben zu Windows-Druckertreibern sind dem Windows-Handbuch zu entnehmen.

Wir gehen hier davon aus, daß Sie die WordPerfect-eigenen Druckertreiber gewählt haben.

In der Liste unter DEFINIERTE DRUCKER stehen alle Drucker aufgelistet, die Sie zusammen mit WordPerfect installiert haben. Wählen Sie den Drucker, mit dem Sie arbeiten möchten, aus dieser Liste aus, markieren

123

Sie diesen und klicken Sie auf AUSWÄHLEN, um diesen Drucker zukünftig einsetzen zu können. Theoretisch könnten Sie natürlich jedes Mal, wenn Sie ein Dokument drucken möchten, wieder einen anderen aktuellen Drucker auswählen. Das wird in der Praxis jedoch selten vorkommen, da meistens nur ein Drucker pro Arbeitsplatz oder Abteilung verfügbar ist.

Die anderen Schalter der Dialogbox im Überblick:

1. HINZUFÜGEN: Drucker hinzufügen

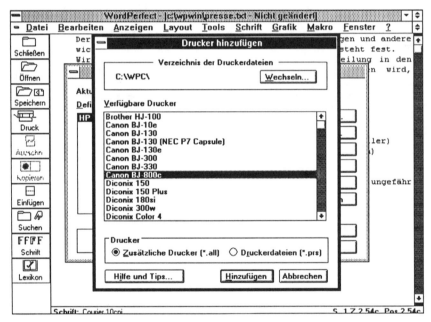

Abb. 2.26: DRUCKER HINZUFÜGEN

Hinweis: Sie können nur einen Drucker in die Liste der definierten Drucker aufnehmen, wenn die entsprechende Druckerdatei auf der Festplatte installiert ist.

Sind die WordPerfect-Dateien .ALL oder .PRS nicht in dem unter PFAD ZU DEN DATEIEN angegebenen Verzeichnis (stanardmäßig C:\WPC) abgelegt, klicken Sie auf WECHSELN und geben das entsprechende Verzeichnis an (allerdings nur, wenn Sie die Vorgabe C:\WPC geändert haben).

124

Im unteren Bereich DRUCKER der Dialogbox DRUCKER HINZUFÜGEN finden Sie zwei Knöpfe. Durch Auswahl von ZUSÄTZLICHE DRUCKER (*.ALL) geben Sie an, daß ein weiterer Druckertreiber aus einer .ALL-Datei installiert werden soll. Dieses ist auch gleichzeitig die Standardeinstellung.

Mit einem Klick auf den Knopf DRUCKERDATEIEN (*.PRS) hingegen wählen Sie einen bereits installierten Drucker. Markieren Sie den gewünschten Drucker in der Liste VERFÜGBARE DRUCKER und übernehmen Sie mit HINZUFÜGEN die Druckerdefinition in das Verzeichnis mit den Druckertreibern.

Hinweis: Bei Installation eines Druckers aus einer .ALL-Datei wird die Dialogbox für das Kopieren einer Druckerdatei angezeigt. Bei Installation über eine .PRS-Datei entfällt dieser Schritt, weil die Dateien bereits installiert sind und nicht erst in das Programm hineinkopiert werden müssen.

2. BEARBEITEN: DRUCKER BEARBEITEN

Sie können die druckerspezifischen Daten in der Druckerdefinition nach Ihren Vorstellungen ändern. Wählen Sie dazu aus der Liste den Drucker aus, für den Vorgaben geändert werden sollen, und klicken Sie auf BEARBEITEN (vgl. Abbildung 2.27).

In der entsprechenden Dialogbox wird der Name des Druckers im Textfeld NAME angezeigt. Den Druckertreiber dieses aktuellen Druckers können Sie nun nach Belieben bearbeiten. Die einzelnen Möglichkeiten in aller Kürze, denn alle verzweigenden Dialoge ausführlich zu erklären, würde den Rahmen dieses Buches sprengen.

PFAD ZU LADBAREN SCHRIFTEN UND DRUCKERBEFEHLSDATEIEN

Falls die ladbaren Schriftdateien oder die Druckerbefehlsdateien in einem anderen Verzeichnis abgelegt sind als im Druckerdateiverzeichnis, das unter PFAD ZU DEN DATEIEN angegeben ist, muß der Pfad zu diesen Dateien hier angegeben werden.

AKTUELLE STANDARDSCHRIFT

Im Rahmen der Auswahl eines Druckertreibers wird automatisch eine Standardschrift für diesen Drucker aus der Liste der eingebauten Hochformatschriften gewählt. Eine neue Standardschrift kann langfristig für diesen Drucker gewählt werden.

125

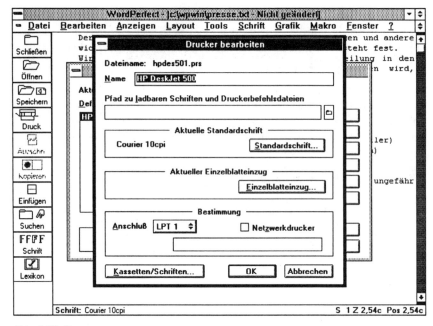

Abb. 2.27: DRUCKER BEARBEITEN

Um eine neue Standardschrift für Ihre Arbeit mit WordPerfect und die damit verbundenen Ausdrucke zu definieren, klicken Sie auf den Schalter STANDARDSCHRIFT, und eine Dialogbox erscheint, in der alle verfügbaren Schriften aufgeführt werden (vgl. Abbildung 2.28). Markieren Sie in der Liste der Schriften die Schrift Ihrer Wahl und schließen die Dialogbox mit OK. Die von Ihnen ausgesuchte Schrift wird in Zukunft immer als Standardschrift verwendet.

AKTUELLER EINZELBLATTEINZUG

Ein Einzelblatteinzug verfügt über ein oder mehrere Einzugsschächte und führt dem Drucker das Papier aus einem dieser Schächte blattweise zu.

BESTIMMUNG

Hier wird angegeben, über welchen Anschluß der Drucker mit dem Computer verbunden ist, ob es sich um einen Netzwerkdrucker handelt und in welcher Datei ein Dokument abgelegt werden soll, wenn es auf die Festplatte "gedruckt" wird.

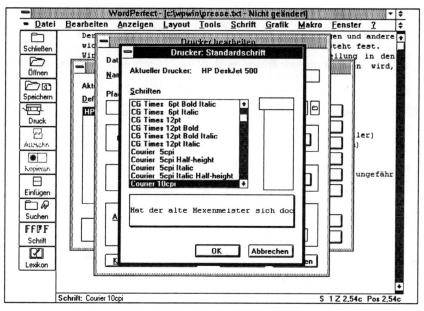

Abb. 2.28: Standardschrift ändern

KASSETTEN/SCHRIFTEN

Auf zahlreichen Druckern ist Zugriff auf zusätzliche Schriften durch austauschbare Schriftkassetten, Typenräder oder ladbare Schriften möglich. Mit Hilfe dieser Funktion werden die Kassetten, ladbaren Schriften und Typenräder markiert, mit denen gearbeitet werden soll.

3. KOPIEREN: Druckerdatei kopieren

    Sie können die unter BEARBEITEN vorgenommene Druckerdefinition kopieren, indem Sie den zu kopierenden Drucker wählen und auf KOPIEREN klicken. Eine kleine Dialogbox für das Kopieren einer Druckerdefinition mit einem Dateinamen wird angezeigt; dieser Name unterscheidet sich geringfügig von dem der Originaldatei.

4. LÖSCHEN: Drucker aus der Liste der definierten Drucker entfernen

5. HILFE: Für den in der Liste markierten Drucker werden Ihnen Hilfen und Tips angezeigt.

127

6. AKTUALISIEREN: Die .PRS-Dateien müssen aktualisiert werden, wenn Sie eine neue Version einer .ALL-Datei oder eines Windows-Druckertreibers erhalten. Diese .ALL-Dateien sind auf den Druckerdisketten abgelegt und enthalten druckerbezogene Daten.

7. AUSWÄHLEN: Drucker für die Arbeit mit WordPerfect auswählen

8. SCHLIESSEN: Dialogbox schließen und zum aktuellen Dokument zurückkehren

Fragen und Übungen:

1. Haben Sie den richtigen Drucker eingestellt?

2. Überprüfen Sie die Einstellungen Ihres Druckers.

3. Drucken Sie Ihr erstes Übungsdokument aus.

4. Versuchen Sie, über den Druck-Manager einen Ausdruck anzuhalten, fortzusetzen und zu löschen.

3 Texte gestalten – Firmenzeitschrift

Nun haben Sie gelernt, Texte zu schreiben, zu speichern und zu drukken. Für Ihre alltägliche Geschäftskorrespondenz reichen diese Kenntnisse weitgehend aus, denn ein normaler Brief wird relativ schmucklos, d. h. in einer durchgängigen Schrift ohne besondere Auszeichnungen (fett, kursiv, unterstrichen etc.), geschrieben.

Die Stärke einer Textverarbeitung liegt jedoch gerade darin, daß Sie Texte beliebig gestalten können. Das bietet sich vor allem für Dokumente an, für die ein ansprechendes Layout wichtig ist, z. B. Kundenbroschüren, Produktkataloge oder auch Firmenzeitschriften. WordPerfect stellt Ihnen dazu eine Vielzahl von Gestaltungsmöglichkeiten zur Verfügung.

Alles, was mit der Veränderung des Aussehens von Texten zu tun hat, fällt in der elektronischen Textverarbeitung unter den Oberbegriff Formatierung. So werden Zeichen und Absätze formatiert, wobei bei den Zeichen (Buchstaben, Wörtern, Sätzen, Absätzen und ganzen Texten) damit die Änderung der Schriftart, -größe und -auszeichnung gemeint ist, bei den Absätzen die Änderung der Ränder, Zeilenabstände und Formatierungen (was hier nun wieder die Satzarten linksbündig, rechtsbündig, zentriert und Blocksatz meint). Unter Seitenformatierung versteht man die Wahl der Papiergröße und die Einstellung der Blattränder.

In diesem Kapitel werden Sie aufgefordert, eine Firmenzeitschrift zu erstellen, und zwar mit allem Drum und Dran – Überschriften, Grafiken, verschiedene Schriften, Mehrspaltensatz etc. Sie sollen natürlich nicht gleich alles auf einmal machen, sondern ganz klein anfangen, nämlich mit der Eingabe des ersten Textes für die Firmenzeitschrift, z. B. anläßlich des Jubiläums einiger Mitarbeiter, die seit mehr als 25 Jahren bei der Firma beschäftigt sind, etwa mit folgendem Wortlaut:

```
25 Jahre und kein bißchen müde

Unser Unternehmen kann auf ein stolzes Vierteljahr-
hundert erfolgreichen Geschäftslebens zurückblik-
```

ken. Diesen Erfolg haben wir natürlich in erster Linie unseren Mitarbeitern zu verdanken - vor allem den bewährten Kräften, die von den Kinderschuhen an bei uns tätig waren und uns immer noch mit ungebremster Energie zur Seite stehen.

Drei werte Kollegen haben von Stunde Null an mitgeholfen, unsere Firma zu dem zu machen, was sie heute ist. Unsere Jubilare

Heinrich Meier

Wilhelm Wiese

Franz-Josef Schmitz

sollen für ihre 25jährige Treue gebührend gefeiert werden. Wir laden daher alle ein, sich am Montag, den 16.11.1992 ab 16 Uhr in der Kantine zu versammeln, um die Gläser zu heben. Auch für das leibliche Wohl ist selbstverständlich gesorgt.

Die Geschäftsführung

3.1 Zeichen formatieren

Fangen Sie nun an, diesen noch "nackten" Text ein wenig peppig zu gestalten, damit er auch wirklich allen Mitarbeitern sofort ins Auge springt. Sämtliche Befehle, die Sie für die folgenden Schritte brauchen, finden Sie im SCHRIFT-Menü.

Hinweis: Damit die Formatierungen, die Sie vornehmen, reibungslos vonstatten gehen, achten Sie darauf, daß unter STANDARDEINSTELLUNGEN/ORGANISATION das Kreuzfeld AUTOMATISCHE CODE-POSITION aktiviert ist.

3.1.1 Schriftattribute wählen

Bevor Sie anfangen, Schriftattribute auszuwählen, hier einige Grundbemerkungen für die Verwendung von Attributen:

1. Benutzen Sie nie zu viele Attribute. Ein Wort fett und kursiv zu setzen und dann noch zu unterstreichen ist zuviel des Guten.

2. Häufen Sie keine Attribute. Attribute sollen einen bestimmten Textteil hervorheben. Diese Wirkung stellt sich aber nur dann ein, wenn nicht jedes zweite Worte gefettet oder unterstrichen ist.

3. Benutzen Sie Fettdruck oder Unterstreichungen für Überschriften, Zwischentitel und besonders wichtige Textpassagen.

4. Verwenden Sie Kursivdruck für Zitate, Anmerkungen und Hinweise.

5. Verwenden Sie Hoch- und Tiefstellungen nur für wissenschaftliche Grafiken, Formeln (x) oder Fußnotenverweise.

6. Durchstreichungen machen eigentlich keinen Sinn. In der Textverarbeitung brauchen Sie Passagen, die Sie nicht mehr benötigen, ja auch nicht zu drucken. Statt Text durchzustreichen, sollten Sie ihn lieber löschen.

Nun zu Ihrem Text:

Zunächst sollten Sie die Überschrift fetten. Dazu markieren Sie die Überschriftzeile und wählen aus dem SCHRIFT-Menü die Option FETT bzw. drücken einfach [Strg-F], und Ihre Überschrift wird umgehend fett ausgezeichnet.

Hinweis: Sie nehmen Formatierungen, wie z. B. Fettauszeichnung, immer mit dem gleichen Befehl bzw. der gleichen Tastenkombination wieder zurück. Wenn Sie also eine fett ausgezeichnete Textstelle wieder "entfetten" möchten, tun Sie das mit dem erneuten Befehl FETT oder [Strg-F].

Als zweites soll noch das Datum der Jubiläumsfeier hervorgehoben werden, und zwar durch Unterstreichen. Eimal [Strg-U] drücken oder die entsprechende Option im SCHRIFT-Menü wählen, und schon ist das – vorab natürlich markierte – Datum unterstrichen.

131

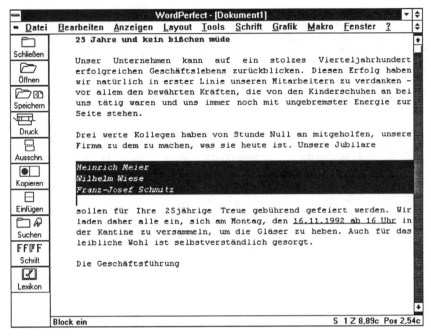

Abb. 3.1: Attribute auf dem Bildschirm

Sie haben bisher die wichtigsten Schriftstile kennengelernt. Diese Attribute sind über Befehle im SCHRIFT-Menü oder entsprechende Tastenkombinationen direkt aufzurufen. Es gibt aber noch weitere Schriftattribute, die jedoch schon etwas ausgefallener sind und daher auch seltener angewendet werden.

Wählen Sie zur Übung ein weiteres Attribut für Ihre Überschrift und markieren diese vorab. Rufen Sie dann im SCHRIFT-Menü den Befehl SCHRIFT auf oder drücken Sie [F9].

Alternativ reicht auch schon ein Mausklick auf den Schalter SCHRIFT in der Tastenleiste. Eine Dialogbox erscheint auf dem Bildschirm, die Sie für die noch folgenden Formatier-Schritte ebenfalls benötigen werden (vgl. Abbildung 3.2).

Widmen Sie sich an dieser Stelle ausschließlich dem Bereich GESTALTUNG rechts oben. Dort stehen Ihnen neben den bereits bekannten Standard-Schriftstilen z. B. noch die Attribute AUSGEBLENDET, SCHATTIERT und KAPITÄLCHEN zur Verfügung.

132

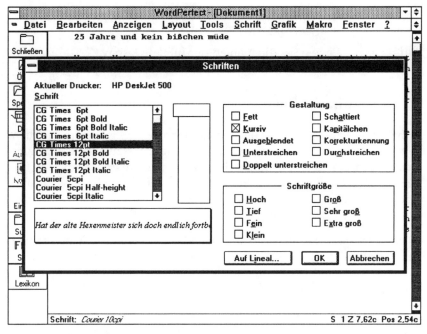

Abb. 3.2: Dialogbox SCHRIFTEN

Kreuzen Sie doch einfach mal das Kreuzfeld SCHATTIERT an, um auszuprobieren, wie eine schattierte Überschrift aussieht, und klicken Sie in der Dialogbox auf OK. Schreiben Sie z. B. in der Standardschrift Courier, wird die Überschrift durch die Schattierung eher unansehnlich, denn die einzelnen Buchstaben sehen aus, als wären sie verwischt worden. Also markieren Sie die Zeile erneut und schalten das Attribut SCHATTIERT über das SCHRIFT-Menü wieder aus.

Sie können Attribute auch schon vorab einstellen. Wenn Sie z. B. genau wissen, daß die folgenden Worte fett zu setzen sind, stellen Sie einfach Fettdruck ein. Alles was Sie jetzt tippen, wird automatisch fett. Mit einer erneuten Wahl des Befehls FETT bzw. [Strg-F] wird der Fettdruck dann wieder abgestellt. Andernfalls schaltet sich der Fettdruck automatisch am Absatzende, also beim nächsten [Eingabe], ab.

Tip: Schreiben Sie besser erst Ihren gesamten Text und formatieren erst nachträglich. So haben Sie einen Überblick über das gesamte Dokument und können besser ab-

133

schätzen, was wirklich wichtig ist und entsprechend ausgezeichnet werden muß.

Aufgabe: Setzen Sie die Namen der Jubilare kursiv.

3.1.2   Schriften wählen

Neben der Wahl verschiedener Attribute haben Sie auch die Möglichkeit, unterschiedliche Schriften für Ihren Text festzulegen. Normalerweise wechseln Sie bei Dokumenten natürlich nicht zwischen verschiedenen Schriften hin und her. Ein Geschäftsbrief mit mehreren Schriften macht mit Sicherheit keinen guten Eindruck. Bleiben Sie also bei Ihrer Korrespondenz und bei Standardtexten bei einer Schrift.

In einer Firmenzeitschrift können Sie jedoch ein wenig mit verschiedenen Schriften herumexperimentieren. Schließlich stellt Ihnen WordPerfect eine ganze Menge davon zur Auswahl. Sie könnten in obigem Beispieltext z. B. die Überschrift in einer anderen Schrift auszeichnen.

Markieren Sie den Text und wählen Sie dann den bereits bekannten Befehl SCHRIFT. Es erscheint die ebenfalls bekannte Dialogbox SCHRIFTEN; diesmal lenken Sie Ihr Augenmerk aber auf die Schriftenliste in der linken Hälfte.

In dieser Liste werden sämtliche im Drucker eingebaute Schriften aufgeführt sowie die Schriften, die Sie für den aktuellen Drucker ausgewählt haben.

Hinweis: Sie erinnern sich, daß Sie beim Auswählen des Druckers die aktuelle Standardschrift eingestellt haben, mit der Sie arbeiten. Darüber hinaus können Sie über DOKUMENT/STANDARDSCHRIFT im LAYOUT-Menü die gewünschte Standardschrift für das aktuelle Dokument festlegen.

Welche Schriften zur Verfügung stehen, ist von dem Drucker abhängig, mit dem gearbeitet wird. Setzen Sie z. B. einen HPLaserJet ein, werden Ihnen sicherlich andere Schriften zur Verfügung stehen als beim Tintenstrahldrucker HPDeskJet. Welche dieser "druckertauglichen" Schriften tatsächlich in der Schriftenliste angezeigt werden, ist von der für das aktuelle Dokument gewählten Druckrichtung abhängig.

Die Schriftrichtung hängt stets von der Druckrichtung ab. Normalerweise drucken Sie im Hochformat – lange Tabellen z. B. müssen aber

134

im Querformat gedruckt werden, was Sie beim Windows-Druckertreiber einstellen können (siehe auch dazu Kapitel 2.9.3, "Drucker auswählen").

Hinweis: Auch die Schrift können Sie für einen Absatz vorab einstellen. Wenn Sie also genau wissen, daß der nächste Absatz in einer bestimmten Schrift erscheinen soll, dann können Sie diese Schrift gleich zu Beginn einstellen.

Tip: Tun Sie das besser nicht. Konzentrieren Sie sich zunächst auf Ihre Inhalte und erledigen in einem zweiten Durchlauf die Gestaltung. Dann gelingen Inhalt und Optik besser.

Grundschriften

Bevor Sie sich für eine andere Schrift entscheiden, einige Worte zu den wichtigsten Grundschriften, die es gibt.

- Serifen-Schriften: Times, Times Roman, CG Times, Times Roman PS etc.

- Serifenlose Schriften: Helvetica, Univers, Futura, Dutch, Elite etc.

- Schreibmaschinen-Schrift: Courier

- Sonderschriften: Script, ZapfDingbats, Symbol

Die erste Gruppe von Schriften bezeichnet man als *Serifen-Schriften.* Etwas einfacher ausgedrückt: Dies sind die Schriften mit den kleinen Häkchen (Serifen) an den Enden. Die Serifen-Schriften kennen Sie vermutlich von Ihrer Tageszeitung. Sie zeichnen sich durch gute Lesbarkeit aus, wirken aber etwas altmodisch.

Die zweite Gruppe von Schriften wird im Gegensatz zur ersten Gruppe als *serifenlos* bezeichnet. Hier handelt es sich um die schlichten, schnörkellosen Schriften moderner Zeitschriften und Bücher. Diese Schriften sind ebenfalls gut zu lesen, geben aber optisch eigentlich wenig her.

Die Schrift Courier ist zwar auch serifenlos, wir haben sie hier nur deshalb herausgestellt, weil es sich um die typische Schreibmaschinenschrift handelt. Und vielleicht wollen Sie ja, daß Ihre Texte nach wie vor einen Schreibmaschinen-Look haben.

Script ist eine Schreibschrift. Damit wirken persönliche Briefe natürlicher, Speisekarten individueller, Einladungen mehr wie von Hand geschrieben. Ansonsten läßt sich mit Script nicht viel anfangen, zumal die meisten Script-Schriften schlecht zu lesen sind.

Hinter ZapfDingbats verbirgt sich eine Sammlung von Sonderzeichen, vom kleinen Telefon bis zum Blitz. Mit diesem Schriftsatz können Sie allerhand Symbole in Ihren Text für Aufzählungen, Erläuterungen etc. einbauen. Zur Auszeichnung eines normalen Textes eignet sich diese Schrift aber nicht.

Symbol schließlich ist ein Schriftsatz mit einer Unmenge von griechischen, mathematischen und naturwissenschaftlichen Sonderzeichen. Damit sollte ein Fachaufsatz kein Problem mehr sein. Auch mit Symbol können Sie keinen Text auszeichnen.

Hinweis: Da Sie ZapfDingbats und Symbol nicht als Auszeichnung für Ihre Texte verwenden können, ist es sinnvoller, diese Sonderzeichen über den Befehl ZEICHENSÄTZE im SCHRIFT-Menü in den Text einzubauen.

Schriften-Muster

Times

Helvetica

`Courier`

❋◐☐❖✦❂■❉☀◐◆▼▲ (Zapf Dingbats)

Σψμβολ (Symbol)

Zurück zur Dialogbox SCHRIFTEN: Sie suchen sich eine Schrift heraus, z. B. Times Roman, markieren diese und werfen einen Blick auf das Feld direkt darunter. Hier steht eine Zeile Mustertext, die umgehend in der gerade gewählten Schrift ausgezeichnet wird, damit Sie gleich einen Eindruck bekommen, wie die von Ihnen ausgesuchte Schriftart wirklich aussieht. Gefällt Ihnen das Schriftbild, bestätigen Sie Ihre Wahl mit OK; gefällt es Ihnen nicht, wählen Sie eine andere Schrift aus, solange bis Sie mit dem Ergebnis einverstanden sind.

Auf dem Bildschirm erscheint Ihre Überschrift nun in der gewählten Schrift.

136

Tip: Möchten Sie sich einen Überblick über alle verfügbaren Schriften verschaffen, erstellen Sie einen Probetext und zeichnen diesen mit allen vorhandenen Schriften aus. Davon machen Sie dann einen Ausdruck und haben damit für die Zukunft immer ein Merkblatt, welche Schrift eigentlich wie aussieht. Oft genug sieht nämlich eine Schrift auf dem Bildschirm ganz gut und gedruckt ganz anders aus.

Schriften auf Lineal

Werfen Sie an dieser Stelle einmal einen Blick auf das Lineal auf Ihrem Bildschirm. Ist das Lineal nicht aktiviert, rufen Sie es mit dem Befehl LINEAL im ANZEIGEN-Menü auf den Bildschirm. Auf dem Lineal befindet sich der Schalter SCHRIFT. Klicken Sie diesen mit der Maus an und halten die linke Maustaste gedrückt, wird darunter die gewählte Standardschrift angezeigt.

Was soll das, werden Sie denken. Das ganze hat folgenden Sinn: Sie können die Anzahl der unter dem SCHRIFT-Schalter angezeigten Schriften selbst bestimmen, indem Sie einfach noch weitere Schriftarten hinzufügen. Gehen Sie dazu mit [F9] noch einmal in den SCHRIFT-Dialog. Dort sehen Sie unten den Schalter AUF LINEAL. Klicken Sie diesen an, und eine weitere Dialogbox erscheint (vgl. Abbildung 3.3).

Hier können Sie nun die am häufigsten benötigten Schriften in die Schriftliste auf dem Lineal aufnehmen. Markieren Sie dazu im Feld VERFÜGBARE SCHRIFTEN die gewünschten Schriften – natürlich jede in einem getrennten Durchgang – und wählen HINZUFÜGEN. Ein Doppelklick auf die Schriften bewirkt dasselbe. Die von Ihnen selektierten Schriften erscheinen daraufhin in der rechten Liste SCHRIFTEN AUF LINEAL.

Hinweis: Sie können jede der ausgesuchten Schriften wieder löschen, indem Sie die Schrift markieren und auf den Schalter LÖSCHEN klicken.

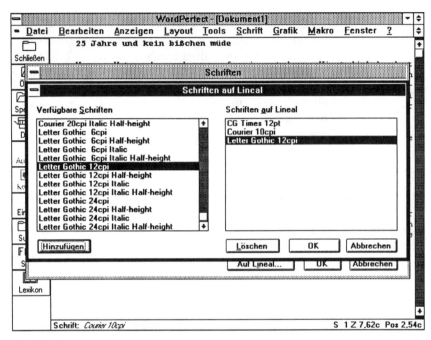

Abb. 3.3: Schriften auf Lineal

Haben Sie Ihre Wahl getroffen, kehren Sie mit Ok zum Schriften-Dialog und von hier aus mit einem weiteren Ok zu Ihrem Dokument zurück. Überprüfen Sie, ob WordPerfect die Liste der Schriften entsprechend aktualisiert hat, indem Sie auf den Schalter Schrift auf dem Lineal klicken. Haben Sie alles richtig gemacht, müßten in der Liste nun Ihre individuell selektierten Schriftarten stehen. Damit brauchen Sie in Zukunft nicht mehr über den Umweg Schriften-Dialog gehen, sondern können die gewünschte Schrift direkt vom Lineal aus wählen.

Aufgabe: Zeichnen Sie den normalen Fließtext in der Schrift Roman aus und wählen für die Namen der Jubilare die Schrift Courier.

3.1.3 Schriftgröße ändern

Sie können nicht nur die Schriftart ändern, sondern haben auch Einfluß auf die Größe, in der eine Schrift dargestellt wird.

Die Größe einer Schrift wird in Punkt, einem Setzermaß, gemessen, wobei 1 Punkt etwa 0,35 mm entspricht. 8 bis 9 Punkt ist die Standard-Schriftgröße Ihrer Tageszeitung, 10 bis 12 Punkt groß sind die Buchstaben einer Schreibmaschine. Überschriften in Tageszeitungen (keine Boulevard-Blätter) bewegen sich zwischen 28 und 40 Punkt. So haben Sie zumindest in etwa eine Größenvorstellung.

Größen-Muster

6 Punkt

8 Punkt

10 Punkt

12 Punkt

16 Punkt

20 Punkt

24 Punkt

32 Punkt

48 Punkt

Auch die Auswahl der Punktgrößen hängt wieder von Ihrem Drucker und dem gewählten Treiber ab. Nicht jeder Drucker kann die Schriften beliebig skalieren, d. h. vergrößern oder verkleinern. Und nicht jede Größe, die der Drucker noch zu Papier bringt, ist auch gut lesbar oder sieht anständig aus.

Tip: Auch hier sollten Sie einen Mustertext in Ihrer bevorzugten Schrift mal mit allen Größen auszeichnen und zu Papier bringen.

Schriftgrößen wechseln

Mit dem Wechsel von Schriftgrößen sollten Sie genauso sparsam umgehen wie mit dem Einsatz verschiedener Schriften. Folgende Grundregeln für die Praxis helfen Ihnen weiter:

1. Für die Grundschrift gibt es nur eine Größe, die zwischen 8 und 12 Punkt liegen sollte.

2. Kleingedrucktes wie Anmerkungen, Fußnoten etc. sollte nicht kleiner als 6 Punkt werden. Sonst müssen Sie eine Lupe zuhilfe nehmen.

3. Überschriften werden in Briefen nur durch Fettdruck hervorgehoben. Eine Größenänderung ist hier unüblich. In Berichten oder Artikeln reicht für Überschriften eine Schrift bis maximal 24 Punkt, üblicher sind 14, 16 oder 18 Punkt. Gleiches gilt für Kataloge.

4. Lediglich, wenn Sie Zeitungs- oder Zeitschriftenseiten bzw. Plakate mit WordPerfect gestalten wollen, können Sie auch Schriften in den Größen von 24 über 32 und 48 Punkt bis hin zu 72 Punkt oder noch mehr verwenden.

Hinweis: Mit dem Wechsel einer Schriftgröße ändert sich normalerweise auch automatisch der Zeilenabstand (siehe Kapitel 3.2.2). Schließlich ist eine Zeile in 32 Punkt wesentlich höher als eine Zeile in 6 Punkt. Es gibt aber Problemzonen, in denen WordPerfect diese Automatik nicht mehr in den Griff bekommt. Hier müssen Sie mit manuell eingefügten Leerzeilen verhindern, daß sich Zeilen überdrucken. Ein Ausdruck wird Ihnen zeigen, wo Not am Manne ist.

Zur Praxis: Sie möchten die Überschrift vergrößern. Markieren Sie die Zeile und rufen Sie ein weiteres Mal den SCHRIFTEN-Dialog auf, diesmal mit Schwerpunkt auf der Liste GRÖSSE. In dieser Liste sind alle verfügbaren Größen für die aktuelle Schrift aufgeführt. Wählen Sie eine Schriftgröße Ihrer Wahl, z. B. 18, und verlassen Sie die Dialogbox mit OK. Ihre Überschrift wird nun in 18 Punkt ausgezeichnet (vgl. Abbildung 3.4).

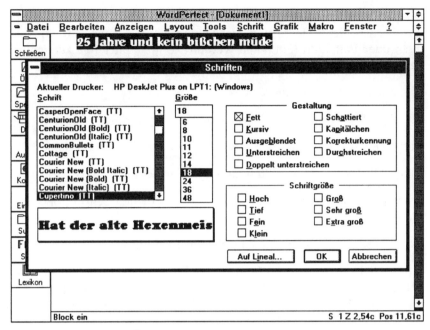

Abb. 3.4: Ausgezeichnete Überschrift

Klicken Sie jetzt einmal auf den Schalter GRÖSSE auf Ihrem Lineal. Sie sehen, daß alle verfügbaren Schriftgrößen für die aktuell gewählte Schrift heruntergeklappt werden. Mit einem Klick auf die gewünschte Größe können Sie die Schriftgröße für jede Textpassage beliebig ändern.

Größenattribute

In der SCHRIFTEN-Dialogbox sehen Sie noch einen Bereich, der bisher nicht erklärt worden ist, der Bereich SCHRIFTGRÖSSEN. Diese Bezeichnung ist etwas verwirrend, denn schließlich haben Sie ja gerade unter GRÖSSE die Schriftgröße geändert. Mit Schriftgrößen ist weniger die Punktgröße der aktuellen Schrift gemeint als vielmehr Größenattribute, durch die Sie die Größe der einzelnen Zeichen verändern können, und zwar immer in Relation zur aktuellen Schriftgröße.

Erinnern Sie sich? Sie haben diese Attribute schon einmal gesehen, nämlich unter STANDARDEINSTELLUNGEN/DRUCKEN. Die Größenattribute werden in Prozent angegeben.

141

Die Größenattribute HOCH und TIEF sollen hier einmal außer acht gelassen werden, denn Hoch- und Tiefstellung empfiehlt sich nur für Formeln oder Fußnoten (Fußnoten werden Sie in Kapitel 10.2 kennenlernen), nicht für normalen Text.

Alle anderen Attribute im Klartext:

FEIN: Der Text wird auf 60 % der aktuellen Schriftgröße verkleinert.

KLEIN: Der Text wird auf 80 % der aktuellen Schriftgröße verkleinert.

GROSS: Der Text wird auf 120 % der aktuellen Schriftgröße vergrößert.

SEHR GROSS: Der Text wird auf 150 % der aktuellen Schriftgröße vergrößert.

EXTRA GROSS: Die aktuelle Schriftgröße wird verdoppelt.

Ein Praxisbeispiel soll den Sinn dieser Einrichtung verdeutlichen: Sie kennen bestimmt die Verwendung von Initialen, z. B. in Kommentaren, Editorials von Zeitschriften, Kapitelanfängen in Büchern etc. Dabei wird der erste Buchstabe eines Absatzes in einer größeren Schrift ausgezeichnet als der Rest des Abschnitts – dieser größere erste Buchstabe wird *Initial* genannt.

Angenommen, Sie schreiben einen Text in 12 Punkt und vergrößern lediglich den ersten Buchstaben auf 14 Punkt. Nun kann es sein, daß Sie den Absatz nachträglich komplett auf 10 Punkt verkleinern möchten. Damit wird der ganze Textblock – inklusive des ersten Buchstabens – neu umgesetzt, und Ihr Initial, das Sie vorher extra größer ausgezeichnet haben, ist verloren. Nun könnten Sie auf die glorreiche Idee kommen, den Absatz ohne das Initial auf 10 Punkt zu verkleinern. Damit hätten Sie zwar erreicht, daß das Initial größer als der folgende Text wäre – der Haken an der Sache ist aber, daß dann die Proportionen einfach nicht mehr stimmen. Das Initial wäre im Verhältnis zum Text viel zu groß.

Mit Hilfe von Größenattributen können Sie solche ungewollten Pannen vermeiden. Wenn Sie nämlich für das Initial z. B. das Attribut GROSS wählen, wird dieser erste Buchstabe um 20 % der aktuellen Schriftgröße vergrößert. Verkleinern Sie anschließend den gesamten Absatz, bleibt das Initial trotzdem bestehen. Warum? Ganz einfach, weil die Größe dieses Buchstabens grundsätzlich relativ zur gerade aktuellen Schriftgröße ist. Dabei ist es egal, ob Ihr Absatz in 12 oder 10 Punkt formatiert wird – die Größe des Initials beträgt immer 120 % der gewählten Schriftgröße.

Hinweis: Wie die gewählten Attribute im gedruckten Text aussehen werden, hängt davon ab, welche Schriften Ihr Drukker zur Verfügung hat und was der Drucker mit diesen Schriften machen kann.

Aufgabe: Setzen Sie die Namen der Jubilare in 16 Punkt und wählen Sie für das Datum der Feier das Größenattribut SEHR GROSS.

3.1.4 Zeichenkombination erstellen

WordPerfect bietet Ihnen die Erstellung eigener Zeichenkombinationen an, d. h. Sie können aus Tastaturzeichen neue Zeichen erzeugen. Ein Beispiel, für das diese Funktion Sinn machen würde: Ist in der auf dem Drucker installierten Schrift keine eindeutige Unterscheidung zwischen einer Null (0) und einem großen O (O) möglich – und das ist sehr häufig der Fall – können Sie die Null mit einem Schrägstrich markieren, um ein Unterscheidungsmerkmal zu haben.

Hinweis: Sollte Ihr Drucker doch dazu fähig sein, erzeugen Sie Zeichenkombinationen für chemische oder mathematische Symbole etc.

Sie möchten in Ihrem Text eine Null eingeben und diese auch gleich via Schrägstrich als solche kennzeichnen. Dazu setzen Sie die Schreibmarke an die gewünschte Stelle und wählen im SCHRIFT-Menü den Befehl ZEICHENKOMBINATION und danach ERSTELLEN.

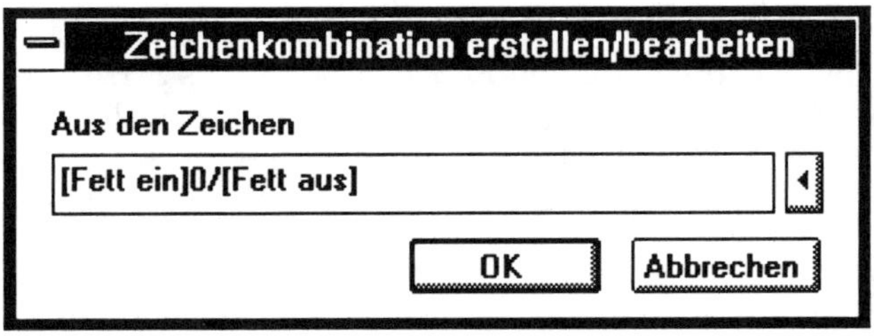

Abb. 3.5: Zeichenkombination erstellen

In das Textfeld AUS DEN ZEICHEN schreiben Sie die besagte Zeichenkombination aus der Null (0) und dem Schrägstrich – die Reihenfolge spielt
hierbei keine Rolle. Klicken Sie auf das Symbol neben dem Eingabefeld, sehen Sie, daß Ihnen auch noch die verschiedensten Gestaltungs-
und Größenattribute zur Verfügung stehen.

Möchten Sie Ihr neues Zeichen z. B. noch fett formatieren, wählen Sie
zuerst (!) das entsprechende Attribut aus der Liste. In der Eingabezeile
steht dann [Fett ein][Fett aus], und die Schreibmarke steht zwischen
diesen beiden Befehlen; an dieser Position schreiben Sie Ihre Zeichenkombination. Mit einem Klick auf OK wird das neue Zeichen in Ihr
Dokument übernommen.

Sie können jede Zeichenkombination nachträglich noch bearbeiten, indem Sie Zeichen löschen oder hinzufügen. Dazu wählen Sie im
SCHRIFT-Menü den Befehl ZEICHENKOMBINATION/BEARBEITEN. WordPerfect
sucht daraufhin Ihr Dokument ab der Cursorposition in Richtung Textanfang durch und zeigt Ihnen die erste gefundene Zeichenkombination
an.

Wird kein Zeichen gefunden, setzt das Programm die Suche in Richtung Textende fort. Bleibt die Suche auch dann erfolglos, werden Sie in
einer Bildschirmmeldung darauf hingewiesen, daß WordPerfect keine
Zeichenkombinationen finden konnte.

3.2 Absätze formatieren

Die nächste Stufe nach dem Formatieren von Zeichen (einzelne Buchstaben, aber auch ganze Textseiten) ist das Formatieren von ganzen
Absätzen im Text. Zur Formatierung von Absätzen gehört die Wahl
der Zeilenausrichtung (von linksbündig bis Blocksatz), die Wahl von
Zeilenabständen, die Wahl von Einzügen sowie das Setzen von Tabulatoren und das Formatieren ganzer Tabellen. In genau dieser Reihenfolge werden nun die einzelnen Formatier-Werkzeuge vorgestellt, um
auch Ihren Absätzen ein professionelles Aussehen zu verleihen.

Alle Optionen zur Formatierung eines Absatzes finden Sie im LAYOUT-
Menü – denn um die Gestaltung, das Layout, Ihrer Absätze geht es ja
auch hier.

144

3.2.1 Zeilenausrichtung

Bevor Sie die verschiedenen Ausrichtungen von Absätzen kennenlernen, sollten Sie sich folgende Grundregeln über die Auswirkungen von gewählten Formatierungen einprägen:

- Sie können jede Formatierung vor Beginn Ihrer Arbeit einstellen; diese gilt dann für das gesamte Dokument, das Sie anschließend erfassen.

- Wenn Sie einen einzelnen Absatz formatieren möchten, müssen Sie diesen vorab markieren.

- Haben Sie keinen Absatz markiert, gilt die Formatierung für den gesamten Text ab der aktuellen Cursorposition. Wenn Sie sich also mitten im Text befinden und eine andere Zeilenausrichtung auswählen, werden alle Folgezeilen bis zum Textende mit der neuen Satzart formatiert.

Es gibt vier verschiedene Möglichkeiten, Absätze auszurichten: Linksbündig, rechtsbündig, zentriert und Blocksatz. Die Ausrichtung orientiert sich immer an den Seitenrändern. Sie finden die einzelnen Möglichkeiten der Zeilenausrichtung im Aufklappmenü hinter der Option ZEILENAUSRICHTUNG. Alternativ können Sie im Lineal auch das zweite Symbol von rechts anklicken. Dieses Symbol ist mit einem Großbuchstaben gekennzeichnet, und zwar immer mit dem Anfangsbuchstaben der aktuell eingestellten Zeilenausrichtung, also

- L für linksbündig

- R für rechtsbündig

- M für mittig

- B für Blocksatz

Klicken Sie dieses Symbol an, und die vier Ausrichtungsoptionen klappen herunter. Folgendes bewirken diese im einzelnen:

LINKS: Diese Ausrichtung können Sie statt übers LAYOUT-Menü auch mit [Strg-L] realisieren. Das geht wesentlich schneller. Der markierte Absatz wird am linken Rand ausgerichtet. Der linke Rand ist bündig, d. h. einheitlich; der rechte Rand hingegen ist unregelmäßig, man spricht hier von *Flattersatz*.

145

RECHTS: Rufen Sie diese Ausrichtung mit [Strg-R] auf. Der markierte Absatz wird am rechten Rand ausgerichtet. Ergebnis: Die Zeilenenden bilden eine Linie, die parallel zum rechten Rand verläuft; der Zeilenanfang ist unregelmäßig.

MITTE: Die Tastenkombination hierfür lautet [Strg-M] und bewirkt, daß der markierte Absatz zentriert, d. h. mittig, ausgerichtet wird. Die einzelnen Zeilen werden an einer senkrechten, durch die Blattmitte verlaufenden gedachten Linie ausgerichtet; dies führt zu ungleichmäßigen seitlichen Rändern.

BLOCKSATZ: Mit [Strg-B] rufen Sie diese Funktion schneller auf. Im Blocksatz werden die Zeilen am linken und am rechten Rand ausgerichtet, der Abstand zwischen den einzelnen Wörtern wird nach Bedarf erweitert oder reduziert. Dadurch entstehen zwar einheitliche Ränder, aber die einzelnen Wörter innerhalb einer Zeile werden künstlich auseinandergezogen, wodurch der Absatz eher unansehnlich wird.

Muster der verschiedenen Ausrichtungen

```
Dies ist ein Probetext für linksbündigen Satz.
Dies ist ein Probetext für linksbündigen Satz.
Dies ist ein Probetext für linksbündigen Satz.
Dies ist ein Probetext für linksbündigen Satz.


      Dies ist ein Probetext für rechtsbündigen Satz.
      Dies ist ein Probetext für rechtsbündigen Satz.
      Dies ist ein Probetext für rechtsbündigen Satz.
      Dies ist ein Probetext für rechtsbündigen Satz.


Dies ist ein Probetext für zentrierten Satz.  Dies
   ist ein Probetext für zentrierten Satz. Dies ist
    ein Probetext für zentrierten Satz. Dies ist ein
          Probetext für zentrierten Satz.


Dies ist ein Probetext für Blocksatz. Dies ist ein
Probetext für Blocksatz. Dies ist ein Probetext für
Blocksatz. Dies ist ein Probetext für Blocksatz.
Dies ist ein Probetext für Blocksatz.
```

Einsatz der Formate

Für Ihre Korrespondenz sollten Sie grundsätzlich die linksbündige Ausrichtung wählen. Bei manchen Firmen ist zwar der Blocksatz für Briefe in Mode gekommen, doch diese Briefe wirken durch die auseinandergezogenen Zeilen meist wenig repräsentativ. Schließlich macht sich der Blocksatz nur dann gut, wenn entweder die Zeilen recht breit sind oder sehr viele Trennungen eingefügt werden. Ansonsten entstehen häßliche klaffende Lücken im Text.

Tip: WordPerfect hat als Standardausrichtung ebenfalls Blocksatz eingestellt. Diese Vorgabe sollten Sie direkt am Anfang für alle Ihre Dokumente verwerfen und statt dessen die linksbündige Ausrichtung vorziehen. Sie sehen, daß die Option BLOCKSATZ unter ZEILENAUSRICHTUNG mit einem Häkchen versehen ist, d. h. sie ist für alles, was Sie schreiben, aktiv. Ändern Sie das, indem Sie mit der Maus auf LINKSBÜNDIG klicken. Möchten Sie einen bereits im Blocksatz geschriebenen Text nachträglich linksbündig ausrichten, markieren Sie diesen und drücken [Strg-L].

Rechtsbündig ist eine Satzart, die eigentlich nur im Sonderfall von Interesse ist, besonders für Bücher, um Marginalien auf der linken Seite zu plazieren oder Bildzeilen links einzufügen.

Der Blocksatz wird bei mehreren Spalten gern verwendet, um die Zeilen optimal zu füllen. Klassischer Anwendungsbereich des Blocksatzes ist Ihre Tageszeitung. Der Blocksatz wird ebenfalls bei Büchern, Dokumentationen, wissenschaftlichen Arbeiten und anderen buchähnlichen Veröffentlichungen benutzt.

Die zentrierte Ausrichtung schließlich ist etwas für Überschriften und Gedichte.

Aufgabe: Setzen Sie die Überschrift sowie die drei Namen in Ihrem Beispieltext zentriert und den Text zur Übung im Blocksatz.

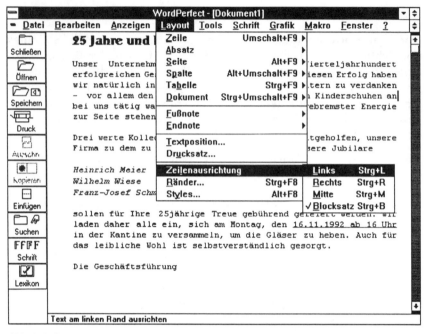

Abb. 3.6: ZEILENAUSRICHTUNG

3.2.2 Zeilenabstand und Zeilenhöhe

Weiterhin können Sie den Abstand zwischen den Zeilen Ihres Absatzes sowie die Höhe der einzelnen Zeilen beliebig ändern. Auch hierbei gelten die gleichen Auswirkungen wie bei der Zeilenausrichtung:

- Vorab-Einstellung für das gesamte Dokument

- Markierung eines einzelnen Absatzes

- Neuer Zeilenabstand ab Cursorposition bis zum Textende

Unter Zeilenabstand versteht man den Abstand zwischen dem unteren Rand einer Zeile und dem unteren Rand der nächsten Zeile. Standardmäßig schreiben Sie mit einzeiligem Zeilenabstand. Diesen Abstand können Sie jedoch beliebig ändern.

Wählen Sie den Befehl ZEILE und aus der Liste die Option ZEILENAB-STAND, und eine kleine Dialogbox erscheint auf dem Bildschirm, in der Sie einen maximalen Zeilenabstand von sage und schreibe 160 (!) ein-

148

geben können. Ein solcher Wert ist natürlich pure Theorie. In der Praxis arbeitet man in der Regel mit einem maximalen Zeilenabstand von zwei Zeilen. Die drei häufigsten Abstände sind

- einzeilig

- anderthalbzeilig

- zweizeilig.

Suchen Sie sich einen Abstand aus, indem Sie die gewünschte Zahl in das Textfeld eingeben oder bis zum Wert Ihrer Wahl blättern, und schließen Sie die Dialogbox dann mit OK. Alle Folgezeilen hinter der aktuellen Cursorposition werden mit dem neuen Zeilenabstand formatiert. Genausogut können Sie nur für einen markierten Absatz den Zeilenabstand ändern.

Alternativ können Sie den Zeilenabstand auch über das letzte Symbol auf dem Lineal einstellen. Klicken Sie darauf, und Sie werden feststellen, daß hier auch nur die drei Praxis-Standards 1,0 – 1,5 – 2,0 zur Auswahl stehen.

Zeilenhöhe

Auch auf die Zeilenhöhe haben Sie Einfluß. Unter der Zeilenhöhe ist die Höhe der Zeichen einer Schrift plus dem freien Zwischenraum zur oben anschließenden Zeile zu verstehen. Die Zeilenhöhe ist bei einfachem Zeilenabstand die Distanz zwischen den Grundlinien zweier aufeinanderfolgender Zeilen.

Die Zeilenhöhe wird von WordPerfect für jede gewählte Schrift automatisch festgelegt. Wenn Sie jedoch ihr eigenes Süppchen kochen und eine individuelle Zeilenhöhe angeben möchten, so steht dem nichts im Wege. Rufen Sie über den Befehl ZEILE/ZEILENHÖHE die entsprechende Dialogbox auf. Sie sehen, daß der Knopf AUTOMATISCH standardmäßig bereits aktiviert ist. Ändern Sie diese Einstellung, indem Sie auf FEST klicken, und geben Sie in das Feld dahinter den Wert Ihrer Wahl in Zentimetern ein. Vorgabe ist hier 0,42c – diese Angabe ist für Sie aber keineswegs bindend. Sie können hier genausogut z. B. 0,5c oder sogar 1,5c eingeben. Klicken Sie auf OK, und die gewählte Zeilenhöhe bleibt auch bei einer Änderung der Schriftgröße konstant.

149

Auch hierbei gilt: Die neu eingestellte Zeilenhöhe wirkt sich entweder auf einen vorab markierten Absatz bzw. eine markierte Zeile aus oder gilt für den Text, der hinter der aktuellen Cursorposition folgt.

Aufgabe: Ändern Sie den Zeilenabstand zwischen den drei Jubiläumskandidaten auf 2,0 und stellen die Zeilenhöhe für die erste Zeile des Textes auf 0,5 ein.

3.2.3   Absätze ein- und ausrücken

Normalerweise stehen die Absätze immer in der gewählten Ausrichtung auf der Seite, und zwar in der Regel linksbündig. Sie haben nun die Möglichkeit, Absätze anders zu formatieren, um sie optisch hervorzuheben.

Wählen Sie im LAYOUT-Menü den Befehl ABSATZ und sehen sich die daraufhin erscheinende Aufklappliste an. Vier Möglichkeiten stehen zur Auswahl, mit denen Sie das Erscheinungsbild einzelner Absätze verändern können.

EINRÜCKEN

Wenn Sie einen Absatz einrücken, wird der linke Rand komplett um einen Tabstopp nach rechts verschoben, ohne daß die Seitenränder hierfür geändert werden müssen. Sie werden jetzt vielleicht einwenden, daß Sie Einrückungen auch mit [Tab] vornehmen können. Das stimmt, es gibt aber einen entscheidenden Unterschied: Während Sie über [Tab] jede Zeile einzeln einrücken müssen, wählen Sie den Befehl EINRÜCKEN nur ein einziges Mal, und der ganze markierte Absatz (der durchaus auch mehrere Seiten lang sein kann) wird nach rechts eingerückt.

Hinweis: Der Abstand, um den Ihr Text eingerückt wird, wird von dem bereits bestehenden Tabstopp bestimmt. Dieser Abstand kann vergrößert oder verkleinert werden, indem Sie die Tabstoppeinstellungen entsprechend ändern (siehe dazu Kapitel 3.2.4, "Tabulatoren setzen").

Einrückungen am linken Rand werden oft verwendet, um Zitate deutlich zu machen oder einen Absatz aus anderen Gründen hervorzuheben.

Beim Einrücken von Absätzen gelten folgende Regeln:

150

- Wenn Sie nur einen Absatz einrücken möchten, brauchen Sie diesen nicht zu markieren, sondern setzen einfach die Schreibmarke an den Anfang des gewünschten Textabschnitts, der eingerückt werden soll. WordPerfect rückt den Folgetext bis zum nächsten Absatzendezeichen [FNZ] ein. Sie wissen ja, daß ein Absatz – im Gegensatz zu einer Zeile – mit [Eingabe] beendet wird, und genau daran erkennt das Programm, daß der Absatz zuende ist.

- Wenn Sie mehrere Absätze einrücken möchten, müssen Sie diese vorab markieren, denn sonst hört WordPerfect beim ersten Absatzendezeichen mit der Einrückung auf.

- Falls Sie den einzurückenden Text noch nicht geschrieben haben, wählen Sie vorab EINRÜCKEN und schreiben anschließend den Text.

Wenn Sie eine vorgenommene Einrückung wieder rückgängig machen wollen, positionieren Sie die Schreibmarke an den Anfang des betreffenden Absatzes und drücken [Eingabe]. Die Einrückung wird zurückgenommen und der Text wieder standardmäßig ausgerichtet, z. B. linksbündig, wenn Sie das eingestellt haben.

Hinweis: Den EINRÜCKEN-Befehl können Sie auch direkt vom Dokument aus mit [F7] aktivieren.

EINRÜCKEN L/R

Auch hierbei gelten – das sei vorab gesagt – die gleichen Regeln wie beim Einrücken. Der einzige Unterschied besteht darin, daß mit diesem Befehl Absätze beidseitig eingerückt werden. Im Klartext: Ihr Text wird durch einen einzigen Tabstopp sowohl am rechten als auch am linken Rand eingerückt. Mit [Eingabe] beenden Sie die beidseitige Einrückung.

Statt übers Menü können Sie diese Formatierung auch mit [Umschalt-F7] aktivieren.

AUSGERÜCKTE ERSTE ZEILE

Wählen Sie diese Option (alternativ auch über [Strg-F7]), wird die erste Zeile eines Absatzes am linken Rand ausgerichtet, während alle Folgezeilen jeweils um einen Tabstopp nach rechts eingerückt werden. Die erste Zeile ist somit ausgerückt, was vor allem bei Aufzählungen, die mit einem Strichpunkt oder anderen Aufzählungszeichen versehen sind, gern gemacht wird.

151

RANDLÖSER

Mit Hilfe dieser Funktion wird der Cursor sowie der Text in der Zeile, in der sich die Schreibmarke befindet, um einen Tabsprung nach links versetzt, auch wenn hierbei der linke Rand überschritten wird. Dieses Verfahren empfiehlt sich für die Numerierung von Kapiteln, Überschriften etc. Die Nummer steht außen vor, und der gesamte Absatz bleibt linksbündig formatiert.

Mit der Funktion EINRÜCKEN weisen Sie den "Ausreißer" in seine Schranken, und der gesamte Text wird wieder standardmäßig formatiert.

Diese Funktion erreichen Sie auch mit [Umschalt-Tab].

```
        Dies ist ein Probetext für einen eingerückten
        Absatz. Dies ist ein Probetext für einen ein-
        gerückten Absatz. Dies ist ein Probetext für
        einen eingerückten Absatz. Dies ist ein Probe-
        text für einen eingerückten Absatz.

        Dies ist ein Probetext für einen links und
        rechts eingerückten Absatz. Dies ist ein
        Probetext für einen links und rechts ein-
        gerückten Absatz. Dies ist ein Probetext
        für einen links und rechts eingerückten
        Absatz.

Dies ist ein Probetext mit ausgerückter erster Zei-
        le. Dies ist ein Probetext mit ausgerückter
        erster Zeile. Dies ist ein Probetext mit aus-
        gerückter erster Zeile. Dies ist ein Probetext
        mit ausgerückter erster Zeile.

Dies ist ein Probetext mit Randlöser. Dies ist ein Pro-
betext mit Randlöser. Dies ist ein Probetext mit Rand-
löser. Dies ist ein Probetext mit Randlöser. Dies ist
ein Probetext mit Randlöser.
```

Aufgabe: Rücken Sie zur Übung den ersten Absatz des Beispieltextes beidseitig ein, und rücken im letzten Absatz die erste Zeile aus.

152

3.2.4 Tabulatoren setzen

Tabulatoren kennen Sie bereits. Sie sind eine einfache Möglichkeit, einzelne Zeilen oder auch kleine Aufstellungen zeilenweise einzurücken. Selbst kleine Tabellen sind mit den Tabulatoren kein Problem. Hier wird es nun darum gehen, die Tabulatoren auf Ihre Bedürfnisse einzustellen. Dann können Sie nämlich auch komplizierte Zahlenreihen und vieles mehr fein säuberlich tabellarisch aufreihen.

Welche Tabulatoren bereits gesetzt sind, erkennen Sie in der Linealzeile an den kleinen schwarzen Dreiecken unterhalb des Zentimetermaßes. Sollten Sie das Lineal nicht auf dem Bildschirm haben, brauchen Sie nur den entsprechenden Befehl im ANZEIGEN-Menü zu wählen.

Ein Praxisbeispiel:

In der Firmenzeitschrift soll u. a. auch eine kleine Tabelle mit den neuen Mitarbeitern aus den einzelnen Abteilungen stehen. Diese Tabelle können Sie bequem mit Hilfe von Tabstopps anlegen. Die Tabelle soll wie folgt aufgebaut sein:

```
Abteilung       Eintrittsdatum    Name
```

Setzen Sie die Schreibmarke an den Anfang der Zeile, in der Sie mit der Tabelle anfangen wollen. Sie haben zwei Möglichkeiten, den Tabulator-Dialog auf den Bildschirm zu holen. Entweder gehen Sie über ZEILE/TABSTOPPS im LAYOUT-Menü, oder Sie klicken doppelt auf das linke Symbol mit den vier Punkten im Lineal (vgl. Abbildung 3.7).

Standardmäßig setzt WordPerfect die Tabulatoren im Abstand von 1,27 cm. Dieses recht ungewöhnliche Maß erklärt sich aus der Übersetzung der amerikanischen Maßeinheit Inch. Sie müssen diese "krumme" Zahl nicht beibehalten, sondern können die Tabulatoren nach Ihren Vorstellungen ändern sowie beliebig viele Tabsprünge einfügen. Mit dem Schalter STANDARD kehren Sie immer wieder zur Standardeinstellung zurück.

Bevor Sie sich ans Werk machen, sollten Sie die einzelnen Optionen dieses Dialogs erstmal genauer kennenlernen.

153

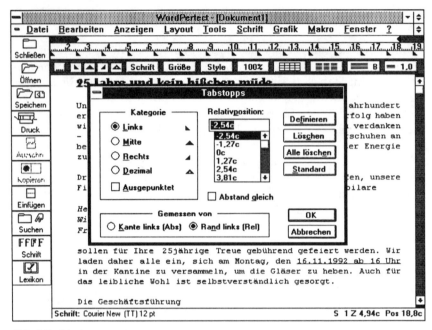

Abb. 3.7: Tabulatoren setzen

- Bereich GEMESSEN VON

   Klicken Sie auf den Knopf KANTE LINKS, wenn von der linken Papierkante an gemessen werden soll. Die Abkürzung (ABS) dahinter steht für ABSOLUT. Das bedeutet im Klartext: Die Tabulatoren
   werden absolut zum linken Papierrand gesetzt. Dieser Rand ändert sich nicht.

   Die Wahl von RAND LINKS bewirkt, daß vom linken Blattrand aus
   gemessen wird; (REL) bedeutet RELATIV. Das heißt: Die Tabulatoren werden relativ zum linken Seitenrand gemessen. Wenn Sie
   diesen Rand ändern (siehe Kapitel 3.3), verschieben sich die Tabulatoren automatisch relativ zum neuen Seitenrand. Beispiel: Wenn
   Sie den linken Seitenrand von 1cm auf 2cm setzen, verschieben
   sich alle Tabulatoren ebenfalls um 1cm. Um diese Flexibilität nutzen zu können, klicken Sie diesen Knopf an.

154

- Liste POSITION

Ob in dieser Liste ABSOLUTPOSITION oder RELATIVPOSITION steht, hängt davon ab, ob von der linken Papierkante oder vom linken Blattrand gemessen werden soll. Diese Wahl haben Sie ja bereits getroffen.

Im Eingabefeld in der ersten Zeile dieser Liste definieren Sie eine neue Tabstopp-Position. Alternativ können Sie natürlich auch aus der Liste darunter einen Tabstopp auswählen und diesen durch Markieren in das Eingabefeld übernehmen. Doch sehen Sie sich die Werte darin mal an: 2,54c, 3,81c etc. Wer in Deutschland braucht schon Tabstopps an so ausgefallenen Positionen? Maße wie 2,5c und 4c wären wohl angebrachter in der Praxis. Also lassen Sie die Liste gänzlich außer acht und schreiben statt dessen die gewünschten Tabstopps direkt in das Eingabefeld.

- Bereich KATEGORIE

Sie können individuell festlegen, wie der Text an einem Tabstopp ausgerichtet werden soll, indem Sie den entsprechenden Knopf bzw. das Kreuzfeld anklicken:

LINKS, wenn der Text am Tabstopp links ausgerichtet werden soll (linksbündig).

MITTE, wenn der Text an der Position des Tabstopps zwischen dem linken und rechten Rand zentriert werden soll.

RECHTS, wenn der Text am Tabstopp rechts ausgerichtet werden soll (rechtsbündig).

DEZIMAL, wenn der Text am Dezimalzeichen ausgerichtet werden soll, z. B. am Komma bei Währungen.

AUSGEPUNKTET, wenn zwischen dem Text und dem nächsten Tabstopp eine gepunktete Linie eingefügt werden soll.

Sie sollten sich vorab gut überlegen, wofür Sie die Tabulatoren brauchen. DM-Beträge werden am besten an Dezimal-Tabs ausgerichtet, Zahlen an Rechts-Tabs und Texteinträge an Links-Tabs. Der Zentrier-Tab macht eigentlich selten Sinn.

Einige Beispiele an dieser Stelle:

Links-Tab

$\qquad$ 12,60 DM
$\qquad$ 4460,4 DM
$\qquad$ 230,2 DM

Rechts-Tab

$\qquad$ 12,60 DM
$\qquad$ 4460,4 DM
$\qquad$ 230,2 DM

Dezimal-Tab

$\qquad$ 12,60 DM
$\qquad$ 4460,4 DM
$\qquad$ 230,2 DM

Zentrier-Tab

$\qquad$ 12,60 DM
$\qquad$ 4460,4 DM
$\qquad$ 230,2 DM

Sie sehen hinter jeder Ausrichtung das entsprechende Symbol, mit dem die jeweiligen Tabulatorarten im Lineal dargestellt werden. Prägen Sie sich die einzelnen Symbole von Anfang an gut ein, dann können Sie diese später mühelos zuordnen.

AUSGEPUNKTET, wenn zwischen dem Text und dem nächsten Tabstopp eine gepunktete Linie eingefügt werden soll.

- Kreuzfeld ABSTAND GLEICH

Mit dieser Option können Tabstopps in gleichmäßigen Abständen definiert werden. Diese Einstellung wirkt sich allerdings nicht auf bereits definierte Tabstoppeinstellungen aus, es sei denn, die Position der neu festgelegten Tabstopps ist mit derjenigen der bereits vorliegenden Tabs identisch. Um Tabstopps mit gleichmäßigen Abständen zu definieren, gehen Sie wie folgt vor: Klicken Sie dieses Kreuzfeld an – es erscheinen zwei gleichlange Eingabefelder darüber. Geben Sie zunächst im Feld POSITION an, an welcher Stelle der erste Tabstopp gesetzt werden soll, z. B. 1c. In das Feld INTERVALL schreiben Sie den Abstand, der zwischen den einzelnen Tabstopps gelten soll, z. B. 0,5. Dann wählen Sie DEFINIEREN, um den neuen Tabstopps Gültigkeit zu verleihen. Im Lineal sehen Sie ab Position 1 cm alle 0,5 cm einen neuen Tabstopp.

Schalter	Bedeutung
DEFINIEREN	um einen neuen Tabstopp endgültig zu definieren
LÖSCHEN	um einen Tabstopp zu löschen
ALLE LÖSCHEN	um alle definierten Tabstopps zu löschen
STANDARD	um den Standardabstand von 1,27 cm wiederherzustellen
OK	um die definierten Tabstopps zu übernehmen
ABBRECHEN	um den Dialog unverrichteterdinge zu verlassen

Tabulatoren setzen

Genug der Theorie – kommen Sie zur Praxis und definieren Sie die Tabulatoren für Ihre kleine Tabelle. Stellen Sie sicher, daß die Schreibmarke ganz am Anfang der Tabelle steht, damit alle Tabstopps, die Sie definieren, auch wirklich für die ganze Tabelle gelten. Da es sich um eine reine Texttabelle handelt, sollten Sie unter KATEGORIE die Vorgabe LINKS aktiviert lassen. Empfehlenswert ist außerdem, vom linken Seitenrand aus zu messen – auch das ist standardmäßig bereits vorgegeben.

Tip: Die vielen Standardtabs im Lineal verwirren Sie nur, und Sie sehen später mit zusätzlich definierten Tabulatoren den Wald vor lauter Bäumen nicht mehr. Klicken Sie also auf den Schalter ALLE LÖSCHEN, um alle bereits gesetzten Tabs zu entfernen. Sie haben nun absolut freie Bahn für Ihre eigenen Tabulatoren. Ein Blick auf das Lineal bestätigt, daß alle Tabstopps beseitigt sind.

Sie brauchen insgesamt zwei Tabstopps. Überlegen Sie sich, an welchen Positionen die beiden Tabstopps gesetzt werden sollen. Das peilen Sie anhand der Länge der einzelnen Überschriften der Tabelle über den Daumen. Da die Tabelle in der Breite ruhig großzügig angelegt werden soll, um auch für längere Einträge Platz zu schaffen, sollten Sie die Tabstopps nicht allzu dicht setzen. Wie wäre es z. B. mit 7 und 11 cm? Wenn es hinterher nicht hinhaut, können Sie die Positionen beliebig ändern.

157

Also, schreiben Sie die Zahl 7 in das Feld POSITION und klicken Sie auf DEFINIEREN. Anschließend wiederholen Sie diesen Vorgang mit dem Wert 11. Mit OK schließen Sie die Dialogbox und übernehmen die Tabstopps ins Lineal. Nun können Sie Ihre Tabelle erfassen (siehe Abbildung 3.8):

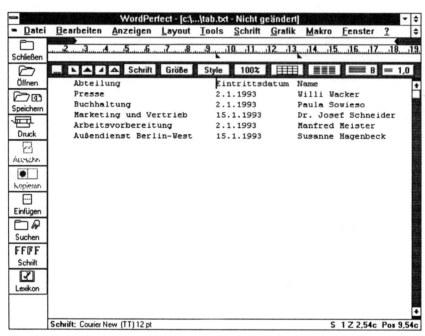

Abb. 3.8: Tabelle auf dem Bildschirm

Tip: Sie können Tabulatoren auch direkt über das Lineal setzen. Ganz links sehen Sie die Ihnen bereits bekannten Symbole für die vier verschiedenen Tabulatorarten – Links-Tab, Mitte-Tab, Rechts-Tab und Dezimal-Tab. Sie brauchen für Ihre Tabelle zwei Links-Tabs, also klicken Sie mit der Maus auf das entsprechende linke Symbol und ziehen das kleine Dreieck bis zur gewünschten Position auf dem Lineal. Begleitet werden Sie von einer senkrechten gestrichelten Linie auf dem Bildschirm. Sind Sie da, wo Sie hin wollten, lassen Sie los. Genauso verfahren Sie auch mit dem zweiten Tabstopp.

158

Tabulatoren verschieben

Ihre Tabelle ist nun fertig, und Sie stellen fest, daß Sie den Abstand zwischen *Eintrittsdatum* und *Name* um einen Zentimeter vergrößern möchten. Dafür müssen Sie den Tabstopp an der Position 11 cm zunächst löschen. Rufen Sie den TABULATOR-Dialog auf, markieren den gewünschten Tab in der Liste POSITION und klicken auf den Schalter LÖSCHEN. Nun geben Sie in das Eingabefeld die neue Position, also 12c, ein und drücken DEFINIEREN sowie anschließend OK, um die neue Einstellung zu speichern.

Einfacher geht es, wenn Sie einen Tabulator, den Sie gern an eine andere Position rücken würden, über das Lineal direkt verschieben. Ergreifen Sie den Tabstopp, den Sie gern ändern möchten, mit der Maus und ziehen Sie ihn an die neue Position.

Aufgabe: Schreiben Sie folgende Zahlen in Form einer kleinen Tabelle (dann allerdings ohne Interpunktion : und ;):

```
Tee Classic: 949,49;2939,94;4929,29
Tee Modern: 1929,49;498,76;993,22
```

Löschen Sie zunächst alle Tabulatoren. Setzen Sie drei Dezimal-Tabs für die Zahlenangaben in Abständen von je drei Zentimetern beginnend bei 5 cm.

3.2.5   Tabellen formatieren

Eine wesentlich einfachere Alternative zur Verwendung von Tabulatoren ist das Erstellen einer Tabelle, um Text- und Zahlenspalten übersichtlich anzuordnen. Nicht nur Zahlen können in einer Tabelle aufgeführt und berechnet werden (siehe dazu Kapitel 7, "Berechnungen und Formeln"), sondern auch Text kann in Tabellenform erfaßt werden.

Jede Tabelle besteht aus horizontal verlaufenden Zeilen – auch Reihen genannt – und vertikal verlaufenden Spalten. Dadurch wird die Tabelle in Felder aufgeteilt, das sind kleine Bearbeitungsfenster, in die Sie Text, Zahlen oder auch Formeln eingeben können. WordPerfect benennt Felder spaltenweise von oben nach unten in numerischer Reihenfolge; Felder zeilenweise von links nach rechts in alphabetischer Reihenfolge. Beispiel: A1 bedeutet erste Zeile, erste Spalte.

159

Zur Praxis: Erfassen Sie die Informationen, die Sie im vorhergehenden Kapitel mit Tabulatoren formatiert haben, in Form einer Tabelle. Setzen Sie die Schreibmarke an die Stelle im Text, an der die Tabelle stehen soll, und rufen zunächst einmal das Lineal auf Ihren Bildschirm – falls noch nicht geschehen.

Auf dem Lineal sehen Sie ein Tabelle-Symbol, das vierte von links, mit dessen Hilfe Sie die Tabelle erstellen können. Sie müssen sich vorab überlegen, wie viele Reihen und Spalten Ihre Tabelle haben soll.

Für diese kleine Tabelle benötigen Sie drei Spalten (Abteilung, Eintrittsdatum, Name) und sechs Reihen für die sechs neuen Mitarbeiter. Klicken Sie das Tabelle-Symbol an, und ziehen Sie die Maus bei gedrückter linker Taste über die Tabellengitter, bis Sie drei Spalten und sechs Reihen markiert haben. Obendrüber sehen Sie die Angabe 3x6 – also stimmt die Anzahl der Reihen und Spalten. Lassen Sie die Maustaste los, und die Tabelle wird in Ihren Text eingefügt.

Alternativ können Sie die Tabelle auch über die Option TABELLE/ERSTELLEN im LAYOUT-Menü einfügen. In der aufgerufenen Dialogbox legen Sie die Spalten- und Reihenzahl fest und bestätigen mit OK. In der folgenden Abbildung sehen Sie bereits die fertige Tabelle, die Sie sich nun Schritt für Schritt erarbeiten werden (vgl. Abbildung 3.9).

Die Schreibmarke steht im ersten leeren Feld der Tabelle, so daß Sie mit der Eingabe des Textes beginnen können. Schreiben Sie ABTEILUNG in das Feld und drücken Sie [Tab], um zum nächsten Feld der ersten Reihe zu gelangen, in die Sie die Überschrift *Eintrittsdatum* eingeben. Einmal [Tab], und schon folgt die letzte Überschrift der ersten Zeile, *Name*.

Mit [Tab] geht es weiter zum ersten Feld der zweiten Zeile. Dort geben Sie die konkreten Informationen zum ersten Mitarbeiter *Willi Wacker* ein. Genauso verfahren Sie auch mit den weiteren fünf Kollegen/Kolleginnen – jede(r) in einer neuen Zeile.

Hinweis: Haben Sie sich in einem Feld vertippt und möchten diesen Patzer nachträglich korrigieren, gehen Sie mit [Umschalt-Tab] wieder zurück, bis der Cursor im gewünschten Feld steht. Sie können das Feld mit der Maus aber auch einfach anklicken.

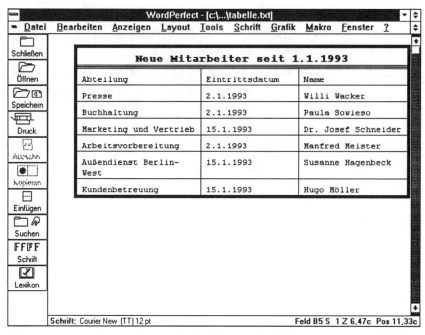

Abb. 3.9: Die fertige Tabelle

Spalten verbreitern

Sind Sie beim Kollegen *Dr. Schneider* angekommen, der in der Abteilung *Marketing und Vertrieb* arbeitet, werden Sie feststellen, daß dieser lange Abteilungsname – wie auch der Name des Mitarbeiters – zu lang für das Feld ist. WordPerfect bricht das Feld automatisch um.

Hinweis: Sie können jede Zeile auch manuell umbrechen, indem Sie [Eingabe] drücken. Die Feldhöhe wird damit vergrößert.

Damit auch wirklich alle Einträge, selbst die längsten, in ein einzeiliges Feld hineinpassen, verbreitern Sie die betreffende Spalte einfach entsprechend. Werfen Sie einen Blick auf das Lineal – dort wird Ihnen oberhalb des Zentimetermaßes angezeigt, wie breit Ihre Tabelle insgesamt ist und wo sich die Spaltenbegrenzungen befinden. Um die erste Spalte zu verbreitern, ergreifen Sie die Tabellenmarke, die das Ende der ersten Spalte kennzeichnet, mit der Maus und ziehen sie weiter nach rechts, so lange, bis der Begriff *Arbeitsvorbereitung* komplett in ei-

161

ne Zeile paßt. Sie sehen, daß die erste Spalte breiter wird, die beiden anderen dafür aber schmaler. Wenn die Spalten zu schmal werden, müssen Sie diese in der Breite auch noch anpassen.

Hinweis: Haben Sie die Tabelle fertiggestellt und sollten feststellen, daß der eine oder andere Eintrag trotz der größeren Spaltenbreite immer noch nicht in eine Zeile hineinpaßt, verbreitern Sie die Spalte nochmal.

Auch die letzte Spalte verbreitern Sie, damit *Dr. Josef Schneider* auch Platz in einer Zeile findet. Da diese Spaltenbegrenzung auch gleichzeitig der rechte Rand der Tabelle ist, ergreifen Sie jetzt die Marke, die im Lineal das Tabellenende kennzeichnet, und ziehen sie weiter nach rechts.

Tabelle markieren

Einige Grundbemerkungen zum Markieren innerhalb der Tabelle:

Feld markieren

Gehen Sie mit dem Cursor an den linken oder oberen Rand des gewünschten Feldes. Sobald der Markierpfeil erscheint, klicken Sie das Feld mit der Maus einfach an.

Reihe markieren

Sie markieren eine Reihe, indem Sie den Cursor an den linken Rand eines beliebigen Feldes der gewünschten Reihe setzen. Verwandelt sich der Cursor in den Markierpfeil, klicken Sie das Feld doppelt an, um die ganze Reihe zu markieren.

Spalte markieren

Sie markieren eine Spalte, indem Sie den Cursor an den oberen Rand eines beliebigen Feldes in der gewünschten Spalte setzen. Sobald der Cursor die Form des Markierpfeils annimmt, klicken Sie das Feld doppelt an, und die ganze Spalte wird markiert.

162

Tabelle markieren

Sie markieren die ganze Tabelle, indem Sie den Cursor an den oberen oder linken Rand eines beliebigen Feldes in der Tabelle steuern, bis er die Form des Markierpfeils annimmt. Dann klicken Sie dreimal mit der Maus, um alle Felder zu markieren.

Reihe hinzufügen

Angenommen, ein weiterer Mitarbeiter namens Hugo Möller ist zum 15.1.1993 in der Abteilung Kundenbetreuung eingestellt worden. Für diesen Kollegen müssen Sie eine weitere Reihe zu der Tabelle hinzufügen, und zwar ans Ende der Tabelle. Markieren Sie die Tabelle und rufen Sie aus dem LAYOUT-Menü den Befehl TABELLE/BEARBEITEN auf.

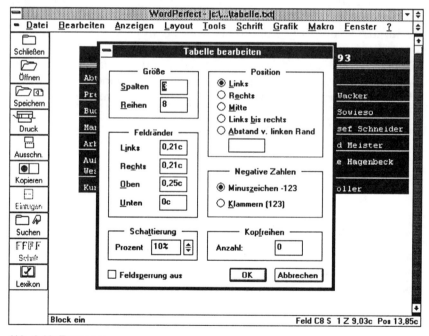

Abb. 3.10: TABELLE BEARBEITEN

Die Dialogbox, die auf dem Bildschirm erscheint, ist recht umfangreich. Sie widmen sich jedoch zunächst nur dem Bereich GRÖSSE links oben und ersetzen die Zahl 6 hinter REIHEN durch 7. Bestätigen Sie die-

163

se Änderung mit OK, und es wird eine weitere Reihe am Ende Ihrer Tabelle eingefügt und der Cursor in das erste Feld dieser neuen Reihe gesteuert. Geben Sie nun die Angaben zum neuen Mitarbeiter ein.

Hinweis: Sie können über die Option TABELLE/EINFÜGEN mehrere Zeilen oder Spalten an der aktuellen Cursorposition in die Tabelle einfügen und diese mit TABELLE/LÖSCHEN auch nachträglich wieder löschen.

Felder verknüpfen

Die Tabelle soll noch eine Hauptüberschrift bekommen, z. B. *Neue Mitarbeiter in unserem Hause.* Dafür müssen Sie zunächst eine zusätzliche Reihe ganz oben einfügen. Setzen Sie den Cursor in die erste Reihe der Tabelle und rufen Sie den Befehl TABELLE/EINFÜGEN auf, um eine neue Reihe in die Tabelle aufzunehmen. In der kleinen Dialogbox klicken Sie auf den Knopf REIHEN und bestätigen die Vorgabe 1 im Eingabefeld dahinter mit OK. Eine neue Reihe wird am Anfang der Tabelle eingeschoben. Diese leere Reihe markieren Sie nun und wählen die Option TABELLE/VERKNÜPFEN. Die Linien zwischen den einzelnen Feldern verschwinden; die erste Reihe wird in ein einziges Feld umgewandelt.

Hinweis: Mit TABELLE/TEILEN machen Sie eine solche Verknüpfung wieder rückgängig.

Schreiben Sie in diese Reihe nun die oben genannte Hauptüberschrift.

Tabelle gestalten

Da Ihnen jetzt bekannt ist, wie Sie eine Tabelle erstellen und Felder markieren, können Sie mit der Formatierung der Tabellenüberschrift beginnen. Markieren Sie die erste Reihe und rufen Sie den Befehl TABELLE/FELD auf (vgl. Abbildung 3.11).

In dieser großen Dialogbox mit dem Namen FELDFORMAT haben Sie die Möglichkeit, die Gestaltung, Größe und Ausrichtung der Felder zu ändern. Zunächst einmal soll Ihre Überschrift gefettet werden; dazu klicken Sie unter GESTALTUNG auf das Kreuzfeld FETT, um den Fettdruck zu aktivieren. Anschließend widmen Sie sich noch dem Bereich GRÖSSE und klicken auf GROSS, um die Schrift auf 120% zu vergrößern.

164

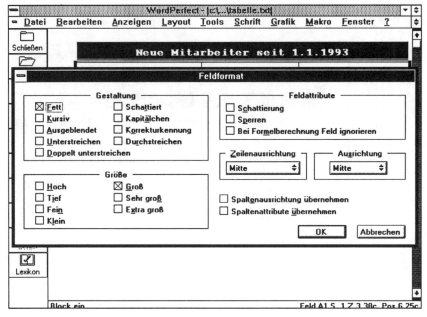

Abb. 3.11: Felder gestalten

Zum Schluß ändern Sie noch die Ausrichtung und setzen die ganze Überschrift zentriert, indem Sie unter ZEILENAUSRICHTUNG den Popup-Schalter hinunterklappen und MITTE wählen. Ein Klick auf OK und die Überschrift Ihrer Tabelle wird entsprechend gestaltet.

Zum Schluß ändern Sie noch die Umrandung der Tabelle, indem Sie eine andere Linienart wählen. Markieren Sie die gesamte Tabelle und und rufen Sie den Befehl TABELLE/LINIEN auf (vgl. Abbildung 3.12).

In der Dialogbox sehen Sie insgesamt sechs Popup-Schalter, hinter denen sich jeweils eine Liste mit verschiedenen Linienformen verbirgt. Wählen Sie bei LINKS, OBEN, RECHTS und UNTEN die Option BREIT – der Schalter AUSSEN ändert sich automatisch auch in BREIT. Klicken Sie auf OK, und Ihre Tabelle wird mit einem dicken schwarzen Balken umrandet.

Aufgabe: Markieren Sie nun noch die Überschrift-Zeile und ziehen eine doppelte Linie darunter.

Damit ist Ihre Tabelle fertig. Wie Sie eine Tabelle für mathematische Aufgaben einsetzen, erfahren Sie in Kapitel 7.

165

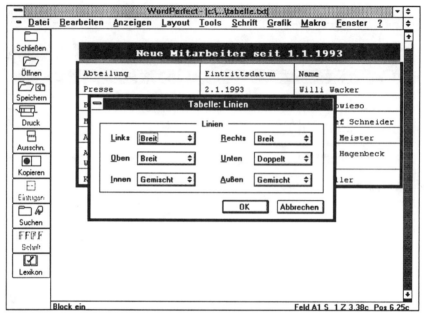

Abb. 3.12: Linien ziehen

Fragen und Übungen:

1. Welche grundsätzlichen Schrifttypen gibt es?

2. Was versteht man unter Größenattributen?

3. Welche verschiedenen Möglichkeiten der Absatzformatierung kennen Sie?

4. Welche Tabulator-Kategorien gibt es, und wo werden sie eingesetzt?

3.3 Vorlagen einsetzen

Bisher haben Sie Ihren Text direkt formatiert. Sie haben Textpassagen markiert und dann die gewünschten Schriften, Attribute und Schriftgrößen oder Einrückungen gewählt. Diese Formatierungen gelten ausschließlich für das aktuelle Dokument. Es gibt eine Möglichkeit, für

166

gleiche Dokumentarten eine Vorlage zu erstellen, in der Sie das Layout einmal definieren und sämtliche Formatierungen im voraus einstellen.

3.3.1 Praktischer Nutzen

Das hat den Vorteil, daß nicht jeder beliebige Mitarbeiter zu jeder Zeit aufs neue Schriften, Attribute und Ränder individuell einstellen muß, sondern einmal festgelegt wird, welches Aussehen das betreffende Dokument haben soll.

Neben der Vereinheitlichung kommen weitere Vorteile hinzu:

1. Die Bearbeitungszeit wird kürzer, da die Mitarbeiter auf vorgefertigte Dokumente und Layouts zugreifen können. Langes Suchen nach der passenden Schriftart oder der gewünschten Schriftgröße entfällt. Auch das zeitaufwendige Herumprobieren ist nicht mehr nötig.

2. Die Formatierung wird leichter. Schließlich braucht sich nicht mehr jeder Mitarbeiter in die Feinheiten der Layout-Gestaltung einzuarbeiten. Er wählt nur noch vorgefertigte Druckvorlagen und kann sich auf deren Stimmigkeit verlassen.

3. Die gestalterische Überarbeitung eines Textes wird enorm vereinfacht. Dazu ein Beispiel: Ein Buch von 300 Seiten ist zu gestalten. Stellt man bei einem Probeausdruck fest, daß die Überschriften sehr klein wirken, dann reicht eine kleine Änderung in der Formatvorlage für Überschriften, um dieses Manko zu beheben. Alle Kapitel-Titel werden automatisch neu formatiert. Bei der direkten Formatierung müßte Kapitel für Kapitel durchgegangen und manuell neu formatiert werden. Mal abgesehen von der Mehrarbeit ist dieses Vorgehen auch ganz schön fehlerträchtig, denn wie leicht vergißt man bei einer derartigen Überarbeitung nicht etwas.

Nehmen Sie Ihre Firmenzeitschrift als Praxisbeispiel für die Gestaltung einer Vorlage. Die Innenseiten dieser Zeitschrift sind immer gleich formatiert und enthalten dieselben Elemente, nämlich:

- einheitliche Seitenränder

- einheitliche Schriftart und -größe

- Zeitschriftentitel und Firmenname in Kopfzeilen

167

- Seitennummer in der Fußzeile

- zweispaltig formatierte Texte

3.3.2 Seiten formatieren

Als ersten Schritt rufen Sie den Befehl Neu im Datei-Menü auf, um eine leere Seite auf Ihren Bildschirm zu bekommen.

Seitenränder festlegen

Sie bestimmen nun die Seitenränder für diese Seite, stellvertretend für alle zukünftigen Seiten Ihrer Firmenzeitschrift. Die einmal eingestellten Ränder haben für jede Seite, die Sie in der Zeitschrift erstellen, Gültigkeit.

Rufen Sie im Layout-Menü die Option Ränder auf oder drücken Sie [Strg-F8]. Es erscheint eine kleine Dialogbox, in der Sie den linken, rechten, oberen und unteren Seitenrand einstellen können. Standardeinstellung ist jeweils 2,54 cm, was Sie an den Randmarken oberhalb des Zentimetermaßes Ihres Lineals erkennen können. Stellen Sie den linken Rand auf 4 und den rechten Rand auf 3 Zentimeter ein; den oberen und unteren Rand lassen Sie unverändert. Schließen Sie die Dialogbox mit Ok, und die neuen Ränder treten umgehend in Kraft.

Tip: Anstatt den linken und rechten Rand übers Layout-Menü einzustellen, können Sie die Randeinstellungen auch direkt über das Lineal vornehmen, indem Sie die linke und rechte Randmarke nacheinander mit der Maus ergreifen und an die gewünschte Randposition ziehen.

3.3.3 Kopf- und Fußzeilen

Kopfzeilen erstellen

In einer Kopfzeile stehen in der Regel Informationen, die auf jeder Seite des Dokuments wiederholt werden. In diesem konkreten Fall soll der Zeitschriftentitel Ihrer Mitarbeiter-Info in eine Kopfzeile und der Firmenname in eine andere geschrieben werden und somit oben auf jeder Seite der Zeitschrift erscheinen.

168

Wählen Sie den Befehl Seite/Kopfzeilen im Layout-Menü. Für jede Seite können zwei verschiedene Kopfzeilen erstellt werden, wovon Sie auch Gebrauch machen. Sie möchten zunächst die erste Kopfzeile eingeben. Die Option Kopfzeilen A ist standardmäßig aktiviert, also belassen Sie es bei dieser Vorgabe und klicken auf den Schalter Erstellen, um eine Kopfzeile zu definieren.

Ein leeres Fenster wird geöffnet, und in der Titelzeile erscheint der Hinweis, daß es sich um das Bearbeitungsfenster der Kopfzeile A handelt. Der Zeitschriftentitel soll immer auf der rechten Innenseite stehen, und zwar am rechten äußeren Rand. Dafür müssen Sie die Schreibmarke rechtsbündig setzen – entweder mit [Strg-R] oder mit Hilfe des zweiten Schalters von rechts auf dem Lineal bzw. dem Befehl Zeilenausrichtung im Layout-Menü.

Schreiben Sie nun den eigentlichen Kopfzeilentext, den Zeitschriftentitel, in das Bearbeitungsfenster. Wie wäre es z. B. mit

```
Info Intern - das Magazin für die Mitarbeiter
```

oder einem Titel Ihrer Wahl (vgl. Abbildung 3.13).

Klicken Sie abschließend noch auf den Schalter Position, um WordPerfect klarzumachen, daß diese Kopfzeile immer nur auf den rechten Seiten stehen soll. In der Dialogbox haben Sie neben der Standardeinstellung Jede Seite noch die Wahl zwischen Gerade Seitenzahlen und Ungerade Seitenzahlen. Ein Blick auf das Buch, das vor Ihnen liegt, zeigt Ihnen, was damit gemeint ist. Die linken Buchseiten haben gerade Seitenzahlen, die rechten Seiten sind ungerade. Der Zeitschriftentitel soll nur auf den rechten Seiten stehen, also klicken Sie hier auf den Knopf Ungerade Seitenzahlen.

Aufgabe: Fetten Sie den Zeitschriftentitel, bevor Sie mit Exit zum Dokumentfenster zurückkehren.

Nun kommen Sie zur zweiten Kopfzeile, dem Firmennamen. Wählen Sie unter Seite/Kopfzeilen die Option Kopfzeile B und geben Sie in das entsprechende Kopfzeilenfenster Ihren Firmennamen ein, z. B. *Teefrisch AG*.

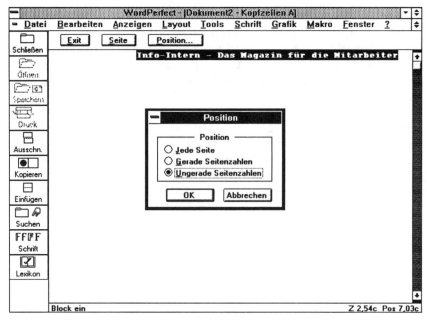

Abb. 3.13: Kopfzeile erstellen

Hier lassen Sie die Standardausrichtung linksbündig bestehen, denn der Firmenname soll auf allen linken Zeitschriftenseiten am linken äußeren Rand stehen. Setzen Sie auch diesen Eintrag fett und klicken Sie unter POSITION auf den Knopf GERADE SEITENZAHLEN.

Hinweis: In unserer Version lag ein Programmfehler vor. Word-Perfect zeigte die Kopfzeilen der geraden Seiten auf den ungeraden Seiten und umgekehrt. Das können Sie schnell feststellen, wenn Sie die Steuerzeichen aus dem ANZEIGEN-Menü aufrufen. Dort steht die Definition Ihrer Kopfzeilen – und zwar genau jeweils die falsche! Einziger Tip, um dem abzuhelfen: Wenn Sie Kopfzeilen auf geraden Seiten plazieren wollen, drehen Sie den Spieß um und wählen statt dessen UNGERADE SEITEN; genauso wählen Sie GERADE SEITEN für die Kopfzeilen auf den ungeraden Seiten – also genau seitenverkehrt.

Gefällt Ihnen eine der Kopfzeilen irgendwann nicht mehr, öffnen Sie den KOPFZEILEN-Dialog und klicken auf den Schalter BEARBEITEN, um den Text der Kopfzeile zu löschen bzw. zu ändern.

Fußzeilen erstellen

Genauso wie mit Kopfzeilen wird oft auch mit Fußzeilen gearbeitet. Diese enthalten ebenfalls Informationen, die auf jeder Seite gedruckt werden sollen, und zwar immer an der gleichen Stelle.

Klassisches Beispiel für die Verwendung von Fußzeilen ist die Angabe der Seitennummern. Die Seitenzahlen stehen in manchen Fällen auch oben auf der Seite in der Kopfzeile, meistens ist dafür jedoch die Fußzeile vorgesehen. Auch in Ihrer Firmenzeitschrift sollen die Seitenzahlen unten auf der Seite stehen, daher legen Sie dafür eine Fußzeile an.

Gehen Sie ins LAYOUT-Menü und wählen den Befehl SEITE/FUSSZEILE. Die gleiche Dialogbox wie bei den Kopfzeilen erscheint – ein Hinweis darauf, daß Sie theoretisch auch zwei Fußzeilen pro Seite anlegen können. Sie beschränken sich jedoch auf eine und bestätigen die Vorgabe FUSS-ZEILEN A mit OK.

Ein leeres Bearbeitungsfenster mit dem Titel FUSSZEILEN A erscheint auf Ihrem Bildschirm. Dieses Fenster sieht genauso aus wie das Kopfzeilenfenster; lediglich an der Titelleiste erkennen Sie, daß Sie eine Fußzeile erstellen wollen. Zuerst ein paar Gedanken zur Ausrichtung der Seitenzahlen: Sollen sie am linken Rand, rechtsbündig oder in der Mitte der Seite stehen?

Tip: Wenn Sie außer dieser Fußzeile definitiv keine zweite Fußzeile mehr anlegen, die z. B. die Nummer der aktuellen Ausgabe enthalten könnte, sollten Sie die Seitenzahlen zentriert setzen. Das sieht schön aus und hat auch noch einen strategischen Vorteil: Wählen Sie für die Seitenzahlen nun linksbündig, würden alle Zahlen am linken Rand plaziert. Auf den geraden Seiten stehen die Seitenzahlen dann tatsächlich links außen, bei den ungeraden jedoch links innen, was bewirken könnte, daß die Zahlen in den Kleberand des Buches in der Mitte rutschen könnten. Das gleiche gilt für rechtsbündige Ausrichtung, nur daß dann die Seitenzahlen auf den linken Seiten in den Kleberand rutschen würden. Plazieren Sie die Seitenzahlen zentriert in die Mitte, und Sie sind diese Probleme mit einem Schlag los.

Also: Drücken Sie [Strg-M] bzw. wählen Sie ZEILENAUSRICHTUNG/MITTE im LAYOUT-Menü, um die Seitenzahlen zentriert auszurichten.

Eine weitere Vorüberlegung zum Thema Erscheinungsform: Sollen nur die nackten Zahlen dort stehen oder die Seitenzahlen in der Form

```
Seite 1
```

gedruckt werden? Entscheiden Sie sich für die letztere Variante, tippen Sie jetzt als erstes das Wort *Seite*, gefolgt von einem Leerschritt, und klicken Sie dann im Fußzeilenfenster auf den Schalter SEITE. WordPerfect fügt den Code für die aktuelle Seitenzahl ein.

Da die Seitenzahlen auf jeder Seite stehen sollen, lassen Sie in der Dialogbox POSITION diesmal die Vorgabe JEDE SEITE aktiviert.

Aufgabe: Setzen Sie die Seitenangabe fett, bevor Sie das Fußzeilenfenster mit EXIT verlassen.

Hinweis: Auch die Fußzeile können Sie nachträglich bearbeiten.

Sie befinden sich nun wieder in Ihrem Dokument, doch von Ihren Kopf- und Fußzeilen weit und breit keine Spur. Sie werden Ihnen im Normalmodus nämlich nicht angezeigt, sind aber gespeichert worden. Sie können das überprüfen, indem Sie sich ein längeres Dokument in der Druckbildansicht ansehen (Einzelheiten zum Druckbildmodus erfahren Sie in Kapitel 3.5.3).

Kopf- und Fußzeilen nicht drucken

Zum Abschluß noch ein Hinweis auf das Drucken von Kopf- und Fußzeilen. Bei der Erstellung Ihrer Kopfzeilen und der Fußzeile befand sich der Cursor am Anfang des Dokuments, d. h. die Kopfzeilen sowie die Fußzeile werden auf jeder Seite gedruckt. Sie wollen nachher jedoch die erste Seite Ihrer Firmenzeitschrift als Deckblatt gestalten (siehe dazu Kapitel 3.4). Auf dieser Seite sollen weder Kopf- noch Fußzeilen stehen, daher schalten Sie diese für die erste Seite ab, indem Sie den Cursor auf die erste Seite positionieren und im LAYOUT-Menü zuerst SEITE und danach FORMAT UNTERDRÜCKEN wählen.

In der aufgerufenen Dialogbox klicken Sie die Kreuzfelder KOPFZEILEN A, KOPFZEILEN B und FUSSZEILEN A an und verlassen die Dialogbox mit OK.

172

3.3.4 Absatzstyles

Mit sogenannten Absatzstyles können Sie die Formatierung von Texten weitgehend automatisieren. Ein Style ist sozusagen eine Druckformatvorlage, in der das Layout einzelner Bestandteile eines Dokuments, z. B. eben Ihrer Firmenzeitschrift, einmal definiert wird. Das hat neben der Zeitersparnis beim Einsatz dieses Dokuments den großen Vorteil, daß der Text wirklich immer automatisch formatiert wird.

Alle Innenseiten Ihrer Firmenzeitschrift haben folgende feste Bestandteile, für die Sie Absatzstyles definieren können:

- Hauptüberschriften

- Unterüberschriften

- Zwischenüberschriften

- Fließtext

Jeder Artikel in der Zeitschrift enthält eine Hauptüberschrift, die als Schlagzeile auch entsprechend wirkungsvoll gestaltet werden sollte, gefolgt von einer Unterüberschrift, die die Schlagzeile um weitere Details ergänzt. In den einzelnen Beiträgen werden zusammenhängende Abschnitte mit einer Zwischenüberschrift eingeleitet, und dazwischen steht jeweils der normale Fließtext. Eine mit Absatzstyles fertig gestaltete Zeitschriftenseite könnte etwa so aussehen wie in Abbildung 3.14.

Diese einzelnen Styles wollen Sie nun nacheinander definieren. Fangen Sie mit den Hauptüberschriften an: Diese sollen fett, mit der Schrift Helvetica und in 18 Punkt formatiert werden. Damit Sie hinterher nicht jede Kapitelüberschrift einzeln formatieren müssen, erstellen Sie einen einzigen Style, mit dem Sie später jede Hauptüberschrift per Tastendruck bzw. Mausklick formatieren können.

Rufen Sie zunächst das Lineal auf Ihren Bildschirm. Dort sehen Sie den Schalter STYLE, den Sie doppelt anklicken. Alternativ können Sie auch die Option STYLES im LAYOUT-Menü aufrufen oder [Alt-F8] drücken. Alle bereits vordefinierten Styles werden Ihnen in einer Dialogbox angezeigt. Klicken Sie auf den Schalter ERSTELLEN, denn Sie wollen ja einen neuen Style definieren. Die Dialogbox STYLE BEARBEITEN wird daraufhin eingeblendet (vgl. Abbildung 3.15).

173

Abb. 3.14: Seite mit Absatzstyles

Abb. 3.15: STYLE BEARBEITEN

Schreiben Sie in das Textfeld hinter NAME den Namen des zu erstellenden Absatzstyles, z. B. *Überschrift H*. Steuern Sie den Cursor dann mit [Tab] oder der Maus in das Textfeld BESCHREIBUNG darunter und geben hier *Hauptüberschrift* ein.

Style-Typen

So weit, so gut. In der Dialogbox finden Sie außerdem den Popup-Schalter TYP, der einer Erklärung bedarf. WordPefect unterscheidet zwischen zwei Style-Typen. Standardvorgabe ist der Typ TEMPORÄR. Dieser Style-Typ wird dazu verwendet, bestimmte Abschnitte eines Dokuments zu formatieren – der gesamte übrige Text behält sein ursprüngliches Format bei. Wählen Sie den zweiten Style PRO TEXT, wirken sich die darin definierten Formatierungen unweigerlich auf das gesamte Dokument aus. Sie belassen es bei der Vorgabe TEMPORÄR, da Sie einen Style ausschließlich für die Hauptüberschriften, also einen Teil des Dokuments, definieren möchten.

Klicken Sie jetzt auf OK, um sich das Style-Bearbeitungsfenster anzeigen zu lassen (vgl. Abbildung 3.16).

Dieses Fenster ähnelt einem Dokumentfenster. In der Titelzeile können Sie erkennen, daß hier ein Style erstellt werden soll. Das Fenster ist horizontal in zwei Teile unterteilt. Unterhalb der Trennlinie finden Sie das Steuerzeichen für ANMERKUNG. Eine Anmerkung enthält den Text, den Sie mit Hilfe eines Style formatieren. Da Sie den Style jedoch vorab für alle zukünftigen Hauptüberschriften und nicht für eine bereits existierende konkrete Überschrift erstellen, ist natürlich auch kein Text vorhanden.

Sie müssen nun die Steuerzeichen für die gewünschte Formatierung in den Style eintragen. Rufen Sie die Dialogbox SCHRIFTEN auf (über das SCHRIFT-Menü oder das Lineal oder mit [F9]) und wählen Sie die Schrift Helvetica in 18 Punkt sowie das Attribut FETT. Mit OK kehren Sie zum Style-Fenster zurück. Nun definieren Sie noch zentrierte Ausrichtung für die Hauptüberschriften (zweites Symbol von rechts im Lineal oder über ZEILE/ZENTRIEREN im LAYOUT-Menü).

Die eingefügten Codes erscheinen vor dem Anmerkungscode als Steuerzeichen. Ist alles in Ordnung, kehren Sie mit EXIT zur Dialogbox STYLES zurück. Der soeben definierte Style *Überschrift H* wird in die Style-Liste aufgenommen.

175

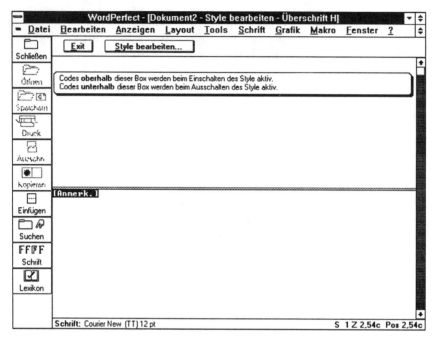

Abb. 3.16: Style erstellen

Aufgabe: Geben Sie über ERSTELLEN jeweils auch die anderen Styles ein:

1. *Überschrift U* für Unterüberschriften, kursiv, zentriert und in der Schrift Helvetica 14 Punkt formatiert.

2. *Überschrift Z* für Zwischenüberschriften, unterstrichen und in der Schrift Helvetica 12 Punkt formatiert.

3. *Text* für den Fließtext, in der Schrift Courier 10 Punkt formatiert.

Styles in Styledatei speichern

Haben Sie alle Styles definiert, sollten Sie diese noch speichern. Verlassen Sie die Dialogbox STYLES mit SCHLIESSEN, hat das unweigerlich zur Folge, daß Ihnen Ihre Styles nur in dem Dokument zur Verfügung stehen, in dem Sie erstellt wurden. Das bedeutet im Klartext: Sie können Ihre Styles ausschließlich in der gerade auf Ihrem Bildschirm befindlichen Zeitschriften-Vorlage einsetzen. Normalerweise würde das reichen, denn speziell für diese Vorlage sind sie schließlich auch erstellt worden. Doch vielleicht möchten Sie die Styles auch Ihren Kollegen zugänglich machen oder das eine oder andere Layout auch in anderen Dokumenten verwenden. Auf jeden Fall kann es nicht schaden, die Styles in einer sogenannten Style-Datei abzulegen, von wo aus sie in Zukunft jederzeit aufgerufen werden können, egal wer sie für welche Art von Dokument auch immer benötigt.

Sie speichern Styles in einer Style-Datei ab, indem Sie mit einem Doppelklick auf das Style-Symbol im Lineal oder mit [Alt-F8] die Dialogbox STYLES öffnen. Mit einem Klick auf SPEICHERN öffnet sich die Dialogbox STYLES SPEICHERN. In der linken Liste unter DATEIEN sehen Sie den Eintrag LIBRARY.STY. Dieses ist die Standard-Style-Datei, in der WordPerfect alle erstellten Styles ablegt. Markieren Sie diese Datei, um auch Ihre gerade definierten Styles darin abzulegen. Der Dateiname wird in das Eingabefeld SPEICHERN UNTER übernommen. Ein Klick auf SPEICHERN, und Sie können Ihre Styles jederzeit aus der Datei LIBRARY.STY aufrufen.

Hinweis: Wenn Sie wollen, können Sie für Ihre Styles auch eine eigene Style-Datei erstellen. In diesem Fall müssen Sie die Styles, die darin aufgenommen werden sollen, vorab markieren und dann in das Textfeld hinter SPEICHERN UNTER einen Namen nach Wunsch schreiben, z. B. ZEIT.STY. In dieser Datei würden dann alle Styles, die für das Layout Ihrer Zeitschrift relevant sind, aufgenommen.

Style einsetzen

Probieren Sie anhand eines kleinen Probetextes aus, ob Ihre Styles auch wirklich funktionieren.

Zuerst zur Hauptüberschrift. Klicken Sie im Lineal auf den Schalter STYLE. Alle vorhandenen Styles werden Ihnen in einer Popup-Liste angezeigt. Markieren Sie den Style ÜBERSCHRIFT H. Sie sehen, daß der Cursor sofort zentriert gesetzt wird. Schreiben Sie nun

Teefrisch AG.

Setzen Sie den Cursor in die Zeile darunter und wählen Sie den Style der Unterüberschriften, Überschrift U, aus, und geben Sie die Unterüberschrift

```
25jähriges Bestehen des Unternehmens
```

ein.

Dann geben Sie eine Leerzeile ein und wählen den Style Überschrift Z, um die Zwischenüberschrift

```
Die Anfänge der Firma
```

zu schreiben.

Nun folgt noch der Fließtext im Style *Text* – es reichen ein oder zwei Beispielsätze wie

```
Am 16.11.1987 wurde die heutige Teefrisch AG unter
dem Namen Teeimport Dr. Wolf gegründet. Die erste
Zeit war kein Zuckerschlecken...
```

Style ändern

Die Zeitersparnis bei der Formatierung mit Styles beruht im wesentlichen auf der Tatsache, daß bei einer Änderung der Formatierung nicht jeder betroffene Textbereich einzeln umformatiert werden muß. Es genügt völlig, den entsprechenden Style zu ändern, und alle mit diesem Style formatierten Texte werden automatisch angepaßt.

Beispiel: Die Unterüberschriften sollen nicht mehr kursiv formatiert werden. Mit einem Doppelklick auf den Style-Schalter auf dem Lineal öffnen Sie die Dialogbox Styles, in der Sie den Style markieren, den Sie ändern wollen, nämlich *Überschrift U*. Mit einem Klick auf Bearbeiten wird dieser Style aktiviert und das Bearbeitungsfenster geöffnet. Löschen Sie im Steuerzeichenfenster den Code [Kursiv ein], klicken Sie auf Exit und kehren Sie mit Schliessen zu Ihrem Dokument zurück. Die Unterüberschrift ist nun nicht mehr kursiv formatiert.

3.3.5 Spalten formatieren

Mehrspaltensatz ist gang und gäbe im deutschen Zeitungen- und Zeitschriftenmarkt. In vielen Dokumenten wird der Text in Spalten angeordnet – auch für Firmenzeitschriften, Newsletter etc. empfiehlt sich die Verwendung von Textspalten.

Zur Übung setzen Sie einmal den Beispieltext, den Sie am Anfang dieses Kapitels erfaßt haben (25jähriges Dienstjubiläum), zweispaltig. Positionieren Sie dazu den Cursor an einer beliebigen Stelle innerhalb der Überschrift *25 Jahre und kein bißchen müde*, und rufen Sie im LAYOUT-Menü den Befehl SPALTE/DEFINIEREN auf. Eine Dialogbox erscheint auf dem Bildschirm, in der Sie die Spalten definieren können.

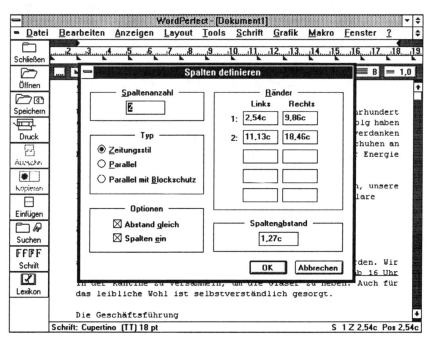

Abb. 3.17: SPALTEN DEFINIEREN

In WordPerfect können Sie mit mindestens zwei und höchstens 24 Spalten arbeiten. Doch Hand aufs Herz: Stellen Sie sich mal 24 Spalten auf einer Textseite vor – höchst unwahrscheinlich, daß jemand davon Gebrauch macht. Die Standard-Spaltenzahl liegt bei zwei Spalten, wie

179

Sie unter SPALTENANZAHL feststellen können. Der Text in Ihrer Firmenzeitschrift soll auch durchgängig zweispaltig formatiert werden.

Spaltentypen

Gehen Sie nun zum Bereich TYP. WordPerfect läßt Sie zwischen drei verschiedenen Spaltentypen wählen:

1. Spalten im Zeitungsstil: Der Text wird bis zum Ende der ersten Spalte fortgeschrieben. Ist die Spalte voll, wird der Text in der nächsten Spalte derselben Seite fortgesetzt. Diesen Stil findet man vor allem in Zeitungsartikeln, Rundschreiben und Broschüren.

2. Parallele Spalten: Sehr gutes Beispiel für diesen Spaltentyp sind Vokabellisten. Zusammengehöriger Text, z. B. eine englische Vokabel und die deutsche Übersetzung, beginnt stets in derselben Reihe. Die englischen Vokabeln bleiben grundsätzlich immer in derselben Spalte, auch wenn sich die Terminologieliste über mehrere Seiten fortsetzt. Mit den Tasten für einen festen Seitenumbruch – [Strg-Eingabe] – wird der Cursor jeweils in die rechts anschließende Spalte gesetzt.

3. Parallele Spalten mit Blockschutz: Dieser Typ entspricht weitgehend den parallelen Spalten, jedoch mit dem Unterschied, daß die Reihen eines Blocks immer auf einer Seite bleiben. Wenn Text in einer Spalte durch einen Seitenumbruch getrennt werden könnte, wird die gesamte Reihengruppe (sie erstreckt sich über alle vorhandenen Spalten) auf die nächste Seite geschoben.

Für Ihre Firmenzeitschrift ist der klassische Zeitungsstil der richtige. Der entsprechende Knopf ist bereits aktiviert.

Unter Optionen sind zwei Kreuzfelder, die beide bereits angekreuzt sind und auch angekreuzt bleiben sollten:

ABSTAND GLEICH

Bei Auswahl von Spalten mit gleichem Abstand wird die Breite der einzelnen Spalten automatisch vom Programm berechnet.

SPALTEN EIN

Hiermit wird die Spaltenfunktion eingeschaltet. Wenn Sie anschließend die Dialogbox verlassen, wird Ihr Text sofort zweispaltig gesetzt.

180

Folgende Möglichkeiten haben Sie in der rechten Hälfte der Dialogbox:

RÄNDER

Nach Angabe der gewünschten Spaltenanzahl werden die Abstände zwischen den einzelnen Spalten (sofern ABSTAND GLEICH aktiviert ist) anhand der aktuellen Randvorgaben vom Programm automatisch berechnet. Für Spalten in unregelmäßigen Abständen müssen Sie die Spaltenränder selbst festlegen. Legen Sie zuerst die gewünschte Spaltenanzahl fest und tragen Sie den Wert für den Abstand zwischen den einzelnen Spalten in das Textfeld SPALTENABSTAND ein. Geben Sie dann für die einzelnen Spalten an, wo der linke und rechte Rand sein soll (für die erste Spalte hinter 1, für die zweite Spalte hinter 2 etc.).

SPALTENABSTAND

Beim Eintragen neuer Spaltenabstände in dieses Textfeld wird die Spaltenbreite automatisch diesen neuen Werten angepaßt.

Für Ihre Firmenzeitschrift lassen Sie alle Vorgaben stehen und überlassen es WordPerfect, den optimalen Spaltenabstand automatisch zu berechnen.

Schließen Sie die Dialogbox mit OK, und Ihr Text wird in Windeseile zweispaltig formatiert.

Hinweis: Falls Sie auf Ihrem Bildschirm vergeblich nach einer zweiten Spalte suchen, so liegt das daran, daß der Text nicht lang genug ist, um in eine zweite Spalte rübergehoben zu werden. Sie können in einem solchen Fall künstlich einen Spaltenumbruch erzeugen, indem Sie an der gewünschten Stelle, z. B. nach dem ersten Absatz, [Strg-Eingabe] drücken.

Es gibt eine zweite Möglichkeit, die Spaltenfunktion zu aktivieren. Um diese ausprobieren zu können, müssen Sie die Mehrspaltigkeit Ihres Textes zunächst einmal wieder zurücknehmen. Gehen Sie mit dem Cursor in die Überschrift des Textes und wählen im LAYOUT-Menü den Befehl SPALTE/AUS. Ihr Text nimmt wieder die "normale" Form an.

Klicken Sie nun im Lineal auf das Spaltensymbol (das dritte von rechts). Wählen Sie aus der Popup-Liste den Eintrag 2 SPALTEN, und die Überschrift sowie der gesamte folgende Text werden wieder auf zwei Spalten verteilt.

181

Auch hier machen Sie mit SPALTE/AUS die Zweispaltigkeit wieder rückgängig.

Abb. 3.18: Zweispaltig formatierter Text

Hinweis: Sie können innerhalb eines Dokuments auch für jeden neuen Absatz eine andere Spaltenanzahl wählen, z. B. zweispaltig für den ersten Absatz, dreispaltig für den zweiten Absatz etc. Das macht in der Praxis jedoch keinen guten Eindruck, daher sollten Sie sich von vornherein für eine Spaltenanzahl entscheiden.

Spaltenbreite ändern

Wenn Sie die Spaltenbreite ändern, könnten Sie über die Dialogbox SPALTEN DEFINIEREN die Ränder – wie oben erläutert – für jede Spalte manuell ändern, indem Sie die Spaltenbreite auf den Millimeter genau festlegen und die gewünschten Werte unter RÄNDER entsprechend eintragen. Einfacher geht das ganze jedoch direkt über das Lineal. Sie se-

182

hen oberhalb des Zentimetermaßes für jede Spalte eine linke und eine rechte Randmarke. Durch Ziehen dieser Marken können Sie die Spaltenränder beliebig ändern. Durch Ziehen des grau schattierten Bereichs zwischen den Spaltenmarken wird die Spaltenbreite unter Beibehaltung des Spaltenabstands verändert.

Mehrspaltigkeit im Style festlegen

Sie haben jetzt für einen Text Zweispaltigkeit festgelegt. Da aber die gesamte Firmenzeitschrift mit zwei Spalten formatiert werden soll, wäre es doch eigentlich ideal, wenn Sie die Spalten vorab, d. h. bevor Sie alle Beiträge für die Zeitschrift erfassen, definieren könnten, so daß alle späteren Texte automatisch zweispaltig gesetzt würden.

Der beste Weg dahin ist, die Spaltendefinition direkt in den Absatzstyle für den Fließtext einzugeben. Doppelklicken Sie auf den STYLE-Schalter im Lineal oder gehen über die Option STYLES im LAYOUT-Menü. Markieren Sie in der Dialogbox STYLE den Style TEXT für den Fließtext und klicken auf den Schalter BEARBEITEN. Es erscheint das Ihnen bereits bekannte Bearbeitungsfenster. Sie müssen jetzt nichts weiter tun, als über den Spalten-Schalter im Lineal die Option 2 SPALTEN festlegen. Sie sehen, daß die entsprechenden Steuerzeichen für die Spaltendefinition in das Steuerzeichenfenster übernommen werden. Ein Klick auf EXIT und ein anschließender Klick auf SCHLIESSEN genügt, und jeder Artikel, den Sie in Zukunft für Ihre Firmenzeitschrift schreiben, wird automatisch zweispaltig formatiert.

Aufgabe: Legen Sie auch für alle Zwischenüberschriften (Style ÜBERSCHRIFT Z) Zweispaltigkeit fest.

3.3.6   Vorlagen einsetzen

Nichts ist leichter, als die Vorlage für das Layout der Firmenzeitschrift in der Praxis auch korrekt einzusetzen. Speichern Sie Ihre Vorlage ab und weisen ihr eine eindeutige Kennung zu, und zwar in Form der Dateinamenserweiterung .VOR. Das hat folgenden Sinn und Zweck: Anhand dieser Extension können Sie Ihre Vorlagendateien (im Laufe der Zeit werden es sicherlich mehrere sein) auf Anhieb identifizieren. Geben Sie dem Zeitschriftenlayout nun den Dateinamen ZEIT.VOR, und Sie wissen in Zukunft, daß darin das Layout Ihrer Zeitschriftenseiten definiert ist.

Tip:	Legen Sie sich jetzt schon eine Kurzliste für Ihre Vorlagendateien an. Sie werden sehr schnell neue Vorlagen erstellen, weil Sie diese bei Ihrer Arbeit sehr effektiv einsetzen können. Die Kennung der Vorlagendateien ist die Endung .VOR.

So können Sie später die Innenseiten Ihrer Zeitschrift für die neue Ausgabe auf der Basis der Zeitschriften-Vorlage und der dafür erstellten Styles mit Text füllen. Rufen Sie die Vorlagendatei ZEIT.VOR auf den Bildschirm. Seitenränder sowie Kopf- und Fußzeilen sind bereits formatiert. Sie kümmern sich nur noch um die konkreten Beiträge in der Zeitschrift und wählen für die einzelnen Bestandteile den jeweils entsprechenden Style.

Wollen Sie eine Formatierung ändern, müssen Sie lediglich die betreffende Textstelle markieren und mit einem anderen Layout auszeichnen. Mehr noch: Sollte eine Stelle im Text komplett vom normalen Zeitschriftenlayout abweichen, dann können Sie diese auch über SCHRIFT/SCHRIFT und LAYOUT/ZEILE bzw. LAYOUT/ABSATZ direkt formatieren. Direkte Formatierungen überschreiben nämlich die indirekt angegebenen Formate. So können Sie ein Wort oder eine Passage im normalen Zeitschriftentext auf Wunsch sogar in einer völlig anderen Schriftart und -größe setzen. Auch ganze Absätze lassen sich abseits aller Layoutvorgaben, z. B. links und rechts, einrücken. Alles kein Problem, wenngleich natürlich die gesamte Vereinheitlichung – der Grundgedanke der Styles – flötengeht.

Haben Sie die Zeitschriftenseiten für die aktuelle Ausgabe Ihrer Mitarbeiterzeitung erfaßt, geht es ans Speichern. Hier ist höchste Vorsicht geboten! Wählen Sie immer und grundsätzlich SPEICHERN UNTER, nie SPEICHERN! Beim normalen Speichern würden alle Veränderungen an der Vorlagendatei, also konkret der gesamte, neu geschriebene Text, mit abgespeichert. Wenn Sie Ihre Vorlage bei der nächsten Ausgabe der Zeitschrift wieder aufrufen wollen, um die Seiten damit zu gestalten, finden Sie die Vorlage zerschossen vor, weil plötzlich – und ungewollt – auch der Text der vorherigen Ausgabe darin steht. Diesen müßten Sie dann manuell Zeile für Zeile wieder löschen.

Um solche Pannen zu verhindern, gehen Sie immer über SPEICHERN UNTER und vergeben für jedes Dokument, das Sie auf der Basis der Vorlage erstellt haben, einen eigenen Namen, z. B. AUSGABE1.TXT, AUSGABE2.TXT, etc.

Tip: Für alle Dateien, die auf dem Zeitschriftenlayout beruhen, sollten Sie ein eigenes Unterverzeichnis anlegen und die Dokumente entsprechend darin ablegen. Lesen Sie dazu Kapitel 9.2, "Dateien verwalten".

Aufgabe: Erstellen Sie sich eine Korrespondenz-Vorlage, die folgende Bedingungen erfüllt:

1.   Format DIN A4

2.   Randgrößen sind so gewählt, daß Sie Ihr Briefpapier verwenden können.

3.   Standardtexte wie Anrede, Bezugszeichenzeile und Grußformel sind bereits eingegeben.

4.   Es existieren Styles für Anschrift, normalen Brieftext, Aufzählungen und PS.

3.4   Grafische Elemente – Deckblatt gestalten

Zu einer seriösen Firmenzeitschrift gehört ein Deckblatt, sozusagen eine erste Seite, die folgende Details enthält:

- Komplette Firmenadresse

- Titel der Zeitschrift

- Ausgabe

- Impressum

Damit Sie sich vorstellen können, wie das Deckblatt hinterher aussieht, ist die Seite auf Abbildung 3.19 bereits fertig definiert.

Sie können das Deckblatt mit allen Elementen relativ problemlos formatieren und ebenfalls als Vorlage speichern. Der einzige Bestandteil dieser ersten Seite, der sich ständig ändert, ist die Ausgabennummer.

Oben rechts auf der Seite steht die Anschrift Ihrer Firma, und zwar komplett mit Telefon- und Telefaxnummer. Positionieren Sie den Cursor mit [Strg-R] rechtsbündig, schalten mit [Strg-F] Fettdruck ein und schreiben die Anschrift, die etwa so lauten könnte:

185

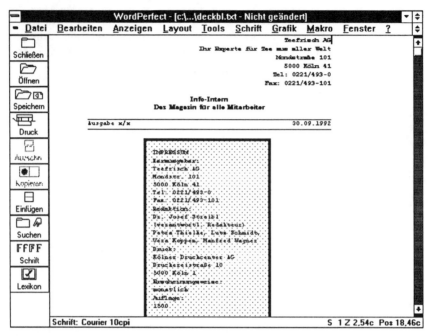

Abb. 3.19: Gestaltetes Deckblatt

```
Teefrisch AG
Ihr Experte für Tee aus aller Welt
Mondstraße 101
5000 Köln 41
Tel: 0221/493-0
Fax: 0221/493-101
```

Wenn Sie wollen, können Sie für den Firmennamen in der ersten Zeile noch eine größere Schrift oder auch ein entsprechendes Größenattribut wählen.

Hinweis: Denken Sie daran, eine größere Schrift ausschließlich für die Anschriftzeilen zu verwenden und für die Folgeseite umgehend wieder die Standardgröße zu wählen, und zwar noch vor dem letzten [Eingabe] hinter der Faxnummer. Sonst wird der nachfolgende Text zu groß und das ganze Deckblatt verzerrt.

Nach zwei Leerzeilen folgt der Titel der Zeitschrift, den Sie auch in der Kopfzeile bereits definiert haben. Doch Sie erinnern sich: Die Kopf- und Fußzeilen sollen auf der ersten Seite unterdrückt werden. Also geben Sie hier den Titel der Mitarbeiterzeitung

```
Info-Intern
Das Magazin für die Mitarbeiter
```

in zwei Zeilen ein, und zwar zentriert, weil das optisch einfach besser wirkt. Auch hierbei steht es Ihnen frei, eine Schriftart und -größe Ihrer Wahl auszusuchen und/oder den Text fett auszuzeichnen.

3.4.1 Textboxen und Linien

Linien ziehen

Als nächstes erstellen Sie zwei horizontale Grafiklinien, zwischen denen die Nummer der Ausgabe und das Erscheinungsdatum stehen. Setzen Sie den Cursor an den Anfang der Zeile, an der die erste Linie eingefügt werden soll – zwei Zeilen unterhalb des Zeitschriftentitels – und stellen mit [Strg-L] zunächst wieder linksbündige Ausrichtung ein. Rufen Sie dann im GRAFIK-Menü zunächst die Option LINIE und danach HORIZONTAL auf. Die Dialogbox HORIZONTALLINIE ERSTELLEN erscheint auf Ihrem Bildschirm (vgl. Abbildung 3.20).

Übernehmen Sie alle Standardeinstellungen in dieser Dialogbox, wird eine dünne schwarze Linie quer über die Seite in Ihr Dokument eingefügt. Sie belassen es auch bei den Vorgaben und schließen die Dialogbox mit OK. Schließlich soll Ihre Linie von links nach rechts verlaufen.

Die erste Linie steht. Positionieren Sie den Cursor mit [Eingabe] unterhalb dieser Linie und rufen erneut die Dialogbox HORIZONTALLINIE ERSTELLEN auf, um die zweite Linie zu ziehen. Dieses Mal geben Sie die exakte vertikale Position der zweiten Linie an, um auch wirklich den gewünschten Abstand von der ersten Linie sicherzustellen. Klicken Sie auf den Popup-Schalter unter VERTIKALE POSITION und wählen POSITION ANGEBEN aus. Im Textfeld POSITION darunter wird die aktuelle Grundlinienposition angezeigt, an der Sie sich gerade befinden – diese Position müßte um 6,95 cm herum liegen.

187

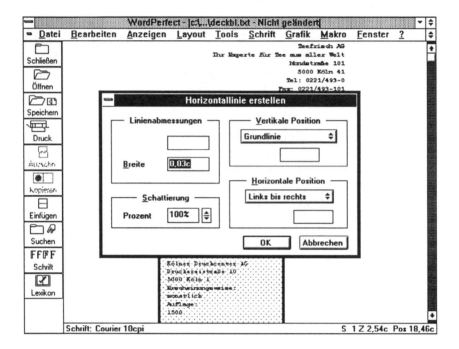

Abb. 3.20: Horizontale Linie ziehen

Die zweite Linie soll einen Abstand von ungefähr 0,5 cm von der ersten Linie haben, also ändern Sie den Wert im Textfeld auf 7,5c und bestätigen Ihre Wahl mit OK. Die zweite Linie erscheint auf dem Bildschirm; sie wird genau 7,5 cm unterhalb der oberen Papierkante gezogen.

Die Nummer der Ausgabe und das aktuelle Datum sollen nun zwischen diesen beiden Linien eingefügt werden. Hierbei handelt es sich ja um variable Werte, die sich von Mal zu Mal ändern. Schreiben Sie daher in diese Zeile zunächst

```
Ausgabe x/x.
```

Das *x* wird hinterher, wenn Sie wirklich an einer konkreten Ausgabe arbeiten, durch die jeweils aktuellen Zahlen ersetzt, z. B. *11/92* oder *1/93* etc.

188

Das Erscheinungsdatum soll in der gleichen Zeile am rechten Rand stehen. Wählen Sie dafür im LAYOUT-Menü die Option ZEILE und danach den Befehl RECHTSBÜNDIG oder [Alt-F7]. Der Cursor springt zum rechten Rand der Zeile. Hier soll nun das Datum des Tages stehen, an dem die gerade aktuelle Ausgabe der Zeitschrift gedruckt und an die Mitarbeiter verteilt wird. Überlassen Sie es WordPerfect, immer automatisch das korrekte Datum einzufügen. Springen Sie mit dem Cursor zum rechten Rand. Wählen Sie einfach im TOOLS-Menü die Option DATUM/UHRZEIT und klicken anschließend auf CODE. In der Zeile erscheint das aktuelle Tagesdatum, dessen Format Sie über STANDARDEINSTELLUNGEN/DATUM/UHRZEIT vorab festgelegt haben.

Wahrscheinlich stolpern Sie jetzt darüber, daß WordPerfect Ihnen exakt das heutige Datum anzeigt, was aber z. B. in drei Wochen, wenn Sie die nächste Ausgabe der Firmenzeitschrift erstellen, gar nicht mehr aktuell ist. Doch keine Sorge – der Eindruck täuscht. Mit der Option EINFÜGEN wäre das tatsächlich so – Sie haben aber den Datumscode eingefügt, was Sie sehr schnell feststellen können, wenn Sie sich die Steuerzeichen über das ANZEIGEN-Menü anzeigen lassen. Dieser Code bewirkt, daß automatisch immer das gerade aktuelle Datum eingefügt wird, egal, ob Sie am 2.11. oder am 16.11. an der Zeitschrift arbeiten.

Textbox anlegen

Als nächstes folgt das Impressum – dieses bleibt immer gleich, es sei denn, Kollegen, die die Zeitschrift redaktionell mitbetreuen, verlassen die Firma und werden durch Neuzugänge ersetzt.

Also, das Impressum soll in einer sogenannten Textbox anschaulich auf der Seite plaziert werden. Das hat den Vorteil, daß Sie diesen Textkasten beliebig auf der Seite positionieren können.

Hinweis: Bevor Sie anfangen, eine Textbox zu erstellen und diese dann zu bearbeiten, sollten Sie im ANZEIGEN-Menü die Option GRAFIK anschalten, damit die Textbox hinterher in Ihrem Text sichtbar wird.

Um die Textbox zu erstellen, setzen Sie den Cursor zwei Zeilen unterhalb der zweiten Grafiklinie und rufen aus dem GRAFIK-Menü den Befehl TEXTBOX und aus dem Aufklappmenü – oder mit [Alt-F11] – ERSTELLEN auf. Das Textboxfenster wird geöffnet – die Schreibmarke befindet sich oben links. Sie sehen auf dem Lineal die aktuelle Randeinstellung der Textbox. In unserem Fall war dies 7 cm – was für das Impressum

189

ausreicht. Natürlich können Sie die Textbox auch nach Ihren Vorstellungen verbreitern, indem Sie die Randmarke an die gewünschte Position ziehen.

Schreiben Sie nun das Impressum wie folgt:

```
Herausgeber:
Teefrisch AG
Mondstr. 101
5000 Köln 41
Tel: 0221/493-0
Fax: 0221/493-101
Redaktion:
Dr. Josef Streibl
(verantwortl. Redakteur)
Petra Thielke, Lutz Schmidt,
Vera Koppen, Manfred Wagner
Druck: Kölner Druckcenter AG
Druckereistraße 10
5000 Köln 1
Erscheinungsweise: monatlich
Auflage: 1500
```

Wichtig: Achten Sie darauf, hinter *Tel:* und *Fax:* über ZEILE/SPEZIELLE CODES im LAYOUT-Menü jeweils einen festen Leerschritt einzugeben und auch den Bindestrich innerhalb der Telefon- und Telefaxnummer als festen Trennstrich zu definieren, damit WordPerfect an diesen Stellen bei der späteren Einstellung der Boxgröße keinen ungewollten Zeilenumbruch einfügen und das Layout der Textbox damit zerstören kann.

Sie können dank des integrierten Textboxeditors beim Schreiben sämtliche Formatier- und Bearbeitungsfunktionen von WordPerfect einsetzen. Fetten Sie die Oberbegriffe vor dem Doppelpunkt wie Herausgeber, Redaktion etc. (vgl. Abbildung 3.21).

Haben Sie das Impressum fertiggestellt, klicken Sie auf EXIT, um zum Dokumentfenster zurückzukehren. Die Textbox wird am rechten Rand gegenüber der Cursorposition ausgerichtet.

190

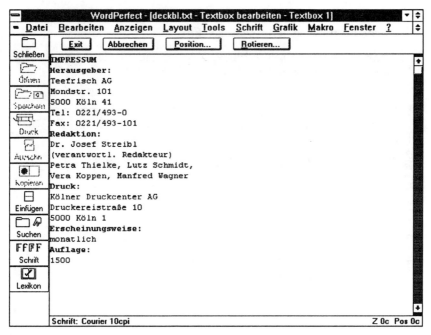

Abb. 3.21: Textbox erstellen

Position und Größe ändern

Das Impressum sollte jedoch nicht am rechten Rand stehenbleiben, sondern mitten auf der Seite plaziert werden. Das ist problemlos möglich, denn eine Textbox können Sie überallhin verschieben. Ebenso können Sie die Textbox nach Belieben vergrößern oder verkleinern. Es gibt zwei Wege, um die Position und Größe einer Textbox zu ändern.

1. Position und Größe über die Dialogbox BOXPOSITION UND -GRÖSSE definieren

    Öffnen Sie das Textboxfenster mit einem Doppelklick auf die Textbox oder mit TEXTBOX/BEARBEITEN im LAYOUT-Menü. Ihr Impressum erscheint wieder im Fenster, in dem es definiert worden ist. An dieser Stelle könnten Sie Änderungen am Impressum-Text vornehmen, wenn Sie das wünschen – sei es die Wahl einer anderen Schrift, weitere Attribute oder zusätzlicher Text. Es steht Ihnen frei, das Impressum nach Ihren Vorstellungen zu bearbeiten. Wie wäre es z. B., wenn Sie der Textbox quasi noch eine Überschrift

191

geben, z. B. *IMPRESSUM*. Schreiben Sie diese Überschrift in Großbuchstaben in die erste Zeile der Box.

Um die Textbox zu verschieben, klicken Sie auf den Schalter POSI-
TION, und eine Dialogbox öffnet sich.

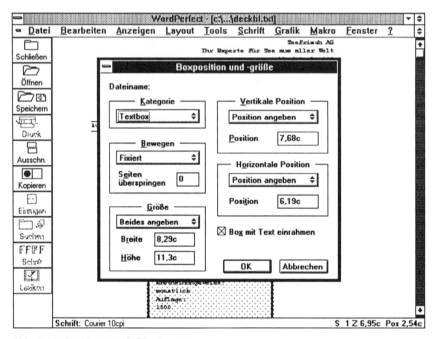

Abb. 3.22: Position und Größe ändern

Hinweis: Sie können die Dialogbox auch direkt von Ihrer Deck-
blattseite über TEXTBOX/POSITION im GRAFIK-Menü aufrufen. Geben Sie die Nummer der Textbox (hier die Nr. 1)
ein, und bestätigen Sie mit OK, um die Dialogbox BOXPO-
SITION UND -GRÖSSE auf den Bildschirm zu holen.

Die Popup-Listen, die sich hinter den einzelnen Schaltern des Dialogs
verbergen, im Überblick:

■ KATEGORIE

Hier wird der eigentliche Boxtyp festgelegt. Diese Auswahl hat
keinerlei Einfluß auf Position, Größe, Inhalt oder Bearbeitungsmo-

192

dus der Box. Durch Auswahl einer Boxkategorie wird festgelegt, in welche Liste diese Box aufgenommen werden soll; darüber hinaus wird gewährleistet, daß Boxen einer Kategorie einheitlich strukturiert sind.

Standardeinstellung ist TEXTBOX – für Ihr Vorhaben genau das Richtige, also lassen Sie die Vorgabe stehen.

■ BEWEGEN

Mit Hilfe dieser Option wird festgelegt, ob die Box zusammen mit dem sie umgebenden Text verschoben wird (MIT TEXT), an einer bestimmten Position innerhalb der Seite bleibt (FIXIERT) oder wie ein einzelnes Zeichen behandelt wird (INNERHALB ZEILE).

MIT TEXT: Die Box bleibt immer mit dem Absatz verknüpft, in welchem sich der Code für die Textbox befindet.

FIXIERT: Die Box wird immer auf einer bestimmten Seite gehalten. Das entspricht genau Ihren Wünschen, daher lassen Sie diese Standardeinstellung unverändert. Bei Bedarf kann in der Option SEITEN ÜBERSPRINGEN angegeben werden, wie viele Seiten zwischen dem Code und der Seite liegen sollen, auf welcher die Textbox stehen soll. Diese Option ist für Sie nicht von Interesse, daher belassen Sie es bei der Vorgabe 0.

INNERHALB ZEILE: Die Box wird mit einer Textzeile verknüpft und wie ein Buchstabe behandelt. Der Boxcode wird an der Cursorposition eingegeben und nach rechts weitergeschoben, sobald links vom Code Text eingegeben wird.

■ GRÖSSE

Mit dieser Option können Sie die Größe der Textbox millimetergenau selbst festlegen. Bei der Standardeinstellung BEIDES AUTOM. legt WordPerfect die Breite und Höhe der Textbox automatisch fest. Normalerweise können Sie es WordPerfect überlassen, Ihre Textbox in der optimalen Größe zu erstellen. Soll nur die Breite automatisch berechnet werden, wählen Sie die Option BREITE AUTOM. und geben in das Eingabefeld hinter HÖHE den Wert Ihrer Wahl an (die Breite wird vom Programm proportional zur Höhe berechnet.) Das gleiche gilt, wenn nur die Höhe automatisch – proportional zur Breite – berechnet werden soll.

193

Wenn Sie sowohl die Höhe als auch die Breite individuell selbst bestimmen möchten, geben Sie hinter BREITE und HÖHE die gewünschten Zentimeterangaben ein.

■ VERTIKALE POSITION

Die Wirkungsweise dieser Option ist abhängig von den unter BEWEGEN angegebenen Vorgaben. Sie haben sich für FIXIERT entschieden, daher stehen Ihnen unter VERTIKALE POSITION folgende Alternativen zur Verfügung:

OBEN	um die Box am oberen Seitenrand zu fixieren
UNTEN	um die Box am unteren Seitenrand zu fixieren
MITTE	um die Box vertikal in der Mitte der Seite zu positionieren
POSITION ANGEBEN	um einen Abstand zum oberen Seitenrand einzutragen
SEITE	und die Grafik nimmt die gesamte Seite ein

Wählen Sie die Vorgabe POSITION ANGEBEN und geben Sie die exakte Position ein, an der die Textbox stehen soll, gerechnet vom oberen Seitenrand, z. B. 7,17c.

■ HORIZONTALE POSITION

Für die Option FIXIERT unter BEWEGEN stehen Ihnen hier folgende horizontale Positionen der Textbox zur Verfügung:

LINKS	um die Box am linken Rand auszurichten
RECHTS	um die Box am rechten Rand auszurichten
MITTE	um die Box zwischen den seitlichen Rändern auszurichten
LINKS BIS RECHTS	damit die Box den Bereich zwischen dem linken und rechten Rand einnimmt

194

POSITION ANGEBEN	falls eine absolute Position für die Box zwischen dem linken Seitenrand und dem Boxrand angegeben werden soll
SPALTE LINKS	um die Box am linken Rand einer oder mehrerer Spalten zu positionieren (die gewünschte Spaltenzahl ist im Feld Spalten einzutragen)
SPALTE RECHTS	um die Box am rechten Rand einer oder mehrerer Spalten zu positionieren
SPALTE LINKS-RECHTS	um die Box zwischen den angegebenen Spalten auszurichten
SPALTE MITTE	um die Box an den Rändern der angegebenen Spalten auszurichten (sofern mehrere Spalten im o. a. Feld eingetragen wurden)

Damit Ihre Textbox auch wirklich millimetergenau nach Ihren Vorstellungen positioniert wird, wählen Sie POSITION ANGEBEN und tragen den gewünschten Wert entsprechend ein, der dann den Abstand der Textbox vom linken Seitenrand bestimmt, z. B. 5,14c.

- BOX MIT TEXT EINRAHMEN

Ist diese Option nicht aktiviert, d. h. nicht angekreuzt, so wird oberhalb der Box Text über die gesamte Seitenbreite gedruckt. Bleibt dieses Feld jedoch – wie standardmäßig vorgegeben – angekreuzt, wird die Textbox von allen Seiten mit Text umflossen. Für Sie ist diese Option nicht von Interesse, da um Ihr Impressum herum kein weiterer Text mehr angeordnet werden soll.

Wenn Sie jedoch eine Textbox mitten in einem Dokument mit Fließtext anlegen, macht es Sinn, den übrigen Text um die Box herumfließen zu lassen und die Textbox so in Ihr Dokument zu integrieren. Dann werden auch die beiden Optionen MIT TEXT und INNERHALB ZEILE unter BEWEGEN interessant.

Haben Sie alle Einstellungen getroffen, klicken Sie auf OK, um die geänderte Position und Größe der Textbox umgehend in die Tat umzusetzen.

195

2. Position und Größe mit der Maus festlegen

Viel einfacher ist das Ganze, wenn Sie die Textbox mit der Maus einfach an die neue Position ziehen und/oder die Box verkleinern bzw. vergrößern.

Markieren Sie dazu die Textbox, indem Sie einmal an eine beliebige Stelle innerhalb der Box klicken. Der Cursor verwandelt sich in einen Vierfachpfeil, mit dem Sie die Textbox am Rand ergreifen und bei gedrückter Maustaste in die Mitte des Dokuments ziehen. Achten Sie darauf, dabei nicht auf die kleinen schwarzen Kästchen an den Rändern zu klicken, denn dieses sind die Größenkästchen, mit denen Sie die Box verkleinern oder vergrößern, aber nicht verschieben.

Wo wir gerade beim Thema sind: Wenn Sie möchten, können Sie jetzt auch noch die Größe der Textbox ändern, und zwar mit Hilfe eben dieser Größenkästchen. An jeder Ecke der Textbox befindet sich ein solches Kästchen, mit dem Sie die Textbox sowohl in der Breite als auch in der Höhe verändern können, und zwar je nach Kästchen in unterschiedliche Richtungen. Die Kästchen in der Mitte jedes Boxrandes dienen dazu, die Textbox nur in der Breite oder in der Höhe zu verändern, je nachdem, welches Kästchen Sie auswählen.

Probieren Sie die Wirkung der Größenkästchen aus, indem Sie den Mauszeiger genau – und zwar wirklich genau – auf dem gewünschten Kästchen positionieren. Andernfalls wird die Textbox verschoben. Sie befinden sich dann genau auf dem jeweiligen Größenkästchen, wenn sich der Mauszeiger in einen Doppelpfeil (der Vierfachpfeil dient zum Verschieben!) verwandelt.

Haben Sie alles erledigt, heben Sie die Markierung der Box auf, indem Sie den Mauszeiger aus der Textbox herausschieben und die linke Maustaste kurz betätigen.

Tip: Wenn Sie sich fragen, wann Sie die Position und/oder Größe der Textbox über den Dialog und wann mit der Maus ändern, so hilft Ihnen folgende Grundregel vielleicht weiter: Arbeiten Sie mit dem Dialog, wenn Sie die Größe und Position der Textbox exakt, d. h. auf den Millimeter genau, angeben wollen. Kommt es hingegen nicht so genau drauf an, ist der Einsatz der Maus empfehlenswert, weil es schneller geht.

Textbox-Optionen

Zum Schluß lernen Sie noch einige Optionen kennen, mit denen Sie u. a. die Ränder der Textbox verändern können. Wenn sich diese Optionen auf die Textbox auswirken sollen, muß der Cursor vor der Textbox stehen. Am besten bewegen Sie dazu den Cursor mit [Strg-Pos1] an den Anfang des Textes. Rufen Sie dann im GRAFIK-Menü die Option TEXTBOX/OPTIONEN auf, und es öffnet sich eine sehr komplexe Dialogbox.

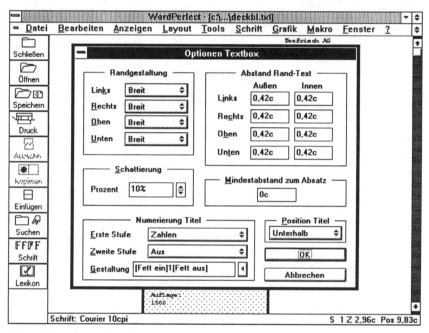

Abb. 3.23: Optionen einstellen

Unter RANDGESTALTUNG können Sie angeben, wie die Ränder Ihrer Textbox aussehen sollen. Wenn die Textbox z. B. rundherum mit einer dicken Linie versehen werden soll, wählen Sie hinter LINKS, RECHTS, OBEN und UNTEN jeweils die Option BREIT aus. Wenn auch der Hintergrund der Textbox schattiert werden soll, stellen Sie im Feld SCHATTIERUNG PROZENT die Schattierung mit den Pfeilsymbolen auf 50 % ein.

Der Bereich ABSTAND RAND-TEXT in der rechten Hälfte der Dialogbox wäre wichtig, wenn um Ihre Textbox herum noch Text fließen sollte.

197

Das ist hier aber nicht der Fall, denn außer dem Impressum soll kein anderer Text mehr auf dem Deckblatt für die Firmenzeitschrift stehen. Angenommen, die Textbox stünde mitten im Text, so müßten hier genügend große Abstände zwischen dem Text der Seite und den Rändern der Textbox angegeben werden, und zwar in der Spalte unter AUSSEN. Standardvorgabe ist 0,42c – das könnte im Zweifelsfall zu wenig sein. Ein Abstand von mindestens 0,5 cm schadet weder links noch rechts noch oben noch unten. Auch der Inhalt der Textbox soll nicht direkt an den Rändern der Box kleben. Daher wird in der Spalte INNEN ein Mindestabstand von 0,42 cm standardmäßig definiert, und zwar an allen vier Seiten. Diese Abstände können Sie ebenfalls individuell bestimmen.

Titel und automatische Numerierung

Nun noch ein paar Worte zum unteren Bereich der Dialogbox.

Jede Textbox, die Sie erstellen, wird automatisch durchnumeriert, und zwar zunächst einmal mit Zahlen. Die aktuelle Nummer Ihrer Textbox ist 1, weil Sie bisher erst eine Box angelegt haben. Alle weiteren Boxen, die Sie erstellen, würden fortlaufend durchnumeriert. Anstelle von Zahlen können Sie z. B. auch römische Ziffern für die Numerierung wählen oder die Numerierung ganz ausschalten, und zwar mit dem entsprechenden Eintrag im Bereich NUMERIERUNG TITEL hinter ERSTE STUFE.

Hinweis: Unter ZWEITE STUFE könnten Sie eine weitere Numerierungsebene definieren, z. B. 1.1, 1.2. etc.

Standardmäßig sind die Nummern der Textboxen fett ausgezeichnet, was Sie im Textfeld GESTALTUNG an dem entsprechenden Code erkennen können. Paßt Ihnen das nicht, steht es Ihnen frei, die Numerierung anders zu formatieren.

Normalerweise erscheint die Nummer der aktuellen Textbox immer unterhalb der Box, was Sie an der Standardeinstellung UNTERHALB des Popup-Schalters unter POSITION TITEL erkennen können. Alternativ kann die Nummer aber auch oberhalb der Textbox, oben innerhalb oder unten innerhalb der Box stehen.

Treffen Sie für Ihre Textbox folgende Einstellungen:

- AUS hinter ERSTE STUFE

- Aus hinter Zweife Stufe

Damit ist die Numerierung abgeschaltet, und die Nummer der Textbox erscheint nicht unterhalb des Impressums auf der Seite Ihres Deckblatts, was in der Tat auch ein wenig störend wäre.

Klicken Sie auf Ok, um die Dialogbox zu schließen.

Hinweis: Wenn Sie sich fragen, warum überall der Begriff Titel auftaucht, hier einige Hintergrundinfos: Sie haben die Möglichkeit, jede Textbox, die Sie erstellen, mit einem Titel zu versehen, und zwar über die Option Textbox/Titel. Das macht für Textboxen meistens wenig Sinn, sondern empfiehlt sich eher für Abbildungen, z. B. in einem Buch. Der Titel, der standardmäßig unterhalb der Box steht, könnte bei Abbildungen als Bildunterzeile verwendet werden, und die einzelnen Abbildungen würden automatisch durchnumeriert. Sie geben den jeweiligen Titel über die Option Abbildung/Titel ein. Das sähe dann etwa so aus:

```
1: Der Pazifik im Mondlicht
2: Die Südsee bei Sonnenaufgang
```

Damit haben Sie Ihre Textbox fertiggestellt.

3.4.2 Grafik einfügen

Ein Bild sagt mehr als tausend Worte – wer kennt diese Aussage nicht. Auch in einer Firmenzeitschrift macht sich eine peppige Grafik sehr gut. Da es sich um eine betriebsinterne Postille für die Mitarbeiter handelt, darf die Abbildung auch wider den tierischen Ernst ruhig witzig sein.

In WordPerfect ist ein sogenannter Grafikeditor integriert, mit dem Sie Grafiken in Ihr aktuelles WordPerfect-Dokument einbinden können. Sie haben nicht die Möglichkeit, eigene Grafiken zu zeichnen oder zu malen; lediglich bereits vorhandene Abbildungen können konvertiert und in das Programm geladen werden. Wenn Sie eine künstlerische Ader haben, erstellen Sie Ihr Kunstwerk in einem speziellen Malprogramm, z. B. Paintbrush, und fügen die Grafik später direkt aus Paintbrush in das gewünschte WordPerfect-Dokument ein. Alternativ kön-

199

nen Sie es sich aber auch leichter machen, indem Sie eine vorgefertigte Grafik aus der mit WordPerfect mitgelieferten ClipArt übernehmen. ClipArt heißt nichts anderes, als daß Sie aus einer Reihe verfügbarer Motive per Mausklick eines auswählen – und sowohl die Auswahl als auch die Qualität der ClipArt-Grafiken von WordPerfect sind beachtlich.

Angenommen, Sie haben keine Lust, selbst künstlerisch tätig zu werden, und entschließen sich, eine ClipArt-Grafik auf dem Deckblatt Ihrer Firmenzeitschrift zu plazieren. Positionieren Sie den Cursor direkt unterhalb der Textbox mit dem Impressum und rufen Sie aus dem GRAFIK-Menü den Befehl ABBILDUNG/ERSTELLEN auf. Der WordPerfect-Grafikeditor wird aufgerufen, und auf Ihrem Bildschirm erscheint ein leeres Fenster mit eigenem Menü und einer Tastenleiste am linken Rand.

In dieses leere Fenster übernehmen Sie nun eine Grafik, indem Sie im DATEI-Menü des Grafikeditors LADEN wählen oder auf die LADEN-Taste klicken. Es öffnet sich die Dialogbox ABBILDUNG LADEN. Das aktuelle Verzeichnis ist C:\WPWIN\GRAPHICS – in diesem Verzeichnis stehen sämtliche ClipArt-Grafiken, die unter DATEIEN auch komplett aufgelistet sind und alle die Endung .WPG haben.

Hinweis: Sie können sich die Grafikdateien auch über die Kurzliste anzeigen lassen.

Ein Tip, bevor Sie sich aus der Vielzahl der Grafiken eine aussuchen: Klicken Sie auf den Schalter ANZEIGEN, und rechts oben wird ein zweites Fenster geöffnet, in dem Ihnen jede Grafik, die Sie in der Dateiliste markieren, umgehend angezeigt wird. Dadurch haben Sie die Möglichkeit, vor der endgültigen Auswahl einen Blick auf das Motiv zu werfen, das sich hinter den nicht immer eindeutigen Dateinamen verbirgt, und so vorab zu entscheiden, ob Ihnen das Motiv gefällt oder nicht.

Blättern Sie nun einmal alle Grafiken der ClipArt nacheinander durch und suchen sich die aus, die Ihnen am besten gefällt (vgl. Abbildung 3.24).

Ein sehr witziges Motiv, das auch als Logo für eine Firmenzeitschrift geeignet wäre, ist der Bücherwurm mit Brille, der sich hinter der Datei BOOKWORM.WPG verbirgt. Schließlich sollen Ihre Kollegen zum Lesen der Zeitschrift animiert werden, und was könnte dafür besser sein als eine lustige, aussagekräftige Abbildung?

200

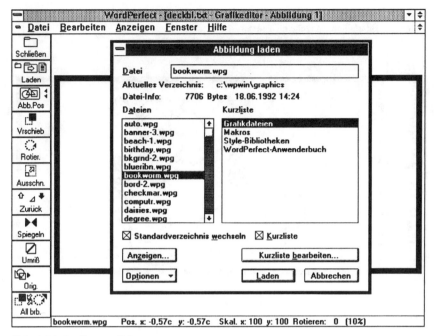

Abb. 3.24: Grafik auswählen

Entscheiden Sie sich für den Bücherwurm, klicken Sie den Dateinamen doppelt an oder drücken Sie den Schalter LADEN. Das Motiv wird sofort in das Fenster des Grafikeditors übernommen.

Der Bücherwurm fällt durch seine knallgrüne Farbe zwar mächtig ins Auge, aber das Motiv kann später auch nur über einen Farbdrucker in dieser Farbkombination zu Papier gebracht werden.

Wenn Sie – wie fast jeder – lediglich einen Schwarzweiß-Drucker installiert haben, werden sämtliche Farbwerte in Schwarz umgesetzt, so daß Sie als Druckergebnis eine schwarze Abbildung in Händen halten würden, was ja wohl nicht in Ihrem Sinne wäre.

Die Lösung: Wählen Sie im BEARBEITEN-Menü des Grafikeditors den Befehl UMRISS, und der Bücherwurm wird so aufbereitet, daß er auch bei Schwarzweiß-Druck sehr gut aussieht (vgl. Abbildung 3.25).

201

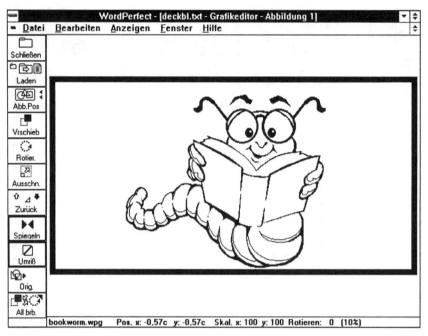

Abb. 3.25: Grafik im Grafikeditor

Um diese Grafik nun in Ihr Deckblatt zu übernehmen, wählen Sie den Befehl SCHLIESSEN im DATEI-Menü oder klicken auf die SCHLIESSEN-Taste in der Tastenleiste.

Der Bücherwurm erscheint in einer Grafikbox rechtsbündig in der Zeile, in der sich der Cursor befindet, also rechts unter der Textbox (vgl. Abbildung 3.26).

Hinweis: Sie können eine Abbildung alternativ auch über ABBILDUNG/LADEN im GRAFIK-Menü in Ihr Dokument übernehmen. In diesem Falle erscheint ebenfalls der Dialog ABBILDUNG LADEN, der Grafikeditor wird jedoch nicht aktiviert.

Das bedeutet, daß Sie eine Grafik direkt laden, ohne vorher die Möglichkeit zu haben, diese zu bearbeiten, z. B. mit dem Befehl UMRISS.

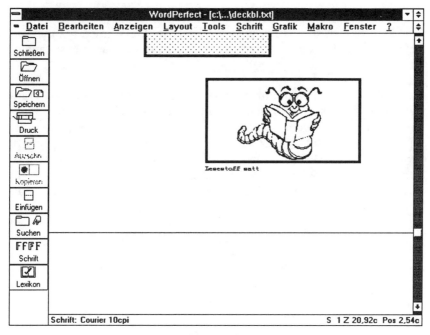

Abb. 3.26: Abbildung in Dokument einfügen

3.4.3 Grafik bearbeiten

Wahrscheinlich gefällt Ihnen der Bücherwurm so, wie er jetzt auf Ihrem Deckblatt prangt. WordPerfect stellt Ihnen jedoch weitere Bearbeitungsmöglichkeiten zur Verfügung, mit denen sich das Aussehen der Grafik nachträglich noch verändern läßt.

Sie können die Abbildung rotieren, spiegeln oder skalieren – ganz wie Sie wünschen. Das hätten Sie im Fenster des Grafikeditors auch schon vor dem endgültigen Einfügen in Ihr Dokument tun können, doch Sie sollten erst einmal kennenlernen, wie man eine Abbildung erstellt und in ein anderes Dokument übernimmt.

Also hantieren Sie nachträglich noch ein wenig an dem Motiv herum, indem Sie die Grafikbox mit dem Wurm darin doppelt anklicken oder im GRAFIK-Menü den Befehl ABBILDUNG/BEARBEITEN wählen. Der Grafikeditor wird wieder aktiviert, und im Fenster befindet sich schon Ihre Abbildung fertig zur Bearbeitung.

203

Alle Befehle zum Bearbeiten der Grafik stehen im BEARBEITEN-Menü des Grafikeditors. In der Kürze liegt die Würze – Sie können die meisten Befehle auch über die entsprechenden Tasten in der Tastenleiste aufrufen.

Sie möchten Ihre Grafik zunächst skalieren, d. h. in der Größe verändern; und zwar soll die Abbildung etwas größer sein als bisher. Wählen Sie dazu den Befehl SKALIEREN und im seitlichen Aufklappmenü die Option VERGRÖSSERN %. Der Bücherwurm wird standardmäßig um 10 Prozent vergrößert. Wenn die Grafik um insgesamt 20 Prozent vergrößert werden soll, wählen Sie den Befehl SKALIEREN/VERGRÖSSERN % ein zweites Mal. Sind Sie mit dieser Vergrößerung immer noch nicht einverstanden, so haben Sie die Möglichkeit, über den Befehl ALLES BEARBEITEN die Skalierung auf der x-Achse wie auf der y-Achse individuell und exakt auf Ihre Vorstellungen zugeschnitten einzustellen.

Hinweis: Der Befehl ALLES BEARBEITEN faßt sämtliche Befehle des BEARBEITEN-Menüs in einem Dialog zusammen, so daß Sie die Befehle nicht einzeln aufrufen müssen, sondern die Bearbeitung der Grafik innerhalb der Dialogbox auf einmal durchführen können.

Ist der Bücherwurm nach der Vergrößerung Ihrer Meinung nach nicht ganz richtig positioniert, wählen Sie die Option VERSCHIEBEN oder klicken auf die entsprechende Taste und ziehen die Abbildung so lange in die gewünschte Richtung, bis sie vollständig angezeigt wird.

In einem zweiten Schritt spiegeln Sie die Grafik mit dem Befehl SPIEGELN, und schon erscheint Ihr Bücherwurm seitenverkehrt in der Grafikbox.

Sind Sie mit allen Änderungen einverstanden, klicken Sie auf die SCHLIESSEN-Taste, und die vergrößerte und gespiegelte Grafik wird im Dokumentfenster angezeigt.

3.4.4 Grafikbox bearbeiten

Die Abbildung befindet sich innerhalb einer Grafikbox. Für eine Grafikbox stehen Ihnen weitgehend die gleichen Optionen zur Verfügung wie für eine Textbox.

Grafikbox vergrößern und verschieben

Vor allem an der linken Seite sollten Sie die Grafikbox noch ein wenig vergrößern, damit der Schwanz des Bücherwurms vollständig hineinpaßt. Es könnte nämlich sein, daß die Schwanzspitze in der aktuellen Darstellung abgeschnitten ist. Markieren Sie die Grafikbox mit einem Mausklick und ziehen Sie an dem Größenkästchen in der Mitte des linken Boxrandes. Lassen Sie die Maus los und prüfen Sie, ob die Box nun ausreichend groß ist oder ob Sie den linken Rand noch weiter ziehen müssen. Vergrößern Sie abschließend auch noch den unteren Rand, so daß die Grafik in etwa den gleichen Abstand vom unteren wie vom oberen Rand hat.

Für die Optik des Deckblatts wäre es optimal, wenn die Grafikbox mit dem Bücherwurm darin direkt unterhalb des Impressums stehen würde – sozusagen in einer Linie. Verschieben Sie also die Abbildung in die Mitte der Seite. Markieren Sie die Box wiederum mit einem Mausklick, ergreifen den linken Rand (Vorsicht! Der Mauszeiger muß sich in einen Vierfachpfeil verwandeln, sonst vergrößern Sie die Grafik, statt sie zu verschieben) und ziehen Sie den Bücherwurm in die Seitenmitte. Lassen Sie die Maustaste erst dann wieder los, wenn die Grafik gleichmäßig unterhalb der Textbox plaziert ist.

Hinweis: Wenn Sie es ganz genau haben wollen, positionieren Sie die Grafikbox nicht durch Ziehen mit der Maus, sondern über den Befehl ABBILDUNG/POSITION im GRAFIK-Menü. Zu den einzelnen Optionen in der Dialogbox lesen Sie Kapitel 3.4.1, "Textboxen und Linien".

Umrandung definieren

Sie erinnern sich, daß Sie das Impressum von einem dicken Rand umgeben haben. Aus optischen Gründen sollte diese Umrandung für das Impressum wie für die Grafik einheitlich sein. Gehen Sie also mit [Strg-Pos1] an den Anfang des Dokuments und rufen Sie aus dem GRAFIK-Menü den Befehl ABBILDUNG/OPTIONEN auf.

Unter RANDGESTALTUNG legen Sie die gewünschte Umrandung fest. Markieren Sie hinter LINKS, RECHTS, OBEN und UNTEN jeweils die Option BREIT. Wenn dann auch der Hintergrund der Grafikbox – wie der der Textbox – schattiert werden soll, stellen Sie im Feld SCHATTIERUNG PROZENT die Schattierung mit den Pfeilsymbolen auf 50 % ein.

205

Der Bereich ABSTAND RAND-TEXT in der rechten Hälfte der Dialogbox ist auch dieses Mal nicht wichtig, da um Ihre Grafik herum kein Text fließen soll.

Titel einfügen

Nun zum unteren Teil der Dialogbox, der sich rund um den Titel dreht. Wie bei Textboxen können Sie auch für eine Grafikbox einen Titel vergeben, um die entsprechende Box eindeutig zu kennzeichnen. Das würde sich bei Ihrer Abbildung für eine witzige Bildunterzeile empfehlen. Bevor Sie diese Zeile eingeben, stellen Sie im OPTIONEN-Dialog ein, wo sie positioniert werden soll und wie sie zu gestalten ist.

Zunächst einmal schalten Sie unter NUMERIERUNG beide Stufen auf AUS, denn eine einzige Grafikbox brauchen Sie nicht durchzunumerieren. Unter GESTALTUNG löschen Sie den Eintrag *Abb. 1* zwischen [Fett ein] und [Fett aus], lassen die Einstellung Fettdruck jedoch stehen. Auch die Standardeinstellung UNTERHALB unter POSITION TITEL bleibt, so daß Sie die Dialogbox nur noch mit OK schließen müssen.

Jetzt ist es an der Zeit, den Titel bzw. die Bildunterzeile einzugeben. Wählen Sie dazu aus dem GRAFIK-Menü den Befehl ABBILDUNG/TITEL und klicken Sie in der Dialogbox, in der Sie nach der Boxnummer gefragt werden, einfach auf OK. Alternativ können Sie die Grafik auch mit der rechten Maustaste einmal anklicken und in dem kleinen Menü, das daraufhin erscheint, die Option TITEL BEARBEITEN wählen. Ein Fenster öffnet sich, in das Sie den gewünschten Titel eingeben können. Schreiben Sie als Bildunterzeile z. B. *Lesestoff satt* und klicken Sie zur Bestätigung auf EXIT. Zu Ihrem Dokument zurückgekehrt, steuern Sie den Cursor zu dem Bücherwurm und werfen einen Blick auf die Zeile unterhalb der Grafikbox. Dort steht jetzt die gerade geschriebene Zeile.

Damit steht das Deckblatt für Ihre Firmenzeitschrift. Speichern Sie die Seite zur Sicherheit z. B. unter dem Namen DECK.TXT ab.

3.5 Druckausgabe

Nachdem Sie sowohl die Innenseiten als auch das Deckblatt fertig gestaltet haben, geht es ans Erstellen der nächsten Ausgabe Ihrer Firmenzeitschrift. Sie haben von Ihren Kollegen die einzelnen Beiträge für die

Postille zusammengetragen und sind nun für die Realisierung von Info Intern verantwortlich. Legen Sie die einzelnen Seiten unter Verwendung der verschiedenen Styles für Überschriften, Zwischenüberschriften, etc. an und geben Sie in das Deckblatt die aktuelle Ausgabennummer ein.

Steht die neueste Ausgabe, drucken Sie ein Probeexemplar auf Ihrem Drucker aus, um das Druckergebnis schwarz auf weiß zu überprüfen, bevor der Ausdruck aller 1500 Exemplare in die Wege geleitet wird.

Damit dieser Probedruck auch wirklich den Ansprüchen an eine professionell gestaltete Zeitschrift gerecht wird, sollten Sie vor dem Ausdruck einige Besonderheiten beachten bzw. einstellen.

3.5.1 Satzfeinheiten

Um das Aussehen Ihres Textes Ihren Vorstellungen entsprechend gestalten zu können, stellt WordPerfect Ihnen die Drucksatzfunktion zur Verfügung. Hier haben Sie Gelegenheit, z. B. die Abstände zwischen den einzelnen Buchstaben zu vergrößen oder zu verkleinern (in der Fachsprache *Kerning* genannt).

Um die Drucksatzfunktionen aufzurufen, setzen Sie den Cursor an die Stelle, ab der die Drucksatzänderung gelten soll, also am besten oben auf die erste Seite der Zeitschrift, und rufen aus dem LAYOUT-Menü die Option DRUCKSATZ auf. Eine recht komplexe Dialogbox erscheint auf Ihrem Bildschirm (vgl. Abbildung 3.27).

Damit Sie einen Durchblick über mögliche Satzfeinheiten bekommen, soll dieser Dialog hier einmal ausführlich erklärt werden.

Wort- und Zeichenabstand festlegen

In den oberen Bereichen WORTABSTAND und ZEICHENABSTAND legen Sie fest, wie weit die einzelnen Wörter im Dokument auseinanderstehen sollen bzw. wie groß der Abstand zwischen den Zeichen ist. Für beide Abstände stehen die gleichen Optionen zur Auswahl.

Standardeinstellung für den Wort- und Zeichenabstand ist hier OPTIMAL(WP). Mit diesem Abstand wird nach Ansicht von WordPerfect das beste Ergebnis erzielt. Diese Einstelllung können Sie natürlich nach Belieben ändern, indem Sie eine der beiden anderen Knöpfe anklicken.

207

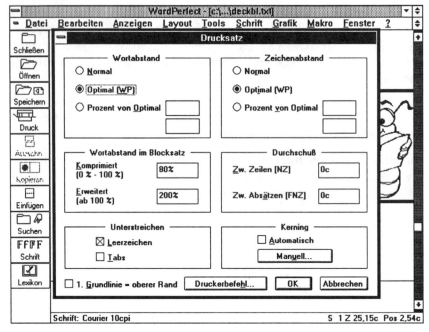

Abb. 3.27: Satzfeinheiten einstellen

Mit NORMAL wählen Sie den Abstand, mit dem nach Meinung Ihres Druckerherstellers, z. B. Hewlett Packard beim HPDeskJet oder HPLaserJet, das beste Druckergebnis erzielt wird. Diese Einstellung wirkt sich jedoch nur auf Proportionalschriften aus (dem breiten W wird mehr Platz eingeräumt als dem schmalen I).

Wenn Sie sich weder auf WordPerfect noch auf Ihren Druckerhersteller verlassen möchten, geben Sie statt dessen hinter PROZENT VON OPTIMAL den gewünschten Wort- bzw. Zeichenabstand in Prozent ein. Durch Zahlen unter 100 % wird der Abstand zwischen Wörtern bzw. Zeichen kleiner, durch Zahlen über 100 % größer. 100 % entsprechen der Standardvorgabe OPTIMAL(WP).

Sie können noch einen Schritt weitergehen und hinter PITCH den Wort- bzw. Zeichenabstand auf einen genauen Pitch (= Zeichen pro Zoll) festlegen. Vorgabe ist hier 10 Zeichen pro Zoll. Vergrößern Sie den Wert, werden die Zeichen mehr auseinandergezogen; verkleinern Sie ihn, werden die Zeichen enger zusammengeschoben.

Wortabstand im Blocksatz festlegen

Sie wissen, daß WordPerfect mit der Standardausrichtung Blocksatz arbeitet. Wir haben Ihnen vorab empfohlen, Ihre Texte besser linksbündig auszurichten; dennoch einige Worte zum Bereich WORTABSTAND IM BLOCKSATZ in der Dialogbox. Bei aktivem Blocksatz erweitert bzw. komprimiert WordPerfect den Leerraum zwischen den Wörtern, damit der Text in jeder Zeile optimal am linken und rechten Rand ausgerichtet werden kann. Auf diesen Wortabstand im Blocksatz haben Sie Einfluß, d. h. Sie können den Rahmen festlegen, in dem sich die Komprimierung, d. h. das Zusammenstauchen bzw. die Erweiterung bewegen darf. Der Standardwert für die Komprimierung liegt bei 60 %, für die Erweiterung bei 400 %. Diese Einstellung bewirkt, daß ein Leerzeichen im Blocksatz auf zwischen 60 und 400 % seiner normalen Ausdehnung komprimiert bzw. erweitert werden kann. Stehen die Wörter im Blocksatz zu nah zusammen, erhöhen Sie den Wert; stehen sie zu weit auseinander, verringern Sie diesen statt dessen.

Unterstreichen von Tabs und Leerzeichen

Mit den beiden Kreuzfeldern im Bereich UNTERSTREICHEN können Sie festlegen, ob Leerschritte und Tabulatoren innerhalb von unterstrichenen Textpassagen beim Drucken ebenfalls unterstrichen werden sollen oder nicht. Das Kreuz bei LEERZEICHEN sollten Sie stehenlassen, damit beim Unterstreichen mehrerer Wörter oder Sätze nicht nach jedem Wort unterbrochen, sondern eine durchgängige Linie gezogen wird.

Durchschuß angeben

Unter Durchschuß versteht man den Zeilenzwischenraum, der von WordPerfect zur Höhe der gewählten Schrift hinzugefügt wird, um zwischen den einzelnen Zeilen einen Leerraum zu erzeugen. Es gilt also die Regel:

Durchschuß + Schrifthöhe = Zeilenhöhe

Wenn es beim Begriff Zeilenhöhe jetzt Klick macht, so sei Ihnen versichert, daß Sie die Zeilenhöhe alternativ auch mit dem Befehl ZEILE/ZEILENHÖHE im LAYOUT-Menü einstellen können. Es gibt jedoch einen entscheidenden Unterschied zwischen beiden Funktionen. Über ZEILE/ZEILENHÖHE wird eine feste Zeilenhöhe vorgegeben, die für zukünftige Dokumente gültig bleibt, auch wenn Sie die Punktgröße für

209

die verwendete Schrift ändern. Der Durchschuß-Wert hingegen wirkt sich nicht auf die standardmäßig eingestellte Zeilenhöhe aus, sondern ändert lediglich den Zeilenzwischenraum, der Zeilenumbrüchen (Zwischenraum zwischen Zeilen) und Zeilenschaltungen (Zwischenraum zwischen Absätzen) zugewiesen ist. Dabei können Sie nur den einen oder anderen Durchschuß-Wert definieren oder auch unterschiedliche Werte für den Durchschuß zwischen Zeilen und zwischen Absätzen angeben, z. B. 2 cm Abstand zwischen den Zeilen und 6 cm Abstand zwischen den Absätzen.

Kerning

Beim Drucken ist der Abstand innerhalb bestimmter Buchstabenpaare größer als bei anderen, was auf die unterschiedliche Form und Neigung jedes Buchstabens zurückzuführen ist. Mit Kerning wird der Abstand und damit das Druckbild solcher Buchstabenpaare optimiert. Sie haben die Wahl zwischen automatischem und manuellem Kerning. Wenn der Abstand zwischen bestimmten Buchstabenpaaren im gesamten Dokument durchgängig reduziert werden soll, aktivieren Sie das Kreuzfeld AUTOMATISCH. Möchten Sie den Abstand zwischen einem Buchstabenpaar im Einzelfall ändern – und zwar vergrößern oder verkleinern –, steuern Sie den Cursor zwischen die beiden anzupassenden Buchstaben und klicken in der Dialogbox DRUCKSATZ auf den Schalter MANUELL. Es erscheint eine zweite Dialogbox, in der Sie das manuelle Kerning definieren.

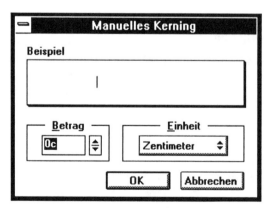

Abb. 3.28: MANUELLES KERNING

In der Aufklappliste unter EINHEIT geben Sie die Maßeinheit ein, die für das Kerning verwendet werden soll, z. B. Zentimeter. Links daneben im Feld BETRAG geben Sie den gewünschten Abstand zwischen den Buchstaben an – bei einer negativen Zahl wird der Abstand verringert, bei einem positiven Wert vergrößert.

Grundlinie festlegen

Ganz unten links in der Dialogbox sehen Sie das Kreuzfeld 1. GRUNDLINIE = OBERER RAND. Das bedeutet im Klartext: Der obere Rand der ersten Textzeile auf einer Seite ist identisch mit der Untergrenze des oberen Blattrandes. Der untere Rand der ersten Textzeile fällt exakt mit der ersten Grundlinie zusammen (so nennt man die Linie, auf der die Buchstaben stehen). Wie groß der Abstand zwischen 1. Grundlinie und unterem Blattrand ist, hängt von der gewählten Schriftart und -größe ab. Wenn Sie jedoch Text sehr genau plazieren wollen, sollte sich die erste Grundlinie stets an derselben Position befinden. Aktivieren Sie das Kreuzfeld 1. GRUNDLINIE = OBERER RAND, fallen Grundlinie und Unterkante des oberen Blattrandes zusammen, d. h. die Grundlinie steht konstant immer an der gleichen Stelle.

Druckerbefehl eingeben

Der Schalter DRUCKERBEFEHL ist nicht so wichtig und sollte Sie daher auch nicht sonderlich interessieren. Nur so viel dazu: Über diesen Schalter können Sie entweder eine Folge von Druckerbefehlen eingeben oder eine Befehlsdatei laden, die beim Drucken an den Drucker geschickt wird. Ändern Sie eine der Einstellungen in der Drucksatzfunktion, fügt WordPerfect ein entsprechendes Steuerzeichen in Ihr Dokument ein. Die neue Einstellung bleibt dann so lange gültig, bis sie erneut geändert wird. Folgende Steuercodes gibt es für die Drucksatzfunktion:

[Grundl.:Ein]	Grundliniencode
[Kern.:Ein]	Kerning
[Durchschuß:x.y]	Durchschuß
[Druckerbef.:]	Druckerbefehl
[Wort/Zeichenabst.:]	Wort- und Zeichenabstand

211

3.5.2   Seitenumbruch

Sie haben in Kapitel 2.1.11 dieses Buches bereits erfahren, daß es zwei
Arten von Seitenumbrüchen gibt: den vom System automatisch eingefügten und den festen Seitenumbruch.

Sobald das Ende einer Seite erreicht ist, setzt WordPerfect den nachfolgenden Text auf der nächsten Seite fort und markiert einen Seitenumbruch in Form einer quer über die Seite gezogenen Linie. Ein von Ihnen an beliebiger Stelle manuell eingefügter Seitenumbruch hingegen
wird durch eine doppelte Linie gekennzeichnet.

Absätze zusammenhalten

So weit, so gut. Der in der Regel automatisch eingefügte Seitenumbruch kann auch einige unerwünschte Folgeerscheinungen mit sich
bringen. Wenn Sie Ihr Dokument nachträglich bearbeiten, indem Sie
Text löschen oder hinzufügen, verschiebt sich auch die Position des
Seitenumbruchs entsprechend. Da kann es schon einmal vorkommen,
daß die erste Zeile eines Absatzes noch auf der aktuellen Seite steht,
der Rest des Absatzes jedoch auf die zweite Seite geschoben wird. Gelegentlich sieht man auch, daß die letzten drei Wörter eines Absatzes
nicht mehr auf die Seite passen und auf die nächste Seite geschrieben
werden. Ein Geschäftsbrief, der so unglücklich formatiert ist, macht
keinen sehr professionellen Eindruck.

Dem können Sie entgegenwirken, indem Sie Absätze zusammenhalten,
egal was passiert, und zwar mit der Absatzschutzfunktion. Diese
Funktion sollten Sie für das ganze Dokument einschalten und aktiviert
lassen, damit jeder einzelne Absatz vor ungewolltem Auseinanderrei-
ßen geschützt ist.

Wählen Sie im LAYOUT-Menü die Option SEITE/ABSATZSCHUTZ, und diese
Funktion wird mit einem Häkchen versehen – sie ist damit eingeschaltet. Das bewirkt, daß WordPerfect bei einem fälligen Seitenumbruch
den betroffenen Absatz nicht mehr trennt, sondern ihn komplett auf
der aktuellen Seite läßt oder vollständig auf die nächste Seite schiebt.

Hinweis: Optionen mit Schalterfunktion, die mit einem Häkchen
versehen werden, schalten Sie durch erneutes Aufrufen
wieder aus.

212

Textblöcke zusammenhalten

Genauso wie Absätze können Sie auch beliebige Textblöcke, z. B. Tabellen oder Grafiken, mit Hilfe der Blockschutzfunktion auf einer Seite fest zusammenhalten. Markieren Sie dazu den entsprechenden Textblock – dieser darf logischerweise nicht länger als eine Seite sein, sonst könnte er ja nicht mehr auf einer Seite zusammengehalten werden. Wählen Sie dann aus dem LAYOUT-Menü den Befehl SEITE/BLOCKSCHUTZ, um die Blockschutzfunktion zu aktivieren. Sie können nun Text innerhalb des geschützten Textblocks löschen oder hinzufügen – der Block wird in jedem Fall auf einer Seite zusammengehalten.

Zeilen zusammenhalten

Nicht zuletzt ist es möglich, auch einzelne Zeilen fest zusammenzuhalten, was z. B. bei Überschriften Sinn macht. Überschrift und nachfolgender Text sollten auf gar keinen Fall voneinander getrennt werden, weil sie direkt zusammengehören. Es gibt eine Funktion, mit der Sie eine bestimmte Anzahl von Zeilen zusammenhalten können. Wie viele Zeilen das sein sollen, hängt ganz vom jeweiligen Text ab und kann individuell eingestellt werden. Setzen Sie den Cursor unmittelbar über die Zeilen, die zusammengehalten werden sollen – der Cursor kann auch in einer Leerzeile stehen. Rufen Sie dann im LAYOUT-Menü die Option SEITE/BEDINGTES SEITENENDE auf und geben Sie an, wie viele Zeilen zusammengehalten werden sollen.

Tip: Weniger als vier oder fünf Zeilen sollten es nicht sein, denn lediglich die Überschrift gefolgt von einer Leerzeile und der ersten Textzeile (insgesamt drei zusammengehaltene Zeilen) ist für eine gute Optik etwas zu dürftig.

3.5.3   Druckbild einsehen

Gerade wenn Ihr Dokument nicht nur Text, sondern auch Grafiken enthält und Sie viele Formatierungen darin vorgenommen haben, empfiehlt es sich, vor dem endgültigen Ausdruck einmal einen Blick auf das Dokument zu werfen, wie es ausgedruckt aussehen wird.

Lernen Sie die Druckbildansicht anhand Ihres gestalteten Deckblatts kennen. Öffnen Sie das Dokument, wählen Sie aus dem DATEI-Menü die Option DRUCKBILD EINSEHEN oder drücken Sie [Umschalt-F5], und Ihr

213

Dokument wird in den Druckbildmodus umgewandelt. Mitten auf dem Bildschirm sehen Sie eine leere Seite, auf die nun die aktuelle Seite Ihres Dokuments Zeile für Zeile geschrieben wird.

Hinweis: Die Druckbildansicht wird immer für die Seite eingeblendet, die Sie gerade auf dem Bildschirm haben, wenn Sie DRUCKBILD EINSEHEN auswählen.

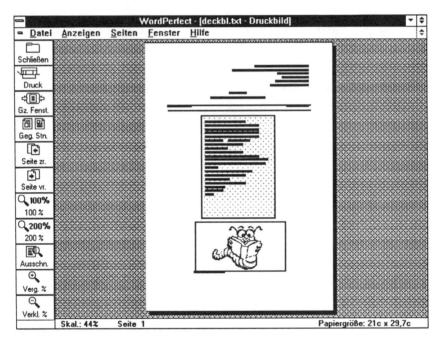

Abb. 3.29: Druckbild einsehen

Das Druckbild-Fenster hat eine eigene Titelleiste, in der der Name Ihres Dokuments mit dem Zusatz DRUCKBILD steht, eine eigene Menüleiste mit insgesamt fünf Menüpunkten und einer Tastenleiste am linken Bildschirmrand. Diese Tastenleiste können Sie über das ANZEIGEN-Menü ausschalten, was Sie aber nicht tun sollten, denn alle Optionen, die Ihnen in der Menüleiste zur Verfügung stehen, sind über die Tastenleiste viel schneller aufzurufen.

Hinweis: Im Druckbildmodus kann ein Dokument nicht bearbeitet werden; dies ist nur durch Rückkehr zum Dokumentfenster möglich.

214

Am besten gehen wir die Tastenleiste einmal von oben nach unten durch und erklären die einzelnen Schalter, dann haben Sie gleich einen Überblick über die Möglichkeiten der Druckbildvorschau. In Klammern steht das Menü, in dem Sie die jeweilige Option finden.

SCHLIESSEN (DATEI-Menü): Sie schließen die Druckbildansicht und kehren zum Normalmodus zurück, um eventuelle Änderungen am Dokument vorzunehmen.

DRUCK (DATEI-Menü): Sie schicken das Dokument direkt zum Drucker, wenn alles seine Richtigkeit hat.

GZ. FENST. (ANZEIGEN-Menü): Ausgeschrieben bedeutet das ganze Fensterbreite, d. h. Ihr Dokument wird auf ganze Fensterbreite gezoomt, so daß Sie die einzelnen Zeilen komplett im Blick haben.

GEG. STN. (SEITEN-Menü): Zwei gegenüberliegende Seiten werden Ihnen gleichzeitig angezeigt.

SEITE ZR. (SEITEN-Menü): Sie blättern eine Seite in Ihrem Dokument zurück.

SEITE VR. (SEITEN-Menü): Sie blättern zur nächsten Seite.

100% (ANZEIGEN-Menü): Standardmäßig wird das Dokument in Originalgröße angezeigt.

200% (ANZEIGEN-Menü): Die angezeigte Seite Ihres Dokuments wird auf das Doppelte vergrößert. Sie können zwar die einzelnen Wörter besser erkennen, was aber auf Kosten eines guten Gesamteindrucks geht. Diese Vergrößerung eignet sich nur für Detaileindrücke.

AUSSCHN. (ANZEIGEN-Menü): Diese Option steht für AUSSCHNITT VERGRÖSSERN. Klicken Sie auf das Lupe-Symbol und gehen Sie auf die Textstelle, die Sie gern vergrößert sehen möchten. Auf dem Bildschirm erscheint ein Fadenkreuz. Sind Sie an der Stelle angelangt, ziehen Sie mit der Maus einen rechteckigen Rahmen um die gewünschte Textpassage, und WordPerfect bringt diesen Ausschnitt auf die größtmögliche Größe.

VERG.%: Das Druckbild wird auf die nächsthöhere Größe gebracht. Befindet sich das Dokument in Originalgröße, wird es auf 125 % vergrößert.

VERKL.%: Der Text im Druckbild wird in der nächstkleineren Größe angezeigt. Drücken Sie bei der Anzeigegröße von 100% auf diesen Schalter, wird Ihr Dokument auf 75 % verkleinert. Bei dieser Größe haben Sie etwa die komplette Seite im Überblick. Unten auf dem Bildschirm finden Sie noch einige zusätzliche Angaben zum momentanen Status Ihrer Druckbildansicht:

- die aktuelle Skalierung, d. h. Anzeigegröße, z. B. 100 %

- die gerade angezeigte Seite, z. B. Seite 36

- die Papiergröße, z. B. 21c x 29,7c

3.5.4 Standard-Druckoptionen festlegen

Nun geht es an den Probeausdruck der aktuellen Ausgabe Ihrer Firmenzeitschrift. Drücken Sie [F5] oder den DRUCK-Schalter in der Tastenleiste, wählen Sie die Druckoptionen aus (die Sie in Kapitel 2.9.1 bereits kennengelernt haben) und starten Sie den Ausdruck.

Stichwort Druckoptionen: Wenn Sie keine Lust haben, für jeden Ausdruck individuell Optionen festzulegen, oder wenn Sie hauptsächlich Briefe mit immer gleichbleibenden Druckoptionen ausdrucken, sollten Sie die durch WordPerfect definierten Standard-Druckoptionen einmal vorab an Ihre Bedürfnisse neu anpassen. Über den Befehl STANDARDEIN-STELLUNGEN/DRUCKEN im DATEI-Menü legen Sie die Standard-Druckoptionen für Ihre Arbeit mit WordPerfect fest (vgl. Abbildung 3.30).

Mit Hilfe der Optionen dieser Funktion werden die Standardvorgaben für Heftrand, Kopienanzahl und Druckqualität festgelegt. Darüber hinaus können Sie die Schriftgröße für die einzelnen Größenattribute (wie GROSS und SEHR GROSS) in Relation zur aktuellen Schrift (die Angabe erfolgt in Prozent) und die Form der Korrekturkennung auf der gedruckten Seite festlegen. Im einzelnen:

Die ersten beiden Bereiche KOPIEN und DOKUMENTE sind Ihnen ja bereits von den Optionen im DRUCKEN-Dialog her bekannt. Stellen Sie hier das ein, was Ihnen für Ihre Arbeit mit dem Programm am geeignetsten erscheint. Darunter finden Sie den Bereich KORREKTURKENNUNG. Hier wird festgelegt, wie zu korrigierender Text beim Ausdrucken als zu korrigieren gekennzeichnet wird. Näheres hierzu in Kapitel 6.4, "Texte überarbeiten".

216

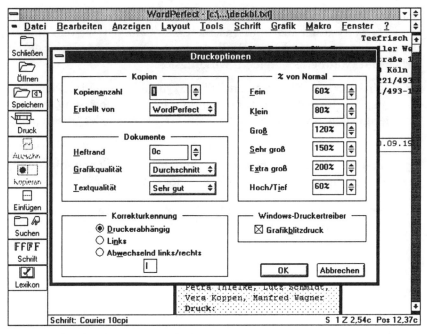

Abb. 3.30: Standard-Druckoptionen festlegen

In der rechten Hälfte der Dialogbox finden Sie den Bereich % VON NOR-MAL zur Definition der Größenverhältnisse. Durch die Werte in diesem Bereich wird festgelegt, in welchem Verhältnis mit einem Größenattribut formatierter Text zur Größe der aktuellen Schrift ausgegeben wird. Böhmische Dörfer? Ein Beispiel:

Sollen Buchstaben in Großschrift (Versalien) doppelt so groß sein wie regulärer Text, wählen Sie GROSS und stellen dann im Textfeld dahinter 200 % ein. Diese Daten werden beim Auswählen des Druckers herangezogen. Verfügt der gewählte Drucker nicht über eine Schrift in der von Ihnen angegebenen Größe, wird die Schrift mit der am ehesten entsprechenden Größe vom Programm gewählt. Wie sich diese Einstellungen auf den gedruckten Text auswirken, ist von den Fähigkeiten des jeweiligen Druckers abhängig. Eine Änderung dieser Vorgaben bleibt wirkungslos, wenn der Drucker lediglich über eine Schrift oder ein Typenrad verfügt.

Bleibt in der Dialogbox noch ein Kreuzfeld zu klären – GRAFIKBLITZ-DRUCK unter WINDOWS-DRUCKERTREIBER. Aktivieren Sie dieses Kreuzfeld,

217

wird die Ausgabegeschwindigkeit für Grafiken wesentlich erhöht, was in der Praxis durchaus Sinn macht, denn Grafiken werden immer deutlich langsamer gedruckt als Texte. Diese Option ist jedoch bei der Arbeit mit WordPerfect-Treibern wirkungslos.

Grafikblitzdruck darf auf keinen Fall die Qualität der gedruckten Grafiken negativ beeinflussen. Diese Option sollte nur bei gravierenden Schwierigkeiten beim Ausdrucken von Grafiken wieder abgeschaltet werden.

Treffen Sie Ihre Wahl und bestätigen Sie die Druckoptionen, die Sie für die Zukunft zugrundelegen wollen, mit einem Klick auf OK.

Hinweis: Individuell gewählte Druckoptionen haben grundsätzlich Vorrang vor den definierten Standard-Druckoptionen.

Fragen und Übungen:

1. Was versteht man unter Vorlagen, und welchen praktischen Nutzen haben sie?

2. Was müssen Sie beim Speichern von Vorlagen unbedingt beachten?

3. Wozu dienen Kopf- und Fußzeilen?

4. Welchen Unterschied gibt es zwischen geraden und ungeraden Seiten?

5. Was sind Absatzstyles?

6. Was versteht man unter *Durchschuß* und was unter *Kerning*?

7. Welche Möglichkeiten gibt es, zusammengehörige Textteile zusammenzuhalten?

8. Probieren Sie die verschiedenen Funktionen in der Druckbildansicht an einem Dokument Ihrer Wahl aus.

9. Wann empfiehlt es sich, Standard-Druckoptionen festzulegen?

4 Daten austauschen –
Produktkatalog zusammenstellen

Dank der grafischen Benutzeroberfläche Windows haben Sie vielfältige Möglichkeiten des Datenaustausches. Über die Zwischenablage werden Informationen aller Art (Daten, Texte, Tabellen, Grafiken) zwischen den verschiedenen Programmen hin- und hergeschoben, via DDE (Dynamic Data Exchange = Dynamischer Datenaustausch) bauen Sie feste Kommunikationsbrücken, z. B. zwischen der Tabellenkalkulation Excel und WordPerfect, auf. Wie Sie diese Möglichkeiten nutzen, sollen Sie anhand eines weiteren Praxisbeispiels kennenlernen.

Sie sind von Ihrem Chef damit beauftragt worden, einen Produktkatalog zu erstellen. Das ist ein ganz schöner Haufen Arbeit, denn so ein Katalog enthält nicht nur Infos über die aktuelle Produktpalette Ihres Unternehmens, sondern auch Tabellen (z. B. Verkaufszahlen einzelner Produktgruppen, technische Werte, Entwicklungskosten) und Diagramme (Umsatzentwicklung, Marktanalysen).

Sie müssen all diese Katalogbestandteile nicht neu erfassen und gestalten, sondern können bereits existierende Dateien (Texte, Tabellen, Diagramme) von Ihren Kollgen z. T. aus anderen Anwendungsprogrammen übernehmen und entsprechend als Katalog zusammenstellen.

4.1 Zwischenablage

Mit Hilfe der Zwischenablage können Sie Text an eine andere Stelle verschieben oder kopieren. Das kann innerhalb desselben Dokuments sein, in ein anderes geöffnetes Dokument oder sogar in ein Dokument, das mit einem anderen Anwendungsprogramm erstellt worden ist. Verschieben bedeutet, daß der Text an der alten Stelle gelöscht und an einer anderen Stelle wieder eingefügt wird; beim Kopieren wird er zusätzlich noch an einer weiteren Stelle eingefügt, ohne an der alten Position gelöscht zu werden.

Der Text – egal ob einzelne Sätze, Absätze, Textpassagen oder mehrere Textseiten – wird zunächst in die Zwischenablage übertragen. Die Zwischenablage ist ein temporärer Speicher, der dorthin übertragenen Text so lange festhält, bis dieser durch einen neuen Text ersetzt wird. Ein Text, der einmal in der Zwischenablage steht, kann beliebig oft wieder eingefügt werden – so lange, bis der neue Text den alten aus der Zwischenablage überschreibt. Dies gilt nicht, wenn Sie weitere markierte Teile mit ANHÄNGEN in die Zwischenablage schreiben.

Wenn Sie einen Text über die Zwischenablage in ein anderes Anwendungsprogramm übertragen wollen, bleibt dieser in der Zwischenablage, auch wenn Sie WordPerfect vorübergehend beenden. Und so funktioniert das Verschieben oder Kopieren von Text über die Zwischenablage:

Text verschieben

Markieren Sie den Text, den Sie gern verschieben wollen, und wählen den Befehl AUSSCHNEIDEN aus dem BEARBEITEN-Menü oder drücken Sie [Umschalt-Entf]. Der Text verschwindet vom Bildschirm und wird in die Zwischenablage geschrieben. Setzen Sie nun die Einfügemarke an die Stelle im Dokument, an die der Text verschoben werden soll. Wählen Sie anschließend den Befehl EINFÜGEN aus dem BEARBEITEN-Menü oder drücken Sie [Umschalt-Einfg], und der Text erscheint an der neuen Position.

Text kopieren

Markieren Sie auch hier den Text, den Sie kopieren möchten, und wählen Sie den Befehl KOPIEREN aus dem BEARBEITEN-Menü oder drücken Sie [Strg-Einfg]. Der Text wird in die Zwischenablage übertragen, bleibt aber dennoch an der bisherigen Position stehen. Setzen Sie die Einfügemarke an die neue Stelle und wählen Sie den Befehl EINFÜGEN aus dem BEARBEITEN-Menü. Das Kopieren von Texten oder Textteilen macht sicherlich nur dann Sinn, wenn Sie exakt den Text aus Dokument A auch für Dokument B benötigen. Zweimal derselbe Text in ein und demselben Dokument ist in der Praxis wohl eher unüblich.

Genauso verfahren Sie beim Verschieben oder Einfügen von Zeichnungen, Grafiken, Tabellen oder Diagrammen. Wollen Sie sich zwischendurch einmal den aktuellen Inhalt der Zwischenablage vor Augen führen, starten Sie vom Programm-Manager aus in der Gruppe ZUBEHÖR die Anwendung ZWISCHENABLAGE. Dort sehen Sie, was sich gegenwärtig in der Zwischenablage befindet.

Abb. 4.1: Inhalt der Zwischenablage ansehen

4.2 DDE

DDE bedeutet in Langform *Dynamic Data Exchange* und erlaubt den dynamischen Datenaustausch zwischen verschiedenen Anwendungen. Dynamisch heißt hierbei, daß sich eine Änderung in der Quelldatei auch in der Zieldatei auswirkt. So würde z. B. eine verknüpfte Geschäftsgrafik (Businessgrafikprogramm) auch im Produktkatalog (WordPerfect) immer den neuesten Stand zeigen. Bei der Übernahme der Grafik über die Zwischenablage hingegen blieben die Daten immer beim Stand am Übernahmedatum, und der ist schnell überholt.

Das Herstellen von Verknüpfungen mit Hilfe von DDE ist recht einfach: Sie kopieren einen markierten Text, eine Grafik, eine Tabelle, etc. aus der sogenannten Quellanwendung in eine andere Anwendung, die Zielanwendung. Folgende Voraussetzungen müssen erfüllt sein, damit DDE funktioniert:

221

- Daten können nur zwischen Anwendungsprogrammen ausgetauscht werden, die unter Windows laufen.

- Die Anwendungsprogramme müssen DDE unterstützen.

- Alle an DDE beteiligten Anwendungen müssen während der Arbeit geöffnet bleiben und parallel laufen können. Um diesen Anforderungen gerecht zu werden, benötigen Sie einen 386er-Rechner, der im Enhanced Modus laufen muß, und einen Hauptspeicher von mindestens 2 MB.

Sind diese Voraussetzungen erfüllt, können Sie vom großen Vorteil der Datenverknüpfung via DDE profitieren. Wie DDE funktioniert und welche Vorteile es bietet, soll ein konkretes Praxisbeispiel zeigen.

Angenommen, Sie haben in Microsoft Excel eine Grafik zur Umsatzentwicklung der letzten fünf Jahre erstellt und möchten diese nun in Ihren Produktkatalog einfügen, den Sie mit WordPerfect erstellen.

Verknüpfung einfügen

Um die Grafik via DDE mit dem Text zu verknüpfen, markieren Sie zuerst die gewünschte Grafik in Excel und wählen den Befehl KOPIEREN aus dem BEARBEITEN-Menü. Die Grafik wird nun in die Zwischenablage kopiert. Verkleinern Sie Excel zum Sinnbild und wechseln Sie zu WordPerfect.

Gehen Sie in den gewünschten Text und setzen Sie die Einfügemarke an die Stelle im Produktkatalog, an der die Grafik stehen soll. Wählen Sie dann im BEARBEITEN-Menü den Befehl DDE--VERKNÜPFUNG/VERKNÜPFUNG EINFÜGEN. Die Grafik wird eingefügt, davor und dahinter erscheint eine Anmerkung mit dem Hinweis, daß es sich um eine DDE-Verknüpfung handelt.

Verknüpfung aktualisieren

Verknüpfungen werden wahlweise automatisch oder nur auf Anforderung aktualisiert. Sie können bestimmen, ob sich die Informationen im WordPerfect-Dokument, also in Ihrem Produktkatalog, bei jeder Änderung der Grafik ändern sollen oder nur, wenn Sie eine Änderung des WordPerfect-Dokuments wünschen.

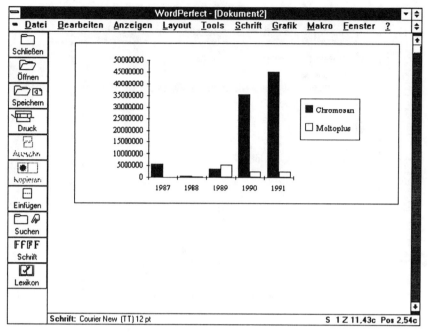

Abb. 4.2: Verknüpfung einfügen

Sie befinden sich im WordPerfect-Produktkatalog, in den Sie die Umsatzgrafik aus Excel eingebunden haben. Mit dem Befehl DDE-VERKNÜPFUNG/BEARBEITEN aus dem BEARBEITEN-Menü legen Sie die Verknüpfungsoptionen fest (vgl. Abbildung 4.3).

Markieren Sie in der Liste VERKNÜPFUNGEN das Dokument, dessen Aktualisierungsoption Sie ändern wollen, in diesem Fall die Excel-Grafik. Entscheiden Sie sich für eine automatische Verknüpfung des Dokuments bei jeder noch so kleinen Änderung in der Quelldatei, klicken Sie den Knopf AUTOMATISCH an.

Möchten Sie Änderungen aus der Quelldatei nur bei Bedarf anfordern, um eine größere Kontrolle über Ihren Geschäftsbericht zu behalten, wählen Sie MANUELL. Treffen Sie Ihre Wahl und bestätigen die Eingabe mit OK. Haben Sie sich für eine manuelle Aktualisierung entschieden, so nehmen Sie diese vor, indem Sie unter BEARBEITEN/DDE-VERKNÜPFUNGEN den Befehl AKTUALISIEREN wählen. Über LÖSCHEN wird eine DDE-Verknüpfung entfernt.

223

Abb. 4.3: Verknüpfung bearbeiten

Verknüpfung aufbauen

Wenn Sie keine Lust haben, zwischen Quelldatei (Excel) und Zieldatei
(WordPerfect) hin und her zu wechseln, rufen Sie statt DDE-VERKNÜP-
FUNG/VERKNÜPFUNG EINFÜGEN den Befehl DDE-VERKNÜPFUNG/AUFBAUEN
auf (vgl. Abbildung 4.4).

Damit kann an der aktuellen Cursorposition eine Verknüpfung mit der
Excel-Tabelle hergestellt werden, ohne daß Sie Excel vorher extra starten müssen.

In der Quellenliste finden Sie sämtliche geöffneten Dateien, zu denen
eine Verknüpfung hergestellt werden kann. Da die gewünschte Quelldatei Excel in diesem Fall jedoch nicht geöffnet und daher in der Liste
auch nicht enthalten ist, geben Sie diese direkt in das Textfeld oberhalb
der Liste ein, und zwar in der Form

Anwendung/Datei/Objekt.

224

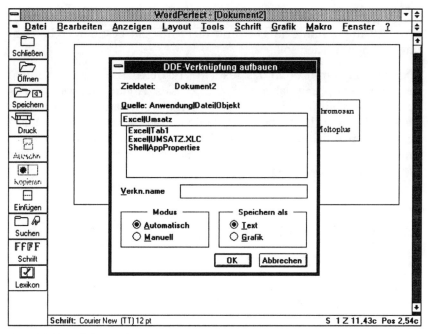

Abb. 4.4: Verknüpfung aufbauen

Hinweis: Der senkrechte Strich befindet sich bei den neuen Tastaturen auf der Taste mit den spitzen Klammern (unten links neben dem y) und wird zusammen mit der [AltGr]-Taste erzeugt. Wenn der Strich auf Ihrer Tastatur nicht zur Verfügung steht, erzeugen Sie ihn, indem Sie die [Alt]-Taste gedrückt halten und auf dem Ziffernblock den ASCII-Code *124* tippen.

Anwendung = Programmname (z. B. Excel)

Datei = Name der Quelldatei (z. B. Umsatz)

Objekt = bestimmter Bereich innerhalb der Quelldatei, z. B. bei Tabellen eine bestimmte Anzahl von Feldern, die in eine Grafik umgewandelt werden sollen (z. B. Z1S1:Z3S4 für erste Zeile/erste Spalte bis dritte Zeile/vierte Spalte)

Im Textfeld stünde also etwa

Excel/Umsatz/Z1S1:Z3S4.

225

Die Angabe des Objektes ist nicht verpflichtend. Es könnte ja auch sein, daß die gesamte Tabelle, und nicht nur ein bestimmter Bereich, eingebunden werden soll.

Schreiben Sie nun noch in das Textfeld VERKNÜPFUNGSNAME den Namen, den die Verknüpfung haben soll, z. B. *Umsatz*. Anhand dieses Namens kann die Verknüpfung später immer identifiziert werden. Fehlen noch die Angaben, ob die Verknüpfung automatisch oder manuell aktualisiert werden soll und ob Sie die Verknüpfung als Text oder in einer Grafikbox speichern möchten, und Sie bauen die Verknüpfung mit der Excel-Grafik mit einem Klick auf OK auf.

4.3 Arbeitsblätter importieren und verknüpfen

Besonders gut versteht sich WordPerfect mit Arbeitsblättern, also mit Tabellen aus Tabellenkalkulationen wie Excel und Lotus 1-2-3. Im TOOLS-Menü finden Sie den speziellen Befehl ARBEITSBLATT, hinter dem sich folgende weitere Optionen verbergen:

- Daten aus einer Arbeitsblattdatei in WordPerfect importieren

- Eine Arbeitsblattverknüpfung aufbauen

- Eine bereits aufgebaute Arbeitsblattverknüpfung bearbeiten

- Alle Arbeitsblattverknüpfungen aktualisieren

- Verknüpfungsoptionen auswählen

In genau dieser Reihenfolge gehen wir die Befehle Schritt für Schritt durch.

Hinweis: WordPerfect kann nur dann die aktuellsten Daten laden, wenn die Arbeitsblattdatei im Tabellenkalkulationsprogramm vorher gespeichert worden ist.

Arbeitsblatt importieren

Über den Befehl ARBEITSBLATT/IMPORTIEREN können Sie ein Arbeitsblatt aus einer der gängigen Tabellenkalkulationen (PlanPerfect, Lotus 1-2-3, Excel, Quattro, Quattro Pro) in ein WordPerfect-Dokument importieren.

226

Zwischen Importieren und Verknüpfen eines Arbeitsblattes gibt es einen gewaltigen Unterschied: Während ein Import einmal durchgeführt wird, bleibt bei einer Verknüpfung eine Verbindung zwischen Word-Perfect und der gespeicherten Arbeitsblattdatei erhalten. Vorteil: Werden die Daten im Tabellenkalkulationsprogramm nachträglich geändert, wird auch das Arbeitsblatt in WordPerfect entsprechend aktualisiert.

Ein Import empfiehlt sich also nur dann, wenn Sie eine Tabelle zur einmaligen Verwendung in einen WordPerfect-Text einbinden wollen, mit diesem Text in Zukunft aber nicht mehr arbeiten müssen. Beispiel: Sie sollen Ihrem Chef eine Liste mit den aktuellen Umsatzzahlen aus dem ersten Quartal aushändigen. Diese Zahlen können sich im nachhinein nicht mehr ändern, müssen also auch nicht aktualisiert werden.

Arbeitsblattverknüpfung aufbauen

Mit Hilfe der Funktion für das Verknüpfen von Arbeitsblättern werden Daten aus einer Arbeitsblattdatei in ein WordPerfect-Dokument kopiert. Die Verknüpfung kann zu einem späteren Zeitpunkt aktualisiert werden, so daß sie die im Arbeitsblatt vorgenommenen Änderungen widerspiegelt. Bei der Verknüpfung kommt also wieder die DDE-Funktion ins Spiel.

Folgende Arbeitsblätter können verknüpft werden:

- PlanPerfect (Versionen 3.0 bis 5.1)

- Lotus 1-2-3 (Versionen 1.0 bis 3.1)

- Microsoft Excel (Version 3.0)

- Quattro und Quattro Pro.

Und so erstellen Sie eine Verknüpfung:

Im TOOLS-Menü wählen Sie zunächst ARBEITSBLATT und dann VERKNÜPFUNG AUFBAUEN. Es erscheint ein Dialog (vgl. Abbildung 4.5).

Im Textfeld DATEINAME tragen Sie den Namen der zu verknüpfenden Arbeitsblattdatei ein oder suchen die Datei über die Verzeichnistaste rechts daneben. In das Textfeld BEREICHSNAME schreiben Sie den Bereich des Arbeitsblattes, der verknüpft werden soll, z. B. *A1..H12*.

227

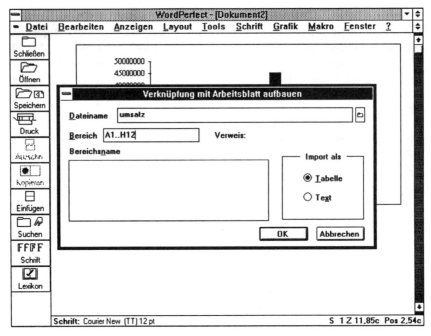

Abb. 4.5: Verknüpfung mit Arbeitsblatt aufbauen

Durch Auswahl von TABELLE oder TEXT geben Sie an, ob das Arbeitsblatt als WordPerfect-Tabelle oder als reiner Text mit dem Dokument verknüpft werden soll. OK schließlich bestätigt die Verknüpfung und fügt die Tabelle ein.

Arbeitsblattverknüpfung bearbeiten

Mit Hilfe der Funktion VERKNÜPFUNG BEARBEITEN können Sie an einer bereits bestehenden Arbeitsblattverknüpfung Änderungen vornehmen. Setzen Sie den Cursor auf die Verknüpfung und wählen Sie den BEARBEITEN-Befehl im ARBEITSBLATT-Menü. Auch hier können Sie wieder den Dateinamen, den Tabellenbereich und die Einfügungsart angeben.

Verknüpfungen aktualisieren

Verknüpfungen können jederzeit manuell oder automatisch beim Öffnen der Textdatei mit dem verknüpften Arbeitsblatt aktualisiert werden. Manuelle Aktualisierungen nehmen Sie über den Befehl

228

ARBEITSBLATT/ALLES AKTUALISIEREN vor. Die Frage AKTUALISIEREN? beantworten Sie mit JA. Übrigens wird auch immer aktualisiert, wenn Sie eine Verknüpfung bearbeiten.

Die Verknüpfung können Sie über ARBEITSBLATT/VERKNÜPFUNGSOPTIONEN automatisieren. Schalten Sie dort VERKNÜPFUNG BEI GEÖFFNETER ein, müssen Sie in Zukunft nichts mehr von Hand erledigen. In diesem Dialog bestimmen Sie auch, ob die Verknüpfungscodes angezeigt werden oder nicht. Wenn ja, sehen Sie, woher die Tabelle stammt. Nachteil: Die Gestaltung wird durch entsprechende Anmerkungen verunziert.

Fragen und Übungen:

1. Wie funktioniert die Zwischenablage, und wie können Sie Daten darüber austauschen?

2. Was ist der große Vorteil von DDE im Gegensatz zum Import von Daten?

3. Welche Daten können über DDE in ein WordPerfect-Dokument eingefügt werden?

4. Welche Voraussetzungen müssen geschaffen werden, damit DDE funktioniert?

5. Verknüpfen Sie ein Arbeitsblatt Ihrer Wahl mit einem WordPerfect-Text.

5 Texte mit Daten mischen
– Einladungen versenden

In Ihrem Unternehmen steht eine Aktionärsversammlung an, zu der Sie natürlich alle Aktionäre persönlich einladen müssen. Ein allgemeines Rundschreiben würde den einen oder anderen eher beleidigen als ihn zur Teilnahme an der Versammlung anzuregen. Man glaubt es kaum, wieviel eine persönliche Anrede in einem Brief ausmacht und wie geschmeichelt sich viele fühlen, wenn sie ihren Namen lesen. Also, ein Rundschreiben mit der Anrede *Sehr geehrte Aktionäre* wäre nicht sonderlich klug – Sie müssen statt dessen jeden einzelnen Aktionär persönlich anschreiben. Mit der Schreibmaschine würde es einen enormen Zeit- und Arbeitsaufwand bedeuten, den gleichen Brief für jeden Adressaten immer wieder neu zu tippen.

Dank des Computers können Sie sich solche Aufgaben wesentlich vereinfachen, denn es gibt die Möglichkeit, Serienbriefe zu erstellen und auszudrucken. Ein Serienbrief besteht aus einem einheitlichen, gleichlautenden Brieftext und der individuellen Anschrift, in diesem Fall der Aktionäre, im Briefkopf. Die Adreßdaten stammen aus einem Adressenbestand, der auf dem PC verwaltet wird, und werden Adressat für Adressat mit dem Brief gemischt. WordPerfect stellt Ihnen für Serienbriefe die sogenannte Mischfunktion zur Verfügung. Hierfür müssen Sie zwei Dokumente erstellen: eine Primärdatei, in welcher der eigentliche Brieftext abgelegt ist, und eine Sekundärdatei, aus der Name und Anschrift der Empfänger abgerufen werden. Anschließend werden diese beiden Dateien gemischt, so daß eine dritte Datei entsteht, welche die fertigen Briefe enthält. Wie das im einzelnen funktioniert, soll Ihnen am Beispiel einer Einladung zu Ihrer diesjährigen Aktionärsversammlung einmal Schritt für Schritt gezeigt werden.

5.1 Sekundärdatei

Wie bereits angedeutet, wird die Datei mit den Namen und Anschriften der Aktionäre als Sekundärdatei bezeichnet. Beides – also Name und Anschrift – können an einer beliebigen Position innerhalb anderer

Dokumente abgerufen werden. Obwohl primär eigentlich Vorrang vor sekundär hat, erfahren Sie zuerst, wie Sie eine Sekundärdatei erstellen. Das hat einen praktischen Hintergrund: Da der Brieftext, den Sie anschließend erfassen, mit den Adreßdaten aus der Sekundärdatei gemischt wird, macht es Sinn, zunächst einmal den Aufbau des Adreßbestandes kennenzulernen, um die persönlichen Daten hinterher besser in den Brief einbauen zu können. Ansonsten könnte es Verständnisprobleme geben.

Zunächst einige Worte zum Aufbau des Adreßbestandes und zur Erklärung einzelner Fachbegriffe, die in diesem Zusammenhang auftauchen. Den Namen eines Aktionärs mit der dazugehörigen Anschrift bezeichnet man als Datensatz. Die in einem Datensatz enthaltenen Informationen sind in kleinere Einheiten aufgeteilt, die man als Felder bezeichnet. Die Größe eines Feldes ist frei wählbar und nicht beschränkt. Der gesamte Datenbestand setzt sich aus vielen Datensätzen zusammen – bei 500 Aktionären würde die Sekundärdatei 500 Datensätze enthalten.

5.1.1 Sekundärdatei erstellen

Kommen wir nun zum Erstellen der Sekundärdatei. Vorab sollten Sie sich überlegen, welche Felder Ihr Adreßbestand enthalten soll – immer in Anlehnung an die Einladung, in die Sie die einzelnen Felder später einbauen werden.

Tip: Unterteilen Sie Ihre Daten in möglichst viele Felder, um flexibler zu sein. Wenn sich z. B. PLZ und Ort im selben Feld befinden, kann dieses Feld nur als Ganzes abgerufen werden. Grundsätzlich gilt: Je mehr Felder Sie definieren, desto mehr Möglichkeiten haben Sie später, die Daten nach den verschiedensten Kriterien zu sortieren (dazu mehr in Kapitel 5.1.2). Ein weiterer Grund für kleine Einheiten am Beispiel des Namens: Schreiben Sie Vor- und Nachnamen in ein Feld, so kann dieses Feld niemals getrennt werden, d. h. Sie müssen immer Vor- und Nachnamen nennen. Die Anrede in einem Brief würde dann z. B. lauten

```
Sehr geehrter Herr Joachim Müller
```

statt – wie es richtig wäre –

```
Sehr geehrter Herr Müller.
```

Also, im Klartext: Folgende Angaben – insgesamt neun Felder – sollte Ihre Sekundärdatei enthalten:

Feld 1	Firmenname
Feld 2	Abteilung
Feld 3	zu Händen
Feld 4	Anrede
Feld 5	Vorname
Feld 6	Nachname
Feld 7	Straße
Feld 8	PLZ
Feld 9	Ort

Legen Sie ein neues Dokument an und beginnen mit der Eingabe der einzelnen Datensätze nach dem oben genannten Strickmuster. Achten Sie unbedingt darauf, daß alle Datensätze gleich aufgebaut sind und exakt die gleiche Anzahl Felder in der gleichen Reihenfolge enthalten. Gleiche Felder müssen die gleiche Art von Informationen enthalten oder aber leer bleiben. Bleiben Felder in einem Datensatz leer, z. B. Vorname und Nachname, dürfen sie auch keine Leerzeichen enthalten. Sie können beliebig viele Adressaten erfassen. Die Zahl der möglichen Datensätze ist lediglich durch die Speicherkapazität Ihrer Festplatte begrenzt. Für dieses Buchkapitel sollen folgende drei Beispieldatensätze zur Übung erstmal genügen (achten Sie auf die korrekte Reihenfolge!):

Feld-Nr.	Inhalt
1. Satz	
1	Tee Partner GmbH
2	Geschäftsführung

Feld-Nr.	Inhalt
3	Herrn
4	r Herr
5	Joachim
6	Müller
7	Hornweg 11
8	5000
9	Köln 41
2. Satz	
1	Verein deutscher Teefreunde e.V.
2	Vorstand
3	Frau
4	Frau
5	Britta
6	Sommer
7	Adlerstraße 101
8	4000
9	Düsseldorf 1
3. Satz	
1	Teeversand aktuell
2	Geschäftsführung
3	Leerzeile
4	Damen und Herren
5	Leerzeile
6	Leerzeile
7	Düsseldorfer Straße 10

Feld-Nr.	Inhalt
8	6000
9	Frankfurt 11

Beginnen Sie mit der ersten Zeile – dem ersten Feld – des ersten Datensatzes *Tee Partner GmbH*. Haben Sie den Firmennamen geschrieben, müssen Sie WordPerfect mitteilen, daß hier das erste Feld zuende ist. Wählen Sie dazu aus dem Tools-Menü den Mischbefehl Mischen und danach Ende Feld – oder Sie drücken [Strg-F12] und [Alt-Eingabe]. Der Mischcode {ENDE FELD} wird am Ende der ersten Zeile eingefügt und der Cursor in die nächste Zeile gesteuert. Sie können nun den Inhalt des zweiten Feldes eingeben, die Abteilung, in diesem Fall *Geschäftsführung*. Auch dieses Feld beenden Sie mit dem Ende Feld-Code. Genauso verfahren Sie mit den übrigen Feldern.

Hinweis: Jedes Feld kann theoretisch mehrere Zeilen umfassen. Besonders lange Firmennamen z. B. verteilt WordPerfect automatisch auf zwei oder mehrere Zeilen, solange bis das Feld durch den Ende Feld-Code beendet wird.

Wichtig: Betätigen Sie niemals die [Eingabe]-Taste innerhalb eines Datensatzes, sondern beenden Sie jede Zeile mit dem Ende Feld-Code.

An dieser Stelle kurz ein paar Anmerkungen zum Anrede-Feld, das einige Besonderheiten aufweist, auf die Sie unbedingt achten müssen. Nehmen Sie die Anredezeile in einem Geschäftsbrief einmal genau unter die Lupe und überprüfen sie auf ihre Bestandteile hin. Die Anrede besteht aus dem Stamm

```
Sehr geehrte
```

und dem jeweiligen Zusatz

```
r Herr (+ Nachname)
   Frau (+ Nachname)
     Damen und Herren.
```

Dieser Zusatz ist individuell, d. h. von Datensatz zu Datensatz verschieden, je nachdem, ob Ihr Ansprechpartner männlich, weiblich oder namentlich nicht bekannt ist. Daher steht der Zusatz auch nicht im Standard-Brieftext, sondern in einem Feld in der Sekundärdatei. Achten Sie bei der Eingabe auf die richtige Schreibweise, damit hinterher im Brief nicht bei den Herren ein Leerschritt eingefügt und bei den Damen ein Leerschritt weggelassen wird. Vor *Frau* und *Damen und Herren* muß ein Leerzeichen stehen. Zur Veranschaulichung:

```
Sehr  geehrte/r  Herr  Müller
Sehr  geehrte/  Frau  Müller
Sehr  geehrte/  Damen  und  Herren
```

Haben Sie alle Felder des ersten Datensatzes erfaßt, machen Sie Word-Perfect darauf aufmerksam, daß jetzt das Ende des ersten Datensatzes erreicht ist, indem Sie zuerst wieder MISCHEN/ENDE FELD wählen und anschließend MISCHEN/ENDE DATENSATZ aufrufen. Der entsprechende Mischcode sowie ein fester Seitenumbruch, den Sie an der doppelten Linie erkennen, werden unterhalb Ihres ersten Datensatzes eingefügt. Dieser feste Seitenumbruch dient dazu, beim späteren Ausdruck des Serienbriefes für jeden neuen Datensatz auch eine neue Seite, d. h. einen neuen Brief, anzufangen.

Jetzt wissen Sie, wie es geht. Erfassen Sie auch die anderen beiden Beispieldatensätze nach diesem Schema. Der letzte Datensatz enthält insgesamt drei Leerzeilen, weil der Ansprechpartner fehlt und damit die Felder *Zu Händen*, *Vorname* und *Nachname* wegfallen. Diese leeren Felder müssen jedoch auch mit dem ENDE FELD-Befehl abgeschlossen werden, obwohl sie keinen Eintrag bekommen. Da der auf den letzten Datensatz folgende Seitenumbruch überflüssig ist, sollten Sie ihn löschen, indem Sie die Rücktaste betätigen. Ihr Bildschirm sollte nun der Abbildung 5.1 genau entsprechen.

Speichern Sie diese Sekundärdatei z. B. unter dem Namen AKTION.WKB ab und schließen Sie den fertigen Adreßbestand.

5.1.2 Daten sortieren und selektieren

In diesem Abschnitt zahlt sich aus, daß Sie Ihre Daten in viele einzelne Felder unterteilt haben, denn damit haben Sie sich die besten Voraussetzungen geschaffen, die Adreßdaten nach beliebigen Kritierien, den sogenannten Keys, zu sortieren.

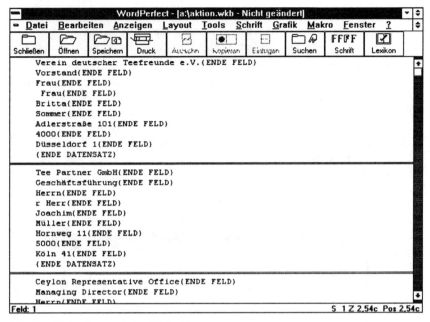

Abb. 5.1: Datensätze auf dem Bildschirm

Hinweis: Die Sortierfunktion von WordPerfect bezieht sich nicht nur auf Datensätze, sondern Zeilen, Absätze oder Tabellenreihen können ebenso sortiert werden. Dabei ist es möglich, diese Sortierfunktion sowohl auf ein ganzes Dokument als auch auf markierte Textteile anzuwenden. Das Funktionsprinzip ist in allen Fällen gleich, daher soll die Sortierfunktion am Beispiel von Datensätzen einmal ausführlich erläutert werden.

Datensätze sortieren

Angenommen, Sie möchten sich ansehen, wie viele Aktionäre aus dem Raum Düsseldorf kommen, wie groß der Aktionärskreis in Köln ist, wie viele Aktionäre es in Frankfurt gibt etc. Öffnen Sie Ihre Datei AKTION.WKB mit den Adreßdaten der Aktionäre. Geben Sie zur Übung noch drei bis vier weitere Datensätze ein mit Aktionären, die z. B. aus Frankfurt kommen, damit Sie auch ein Sortierergebnis sehen können. Bei drei Datensätzen macht die Sortierfunktion nicht sehr viel Sinn.

237

Tip: Da der Sortiervorgang nachträglich nicht mehr rückgängig gemacht werden kann, empfiehlt es sich, das betreffende Dokument vorab zur Sicherheit noch einmal zu speichern.

Sie möchten die Datensätze nach zwei Kriterien sortieren. Der erste Sortierschlüssel (KEY 1) ist die Postleitzahl. Wenn bei zwei oder mehr Datensätzen die Postleitzahl übereinstimmt, werden diese Datensätze zusätzlich noch nach dem Firmennamen sortiert (KEY 2). Gehen Sie mit [Strg-Pos1] an den Anfang Ihrer Adreßdatei und rufen Sie aus dem TOOLS-Menü den Befehl SORTIEREN auf.

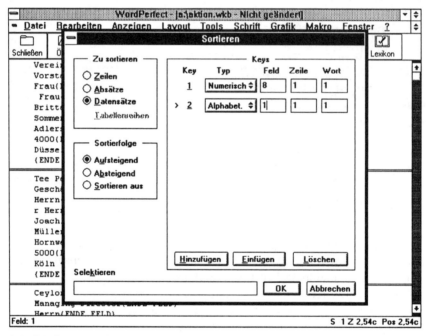

Abb. 5.2: Sortierschlüssel eingeben

Sie sehen eine recht komplexe Dialogbox auf dem Bildschirm, die nach der Definition der Sortierschlüssel wie oben abgebildet aussehen muß. Markieren Sie als erstes im Feld ZU SORTIEREN die Option DATENSÄTZE, um WordPerfect klarzumachen, daß Sie im Begriff sind, die Datensätze Ihrer Aktionärsdatei zu sortieren.

238

In der rechten Hälfte der Dialogbox müssen Sie nun die Sortierschlüssel für den aktuellen Sortiervorgang eingeben. Da immer die Sortier-Keys von der letzten Sortier-Aktion dort stehen (falls Sie schon mal eine durchgeführt haben), müssen Sie die Vorgaben den aktuellen Wünschen neu anpassen. Befolgen Sie nun die Schritt-für-Schritt--Anleitung:

Zuerst zu Key 1, dem ersten Sortierkriterium. Wählen Sie den Typ Numerisch, da nach Postleitzahlen sortiert werden soll. Da sich die Postleitzahl in Feld 8 befindet (siehe Aufbau der Datensätze), löschen Sie im Eingabefeld unter Feld die Vorgabe 1 und geben statt dessen die Zahl 8 ein. Jedes Feld in Ihrer Sekundärdatei besteht nur aus einer Zeile, daher steht im Feld Zeile immer der Wert 1. Die Postleitzahl umfaßt auch nur ein einziges Wort, bzw. eine einzige Zahl, also geben Sie auch unter Wort die Zahl 1 ein.

Nun zu Key 2, dem zweiten Sortierkriterium. Um dieses zu definieren, müssen Sie zunächst auf den Schalter Hinzufügen klicken, und schon können Sie Ihre Daten auch nach dem Firmennamen sortieren lassen, und zwar mit folgenden Angaben:

- Typ: Alphabet. (es handelt sich um Text)

- Feld: 1 (das erste Feld des Datensatzes)

- Zeile: 1 (die Firmennamen sind nicht länger als eine Zeile)

- Wort: 1 (Sie möchten nach dem Firmennamen, nicht nach der Gesellschaftsform *GmbH* oder *AG* etc. sortieren)

Damit haben Sie die beiden Sortierschlüssel definiert. Entscheiden Sie nun noch, ob die Daten in aufsteigender oder absteigender Reihenfolge sortiert werden sollen. Aufsteigend bedeutet, daß zunächst die Berliner Aktionäre (PLZ 1000), dann die Kölner (PLZ 5000) und am Schluß z. B. die Nürnberger (PLZ 9000) kommen, und zwar von A bis Z. Absteigend zäumt das Pferd von hinten auf und beginnt im Süden der Republik bei den Firmen mit Z. Klicken Sie unter Sortierfolge auf den Knopf Ihrer Wahl und starten Sie den Sortiervorgang mit Ok. WordPerfect sortiert die Datensätze umgehend nach den gewünschten Kriterien.

Datensätze selektieren

Sie können nicht nur Daten sortieren, sondern auch Datensätze selektieren, die bestimmte Kriterien erfüllen. Beispiel: Ihr Chef verlangt von

Ihnen eine Übersicht über alle Aktionäre aus Frankfurt, und zwar alphabetisch nach Firmennamen geordnet. Also lassen Sie WordPerfect alle diejenigen Aktionäre aus Ihrer Sekundärdatei herausfiltern, die diese Bedingung erfüllen.

Die Selektionskriterien definieren Sie ebenfalls über die Dialogbox SORTIEREN.

Tip: Bevor Sie Datensätze aus Ihrer Datei selektieren, sollten Sie diese Datei speichern, da im Ergebnis des Selektiervorgangs nur noch die selektierten Datensätze enthalten sind.

Gehen Sie nun mit dem Cursor mit [Strg-Pos1] an den Anfang des ersten Datensatzes und rufen den Befehl SORTIEREN auf. Die Sortierkriterien unter KEYS bleiben dieselben wie oben beschrieben – schließlich wollen Sie auch hier nach Postleitzahlen und Firmennamen sortieren. Der einzige Unterschied zum bloßen Sortieren ist das Textfeld SELEKTIEREN. Hier geben Sie die sogenannte Selektionsanweisung ein, mit der Sie die Kriterien festlegen, anhand derer WordPerfect die Datensätze selektieren soll.

Selektionsanweisungen

An dieser Stelle sollen Sie anhand von Beispielen einen Überblick über alle möglichen Selektionsanweisungen erhalten:

+	key1=6000+key2B selektiert alle Datensätze, die einen der beiden keys erfüllen, also alle Firmen aus Frankfurt oder mit einem Firmennamen von C bis Z.
*	key1=6000*key2B selektiert alle Datensätze, die beide keys erfüllen, also alle Firmen aus Frankfurt mit einem Firmennamen von C bis Z.
=	key1=6000 selektiert nur die Firmen aus Frankfurt
<>	key1<>6000 selektiert alle Firmen, die ihren Sitz nicht in Frankfurt haben.
>	key1>6000 selektiert alle Firmen südlich von Frankfurt, also z. B. alle Stuttgarter, Münchener und Nürnberger Aktionäre.
<	key1<p selektiert alle Firmen nördlich von Frankfurt, also z. B. alle Kölner, Düsseldorfer, Hamburger und Berliner Aktionäre.

=>	key1=6000 selektiert alle Firmen aus Frankfurt oder südlich davon, also z. B. auch die Stuttgarter und Münchener.
<=	key1<=6000 selektiert alle Firmen aus Frankfurt oder nördlich davon, z. B. alle Aktionäre aus Hannover.

In Ihrem Fall muß in der Zeile

```
key1=6000
```

stehen, um die Frankfurter Aktionäre herauszufiltern.

Da Sie oben als zweiten Sortierschlüssel noch die alphabetische Sortierung nach Firmennamen definiert haben (als Sortier-, nicht als Selektionskriterium!), sortiert WordPerfect alle selektierten Datensätze im Endeffekt noch nach Firmennamen von A bis Z (wenn Sie aufsteigende Sortierfolge gewählt haben).

Hinweis: Sollen die Datensätze nur selektiert, aber nicht unbedingt zusätzlich noch sortiert werden, klicken Sie unter SORTIERFOLGE auf den Knopf SORTIEREN AUS.

Ein Klick auf OK, und auf Ihrem Bildschirm finden Sie nur noch die selektierten Datensätze mit der Postleitzahl 6000.

Hinweis: Wenn Sie nach einem Eintrag suchen, sich aber nicht erinnern können, in welchem Feld dieser Eintrag steht, haben Sie alternativ die Möglichkeit, mit sogenannten globalen Keys zu arbeiten. Beispiel: Wenn Sie nach Firmen aus Frankfurt suchen, aber die Feldnummer der Ortsangabe nicht mehr wissen, schreiben Sie unter SELEKTIEREN einfach den globalen Key

```
keyg=Frankfurt
```

und WordPerfect selektiert alle Datensätze, die das Wort *Frankfurt* enthalten, egal, an welcher Stelle innerhalb eines Datensatzes das Wort vorkommt.

241

5.1.3 Sekundärdatei aus einem Fremdformat einlesen

Wahrscheinlich werden Sie in den meisten Fällen bereits über einen Adreßbestand verfügen und diesen auf dem PC verwalten – entweder in einer DOS-Version von WordPerfect oder in einem anderen Anwendungsprogramm, z. B. einer Datenbank. In einem solchen Fall wäre es ärgerlich und zeitaufwendig, die gesamten Daten rund um Ihre Aktionäre völlig neu erfassen zu müssen. Seien Sie beruhigt – diesen Haufen zusätzlicher Arbeit brauchen Sie sich nicht aufzuhalsen. WordPerfect kann nämlich auch Adreßdaten aus Fremdformaten einlesen. Wenn Sie Ihre Adreßdaten in einer früheren DOS-Version von WordPerfect erfaßt haben, z. B. WordPerfect 4.2 oder 5.0, müssen Sie diese nicht extra in das Format von WordPerfect für Windows konvertieren. WordPerfect für Windows kann die Mischbefehle der Vorläuferversionen ohne weiteres lesen und verstehen. Falls Sie es unbedingt wünschen, können Sie jedoch die Mischbefehle dieser Dateien in das neue Mischbefehlsformat konvertieren, indem Sie aus dem TOOLS-Menü die Option MISCHEN/KONVERTIEREN wählen und die anschließende Bildschirmmeldung mit einem Klick auf den Schalter WEITER kommentieren.

Haben Sie bisher ein anderes Anwendungsprogramm eingesetzt und möchten mit Ihren Dateien auch unter WordPerfect für Windows weiterarbeiten, müssen Sie diese Dateien in einem Format mit DOS-Feldbegrenzung nach WordPerfect exportieren. Das hört sich zunächst komplizierter an als es ist. WordPerfect kommt mit den meisten Tabellenkalkulations- und Datenbankprogrammen zurecht, vorausgesetzt, diese Programme sind in der Lage, Datenbestände mit Begrenzungszeichen zu exportieren. Die am häufigsten vorkommenden DOS-Begrenzungszeichen sind Tab, Semikolon und Komma. Eines dieser drei Zeichen beherrscht heutzutage nahezu jedes Programm. Um einen Datenbestand aus einem Fremdformat einlesen zu können, müssen Sie WordPerfect allerdings rechtzeitig mitteilen, in welchem Format die Datei exportiert wurde. Sie definieren diese Begrenzungszeichen über STANDARDEINSTELLUNGEN/MISCHEN im DATEI-Menü (vgl. Abbildung 5.3).

Begrenzungszeichen und Codes markieren bei einer exportierten Datei den Anfang und das Ende eines Datensatzes. Eine exportierte Datei kann mit jeder beliebigen Kombination von Anfangs- und Endbegrenzungszeichen für Datenfelder und Datensätze ausgestattet sein. Sie muß jedoch mindestens ein Endbegrenzungszeichen sowohl für Datenfelder als auch für Datensätze enthalten.

242

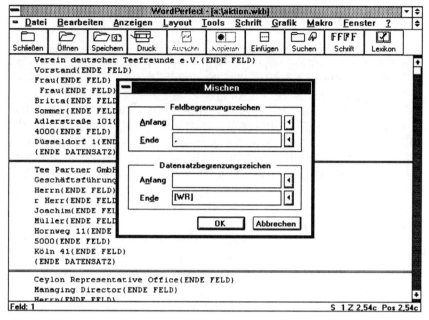

Abb. 5.3: Begrenzungszeichen definieren

In der Dialogbox ist unter FELDBEGRENZUNGSZEICHEN als Standardeinstellung hinter Ende bereits das Komma eingegeben. Haben Sie eine Datei aber z. B. mit Tab-Begrenzungszeichen exportiert, wählen Sie dieses Zeichen aus der Popup-Liste rechts neben dem Eingabefeld aus. Ein Begrenzungszeichen für den Anfang eines Feldes ist nicht üblich, also lassen Sie dieses Eingabefeld leer. Ebenso definieren Sie unter DATENSATZBEGRENZUNGSZEICHEN, mit welchem Zeichen das Ende eines Datensatzes gekennzeichnet ist. Vorgabe hinter Ende ist hier [WR], was für Wagenrücklauf, also [Eingabe], steht. Auch dieses Begrenzungszeichen können Sie beliebig ändern, je nach dem exportierten Format. Den Anfang eines Datensatzes müssen Sie nicht extra kennzeichnen, weil sich der Anfang eines neuen Datensatzes automatisch durch das Ende des vorherigen Datensatzes ergibt.

Hinweis: Die hier festgelegten Zeichen gelten als die neuen Standardvorgaben für alle zukünftigen WordPerfect-Dokumente.

Damit haben Sie die erste wichtige Voraussetzung für Ihren Serienbrief getroffen, denn die Bereitstellung der Adreßdaten ist abgeschlossen.

243

5.2 Primärdatei

Auf einem Bein kann man nicht stehen – nun folgt noch der Brieftext, mit dem die Adressen anschließend gemischt werden sollen. Diesen Brieftext nennt man Primärdatei. Legen Sie mit DATEI NEU zunächst einmal ein neues Dokument an und machen Ihren Bildschirm leer. Erfassen Sie dann in der Primärdatei zuerst die Bestandteile, die für alle Adressaten, sprich Aktionäre, gleich bleiben, nämlich den Betreff (den Sie bitte fett auszeichnen oder unterstreichen), den Anredestamm, den Brieftext sowie die Grußformel. Schreiben Sie folgenden Einladungstext:

```
Einladung zur Aktionärsversammlung

Sehr geehrte,

es ist wieder einmal soweit: Die Aktionärsversamm-
lung für das aktuelle Geschäftsjahr steht vor der
Tür.

Daher dürfen wir Sie im Namen des Vorstands der
Teefrisch AG sehr herzlich zur diesjährigen Aktio-
närsversammlung am 16.11.1992 ab 8.30 Uhr in unse-
rem Hause einladen.

Wir bitten Sie, uns bis spätestens zum 30.10.1992
mitzuteilen, ob wir mit Ihrer Teilnahme rechnen
dürfen. Ein Anruf oder ein kurzes Bestätigungsfax
genügt. Die genauen Tagesordnungspunkte werden Ih-
nen rechtzeitig vor der Versammlung zugeschickt.

Wir freuen uns auf Ihr Kommen.

Mit freundlichen Grüßen

Dr. Max Frisch

Vorstandsvorsitzender

Teefrisch AG
```

244

Das Briefgerüst steht jetzt – fehlen noch die persönlichen Daten der Aktionäre, die zunächst einmal in Form von Mischcodes eingegeben werden. Diese Codes sind Variablen und haben sozusagen eine Platzhalterfunktion und werden beim späteren Ausdruck der Briefe durch den Namen und die Anschrift der jeweiligen Aktionäre ersetzt. Dieses Prinzip haben Sie ja beim Erfassen der Sekundärdatei bereits kennengelernt.

Bevor Sie diese Mischcodes eingeben, sollten Sie den Inhalt des Briefes zwischen dem oberen und unteren Blattrand zentrieren, damit die Optik stimmt und der Text nicht zu weit nach oben oder nach unten rutschen kann. Wählen Sie aus dem LAYOUT-Menü die Option SEITE/ZENTRIEREN und der Brieftext wird in der Seitenmitte ausgerichtet, mit einem einheitlichen Abstand vom oberen und unteren Rand. Fangen Sie nun mit der Eingabe der Mischcodes an, und zwar im Anschriftenfeld, in dem die vollständige Adresse der einzelnen Aktionäre steht. Setzen Sie den Cursor oben auf die Seite, an der das Anschriftenfeld stehen soll. Die Anschrift ist wie folgt aufgebaut:

```
Firma (Feld 1)
Abteilung (Feld 2)
zu Händen (Feld 3) Vorname (Feld 5) Nachname (Feld 6)
Straße (Feld 7)
PLZ (Feld 8) Ort (Feld 9)
```

In genau dieser Reihenfolge geben Sie nun die entsprechenden Mischcodes ein, damit die in der Sekundärdatei erstellten Felder an der richtigen Position eingefügt werden. Fangen Sie mit der ersten Zeile an und wählen Sie im TOOLS-Menü die Option MISCHEN/FELD. Es erscheint die kleine Dialogbox MISCHBEFEHL EINFÜGEN.

Abb. 5.4: Feld einfügen

Tippen Sie im Textfeld FELD die Zahl 1 ein und klicken Sie auf OK. Auf Ihrem Bildschirm erscheint der Code {FELD}1~. An dieser Stelle wird später der Inhalt des ersten Feldes – die Firmennamen der Aktionäre – aus der Sekundärdatei eingefügt.

Mögliche leere Felder kennzeichnen

Auf die gleiche Weise verfahren Sie mit allen weiteren Feldern. Setzen Sie den Cursor in die nächste Zeile und wählen über MISCHEN/FELD das zweite Feld aus. In der dritten Zeile müssen Sie ein wenig aufpassen, denn Ihre Sekundärdatei enthält (mindestens) einen Datensatz ohne festen Ansprechpartner, in dem die Felder 3, 5 und 6 leer sind.

Damit WordPerfect beim Mischen der Dateien an dieser Stelle keine unerwünschte Leerzeile einfügt, sondern die nächste Zeile mit der Straßenangabe eine Zeile nach oben rückt, müssen Sie eine Reihe von Mischbefehlen eingeben, die das Programm darauf hinweisen, daß die betroffenen drei Felder unter Umständen leer sein könnten.

Die drei Befehle, die Sie dafür brauchen, lauten

- {IF BLANK}
- {ELSE}
- {END IF}.

Diese Befehle rufen Sie über den Dialog MISCHEN/MISCHBEFEHLE auf. Dieser Dialog sieht so aus:

Abb. 5.5: Mischbefehle einfügen

246

Das Vorgehen ist zum Teil etwas kompliziert, daher schreiben Sie nun ab Feld 3 bitte exakt folgende Befehlsfolge:

```
{IF BLANK}3~ {FELD}7~
{FELD}8~ {FELD}9~
{ELSE} {FELD}3~ {FELD}5~ {FELD}6~
{FELD}7~
{FELD}8~ {FELD}9~ {END IF}
```

Gehen Sie wie folgt vor: Sie rufen die Liste der Mischbefehle auf, markieren den Code {IF BLANK}, klicken auf EINFÜGEN, geben eine 3 ein, klicken auf OK und schließen die Dialogbox mit SCHLIESSEN. Direkt dahinter (ohne Leerschritt!) fügen Sie über MISCHEN/FELD Feld 7, den Straßennamen, ein. Damit sagen Sie WordPerfect im Klartext: Wenn Feld 3, die Anrede, leer ist, füge an dieser Stelle statt dessen den Straßennamen ein.

Zwischen den Straßennamen und die Ortsbezeichnung (Felder 8 und 9) setzen Sie – wie nach DIN 5008 üblich – eine Leerzeile. Darunter folgt der Mischbefehl {ELSE}, den Sie ebenfalls über die Liste der Mischbefehle einfügen (den Klick auf SCHLIESSEN nicht vergessen, um den Dialog zu schließen!). Dahinter folgen, jeweils über den Befehl MISCHEN/FELD, die Felder 3, 5 und 6 (Zu Händen, Vorname, Nachname), jeweils mit Leerzeichen voneinander getrennt. Das bedeutet übersetzt: Andernfalls – also wenn Feld 3 nicht leer ist – schreibe hier den Namen des Ansprechpartners. Die Straße (Feld 7) steht in diesem Fall darunter, genauso wie PLZ und Ort wiederum nach einer Leerzeile. Am Schluß geben Sie noch den Mischbefehl {END IF} ein, um WordPerfect klarzumachen, daß die Anweisung hiermit beendet ist.

Datumscode eingeben

Damit steht das Anschriftenfeld, und es geht weiter im Text. Nach zwei oder drei Leerzeilen unterhalb des Anschriftenfeldes folgt die Datumszeile. Das gerade aktuelle Datum müssen Sie nicht manuell eingeben, sondern können statt dessen über einen Code festlegen, daß WordPerfect immer automatisch das richtige Datum ausdruckt, was durchaus praktisch ist. Die Datumsangabe steht meistens rechtsbündig, also drücken Sie in der Zeile zunächst [Strg-R], um die Schreibmarke an den rechten Rand zu bewegen. Dann schreiben Sie den Ortsnamen, z. B. Köln, gefolgt von einem Komma und einem Leerzeichen.

Anschließend rufen Sie aus dem Tools-Menü die Option Mischen/Mischbefehle auf, die Sie ja bereits kennen. Blättern Sie durch die Liste der Mischcodes bis zum Befehl {DATUM}, den Sie entweder doppelt anklicken oder den Befehl markieren und auf Einfügen klicken. Ein weiterer Klick auf den Schalter Schliessen, und die Dialogbox verschwindet vom Bildschirm. Der Datumscode erscheint an der Cursorposition im Text. Die Datumszeile sieht nun so aus:

```
Köln, {DATUM}.
```

Jetzt haben Sie es fast geschafft – es fehlt nur noch die Anredezeile hinter dem Betreff. Geben Sie zunächst zwischen Datum und Betreff (der ja bereits erfaßt wurde) zwei Leerzeilen ein und ändern die Ausrichtung des Folgetextes mit [Strg-L] wieder auf linksbündig. Dann plazieren Sie den Cursor im Anredestamm

```
Sehr geehrte,
```

unmittelbar hinter dem letzten Buchstaben und vor dem Komma. Achten Sie darauf, daß kein Leerzeichen dazwischen steht! Fügen Sie an dieser Stelle über Mischen/Feld das Feld 4, die Anrede, ein und – gefolgt von einem Leerzeichen – den Nachnamen (Feld 6). Wenn Sie einwenden, daß Sie dieses Feld ja bereits im Anschriftenteil verwendet haben, so sei Ihnen versichert, daß Sie jedes Feld beliebig oft in einem Dokument unterbringen können.

Alle nötigen Mischcodes sind nun eingefügt – der Serienbrief ist somit vollständig. Ihr Bildschirm müßte so wie in Abbildung 5.6 aussehen.

Speichern Sie die Primärdatei unter einem Namen Ihrer Wahl, z. B. EINLAD.TXT, ab.

5.3 Serienbriefe mischen

Sie haben sowohl die Primärdatei als auch die Sekundärdatei erfaßt – jetzt müssen Sie beide Dateien zusammenbringen, indem Sie sie miteinander mischen. Das ist nicht weiter schwierig.

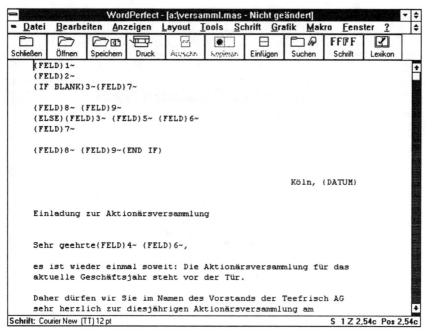

Abb. 5.6: Fertige Primärdatei

Da WordPerfect die Ergebnisse des Mischvorgangs in das aktuell auf
dem Bildschirm geöffnete Fenster überträgt, sollten Sie zunächst ein
neues Dokument anlegen, in welches die Serienbriefe dann geschrieben werden – und zwar eine Einladung pro Aktionär. Je nachdem, wie
viele Aktionäre Sie anschreiben, wird diese Datei unter Umständen
recht groß.

Hinweis: Die Primär- und Sekundärdatei müssen nicht unbedingt
im Hintergrund geöffnet sein; WordPerfect holt sich die
Informationen direkt von der Festplatte.

Wählen Sie dann im TOOLS-Menü die Option MISCHEN/MISCHEN, und
eine Dialogbox wird aufgerufen (vgl. Abbildung 5.7).

Im Textfeld unter PRIMÄRDATEI geben Sie den vollständigen Namen
Ihres Brieftextes ein, also EINLAD.TXT. Genauso tippen Sie im Text-
feld SEKUNDÄRDATEI den Dateinamen Ihrer Aktionärsadressen, also
AKTION.WKB, ein und klicken auf OK.

249

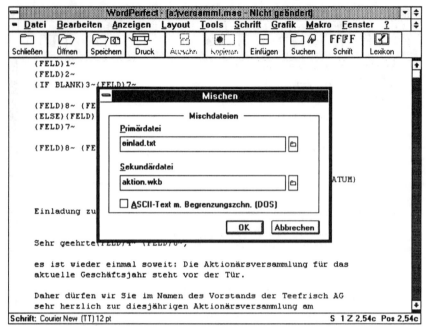

Abb. 5.7: Dateien mischen

WordPerfect beginnt umgehend damit, die einzelnen Datensätze aus der Sekundärdatei einen nach dem anderen mit dem Einladungstext zu mischen und in die aktuell geöffnete Datei zu schreiben. In der Titelleiste werden Sie mit einer Meldung darauf aufmerksam gemacht, daß das System arbeitet.

Ist der Mischvorgang abgeschlossen, werden Ihnen auf dem Bildschirm die fertigen Briefe komplett mit Anschriftenfeld und Anrede angezeigt. Die einzelnen Briefe sind durch einen Seitenumbruch voneinander getrennt, was Sie feststellen werden, wenn Sie einmal durch die Seiten blättern (vgl. Abbildung 5.8).

Nun kann es auch sein, daß Sie die Sekundärdatei nicht mit WordPerfect erstellt haben, sondern einen bereits existierenden Adreßbestand aus einem Fremdformat einlesen möchten. In Kapitel 5.1.3 haben Sie bereits erfahren, daß Sie die dazu nötigen DOS-Begrenzungszeichen über STANDARDEINSTELLUNGEN/MISCHEN definieren können.

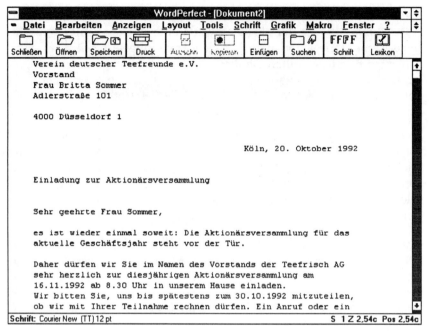

Abb. 5.8: Serienbriefe auf dem Bildschirm

Alternativ dazu haben Sie aber auch die Möglichkeit, diese Begrenzungszeichen erst zum Zeitpunkt des Mischens anzugeben. Auf diese
Weise müssen Sie die Sekundärdatei nicht erst in WordPerfect einlesen,
sondern können es dem Programm überlassen, diese Datei im Hintergrund für den Mischvorgang heranzuziehen. Schreiben Sie in der Dialogbox Mischen in das Feld Sekundärdatei den Namen der DOS-Text-
datei mit den Begrenzungszeichen (ggf. den vollständigen Pfadnamen)
und markieren Sie das Kreuzfeld Ascii-Text m. Begrenzungszchn. (Dos).
Wählen Sie Ok, tragen Sie die Begrenzungszeichen ein und wählen Sie
nochmals Ok. Die Primärdatei wird daraufhin mit dem Adreßbestand
gemischt.

5.4 Serienbriefe drucken

Bevor Sie die Serienbriefe endgültig ausdrucken, sollten Sie gründlich
und sorgfältig überprüfen, ob auch alles seine Richtigkeit hat. Gehen

251

Sie Seite für Seite durch und sehen Sie sich vor allem die eingefügten Adreßdaten, die Anredezeile (dort werden die meisten Fehler gemacht, siehe Kapitel 5.1.1) und natürlich den Einladungstext selbst an. Sind Fehler im Brieftext, sollten Sie diese direkt in der Primärdatei korrigieren und den Mischvorgang erneut starten; das gleiche gilt für Fehler in den Adreßdaten – auch diese sollten in der Sekundärdatei richtiggestellt werden.

Wenn z. B. im Anschriftenfeld einer Firma, in der Sie keinen festen Ansprechpartner haben (*Sehr geehrte Damen und Herren*), eine häßliche Lücke in Form einer ungewollten Leerzeile steht, lesen Sie nochmal aufmerksam die entsprechende Textstelle in Kapitel 5.1.1 durch, denn solche Leerzeilen entstehen meist durch leere Datenfelder und müssen durch Mischbefehle unterbunden werden.

Hat alles seine Ordnung, und sind die Briefe fehlerfrei, starten Sie mit [F5] oder dem DRUCKEN-Befehl im DATEI-Menü den Ausdruck. Wählen Sie mit einem Klick auf AUSWÄHLEN den aktuellen Drucker aus (sofern der angegebene nicht stimmt) und klicken Sie auf DRUCKEN. Auf Ihrem Drucker werden die Briefe an die einzelnen Adressaten einer nach dem anderen ausgedruckt.

Wählen Sie als letztes noch den Befehl SCHLIESSEN im DATEI-Menü oder aus Ihrer Tastenleiste und schließen Sie mit NEIN das Dokument mit den Serienbriefen, ohne es zu speichern. Wenn Sie jedoch unbedingt wollen, können Sie diese Datei natürlich auch speichern. Im Normalfall können Sie wohl darauf verzichten, denn sowas kostet nur kostbaren Speicherplatz, und wofür brauchen Sie die Datei noch, wenn die Serienbriefe verschickt sind? Sie haben ja schließlich die Sekundärdatei mit dem Datenbestand aller Aktionäre sowie die Einladung in der Primärdatei.

5.5 Umschläge drucken

Sie können die Serienbriefe nun in Fensterumschläge stecken, frankieren und an die Aktionäre schicken. Jedoch einfach mal angenommen, Sie möchten sich die Arbeit mit den persönlichen Anschreiben nicht machen, sondern ziehen es vor, die Einladung in Form eines Rundschreibens an alle zu schicken mit der Anrede *Sehr geehrte Aktionäre*.

252

Damit haben Sie aber nicht viel gespart, denn Sie können keine Fensterumschläge benutzen und müssen jeden Briefumschlag daher mit den jeweiligen Anschriften versehen. Wenn Sie das manuell mit dem Kugelschreiber oder der Schreibmaschine machen wollen, müssen Sie sich sehr viel Zeit dafür nehmen. WordPerfect hilft Ihnen beim Beschriften von Umschlägen mit seiner Mischfunktion.

Umschlagsformular definieren

Leeren Sie Ihren Bildschirm, um eine neue Primärdatei anzulegen, die dieses Mal nicht den Text für die Serienbriefe enthält, sondern die Formulardefinition für die Briefumschläge. Als erstes müssen Sie das Umschlagsformular definieren, denn zum Bedrucken anderer Papiergrößen als DIN A4 (21 cm x 29,7 cm) muß das entsprechende Formular gewählt werden. Rufen Sie im LAYOUT-Menü die Option SEITE und danach PAPIERGRÖSSE/-ART auf. Eine Dialogbox wird auf Ihrem Bildschirm eingeblendet.

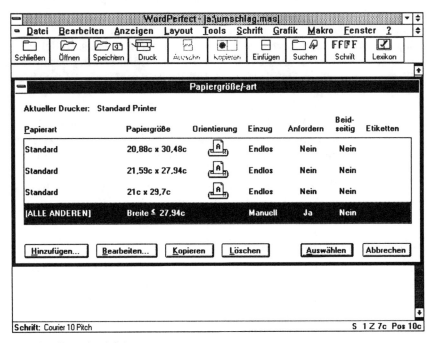

Abb. 5.9: Formular definieren

In dieser Dialogbox werden Ihnen verschiedene bereits vorhandene Formulardefinitionen angezeigt.

Hinweis: Diese Liste ist abhängig vom gewählten Drucker – je nach Drucker, den Sie ausgewählt haben, könnte Ihr Dialog also etwas anders aussehen.

Jede Liste enthält jedoch das Standard-DIN A4-Formular sowie eine mit [ALLE ANDEREN] bezeichnete Definition. Letztere sollten Sie markieren, wenn Sie ein Formular definieren möchten, welches nur zum einmaligen Gebrauch bestimmt ist. Formulare für Umschläge hingegen sollten Sie speichern und in die Formularliste aufnehmen, weil Sie dieses Formular wahrscheinlich häufiger benötigen werden. Steht das Formular UMSCHLÄGE bereits in der Liste, und zwar in der richtigen Größe, haben Sie Glück und brauchen diesen Eintrag nur noch markieren und auf AUSWÄHLEN klicken.

Ist die Umschlagsdefinition in Ihrer Liste noch nicht enthalten, müssen Sie dieses Formular neu definieren, indem Sie auf den Schalter HINZUFÜGEN klicken. Eine weitere Dialogbox erscheint (vgl. Abbildung 5.10).

Widmen Sie sich zuerst dem ersten Popup-Schalter unter PAPIERART. Klappen Sie die Liste herunter und wählen UMSCHLÄGE aus. In der Popup-Liste PAPIERGRÖSSE darunter stellen Sie die Größe DIN A5 QUER 210 x 148 ein. Das ist die Standardgröße für Briefumschläge – 21 cm breit und 14, 8 cm hoch.

Hinweis: Möchten Sie eine Formulardefinition für eine andere Umschlaggröße einstellen, müssen Sie in der Dialogbox PAPIERGRÖSSE/-ART zunächst ALLE ANDEREN auswählen, auf HINZUFÜGEN klicken und dann die gewünschte Breite und Höhe (die Sie vorher am Umschlag ausgemessen haben) in die entsprechenden Textfelder unter PAPIERGRÖSSE eintragen.

Achten Sie auch auf den Bereich ORIENTIERUNG rechts oben in der Dialogbox. Hier können Sie einstellen, ob das Papier im Hoch- oder Querformat eingezogen und ob die Schrift gedreht werden soll. Richten Sie sich nach folgender Regel: Bei den meisten Nadeldruckern werden Umschläge mit der breiten Seite zuerst eingezogen (Hochformat). Arbeiten Sie mit einem Nadeldrucker, klicken Sie auf das Symbol rechts oben.

254

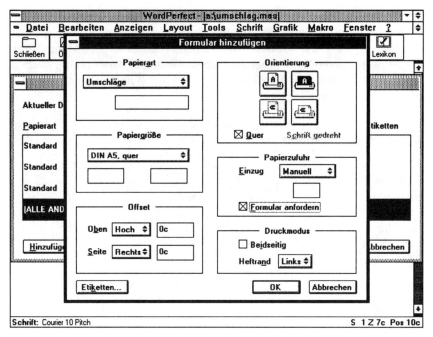

Abb. 5.10: Formular hinzufügen

Bei Laserdruckern dagegen wird die Schmalseite zuerst eingezogen (Querformat). Um die Umschläge im Querformat richtig bedrucken zu können, muß auch die Schrift entsprechend gedreht werden. Setzen Sie einen Laserdrucker ein, klicken Sie also auf das Symbol links unten.

Legen Sie die Umschläge beim Drucken manuell in Ihren Drucker ein, sollten Sie aus Gründen der Arbeitserleichterung den Rechner das Signal zum Einlegen des Umschlags geben lassen. Wählen Sie aus der Liste EINZUG unter PAPIERZUFUHR den Eintrag MANUELL aus und markieren das Kreuzfeld FORMULAR ANFORDERN.

Damit ist die Umschlagsdefinition abgeschlossen. Mit OK kehren Sie zum Dialog PAPIERGRÖSSE/-ART zurück. Das von Ihnen gerade erstellte Formular wird alphabetisch in die Formularliste eingeordnet und dort automatisch gespeichert, so daß Sie auch in Zukunft direkten Zugriff darauf haben. Markieren Sie die Umschlagsdefinition und laden diese mit einem Klick auf AUSWÄHLEN in das aktuelle Dokument auf Ihrem Bildschirm.

255

Hinweis: Der Code für diese Formulardefinition kann lediglich im Steuerzeichenfenster eingesehen werden. Wählen Sie dazu die Option STEUERZEICHEN im ANZEIGEN-Menü. Eine komplette Übersicht über alle verfügbaren Steuerzeichen von WordPerfect finden Sie im Anhang dieses Buches unter 11.5.

Adressen positionieren

Die korrekte Definition für Ihre Briefumschläge steht, nun müssen nur noch die Adressen auf dem Umschlag positioniert werden. Bei einem Umschlag dieser Größe können die Anschriften ca. 7 cm von der oberen und 10 cm von der linken Papierkante entfernt gedruckt werden. Um diese Abstände zu gewährleisten, ändern Sie einfach die Einstellung des linken Randes. Rufen Sie aus dem LAYOUT-Menü den Befehl RÄNDER auf und geben Sie folgendes in die einzelnen Textfelder ein:

LINKS	10
RECHTS	0
OBEN	0
UNTEN	0

Hinweis: Bei manchen Laserdruckern gibt es einen Randbereich, der nicht bedruckt werden kann, weswegen eine Randeinstellung von 0 cm nicht möglich ist. Sollte dies bei Ihrem Drucker der Fall sein, werden Sie zur Eingabe eines realisierbaren Wertes aufgefordert.

Kehren Sie mit OK zu Ihrem Dokument zurück. Nun müssen Sie WordPerfect noch anweisen, die Anschriften exakt 7 cm von der oberen Kante entfernt zu drucken. Dazu wählen Sie im LAYOUT-Menü die Option TEXTPOSITION, klicken den Knopf ZEILE an und geben im Textfeld STRECKE eine 7 ein. Mit OK schließen Sie die Dialogbox – alle Einstellungen für die Umschläge sind richtig vorgegeben worden.

Am Anfang Ihrer Primärdatei befinden sich also die korrekten Steuerzeichen; geben Sie jetzt die Mischbefehle aus Ihrer Aktionärs-Sekundärdatei AKTION.WKB ein. Wählen Sie – wie bei den Serienbriefen – zum Einfügen der Felder jedesmal den Befehl MISCHEN/FELD und für die anderen Mischbefehle MSICHEN/MISCHBEFEHLE aus dem TOOLS-Menü. Die Codes sollten anschließend folgendermaßen auf Ihrem Bildschirm stehen:

```
{FELD}1~
{FELD}2~
{IF BLANK}3~ {FELD}7~
{FELD}8~ {FELD}9~
{ELSE} {FELD}3~ {FELD}5~ {FELD}6~
{FELD}7~
{FELD}8~ {FELD}9~ {END IF}
```

Speichern Sie die fertige Primärdatei unter dem Namen UMSCHLAG.TXT ab. Anschließend schließen Sie diese Datei und machen sich daran, die Umschläge zu drucken. Zu dem Zweck müssen Sie die Primärdatei zunächst mit den Adreßdaten mischen. Legen Sie ein neues Dokument für das Mischergebnis an und rufen den Befehl MISCHEN/MISCHEN aus dem TOOLS-Menü auf. In das Textfeld PRIMÄRDATEI geben Sie den Dateinamen UMSCHLAG.TXT und in das Feld SEKUNDÄRDATEI den Namen AKTION.WKB ein. Mit einem Klick auf OK starten Sie den Mischvorgang. Sobald dieser Vorgang abgeschlossen ist, sehen Sie auf Ihrem Bildschirm jede Adresse durch einen festen Seitenumbruch von der nächsten getrennt, um alle Adressen auf gesonderte Seiten, d. h. getrennte Umschläge, drucken zu können.

Umschläge drucken

Sie können nun Ihre Umschläge für die Einladungsaktion bedrucken. Bevor Sie den Ausdruck starten, sollten Sie überprüfen, ob alle Adressen a) korrekt gemischt und b) richtig positioniert worden sind, indem Sie mit [Umschalt-F5] in die Druckbildansicht wechseln. Werfen Sie dann ein kritisches Auge auf die Anschriften und blättern bis zum ersten Umschlag zurück. Ist alles soweit in Ordnung, schließen Sie die Druckbildansicht und kehren zum Dokumentfenster zurück. Legen Sie nun in Ihren Drucker den ersten Umschlag ein und starten den Ausdruck mit [F5]. Der Briefumschlag für den ersten Aktionär wird gedruckt, und WordPerfect fordert Sie jeweils mit einem Signal auf, den nächsten Umschlag einzulegen.

Ist der Druck abgeschlossen, schließen Sie das Dokument, ohne es zu speichern.

5.6 Etiketten drucken

Sie können Adressen nicht nur direkt auf Umschläge, sondern auch auf selbstklebende Etiketten drucken. Das macht im Geschäftsleben meistens einen besseren Eindruck und funktioniert ähnlich wie das Bedrucken von Umschlägen.

Etiketten definieren

Um die Anschriften exakt positionieren zu können, müssen Sie auch hier die Papiergröße und -art vorab definieren. Rufen Sie die Dialogbox PAPIERGRÖSSE/-ART auf und klicken Sie auf den Schalter HINZUFÜGEN. Den Dialog, der dann erscheint, kennen Sie bereits. Wählen Sie unter PAPIERART zuerst den Eintrag ETIKETTEN aus. WordPerfect geht davon aus, daß die Etiketten auf einen DIN A4-Bogen in der Größe 21 x 29,7 cm gedruckt werden. Etiketten werden mit der Schmalseite zuerst eingezogen, daher können Sie die Standardeinstellung unter ORIENTIERUNG ohne weiteres stehenlassen. In der Popup-Liste EINZUG im Feld PAPIER-ZUFUHR wählen Sie nun noch MANUELL und kreuzen das Feld FORMULAR ANFORDERN an. Klicken Sie dann unten auf den Schalter ETIKETTEN, und eine weitere Dialogbox zum Definieren der Etiketten wird auf Ihrem Bildschirm eingeblendet (vgl. Abbildung 5.11).

WordPerfect will viele Details von Ihnen wissen, damit die Adressen auch an der korrekten Position auf den Etiketten gedruckt werden können, z. B. die Anzahl, Größe und Anordnung der Etiketten sowie den Abstand zwischen den Etiketten und die Randeinstellungen. Um auf einem DIN A4-Bogen pro Reihe drei und pro Spalte acht Etiketten drucken zu können, nehmen Sie folgende Einstellungen in der Dialogbox vor (von oben nach unten und von links nach rechts):

Bereich GRÖSSE	
BREITE	6,28c
HÖHE	3,25c
Bereich ETIKETTEN	
PRO SPALTE	3
PRO REIHE	8

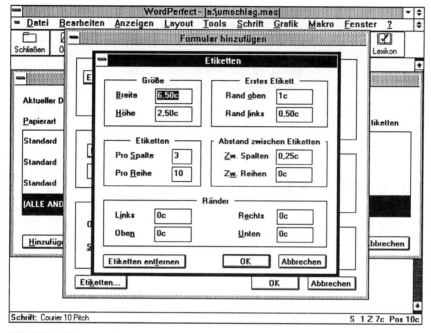

Abb. 5.11: Etiketten definieren

Bereich ERSTES ETIKETT	
RAND OBEN	0,76c
RAND LINKS	0,76c
Bereich ABSTAND ZWISCHEN ETIKETTEN	
ZW. SPALTEN	0,32c
ZW. REIHEN	0c
Bereich RÄNDER	
LINKS	0,76c
OBEN	0,76c
RECHTS	0,76c
UNTEN	0,76c

259

Mit einem Klick auf Oĸ speichern Sie diese Einstellungen.

Hinweis: Haben Sie Maße eingegeben, die nicht mit der Papiergröße übereinstimmen, erhalten Sie eine entsprechende Fehlermeldung. Sie können die Dialogbox erst verlassen, wenn alle Maße korrekt eingegeben sind.

Mit einem nochmaligen Oĸ kehren Sie zur Dialogbox Papiergrösse/-art zurück, in der Sie die Etikettendefinition markieren und auf Auswählen klicken.

Adressen positionieren

Die Etikettendefinition befindet sich nun am Anfang des Dokuments, was Sie über die Steuerzeichen auch nachvollziehen können. Fügen Sie jetzt die Mischcodes für die Adressen in folgender Reihenfolge ein:

```
{FELD}1~
{FELD}2~
{IF BLANK}3~ {FELD}7~
{FELD}8~ {FELD}9~
{ELSE} {FELD}3~ {FELD}5~ {FELD}6~
{FELD}7~
{FELD}8~ {FELD}9~ {END IF}
```

Speichern Sie diese Primärdatei unter dem Namen ETIKETT.TXT ab und schließen die Datei. Um die Etiketten mit den Adressen der Aktionäre mischen zu können, geben Sie nach Auswahl von Mischen/Mischen in der Dialogbox den Namen der Primärdatei ETIKETT.TXT und den der Sekundärdatei AKTION.WKB ein und starten den Mischvorgang. Für jeden Aktionär wird nun ein Etikett mit der entsprechenden Adresse erstellt.

Logische Seiten

Auch hier sind die Adressen durch feste Seitenumbrüche voneinander getrennt. Es ist jedoch nicht zwingend erforderlich, für jedes Etikett eine neue Seite anzulegen; statt dessen können bis zu 30 sogenannte logische Seiten auf ein Blatt gedruckt werden. WordPerfect unterscheidet nämlich zwischen logischen und physikalischen Seiten. Bei Etiketten wird das Programm darüber informiert, wie viele logische Seiten sich auf einer physikalischen Seite befinden.

Wechseln Sie mit [Umschalt-F5] in die Druckbildansicht. Werfen Sie einen Blick auf die Anordnung der logischen Seiten auf dem Blatt – von links nach rechts und von oben nach unten. Da nicht alle Etiketten (Sie hatten 3 Etiketten pro Reihe und 8 pro Spalte = 24 Etiketten definiert) benötigt werden, bleiben die übrigen logischen Seiten leer.

Mit [F5] starten Sie den Ausdruck, nachdem Sie eine entsprechende Etikettenbahn in Ihren Drucker eingelegt haben. Nach dem Ausdruck schließen Sie die Datei, ohne sie zu speichern.

5.7 Listen erstellen und drucken

Sie haben nun dank der Mischfunktion von WordPerfect kennengelernt, wie man Serienbriefe, Briefumschläge und selbstklebende Etiketten druckt. Eine letzte Möglichkeit, die das Mischen mit Adreßdaten bietet, ist das Drucken einer Liste. Praxisbeispiel: Sie möchten sich eine Liste mit den Namen aller Aktionäre ausdrucken lassen, um diejenigen, die sich für die Versammlung anmelden, ordnungsgemäß abhaken zu können. Legen Sie ein neues Dokument an. Die kleine Liste soll folgende Felder aus Ihrer Sekundärdatei AKTION.WKB enthalten:

- Feld 1 (Firmenname)

- Feld 8 (PLZ)

- Feld 9 (Ort)

Ihre Aktionärsliste sollte tabellarisch aufgebaut sein, d. h. die Feldinhalte stehen untereinander. Sie haben dazu zwei Möglichkeiten – entweder über Tabulatoren oder in Form einer Tabelle. Für eine – zumal recht kleine – Liste zu internen Prüfzwecken empfiehlt sich das Setzen von Tabulatoren. Rufen Sie über das Lineal oder den Befehl ZEILE/TABSTOPPS im LAYOUT-Menü den Tabulator-Dialog auf und setzen Sie zwei Tabulatoren bei 11 und 13,5 cm. (Wenn Sie nicht mehr so genau wissen, wie es geht, lesen Sie Kapitel 3.2.4 nochmals aufmerksam durch).

Setzen Sie den Cursor nun an den Anfang der ersten Zeile und fügen das erste Feld aus der Sekundärdatei über MISCHEN/FELD im TOOLS-Menü ein. Einmal [Tab], und Feld 8 (PLZ) wird plaziert; ein weiterer [Tab], und auch Feld 9 (Ort) findet seinen Platz. Bis dahin ist Ihnen alles bekannt – jetzt folgt etwas Neues, nämlich der Mischbefehl {NÄCHSTER DATENSATZ}. Dieser Mischbefehl steht immer am Ende einer Zeile und weist WordPerfect darauf hin, daß das Programm an dieser Stelle auf den nächsten Datensatz in der Sekundärdatei zurückgreifen muß. Fügen Sie diesen Mischbefehl über die Liste in der Dialogbox MISCHBEFEHLE in Ihr Dokument ein und schließen den Dialog.

Damit ist die erste Zeile Ihrer Liste vollständig – diese Zeile wird hinterher den ersten Datensatz aus Ihren Aktionärsadressen enthalten. Genau dasselbe müssen Sie nun noch für die anderen Datensätze machen, von denen jeder in einer separaten Zeile steht, welche jeweils mit {NÄCHSTER DATENSATZ} beendet wird. Für Ihre fünf Beispieldatensätze bedeutet es keinen allzu großen Aufwand, die Felder manuell in die nächsten Zeilen einzufügen. Doch stellen Sie sich mal einen Adreßbestand von 500 Datensätzen vor – das Einfügen jedes Feldes über den MISCHEN/FELD-Dialog würde Jahre dauern. Glücklicherweise gibt es dank der Blockbefehle einen Trick, wie Sie sich die ganze Sache wesentlich vereinfachen können: Markieren Sie die komplette erste Zeile, kopieren diese und fügen die Zeile – die ja immer die gleichen Felder enthält – über EINFÜGEN oder [Umschalt-Einfg] so oft ein, wie Ihre Sekundärdatei Datensätze enthält.

Hinweis: Hinter dem letzten Datensatz muß der {NÄCHSTER DATENSATZ}-Befehl nicht stehen – löschen Sie diesen nachträglich wieder.

Ihr Bildschirm sollte nun exakt so aussehen:

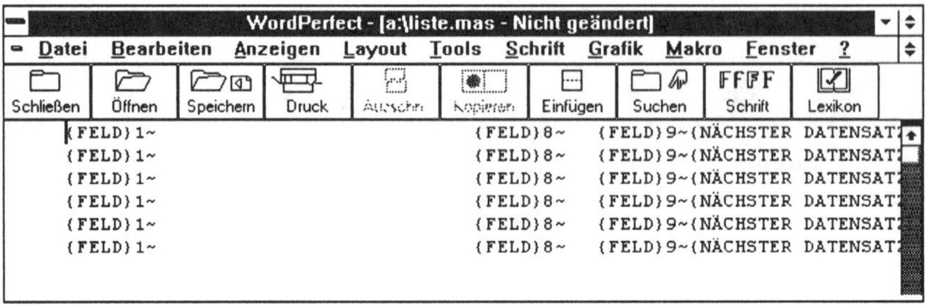

Abb. 5.12: Liste mit Mischbefehlen

Speichern Sie das Dokument unter dem Namen LISTE.TXT und schließen die Datei. Mischen Sie die Liste über den MISCHEN-Dialog mit

Ihrer Sekundärdatei AKTION.WKB, und auf Ihrem Bildschirm erscheinen die Firmennamen, Postleitzahlen und Orte Ihrer Aktionäre fein säuberlich untereinander.

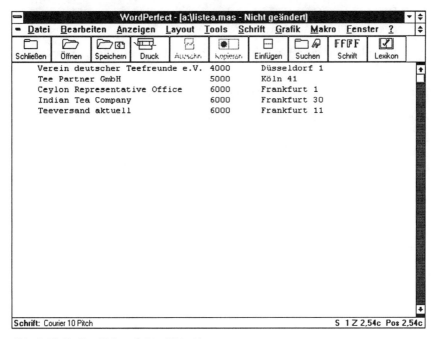

Abb. 5.13: Fertige Liste auf dem Bildschirm

Abschließend müssen Sie diese Liste über [F5] nur noch ausdrucken.

Fragen und Übungen:

1. Was versteht man unter *Serienbriefen* und welchen entscheidenden Vorteil bieten sie?

2. Wofür brauchen Sie eine Sekundärdatei, und was steht in der Primärdatei?

3. Welche Mischbefehle kennen Sie, und was bewirken diese?

4. Wie lesen Sie Sekundärdateien aus Fremdformaten in WordPerfect ein?

263

5. Was ist der Unterschied zwischen Sortieren und Selektieren?

6. Sortieren Sie Ihre Aktionärsdatei nach Firmenname (KEY 1), Nachname (KEY 2) und Vorname (KEY 3).

7. Was müssen Sie bei Feldern beachten, die bei einigen Datensätzen eventuell leer sein könnten?

8. Erstellen Sie eine Umschlagsdefinition für die kleinen Fensterumschläge.

9. Was verstehen Sie unter logischen Seiten bei Etiketten?

10. Drucken Sie eine Liste mit Firmenname, Abteilung, Zu Händen, Vorname und Nachname Ihrer Aktionäre.

6 Texte lektorieren und redigieren – Kundeninfo

Nobody is perfect – wer kennt diesen Spruch nicht. Vor allem was Rechtschreibung, Kommasetzung, Wortwahl etc. angeht, hat so mancher seine Schwierigkeiten. Schließlich ist nicht jeder von uns ein wandelndes Lexikon oder Fremdwörterbuch.

Im Geschäftsleben sind fehlerfreie Briefe, Broschüren, Geschäftsberichte – also alles, was an die Außenwelt verschickt wird – von enormer Wichtigkeit. Ein sprachlich einwandfreier und fehlerfreier Brief ist unumstritten die beste Visitenkarte eines Unternehmens. Um das zu gewährleisten, werden Briefe und andere Schriftstücke vom jeweiligen Vorgesetzten – manchmal auch von mehreren Chefs in Folge – mit dem roten Korrekturstift bis zur Unendlichkeit verstümmelt. Die arme Sekretärin, die den korrigierten Text dann ins Reine schreiben muß, zumal das Schreiben auch dann nicht garantiert fehlerfrei ist.

WordPerfect bietet Ihnen mehrere Funktionen an, mit deren Hilfe sich Texte aller Art leicht und recht zuverlässig lektorieren und redigieren lassen. Ob Sie sich lieber auf die sprachlichen Fähigkeiten des Programms verlassen oder es selbst versuchen, bleibt Ihnen überlassen. Auf jeden Fall lohnt es sich, die Korrekturfunktionen von WordPerfect einmal an einem Praxisbeispiel durchzuspielen.

Beispiel Kundeninfo: Sie sind damit beauftragt worden, ein Mailing an Ihre Stammkunden vorzubereiten, in dem Sie auf ein brandneues Produkt in Ihrer Produktpalette hinweisen. Dieses Mailing ist geradezu prädestiniert dazu, als Serienbrief mit den Kundenadressen gemischt und entsprechend ausgedruckt zu werden.

Doch bis dahin ist es noch ein weiter Weg. Zunächst einmal formulieren Sie den Info-Text. Wenn Sie möchten, können Sie den nachfolgenden Beispieltext abtippen – es steht Ihnen jedoch frei, einen eigenen Text zu entwerfen.

```
Das Präsent für Ihre Treue

Das Geschäftsjahr geht dem Ende entgegen - wir
blicken auf ein sehr erfolgreiches Jahr zurück.
```

Doch dieses Jahr wird mit einem Knaller Abschied
nehmen.

Dieser Knaller ist das neueste Produkt der Teefrisch AG - heute erst aus unserem Mutterhaus auf
Ceylon importiert. Ein Tee, wie Sie bestimmt noch
keinen getrunken haben - voller Aroma, mit einem
Hauch von Fernweh. Mit diesem Tee fühlen Sie sich
mitten in die Teeplantagen Asiens versetzt. Unsere
Teexperten in Colombo haben ihre langjährige Erfahrung daran gesetzt, Teeblätter nach nach (diese
Wortdoppelung war Absicht!) einem ganz neuen Verfahren mit ausgesuchten Zutaten zu einem aromati-
schen Tee zu verarbeiten.

Das Ergebnis kann sich sehen lassen - jeder hier
im hAus (auch dieser Großbuchstabe mitten im Wort
ist beabsichtigt!) ist begeistert von der exellen-
ten Qualität dieses Produkts, das den Namen ASIA
GRANDE trägt.

Lassen auch Sie sich von der Qualität und dem Aroma verzaubern - Ihre ganz persönliche Probe liegt
bei uns für Sie bereit. Ein Anruf genügt, und
ASIA GRANDE kommt zu Ihnen nach Hause.

Dieser Text soll nun durch die Korrekturmühlen gedreht werden.

6.1 Rechtschreibkorrektur

Die deutsche Rechtschreibung ist das Sorgenkind vieler Leute – die Regeln sind ja zugegebenermaßen auch nicht ganz einfach zu erlernen,
vor allem wegen der unzähligen Ausnahmen von der Regel.

In WordPerfect ist ein Lexikon integriert, mit dem Texte im Rahmen
einer Rechtschreibprüfung auf eventuelle Tippfehler überprüft werden
können. Ebenso macht dieses Wörterbuch Wortwiederholungen und
falsch positionierte Großbuchstaben ausfindig.

Hinweis: Das WordPerfect-Lexikon ist ein eigenständiges Programm (Programmname SPWIN.EXE), das sowohl über das Hauptmenü von WordPerfect als auch über das Gruppen-Symbol im Programm-Manager aufgerufen werden kann.

Um Ihre Kundeninfo durch die Rechtschreibprüfung laufen zu lassen, rufen Sie aus dem TOOLS-Menü die Option LEXIKON auf. Alternativ können Sie das Lexikon auch über die Tastenleiste mit einem Klick auf das LEXIKON-Symbol starten oder [Strg-F1] drücken.

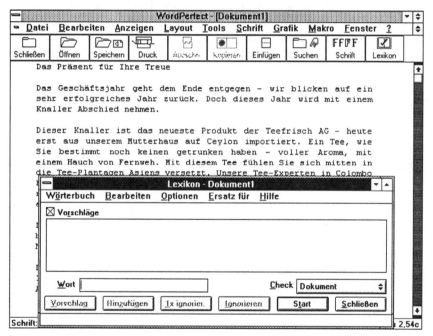

Abb. 6.1: Lexikonfenster

Das Lexikonfenster öffnet sich. Wie Sie am Popup-Schalter DOKUMENT hinter CHECK erkennen können, überprüft WordPerfect standardmäßig das gesamte Dokument auf korrekte Rechtschreibung. Sie können die Einstellung aber auch dahingehend ändern, daß nur z. B. ein Wort, eine Seite oder nur ein als Textblock markierter Abschnitt überprüft wird.

267

Bevor Sie die Rechtschreibkorrektur starten, sollten Sie sich bewußt machen, daß das Wörterbuch trotz seiner 115.000 Wörter keinen Anspruch auf Vollständigkeit erhebt. Nicht alle Wörter der deutschen Sprache sind aufgeführt – das wäre auch kaum machbar. Was Word-Perfect grundsätzlich nicht kennt, sind

- Eigennamen

- zusammengesetzte Wörter

- Fremdwörter

Sie haben aber die Möglichkeit, das Lexikon durch eigene Einträge zu erweitern (dazu etwas später). Klicken Sie auf START, und WordPerfect beginnt, Ihre Kundeninfo auf Rechtschreibfehler hin durchzuchecken. Das erste gefundene Wort, mit dem das Programm so recht nichts anfangen kann, wird invertiert dargestellt und die Rechtschreibprüfung unterbrochen. In der Statuszeile wird Ihnen angezeigt, daß WordPerfect dieses Wort nicht gefunden hat.

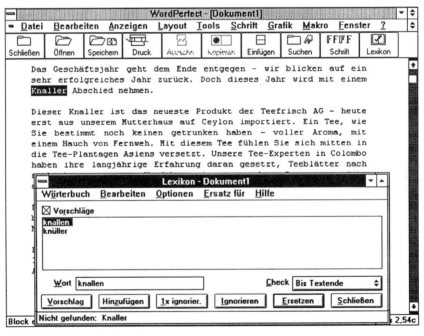

Abb. 6.2: Unbekannter Begriff

Bei diesem ersten unbekannten Wort handelt es sich um den Begriff *Knaller*, der im Textfeld hinter WORT eingeblendet wird.

Darüber im Bereich unter VORSCHLÄGE werden Ihnen alternative Schreibweisen angeboten, u. a. auch der Begriff *Knüller*. Sie entscheiden sich dafür, daß *Knüller* besser ist als *Knaller*, markieren diesen in der Liste und klicken auf den Schalter ERSETZEN, um den Begriff im Text auszutauschen. Im darauffolgenden Satz kommt *Knaller* ein weiteres Mal vor – auch hier ersetzt WordPerfect den Begriff automatisch durch *Knüller*.

Hinweis: Nur wenn das Kreuzfeld VORSCHLÄGE aktiviert ist, schlägt WordPerfect Ihnen für jedes im Lexikon nicht vorhandene Wort Ersatzwörter vor (manchmal allerdings auch reichlich unsinnige). Schalten Sie diese Option aus, wird das Tempo der Rechtschreibprüfung wesentlich erhöht, was sich vor allem für Prüfvorgänge auf reine Tippfehler hin (Wortdreher, doppelte Worte etc.) empfiehlt.

Im folgenden bleibt WordPerfect nacheinander an allen Eigennamen hängen, u. a. an *Ceylon* und *Colombo*, aber auch an sämtlichen zusammengesetzten Wörtern mit *Tee-*, also *Teeplantagen*, *Teexperten* und *Teeblätter* sowie an dem Firmennamen *Teefrisch AG* und dem Produktnamen *Asia Grande*. In diesen Fällen haben Sie drei Möglichkeiten:

1. Ist das jeweilige Wort korrekt geschrieben und soll daher im weiteren Verlauf der Rechtschreibprüfung nicht mehr beanstandet werden, klicken Sie auf den Schalter IGNORIEREN. WordPerfect ignoriert diesen Begriff ab sofort, egal wie häufig er im Text noch vorkommt.

2. Handelt es sich bei dem Wort um einen Begriff, der nach Ihrem Wissen nur ein einziges Mal in der Kundeninfo steht, klicken Sie auf 1x IGNORIER., und WordPerfect überspringt dieses Wort.

3. Wenn Sie der Meinung sind, der eine oder andere Begriff könnte auch in Zukunft bei Rechtschreibprüfungen immer mal wieder vorkommen, und vermeiden möchten, daß WordPerfect jedesmal stoppt, dann nehmen Sie den Begriff mit HINZUFÜGEN in das Ergänzungswörterbuch auf. Das empfiehlt sich z. B. für Firmen- und Produktnamen.

Nun folgen noch einige wirkliche Tippfehler, die wir absichtlich in die Kundeninfo eingebaut haben, um das Lexikon zu testen. Im letzten Satz des zweiten Abschnitts hat sich eine Doppelung des Wörtchens *nach* eingeschlichen, die WordPerfect auch tatsächlich findet. Der kleine Dialog LEXIKON mit einem Hinweis auf ein Doppelwort wird angezeigt.

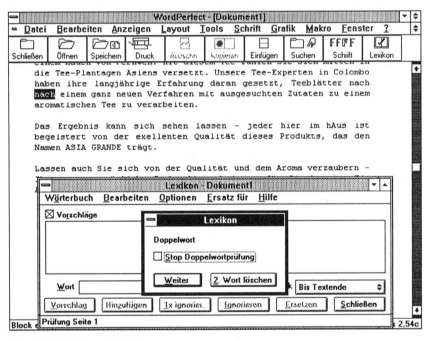

Abb. 6.3: Dialogbox LEXIKON

Hier haben Sie die Möglichkeit, diese Wortwiederholung zu löschen, indem Sie auf den Schalter 2. WORT LÖSCHEN klicken. Das betreffende Wort wird einmal gelöscht.

Weiter geht's im dritten Abschnitt mit einem unerwünschten Großbuchstaben mitten im Wort *hAus* statt am Wortanfang. WordPerfect stoppt auch hier und blendet wiederum den LEXIKON-Dialog ein, dieses Mal mit einem Hinweis auf einen falschen Großbuchstaben. Mit einem Klick auf ERSETZEN erreichen Sie, daß das große A durch ein kleines a und das kleine h durch ein großes H ersetzt wird.

270

Das war's, werden Sie denken, doch ein Rechtschreibfehler wird noch aufgedeckt. Sie haben im Begriff *exzellent* das *z* vergessen. WordPerfect entgeht dieser Fehler nicht, und umgehend wird Ihnen in der Vorschlagsliste das richtige Wort angeboten, welches Sie markieren und mit einem Klick auf ERSETZEN im Text korrigieren.

Sobald die Rechtschreibprüfung abgeschlossen ist, wird in der Statuszeile des Lexikonfensters die Meldung PRÜFUNG ABGESCHLOSSEN eingeblendet. Klicken Sie auf SCHLIESSEN, um zum Dokumentfenster zurückzukehren.

Aufgabe: Bauen Sie nachträglich noch einige Tippfehler in Ihren Text ein und lassen Sie diesen ein zweites Mal durch die Rechtschreibkorrektur laufen; wenn Sie wollen, auch nur einen markierten Textblock statt des gesamten Textes.

6.2   Synonyme und Antonyme

Ein zweites Instrument, dieses Mal eher zur Verbesserung des Sprachstils, ist der Thesaurus. Dahinter verbirgt sich ein Wörterbuch, in dem Sie Synonyme (Wörter mit gleicher oder ähnlicher Bedeutung) sowie Antonyme (Wörter mit gegensätzlicher Bedeutung) nachschlagen können.

Hinweis: Der Thesaurus ist ein eigenständiges Programm (Programmdatei THWIN.EXE), der sowohl über das WordPerfect-Hauptmenü als auch von Windows aus über das WordPerfect-Gruppensymbol im Programm-Manager aufgerufen werden kann.

Lernen Sie die Funktionsweise des Thesaurus an einem Wort kennen, das in Ihrer Kundeninfo mehrfach vorkommt, z. B. *Qualität*. Es ist bekanntlich schlechter Stil, dieselben Begriffe zu oft zu gebrauchen, daher möchten Sie *Qualität* einmal durch ein anderes, sinnverwandtes Wort ersetzen, das Ihnen auf Anhieb aber nicht einfällt.

Lassen Sie sich helfen, indem Sie den Cursor auf das zweite Vorkommen von *Qualität* im Text positionieren und aus dem TOOLS-Menü die Option THESAURUS aufrufen bzw. [Alt-F1] drücken.

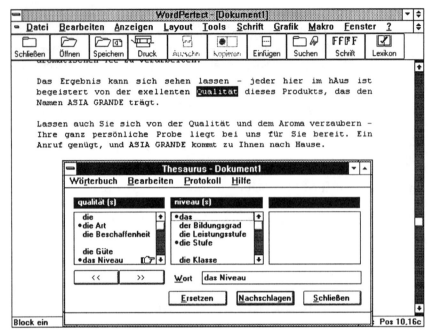

Abb. 6.4: Thesaurus bei der Arbeit

Im Theaurus-Fenster sehen Sie drei Listen nebeneinander. Diese drei Listen kennzeichnen drei Hierarchien, d. h. die Verzweigung auf drei verschiedene Ebenen. Über der ersten Liste sehen Sie den Begriff, für den Sie ein Synonym suchen, das sogenannte Stammwort, und zwar in der Schreibweise *Qualität (s)*.

Das (s) kennzeichnet dabei ein Substantiv. Weiterhin gibt es (v) für Verben, (a) für Adjektive und (ant) für Antonyme.

Hinweis: In diesem Fall werden ausschließlich Synonyme angezeigt, weil es für *Qualität* keine Antonyme gibt. Bei *nein* z. B. würde aber auch das Antonym *ja* angezeigt.

In der Liste finden Sie eine Vielzahl von artverwandten Begriffen mit dem jeweiligen bestimmten Artikel, u. a. *die Art, die Beschaffenheit* und *das Niveau*. Blättern Sie durch die Liste, und Sie werden noch mehr Synonyme finden. Die Begriffe in der Liste werden als Einträge bezeichnet.

272

Bei Einträgen, die mit einem Punkt versehen sind, handelt es sich wiederum um Stammwörter, zu denen Sie sich weitere Synonyme und Antonyme anzeigen lassen können. Klicken Sie z. B. doppelt auf den Eintrag *das Niveau*. Rechts daneben erscheint eine Hand, und das gewählte Wort *Niveau* wird zum Stichwort für die sich rechts anschließende Liste mit Einträgen wie *die Klasse, der Rang* etc. Auf diese Weise ist eine Verkettung von Einträgen möglich, und zwar so viele, wie es die Speicherkapazität erlaubt. Zwar werden nur drei Listen auf einmal angezeigt, doch Sie können beliebig viele Listen öffnen und diese mit Hilfe der Richtungstasten unterhalb der ersten Liste durchblättern.

Sie entscheiden sich für den Eintrag *die Klasse* in der zweiten Liste und markieren diesen entsprechend. Der Begriff wird in die Textzeile neben WORT übernommen. Ein Klick auf ERSETZEN genügt, und Ihre Kundeninfo wird an der gewünschten Stelle geändert. Mit SCHLIESSEN verlassen Sie das Thesaurus-Fenster und kehren zu Ihrem Dokument zurück.

Eines bleibt Ihnen nun noch zu tun, denn beim Austausch von Begriffen ist Vorsicht geboten, vor allem bei deklinierten Substantiven, die durch Substantive anderen Geschlechts ersetzt werden. Genau das ist hier der Fall. Ursprünglich lautete der Satz:

```
Lassen auch Sie sich von der Qualität und dem Aro-
ma verzaubern...
```

Jetzt wird der Satz wie folgt geändert:

```
Lassen auch Sie sich von die Klasse und dem Aroma
verzaubern...
```

Eine manuelle Nachbearbeitung ist also unerläßlich, damit der Stil wieder stimmt. Ersetzen Sie *die* durch *der*, und Ihr Satz ist in Ordnung.

Aufgabe: Suchen Sie im Betreff der Kundeninfo Synonyme für *Präsent* und *Treue*.

6.3 Fremdsprachlichen Text korrigieren

Die Welt wächst immer mehr zusammen; diese Entwicklung hinterläßt ihre Spuren vor allem im Geschäftsleben. Internationalität fordert auch entsprechende fremdsprachliche Kenntnisse der Mitarbeiter – zumindest Grundkenntnisse in Englisch sind unbedingte Pflicht.

WordPerfect ist in erstaunlich vielen Sprachen verfügbar, von den klassischen europäischen Sprachen Französisch, Spanisch und Italienisch über skandinavische und osteuropäische Sprachen bis hin zu Exoten wie Afrikaans. Auch sprachliche Feinheiten finden Berücksichtigung: Die englische Sprache ist z. B. speziell auf Großbritannien, Australien, Amerika und Kanada zugeschnitten, was auch sinnvoll ist. Wer schon mal in Amerika war, weiß, wie wenig das amerikanische "Kaugummi-Englisch" mit dem klassisch-britischen Oxford-Englisch zu tun hat. Das gleiche gilt auch für Portugiesisch in Portugal und Brasilien sowie für Französisch in Frankreich und Kanada.

Hinweis: Lediglich das deutsche Sprachmodul ist im Lieferumfang von WordPerfect bereits enthalten. Weitere Sprachmodule können Sie bei der zuständigen WordPerfect-Niederlassung oder Ihrem Fachhändler erwerben.

Blättern Sie durch den SPRACHE-Dialog, indem Sie aus dem TOOLS-Menü die Option SPRACHE aufrufen.

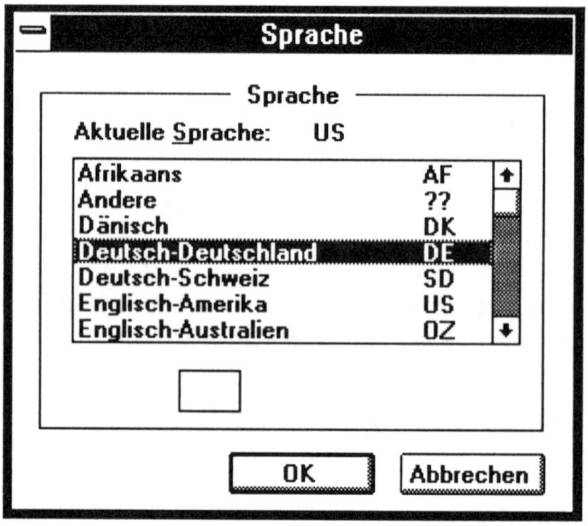

Abb. 6.5: Sprache auswählen

Wenn Sie im Feld AKTUELLE SPRACHE eine Sprache auswählen und auf OK klicken, stellen Sie das Programm auf den neuen Sprachcode um

274

(der aus den zwei Buchstaben rechts neben der Sprache besteht), inklusive aller Funktionen. Das gilt auch für die Rechtschreibprüfung, den Thesaurus und die Silbentrennung (siehe Kapitel 2.1.9, "Wörter trennen").

Angenommen, Sie haben die Kundeninfo für Ihre Kunden in Großbritannien in Englisch übersetzt und möchten das Schreiben nun auf seine sprachliche Richtigkeit hin überprüfen lassen. Stellen Sie sicher, daß das entsprechende Sprachmodul WP{WP}UK.LEX auf Ihrem Rechner installiert ist und stellen dann über den SPRACHE-Dialog die korrekte Sprache ein. Anschließend können Sie mit dem englischen Lexikon, dem englischen Thesaurus und den englischen Silbentrennregeln arbeiten.

6.4   Texte überarbeiten

Stellen Sie sich an dieser Stelle vor, Ihr Assistent oder Ihre Sekretärin hätte die Kundeninfo entworfen und geschrieben und ihnen zur endgültigen Überarbeitung auf den Tisch gelegt, und zwar nicht auf Papier, sondern auf Diskette gespeichert, die Sie dann in Ihren PC einlesen können. Das hat den großen Vorteil, daß von Ihnen vorgenommene Änderungen wesentlich übersichtlicher anzubringen sind, als wenn Sie mit dem Rotstift übers Papier gehen würden. Sind die Rechner in Ihrer Abteilung via Netzwerk miteinander verbunden, können Sie sich den Text auch direkt auf den Bildschirm holen.

Vertrauen ist gut, Kontrolle ist besser – nach diesem Motto wollen Sie einen Blick auf den Text werfen; schließlich soll dieses Schreiben ja an alle Stammkunden rausgehen. Laden Sie den Text auf Ihren Bildschirm, und es kann losgehen. WordPerfect stellt Ihnen zwei Möglichkeiten zur Überarbeitung zur Verfügung: Das Attribut KORREKTURKENNUNG zur Markierung von Textteilen, die in das Dokument eingefügt werden sollen, und das Attribut DURCHSTREICHEN für Passagen, die ersatzlos zu streichen sind.

Mit der Überschrift fängt es schon an – sie gefällt Ihnen nicht, also streichen Sie die Zeile zunächst einmal durch. Markieren Sie dazu die Überschrift und wählen Sie im SCHRIFT-Menü die Option DURCHSTREICHEN aus. Diese Option wird mit einem Häkchen versehen, ein Zeichen dafür, daß sie ab jetzt aktiviert ist.

Die Überschrift wird durchgestrichen und kann nun durch eine neue Überschrift Ihrer Wahl ersetzt werden. Plazieren Sie den Cursor hinter die durchgestrichene Überschrift und rufen Sie aus dem SCHRIFT-Menü die Option KORREKTURKENNUNG auf, die ebenfalls mit einem Häkchen versehen wird. Das Häkchen hinter DURCHSTREICHEN ist wieder verschwunden – die Option galt ja nur für die markierte Textzeile. Die Bahn ist jetzt frei für die neue Überschrift, die z. B.

Unglaublich aber wahr

lauten könnte.

Hinweis: Wenn Sie über einen Farbbildschirm verfügen, wird der mit Korrekturzeichen markierte Text rot dargestellt; bei einem Schwarzweiß-Bildschirm hängt die Darstellung der Korrekturkennung von den Einstellungen im Dialog STANDARDEINSTELLUNGEN/DRUCKEN ab.

Ihre Überschriftenzeile sieht nun etwa so aus:

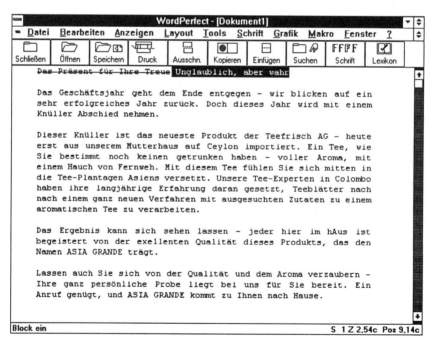

Abb. 6.6: Korrekturkennungen auf dem Bildschirm

Textvergleich

Beispiel: Sie haben einem Kollegen die Kopie Ihrer Kundeninfo geschickt mit der Bitte um Überarbeitung und erhalten nach einiger Zeit die überarbeitete Fassung auf Diskette zurück. Laden Sie den überarbeiteten Text auf Ihren Bildschirm und rufen die Textvergleichsfunktion auf, mit deren Hilfe Sie mühelos feststellen können, an welchen Stellen Ihr Kollege Änderungen eingefügt hat. WordPerfect sucht ganz einfach nach Unterschieden zwischen Ihrer ursprünglichen Version und der geänderten Version Ihres Kollegen.

Tip: Bevor Sie diese Funktion einsetzen, sollten Sie von Ihrer Datei eine Sicherungskopie anfertigen, um später den Originalzustand des Textes – wenn nötig – über eine Backup-Datei wiederherstellen zu können.

Stellen Sie sicher, daß das überarbeitete Dokument Ihres Kollegen auf Ihrem Bildschirm geöffnet ist. Rufen Sie dann im TOOLS-Menü die Option TEXTVERGLEICH/MARKIERUNGEN SETZEN auf.

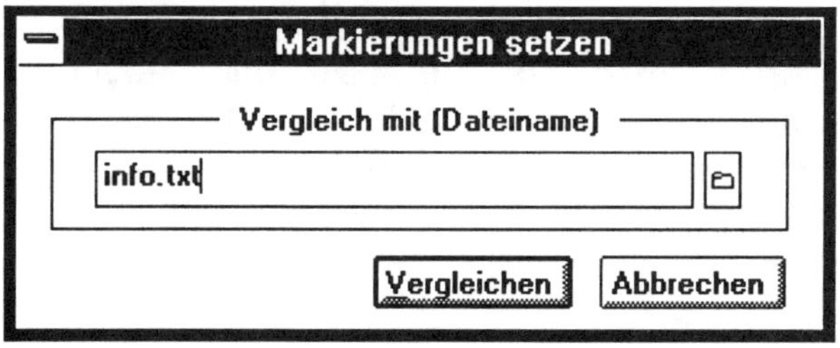

Abb. 6.7: Textvergleich

In das Textfeld VERGLEICHEN MIT geben Sie den Namen Ihrer Originaldatei ein, die Sie vorher natürlich auf Festplatte gespeichert haben (inklusive Backup-Datei), also z. B.

INFO.TXT

und klicken auf VERGLEICHEN. WordPerfect vergleicht daraufhin die beiden Dokumentversionen und markiert die Unterschiede satzweise,

277

nicht wortweise. Folgende Korrekturkennungen gibt es, die Sie über das Steuerzeichenfenster nachvollziehen können:

1. *Text hinzugefügt*: Der hinzugekommene Text erscheint zwischen den Korrekturkennungscodes [KORRKENN EIN] und [KORR-KENN AUS]. Bei einem Farbbildschirm wird der Satzteil rot dargestellt.

2. *Text gelöscht*: Der gelöschte Text erscheint zwischen den Codes zur Kennzeichnung durchgestrichener Satzteile [DURCHSTR. EIN] und [DURCHSTR. AUS] und wird durchgestrichen.

3. *Text verschoben*: Die Meldungen *Der nachfolgende Text wurde verschoben* und *der vorangegangene Text wurde verschoben* werden vor bzw. nach dem verschobenen Text eingeblendet.

Ist der Textvergleich abgeschlossen, steht der Cursor wieder am Anfang des aktuellen Dokuments.

Korrekturkennung löschen

Sie haben heute Ihren guten Tag und sind mit allen Korrekturvorschlägen Ihres Kollegen einverstanden. WordPerfect erlaubt Ihnen die gleichzeitige Umsetzung aller Änderungsvorschläge mit einem einzigen Befehl. Wählen Sie dazu aus dem TOOLS-Menü die Option TEXTVERGLEICH/MARKIERUNGEN LÖSCHEN. Mit einem Klick auf OK werden alle Korrekturkennungen im Text gelöscht – der Text selbst bleibt jedoch erhalten. Das bedeutet im Klartext: Die durchgestrichenen Textpassagen verschwinden, geänderter Text wird hinzugefügt, und verschobener Text erscheint an der neuen Position.

Korrekturkennung auf Papier

Vielleicht sind Sie nicht befugt, über den Textentwurf endgültig zu entscheiden, sondern müssen ihn an Ihren Vorgesetzten zur Endkontrolle weitergeben. Dieser ältere Herr weigert sich aber grundsätzlich, am Computer zu arbeiten, sondern schwört auf traditionelle Methoden. Also bleibt Ihnen nichts anderes übrig, als den Entwurf auf Papier auszudrucken, und zwar so, daß alle Änderungen, die Ihr Kollege vorgenommen hat, noch sichtbar sind. Statt die Markierungen zu löschen, müssen Sie sich überlegen, wie Sie die rote Korrekturkennung auf Ihrem Bildschirm auch auf Papier kenntlich machen können. Schließlich haben Sie keinen Farbdrucker, der die rote Schrift übernehmen könnte.

278

Sie haben zwei Möglichkeiten, Korrekturzeichen auszuwählen:

1. Über DOKUMENT/KORREKTURKENNUNG im LAYOUT-Menü legen Sie die Korrekturkennung für das aktuelle Dokument fest.

2. Über STANDARDEINSTELLUNGEN/DRUCKEN legen Sie die Korrekturzeichen auf alle künftig zu erstellenden Dokumente aus.

Egal, für welche Methode Sie sich entscheiden, die Optionen in der Dialogbox sind dieselben.

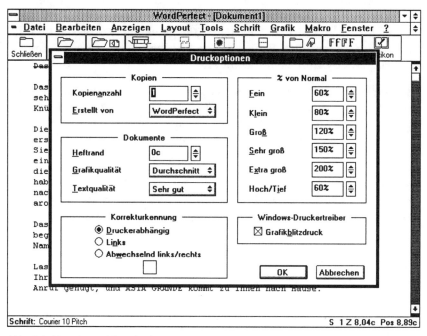

Abb. 6.8: Korrekturzeichen festlegen

Sie haben folgende Möglichkeiten der Korrekturkennung:

■ Mit DRUCKERABHÄNGIG geben Sie an, daß das druckerspezifische Verfahren übernommen werden soll; bei den meisten Laserdruckern wird zu korrigierender Text vor einem schattierten Hintergrund ausgegeben.

■ Mit LINKS wird das Korrekturzeichen am linken Rand gedruckt.

- Mit ABWECHSELND LINKS/RECHTS legen Sie fest, daß das Korrekturzeichen am linken Rand auf Seiten mit gerader Seitenzahl und am rechten Rand auf Seiten mit ungerader Seitenzahl ausgegeben werden soll.

Das Standardkorrekturzeichen ist der senkrechte Strich, den Sie wohl aus den Deutscharbeiten Ihrer Schulzeit noch kennen. Sie können aber auch ein neues Korrekturzeichen wählen, indem Sie den Strich im Textfeld KORREKTURKENNUNGSZEICHEN löschen und das gewünschte Zeichen einsetzen. Alle Zeichen der WordPerfect-Zeichensätze sind erlaubt (Option ZEICHENSÄTZE im SCHRIFT-Menü). Mit OK bestätigen Sie Ihre Wahl und kehren zum Dokument zurück. Wenn Sie den Text anschließend ausdrucken, erscheint die gewählte Korrekturkennung als Markierung auf dem Papier und macht Ihren Chef darauf aufmerksam: Halt, hier wurde etwas geändert!

Hinweis: Alternativ können Sie auch im TOOLS-Menü unter TEXTVERGLEICH/MARKIERUNGEN LÖSCHEN das Kreuzfeld KORREKTURKENNUNG ERHALTEN wählen. Ihr Vorgesetzer enthält dann eine Version des Dokuments, in der die hinzugefügten Textpassasgen entsprechend markiert sind.

Aufgabe: Streichen Sie den ersten Satz der Kundeninfo raus, formulieren den Satz neu und drucken das Dokument nach Auswahl der gewünschten Korrekturzeichen aus.

6.5 Anmerkungen machen

Nachdem der Textentwurf für Ihre Kundeninfo die verschiedensten Stellen im Hause durchlaufen hat, kommt er von Ihrem Chef abgezeichnet zu Ihnen zurück. Gott sei Dank hat dieser keine weiteren Änderungen im Text vorgenommen, sondern ist mit allem soweit einverstanden. Allerdings hat er eine Anmerkung auf die Seite geschrieben, welche lautet: Bitte schicken Sie diese Briefe mit erster Priorität raus!

Natürlich könnten Sie Ihrer Sekretärin die Diskette mit dem geänderten Infotext auf den Schreibtisch legen und eine gelbe Haftnotiz dazulegen mit der Bitte, die Serienbriefe umgehend auszudrucken und Ihnen zur Unterschrift vorzulegen. Doch Sie wissen ja, wie schnell sich solche Klebenotizen lösen, durch die Gegend flattern und unauffindbar

bleiben. Es gibt einen weit besseren Weg, solche Anmerkungen weiter-
zuleiten, nämlich direkt im Text auf dem Bildschirm. Wenn Ihre Sekretärin die Kundeninfo auf den Bildschirm holt, wird sie sehr schnell
sehen, daß Sie eine Anmerkung eingegeben haben.

Setzen Sie den Cursor unten auf die Seite und rufen aus dem TOOLS-
Menü den Befehl ANMERKUNG/ERSTELLEN auf. Ein leeres Anmerkungsfenster erscheint auf Ihrem Bildschirm. In dieses Fenster geben Sie nun
die Anmerkung ein.

Wenn Sie wollen, können Sie die Anmerkung auch noch hervorheben,
indem Sie diese fett bzw. kursiv auszeichnen oder unterstreichen. Klikken Sie einfach auf den entsprechenden Schalter in der Dialogbox und
schreiben anschließend den Text (siehe Abbildung).

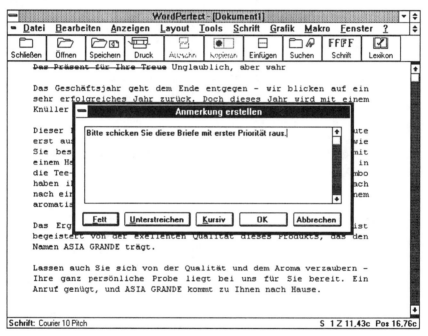

Abb. 6.9: ANMERKUNG ERSTELLEN

Nach einem Klick auf OK wird die Anmerkung an der Cursorposition
in Ihre Kundeninfo eingefügt, und zwar in einer schattierten Box.

281

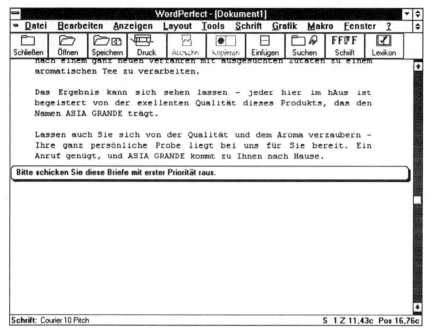

Abb. 6.10: Anmerkung im Text

Ist die Anmerkung entgegen Ihren Erwartungen nicht zu sehen, aktivieren Sie im ANZEIGEN-Menü die Option ANMERKUNGEN, und die soeben erstellte Anmerkung wird umgehend sichtbar.

Hinweis: Die Anzahl der Anmerkungen, die Sie eingeben, ist unbegrenzt. Mehrere Anmerkungen in einem Text können unter Umständen störend wirken, da durch die Anmerkungen ein Großteil des Dokumentfensters beansprucht wird, was auf Kosten der Übersichtlichkeit geht. Mit Hilfe der Option ANMERKUNGEN im ANZEIGEN-Menü können Sie Anmerkungen jederzeit unsichtbar machen (diese Option hat eine Schalter-Funktion, d. h. Sie können sie beliebig ein- und wieder ausschalten).

Gefällt Ihnen der Anmerkungstext nicht, oder wollen Sie noch einen Satz hinzufügen, wählen Sie im TOOLS-Menü die Option ANMERKUNG/BEARBEITEN, und das Anmerkungsfenster wird zur freien Bearbeitung wieder geöffnet.

282

Sie geben den Text nun an Ihre Sekretärin weiter, diese liest die Anmerkung und prägt sich die Anweisung ein. Damit ist die Anmerkung hinfällig geworden und kann gelöscht werden. Das geht ganz einfach: Ihre Sekretärin öffnet über das ANZEIGEN-Menü oder mit [Alt-F3] das Steuerzeichenfenster, markiert den entsprechenden Code [Anmerk.] und drückt einmal [Entf]. Die Anmerkung verschwindet vom Bildschirm, und das Steuerzeichenfenster kann wieder geschlossen werden. Genausogut kann die Anmerkung aber auch im Dokument stehenbleiben, denn sie wird ohnehin nicht gedruckt.

Anmerkung in Text umwandeln

Nicht jede Anmerkung muß unbedingt eine Anweisung, einen Hinweis oder einen Befehl enthalten; es gibt auch inhaltliche Anmerkungen, die Sie direkt in den Text übernehmen und später auch mit ausdrucken können. Beispiel: Ihr Kollege hat bei der Überarbeitung der Kundeninfo eine Anmerkung eingefügt mit einem Textvorschlag, der Ihnen gefällt und den Sie gern in das Infoschreiben übernehmen würden. Diese Anmerkung könnte etwa so aussehen:

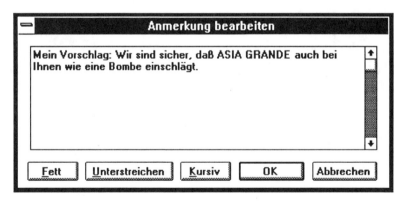

Abb. 6.11: Textvorschlag in einer Anmerkung

Öffnen Sie das Steuerzeichenfenster, positionieren den Cursor an eine Stelle hinter dem betreffenden Anmerkungscode und wählen aus dem TOOLS-Menü die Option ANMERKUNG/UMWANDELN IN TEXT. WordPerfect sucht von der Cursorposition an zunächst in Richtung Textanfang nach dem nächsten betreffenden Steuerzeichen und wandelt die erste Anmerkung, auf die das Programm stößt, in normalen Text um. Diesen

Text müssen Sie nun noch manuell ein wenig nachbearbeiten, um ihn an den bereits existierenden Text nahtlos anzupassen. Es ist z. B. erforderlich, die einführenden Worte *Mein Vorschlag:* in der Anmerkung zu löschen.

Hinweis: Ebenso können Sie normalen Text nachträglich in eine Anmerkung umwandeln, indem Sie den Text markieren und ANMERKUNG/ERSTELLEN wählen.

Aufgabe: Erstellen Sie für die Kundeninfo eine inhaltliche Anmerkung, wandeln diese in normalen Text um und machen diese Umwandlung letztlich wieder rückgängig.

Fragen und Übungen:

1. Mit welchen Begriffen hat die Rechtschreibprüfung von WordPerfect Schwierigkeiten?

2. Was versteht man unter *Synonymen* und was unter *Antonymen*?

3. Wie stellen Sie das Programm auf eine andere Sprache um?

4. Wie werden Korrekturen innerhalb eines Textes gekennzeichnet?

5. Was ist eine *Korrekturkennung*?

6. Wie funktioniert das Prinzip eines Textvergleichs?

7. Welchen Sinn hat eine Anmerkung?

7 Berechnungen und Formeln

Während der täglichen Büroarbeit fallen immer mal wieder vereinzelte kleinere Berechnungen an, die Sie natürlich mit dem Taschenrechner schnell durchführen können. Nicht immer liegt der Taschenrechner griffbereit auf dem Schreibtisch, manchmal ist auch die Batterie leer. Führen Sie solche Berechnungen doch einfach am PC durch – dann brauchen Sie das Ergebnis Ihrer Berechnung auch nicht noch extra in Ihr Dokument einzufügen, sondern es steht automatisch an der richtigen Stelle. Dieses Vorgehen ist weniger fehlerträchtig, denn wie oft vertippt man sich nicht, gerade beim Übertragen von Zahlen. So wird bei *50000 DM* schnell eine Null weggelassen, was zum verhängnisvollen Verlust von sage und schreibe *45000 DM* führt.

Wer mit komplexen Formeln zu tun hat, z. B. als Physiker oder Chemiker, dem ist mit dem integrierten Formeleditor geholfen – dazu mehr in Abschnitt 7.2.

7.1 Berechnungen durchführen

Sie haben den Einsatz von Tabellen bereits in Kapitel 3.2.5 kennengelernt. Dabei haben Sie allerdings eine Text-Tabelle erstellt. Hier sollen Sie lernen, wie Sie in einer Tabelle rechnen, und zwar am Beispiel einer Kundenrechnung.

Kunde xy hat bei Ihnen mehrere Artikel bestellt und erhält nun zusammen mit der gewünschten Lieferung auch die entsprechende Rechnung. Diese Rechnung legen Sie mit Hilfe der Tabellenfunktion an. Die fertige Rechnung sieht später wie auf Abbildung 7.1 aus.

Sie erinnern sich: Eine Tabelle ist in Reihen und Spalten aufgeteilt. Für obige Rechnungs-Tabelle benötigen Sie sieben Reihen und fünf Spalten. Legen Sie die Tabelle entweder über das Tabelle-Symbol im Lineal oder über die Option TABELLE/ERSTELLEN im LAYOUT-Menü an. Sie wissen ja auch noch, daß Sie sich innerhalb einer Tabelle mit [Tab] von Feld zu Feld fortbewegen oder mit der Maus in das entsprechende Feld klicken.

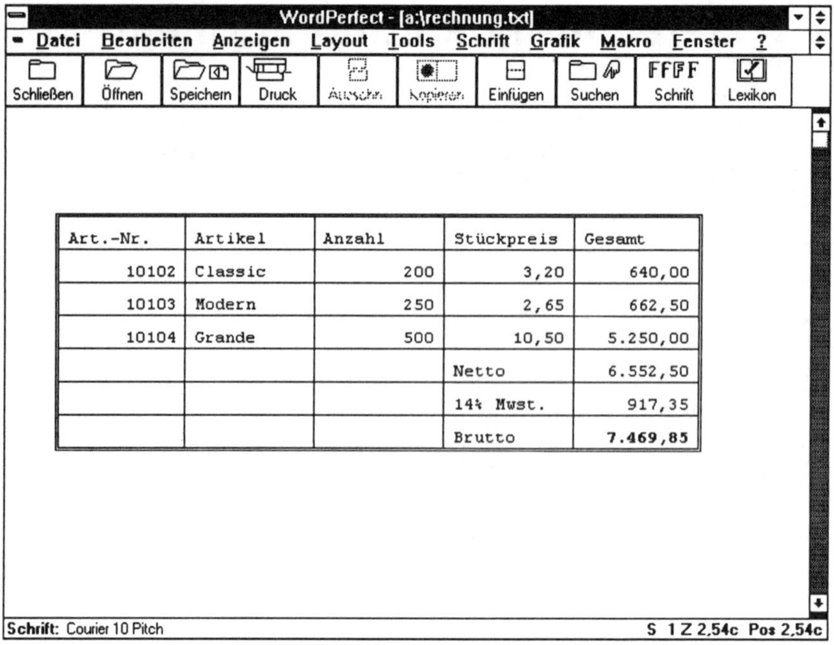

```
┌──────────────────────────────────────────────────────────────────┐
│ ▬          WordPerfect - [a:\rechnung.txt]                    ▼ ⬍ │
│ ▪ Datei  Bearbeiten  Anzeigen  Layout  Tools  Schrift  Grafik  Makro  Fenster  ? │ ⬍ │
├──────────────────────────────────────────────────────────────────┤
│  ┌─┐     ┌─┐    ┌─┐▢   ▭      ▢     ▫     ▫     ┌─┐     FFFF    ▫  │
│Schließen Öffnen Speichern Druck Ausschn. Kopieren Einfügen Suchen Schrift Lexikon │
└──────────────────────────────────────────────────────────────────┘
```

Art.-Nr.	Artikel	Anzahl	Stückpreis	Gesamt
10102	Classic	200	3,20	640,00
10103	Modern	250	2,65	662,50
10104	Grande	500	10,50	5.250,00
			Netto	6.552,50
			14% Mwst.	917,35
			Brutto	7.469,85

Schrift: Courier 10 Pitch   S 1 Z 2,54c Pos 2,54c

Abb. 7.1: Rechnung in einer Tabelle

Jedes Feld innerhalb der Tabelle kann anhand der Reihe und Spalte mit Feldkoordinaten genau zugeordnet werden. Die Spalten werden mit Großbuchstaben von A bis Z bezeichnet, die Reihen mit Zahlen von 1 bis 32765 (das ist die maximal zulässige Anzahl von Reihen). Demnach befindet sich das Feld A4 z. B. in der vierten Reihe der ersten Spalte; mit B3 ist das Feld in der dritten Reihe der zweiten Spalte gemeint etc. Der Cursor steht im ersten Feld der ersten Reihe, also im Feld A1. In dieser ersten Reihe stehen quasi die Tabellenüberschriften, im einzelnen:

A1	Art.-Nr.
B1	Artikel
C1	Anzahl
D1	Stückpreis
E1	Gesamt

Tragen Sie diese Überschriften ein und positionieren den Cursor in das erste Feld der zweiten Reihe. In diese Reihe tragen Sie folgendes ein:

A2	10102
B2	Classic
C2	150
D2	3,20

Formel definieren

Nun kommen Sie zum letzten Feld der zweiten Reihe, zum Feld E2. In diesem Feld soll die Gesamtsumme stehen, die sich aus Anzahl mal Stückpreis errechnet. Sie haben die Möglichkeit, diese Berechnung schnell auf einem Blatt Papier oder mit dem Taschenrechner durchzuführen und das Ergebnis in das Feld einzutragen. Doch wie groß ist dabei nicht die Gefahr, daß Sie sich verrechnen bzw. das Ergebnis falsch übertragen? Überlassen Sie solche Berechnungen lieber Word-Perfect – Sie müssen dem Programm nur die Formel angeben, nach der das jeweilige Feld berechnet werden soll.

Die Grundrechenzeichen, die Sie dabei verwenden können, sind

+	für Addieren
-	für Dividieren
*	für Multiplizieren
/	für Dividieren

Steht der Cursor im richtigen Feld E2, wählen Sie aus dem LAYOUT-Menü den Befehl TABELLE/FORMEL (vgl. Abbildung 7.2).

In der Dialogbox können Sie jetzt die gewünschte Formel ins Textfeld FORMEL eingeben. Die Formel lautet:

C2*D2

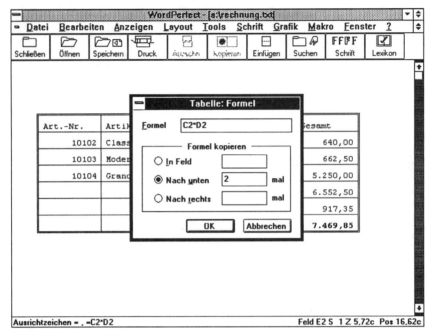

Abb. 7.2: Formel definieren

Der Bereich FORMEL KOPIEREN darunter ist von großer Wichtigkeit, denn damit läßt sich eine Menge Arbeit einsparen, vor allem bei umfangreicheren Tabellen. Hinter dem ersten Knopf steht hinter IN FELD das aktuelle Feld, in dem der Cursor steht und in welches die Formel geschrieben werden soll. Sie lassen diesen Knopf aktiviert, wenn Sie eine Formel eingegeben haben, die nur für dieses eine Feld Gültigkeit hat. Sehen Sie sich jedoch Ihre Tabelle an, und Sie werden feststellen, daß in den letzten Feldern der beiden nächsten Reihen jeweils noch einmal die gleiche Berechnung durchgeführt werden muß. Also klicken Sie auf den Knopf NACH UNTEN 1 MAL, ersetzen Sie *1* durch eine *2*, und WordPerfect kopiert die definierte Formel gleich für die entsprechenden Felder der folgenden Reihen.

Angenommen, Sie müssen nach demselben Strickmuster eine Rechnung mit 50 verschiedenen Posten erstellen, dann lohnt sich das Kopieren der Formel in der Spalte GESAMT erst recht. In diesem Fall ersetzen Sie die *1* hinter NACH UNTEN durch eine *49*, um die Formel auch für die 49 noch folgenden Felder zu definieren.

288

Hinweis: Wenn in mehreren Spalten einer Reihe der gleiche Wert stehen soll, können Sie diesen Wert entsprechend oft nach rechts kopieren, indem Sie in der Dialogbox TABELLE: FORMEL den letzten Knopf anklicken.

Schließen Sie die Dialogbox mit OK, und WordPerfect berechnet automatisch das Ergebnis und trägt dieses in das Feld ein. In der Statuszeile wird die zugrundeliegende Formel eingeblendet.

Geben Sie nun die nächste Reihe in die Tabelle ein:

A3	10103
B3	Modern
C3	250
D3	2,65

Sobald Sie den Cursor in das letzte Feld E3 setzen, berechnet WordPerfect das Ergebnis anhand der definierten Formel.

Jetzt folgt die vierte Reihe mit folgenden Einträgen:

A4	10104
B4	Grande
C4	500
D4	10,50

Den Wert in Feld E4 berechnet WordPerfect wiederum von selbst.

Feld neu berechnen

Während Sie die Rechnung schreiben, ruft eben dieser Kunde an und erhöht die Bestellmenge für Classic von 150 auf 200 Stück. Sie brauchen sich darüber nicht zu ärgern, denn diese Änderung ist sehr leicht zu handhaben. Gehen Sie in Feld C2 und ändern die Anzahl auf 200. Damit ist auch das Rechenergebnis in Feld E2 hinfällig geworden, denn der zu zahlende Betrag erhöht sich entsprechend der neuen Bestellmenge. Positionieren Sie den Cursor in das zu berechnende Feld

289

und wählen Sie aus dem LAYOUT-Menü den Befehl TABELLE/BERECHNEN. WordPerfect paßt das Ergebnis der Berechnung sofort den neuen Gegebenheiten an und erhöht den Gesamtbetrag wunschgemäß.

Als nächstes berechnen Sie den Netto-Rechnungsbetrag, indem Sie die drei Einzelbeträge unter GESAMT addieren. Schreiben Sie zunächst in Feld D5

```
Netto
```

und springen Sie mit [Tab] zu Feld E5 daneben. Hier steht nun die neue Formel

```
E2+E3+E4
```

welche Sie in die Dialogbox TABELLE: FORMEL eintragen und den Knopf IN FELD E4 aktiviert lassen. Mit OK erscheint in Feld E5 der gewünschte Netto-Rechnungsbetrag.

Summenfunktionen

Es gibt eine Alternative zum Berechnen von Summen – die Summenfunktion. Diese Funktion empfiehlt sich hauptsächlich für komplexe Tabellen, in denen Sie mit Zwischen- und Endsummen arbeiten. Aber auch für Ihre Rechnung macht diese Funktion bereits Sinn. Vorab einige erklärende Worte:

Zur Verfügung stehen die Zwischensummenfunktion (+), die Summenfunktion (=) und die Endsummenfunktion (*). Für Sie ist die Zwischensummenfunktion für die Berechnung des Netto-Rechnungsbetrages in Feld E5 interessant. Rufen Sie ganz normal TABELLE/FORMEL auf und tragen Sie in das Textfeld FORMEL das Pluszeichen + für die Zwischensumme ein. Schließen Sie die Dialogbox mit OK und rufen Sie aus dem LAYOUT-Menü die Option TABELLE/BERECHNEN auf. WordPerfect addiert umgehend sämtliche Ergebnisse, die unmittelbar oberhalb der Funktion stehen, also die Ergebnisse in den drei Feldern E2, E3 und E4, und schreibt die berechnete Zahl in das dafür vorgesehene Feld F5.

Hinweis: Die Summenfunktion (+) addiert alle oberhalb der Funktion stehenden Zwischensummen, und die Endsummenfunktion (*) zählt alle oberhalb der Funktion stehenden Summen zusammen.

290

Weiter geht's in Ihrer Tabelle. Was wäre eine Rechnung ohne Mehrwertsteuer? Die Mehrwertsteuer muß auf Rechnungen einzeln ausgewiesen werden. Wie Sie wissen, beträgt die Mehrwertsteuer (noch) 14 % vom Verkaufspreis. Schreiben Sie in Feld D6

```
14% Mwst.
```

und setzen Sie den Cursor in Feld E6 daneben. Für dieses Feld geben Sie über TABELLE/FORMEL folgende Formel ein:

```
E5*0,14
```

Ein Klick auf OK, und WordPerfect berechnet die Mehrwertsteuer. Abschließend kommen Sie zur letzten Reihe der Rechnung, in welcher der Brutto-Verkaufspreis und damit der Endbetrag stehen soll. Demnach tragen Sie folgendes ein:

D7	Brutto
E7	E5+E6

Damit ist Ihre Rechnung vollständig und kann an den Kunden geschickt werden. Vorher sollten Sie vielleicht noch aus optischen Gründen die Ausrichtung einzelner Spalten ändern.

Ausrichtung ändern

Zuerst richten Sie die Einträge in den beiden Spalten *Art.-Nr.* und *Anzahl* rechtsbündig aus, indem Sie die Spalte *Art.-Nr.* markieren (zum Markieren von Tabellen siehe Kapitel 3.2.5) und aus dem LAYOUT-Menü die Option TABELLE/FELD aufrufen (vgl. Abbildung 7.3).

Wählen Sie aus der Popup-Liste unter ZEILENAUSRICHTUNG die gewünschte Ausrichtung RECHTS und schließen Sie die Dialogbox mit OK. Die Spalte wird umgehend am rechten Spaltenrand ausgerichtet. Genauso verfahren Sie nun auch mit der Spalte *Anzahl*.

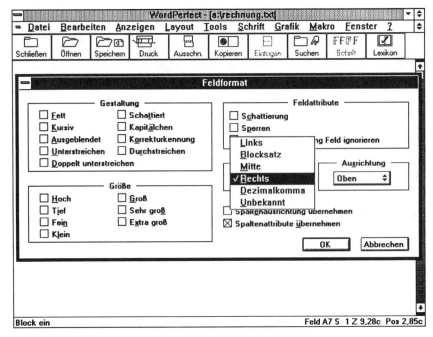

Abb. 7.3: Ausrichtung ändern

Zahlen innerhalb einer Tabelle sollten grundsätzlich am Dezimalkomma ausgerichtet werden. Welche Vorteile das mit sich bringt, erkennen Sie am besten an der letzten Spalte *Gesamt*. Markieren Sie diese Spalte und rufen Sie erneut den FELD-Dialog auf. Wählen Sie unter ZEILENAUSRICHTUNG diesmal den Eintrag DEZIMALKOMMA und kehren Sie mit OK zu Ihrer Tabelle zurück.

Alle Zahlen werden umgehend am Komma ausgerichtet, d. h. die Zahlen vor dem Komma werden entsprechend weit nach links geschoben. Diese Ausrichtung ist besonders für Spalten interessant, in denen Einer, Zehner, Hunderter und Tausender gemischt stehen.

Machen Sie dasselbe nun auch noch für die Werte in der Spalte *Stückpreis*; markieren Sie dazu aber nur die ersten drei Zeilen, nicht die gesamte Spalte.

Zum Schluß zeichnen Sie den Gesamt-Bruttobetrag noch fett aus, indem Sie die Zahl markieren und mit [Strg-F] fett formatieren.

7.2 Formeleditor

Wenn Sie z. B. an einem Forschungsbericht, einer Diplomarbeit oder einer Dissertation arbeiten, haben Sie die Möglichkeit, komplexe mathematisch-naturwissenschaftliche Formeln zu erzeugen und diese in WordPerfect-Dokumente einzubinden. Das Programm stellt Ihnen für solche Zwecke einen Formeleditor zur Verfügung, mit dem Sie Formeln erstellen, positionieren und drucken, nicht aber berechnen können. Dieses Thema wird hier allerdings nur am Rande behandelt, denn wer von Ihnen arbeitet schon mit komplizierten Formeln?

Rufen Sie den Formeleditor aus dem GRAFIK-Menü über die Option FORMEL/ERSTELLEN auf.

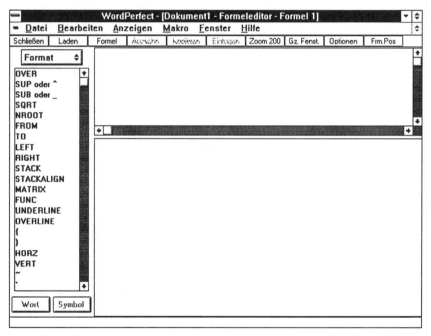

Abb. 7.4: Formeleditor auf dem Bildschirm

Es öffnet sich ein recht umfangreiches Fenster mit eigenem Menü, eigener Tastenleiste, die Sie auch wieder inviduell ändern können, und drei Fenstern:

293

1. Das Befehlsfenster am linken Rand, in dem alle verfügbaren Formelbefehle und Symbole aufgelistet sind, und zwar nach Gruppen geordnet. Hinter fast jedem Symbol verbirgt sich ein Schlüsselwort, welches das jeweilige Symbol definiert.

2. Das Formelfenster in der oberen Hälfte, in welches Sie den Formeltext eingeben. Hier definieren Sie die Syntax der gewünschten Formel.

Hinweis: Unter Syntax versteht man die korrekte Zusammensetzung von Befehlen bzw. Schlüsselworten und Parametern. Die Syntax ist sozusagen die Grammatik der Formelsprache.

Sie haben drei Möglichkeiten, den Formeltext in das Formelfenster einzugeben:

a. Ein Befehl oder ein Symbol bzw. das Schlüsselwort des Symbols wird mit einem Doppelklick auf den Befehl oder das Symbol im Befehlsfenster in das Formelfenster übernommen.

b. Befehle und Schlüsselwörter können direkt über die Tastatur eingetippt werden, wobei Groß- oder Kleinschreibung – bis auf die GRIECHISCH-Gruppe – keine Rolle spielt.

c. Die meisten Symbole können auch über den Dialog WORDPERFECT-ZEICHENSÄTZE ausgewählt werden.

Die Parameter der Syntax, also konkreter Text oder Buchstaben, müssen direkt über die Tastatur eingegeben werden, z. B. lautet die vollständige Syntax für den Bruch Ein Fünftel

```
1 OVER 5.
```

3. Das Anzeigefenster in der unteren Hälfte, in dem die fertige Formel angezeigt wird. WordPerfect setzt hier die Syntax, die Sie im Formelfenster definiert haben, in die konkrete Formel um.

Widmen Sie sich zunächst einmal dem Befehlsfenster. Die darin enthaltene Liste enthält ausschließlich englische Befehle, und zwar sehr viele, wie Sie beim Umblättern schnell feststellen werden. Doch das ist noch nicht alles: Oberhalb der Liste befindet sich ein Popup-Schalter, hinter dem sich verschiedene Fachbereiche und Gruppen verbergen. Dieser Schalter ist standardmäßig mit FORMAT bezeichnet – das ist gleichzeitig auch die gerade aktive Befehlsgruppe. Klappen Sie diese Liste herunter

294

und wählen Sie z. B. die Gruppe FUNKTION. In der Befehlsliste werden daraufhin alle denkbaren mathematischen Funktionen eingeblendet.

Formelübersicht

An dieser Stelle sollen Sie einmal einen Überblick über die wichtigsten Formeln und deren Syntax bekommen. Die Gruppen, welche keine konkreten Befehle, sondern Symbole enthalten, werden dabei außer acht gelassen, denn diese Symbole erklären sich weitgehend von selbst. Wenn Sie mit dem Formeleditor arbeiten, sind Sie sicherlich auch firm darin, welches Symbol welche Bedeutung hat. Eine Abbildung zu jeder Gruppe veranschaulicht eine Auswahl von Formeln.

Gruppe FORMAT

In dieser Gruppe sind Befehle für Formatierungszwecke zusammengefaßt, wie z. B. für das Ziehen einer Linie in einer Formel.

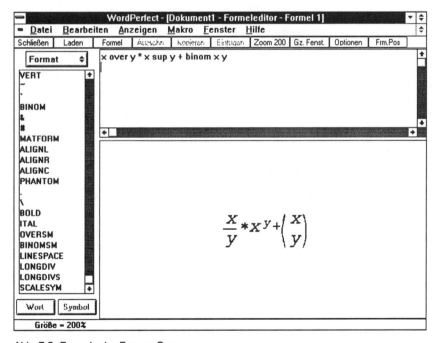

Abb. 7.5: Formeln der FORMAT-Gruppe

OVER	Bruch	x OVER y
SUB oder _	Indizes	x SUB y oder x_y
NROOT	n-te Wurzel	NROOT n x
TO	Begrenzt	x FROM y TO z
RIGHT	Rechter Begrenzer	RIGHT Zeichen
STACKALIGN	STACKALIGN	STACKALIGN (x&y # a&b)
FUNC	Funktion	FUNC Name
OVERLINE	Überstreichen	OVERLINE x
}	Gruppenende	{x+2}
VERT	Vertikal bewegen	VERT n
'	Kleines Space (1/4 des normalen)	x'y
&	Spaltentrennzeichen	x&y
MATFORM	Matrixspaltenformat	MATFORM ({ALIGNx&...& ALIGNx}
ALIGNR	Rechts ausrichten	ALIGNR x
PHANTOM	Platzhalter	PHANTOM x
\	Literal	\~
ITAL	Kursivattribut	ITAL x
BINOMSM	Binominal klein	BINOMSM xy
LONGDIV	Bruch Fortsetzung	LONGDIV x
SCALESYM	Skalensymbol	SCALESYM n x

296

Gruppe GROSS

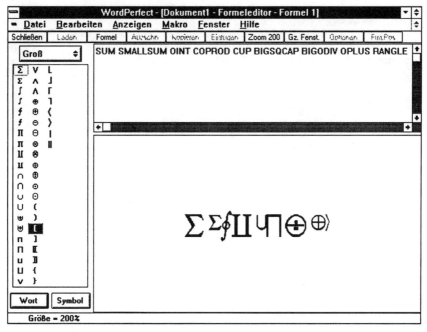

Abb. 7.6: Formeln der GROSS-Gruppe

Mit den hier aufgeführten Symbolen werden Ihnen Operatoren in zwei Größen (GROSS und KLEIN) zur Verfügung gestellt. Einige Beispiele für Schlüsselwörter: SUM für Summe (Summen-Symbol); INT für Integral (Integral-Symbol) etc.

Gruppe ANDERE 1

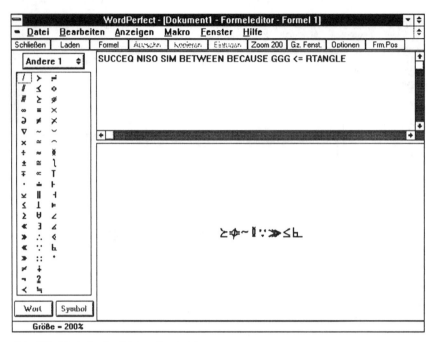

Abb. 7.7: Symbole der Gruppe ANDERE 1

Diese Gruppe enthält verschiedene Symbole. Jedem Symbol ist ein Schlüsselwort zugeordnet, z. B. PARTIAL für Partielle Ableitung, INF für Unendlich (Infinity) etc.

298

Gruppe GRIECHISCH

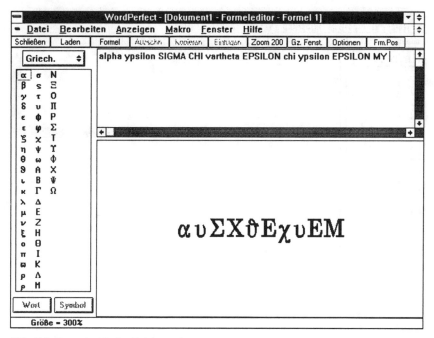

Abb. 7.8: Der griechische Zeichensatz

Hinter dieser Gruppe verbirgt sich der griechische Zeichensatz; es finden sich sowohl die Klein- als auch die Großbuchstaben. Daher müssen Sie bei der Eingabe der Schlüsselwörter zwischen Groß- und Kleinschreibung unterscheiden.

Gruppe Pfeile

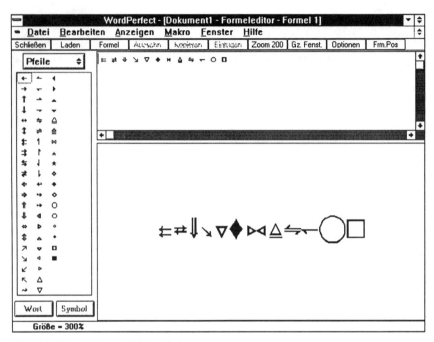

Abb. 7.9: Verschiedene Pfeil-Symbole

Diese Gruppe enthält eine Reihe unterschiedlicher Pfeile sowie ausge-
füllte und nicht ausgefüllte Zeichen, wie z. B. Dreiecke, Rechtecke,
Kreise. Für diese Gruppe existieren – als einzige Gruppe – keine
Schlüsselwörter; Sie können also nur die Symbole direkt eingeben.

Gruppe MENGEN

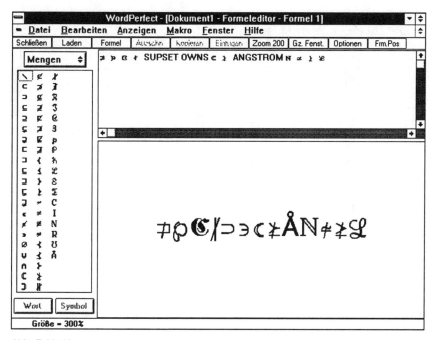

Abb. 7.10: Mengensymbole

Diese Gruppe enthält Mengensymbole, relationale Operatoren sowie Buchstaben im Fraktursatz (Frakturschriften sind z. B. die altdeutsche oder die gotische Schrift). Einige Mengensymbole können über Schlüsselwörter eingegeben werden.

Gruppe ANDERE 2

Hierbei handelt es sich um Befehle, über welche diakritische Zeichen sowie vier Auslassungszeichen in unterschiedlicher Ausrichtung erzeugt werden. Jedem Zeichen ist ein Schlüsselwort zugeordnet. Wir haben aufgrund der wenigen und nicht besonders aussagekräftigen Zeichen, die Ihnen hier zur Auswahl stehen, bewußt auf eine Abbildung verzichtet.

Gruppe FUNKTION

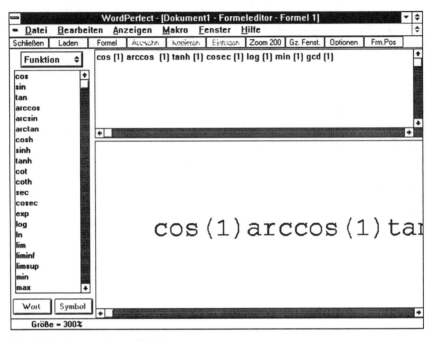

Abb. 7.11: Mathematische Funktionen

Die Befehle in dieser letzten Gruppe werden vom Formeleditor als mathematische Funktionen interpretiert. Die Parameter einer mathematischen Funktion werden grundsätzlich in Klammern gesetzt, also muß im Formelfenster die Syntax z. B. für den Cosinus von x

```
cos (x)
```

lauten.

Schlüsselwort	Beschreibung
cos	Cosinus
sin	Sinus
tan	Tangens

Schlüsselwort	Beschreibung
arccos	Arcus Cosinus
arcsin	Arcus Sinus
arctan	Arcus Tangens
cosh	Cosinus hyperbolicus
sinh	Sinus hyperbolicus
tanh	Tangens hyperbolicus
cot	Cotangens
coth	Cotangens hyperbolicus
sec	Secans
cosec	Cosecans
exp	Exponent
log	Logarithmus
ln	Logarithmus naturalis
lim	Limes
liminf	Limes inferior
limsup	Limes superior
min	Minimum
max	Maximum
gcd	Größter gemeinsamer Teiler
arc	Arcus-Funktion
det	Determinante
mod	Modulo

Den Umgang mit dem Formeleditor lernen Sie am besten anhand einer konkreten, bewußt einfachen Formel kennen. Wenn Sie nach Erstellung einer einfachen Formel das Funktionsprinzip des Formeleditors kennengelernt haben, wird es Ihnen nicht mehr allzu schwer fallen, auf der Basis auch kompliziertere Formeln zu erstellen.

Tip: Bevor Sie mit dem Erstellen einer Formel beginnen, sollten Sie diese zunächst in Worten aufschreiben, und zwar genau in der Form, wie Sie die Formel in Worten vor sich hinsagen würden. Die Formeln werden nämlich beim Erstellen in ihrem vollen Wortlaut, jedoch in englischer Sprache eingegeben. In den meisten Fällen folgt der Formeleditor den Vorschriften für die Formulierung von mathematischen Formeln und Gleichungen.

Sie haben sich vorgenommen, folgende Formel zu erstellen (siehe Abbildung):

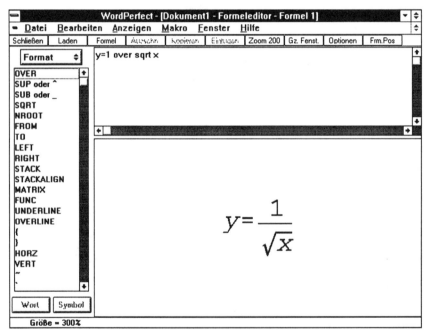

Abb. 7.12: Formel im Formeleditor

Den Formeltext schreiben Sie mit Hilfe der entsprechenden englischen Befehle im linken Befehlsfenster in das Formelfenster. WordPerfect überträgt anschließend auf Anforderung die Formelsyntax in das An-

304

zeigefenster darunter. Diese Formel können Sie dann endgültig in Ihr WordPerfect-Dokument übernehmen.

Doch das ganze Schritt für Schritt zum besseren Verständnis. Die Formel lautet "ausgeschrieben" etwa so:

```
y ist gleich 1 durch Wurzel x.
```

Die beiden englischen Befehle, die Sie dafür benötigen, stehen in der FORMAT-Gruppe und lauten

```
OVER    dividiert durch
SQRT    Wurzel.
```

Der Cursor blinkt in der ersten Zeile des Formelfensters am oberen Bildschirmrand. Hier tragen Sie schon einmal die ersten Parameter der Formelsyntax ein, also

```
y = 1
```

Nach einem Leerschritt folgen nun nacheinander die beiden Befehle aus der Befehlsliste, nämlich OVER und SQRT. Klicken Sie diese Befehle nacheinander, d. h. in zwei Durchläufen, doppelt an, und sie werden in das Formelfenster an die gewünschte Stelle übernommen. Alternativ können Sie die Befehle auch direkt in das Formelfenster eintippen. Wenn Sie nun noch den letzten Parameter *x* nach einem Leerschritt anschließen, ist der Formeltext bereits fertig.

Wählen Sie daraufhin im ANZEIGEN-Menü des Formeleditors die Option FORMEL oder klicken Sie auf die FORMEL-Taste, und WordPerfect zeigt Ihnen die fertige Formel im Anzeigefenster an, und zwar genau in der Form, in der die Formel auch später in Ihrem Text erscheint.

Klicken Sie auf die Taste SCHLIESSEN in der Tastenleiste oder drücken Sie [Strg-F4], um den Formeleditor zu schließen. WordPerfect plaziert die Formel im Dokumentfenster innerhalb einer sogenannten Formelbox, deren Ränder jedoch nicht angezeigt werden.

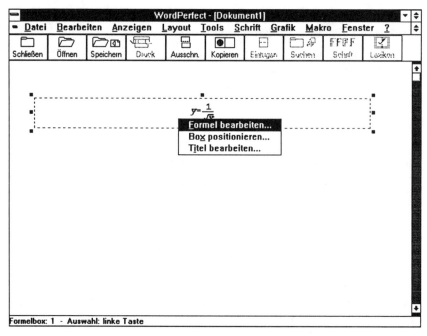

Abb. 7.13: Formel im Text

Hinweis: Sie können die Formel in der Formelbox nun beliebig bearbeiten (z. B. Formeln beschriften und numerieren, Box neu positionieren). Es stehen Ihnen dafür dieselben Optionen zur Verfügung wie für Textboxen und Grafikboxen (siehe Kapitel 3.4, "Grafische Elemente"). Sie können die einzelnen Optionen über das GRAFIK-Menü aufrufen oder die Formel mit der rechten Maustaste anklicken, wodurch sich ein Formelbox-spezifisches Menü öffnet, nämlich FORMEL BEARBEITEN, BOX POSITIONIEREN und TITEL BEARBEITEN.

Ausrichtung ändern

Vielleicht paßt Ihnen die Ausrichtung der Formel innerhalb der Formelbox nicht. Sie haben jederzeit die Möglichkeit, die Formel in der Box anders auszurichten – entweder für jede Formel einzeln über den Formeleditor oder grundsätzlich für alle Formeln über STANDARDEINSTELLUNGEN/FORMELN.

306

Wenn Sie die Ausrichtung nur für die aktuelle Formel ändern möchten, klicken Sie die Formel im Text entweder doppelt an oder markieren Sie die Formel und rufen Sie im GRAFIK-Menü die Option FORMEL/BEARBEITEN auf.

In beiden Fällen öffnet sich das Fenster, bzw. die Fenster, des Formeleditors. Wählen Sie nun aus dem DATEI-Menü des Formeleditors den Befehl OPTIONEN, und die Dialogbox FORMELOPTIONEN erscheint.

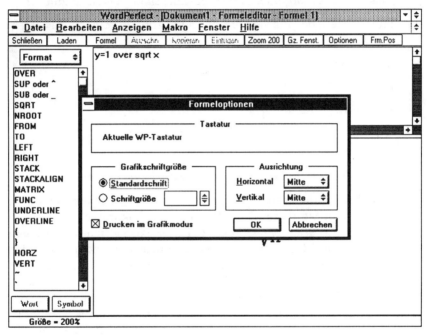

Abb. 7.14: Ausrichtung ändern

Richten Sie Ihr Augenmerk auf den Bereich AUSRICHTUNG. Hier geben Sie unter HORIZONTAL an, ob die Formel innerhalb der Formelbox am linken Rand (LINKS), zentriert (MITTE) oder am rechten Rand (RECHTS) ausgerichtet werden soll.

Genauso definieren Sie die vertikale Ausrichtung unter VERTIKAL – am oberen Rand der Formelbox (OBEN), in der Mitte (MITTE) oder am unteren Rand (UNTEN). Treffen Sie Ihre Wahl und kehren Sie mit OK zu Ihrem Dokument zurück.

307

Sollen alle Formeln, die Sie in Zukunft erstellen werden, die gleiche Ausrichtung haben, legen Sie diese einmalig unter STANDARDEINSTELLUNGEN/FORMELN fest. Es erscheint ebenfalls der FORMELOPTIONEN-Dialog, in dem Sie die entsprechenden Einstellungen treffen.

Fragen und Übungen:

1. Welche Berechnungen können Sie in einer Tabelle durchführen?

2. Was versteht man unter *Summenfunktionen,* und welche gibt es?

3. Führen Sie tabellarische Berechnungen anhand folgender Formeln durch:

   a. 36*45+191

   b. 3949/27

   c. 1000-449+499

4. Aus welchen Bestandteilen setzt sich der Formeleditor zusammen?

5. Woraus setzt sich die Syntax einer Formel zusammen?

6. Erstellen Sie die Formel *y gleich 1-z durch die Quadratwurzel von -x* und binden Sie diese in Ihr WordPerfect-Dokument ein. Denken Sie daran, zusammengehörende Formelbestandteile, in diesem Fall {1-z}, und {-x} in geschweifte Klammern zu setzen (Sie finden alle Befehle dazu in der FORMAT-Gruppe).

8 Makros

Bei Ihrer täglichen Arbeit mit dem PC fallen sehr häufig Routinearbeiten an, die immer wieder vorkommen. Das fängt bei kleinen sich ständig wiederholenden Arbeiten, wie z. B. dem Schreiben des Firmennamens, an und hört bei größeren Routinearbeiten, die grundsätzlich gleich ablaufen, z. B. dem Erstellen von Serienbriefen oder Adreßdateien, auf.

Solche Routineaufgaben kosten Zeit und machen viel Arbeit. WordPerfect bietet Ihnen dafür eine wesentliche Arbeitserleichterung an, und zwar in Form der Makrofunktion. Sie zeichnen Arbeitsabläufe mit Hilfe eines Makrorekorders einmal auf und brauchen diese Aufzeichnung bei Bedarf nur noch ablaufen zu lassen, wie bei einem Kassettenrekorder. Damit können Sie viele Routineaufgaben weitgehend automatisieren und sich auf wirklich wichtige Dinge konzentrieren.

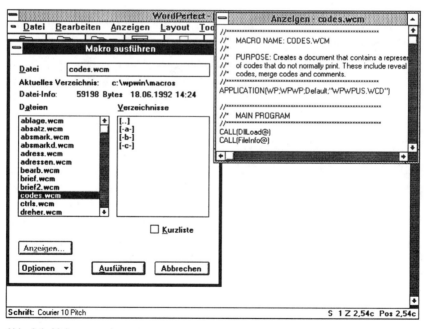

Abb. 8.1: Makros ansehen

Eine ganze Reihe von vorgefertigten Makros sind bereits im Lieferumfang von WordPerfect enthalten. Einen Überblick können Sie sich verschaffen, wenn Sie im MAKRO-Menü AUSFÜHREN wählen oder [Alt-F10] drücken. In der Dialogbox, die auf Ihrem Bildschirm erscheint, wird Ihnen das Makroverzeichnis WPWIN/MACROS angezeigt. In der Liste sind alle verfügbaren Makros, die Sie an der Endung .WCM erkennen, aufgelistet. Klicken Sie den Schalter ANZEIGEN an und blättern durch die Liste der Makros. Sie sehen in dem Vorschau-Fenster den Kopf der Makro-Dateien. Teil dieses Makro-Kopfes ist eine kurze Erklärung von Sinn, Zweck und Nutzen eines Makros (vgl. Abbildung 8.1). Wie Sie an den Makro-Dateien schon sehen, verfügt WordPerfect über eine ausgesprochen leistungsfähige Makrosprache. Diese Sprache enthält neben sämtlichen WordPerfect-Funktionen auch eine ganze Reihe von Programmierbefehlen.

8.1 Die Makrobefehle

An dieser Stelle sollen Sie einen Überblick über die vorhandenen Makros bekommen.

Hinweis: Die Tastaturbelegungen gelten nur, wenn Sie über DATEI/STANDARDEINSTELLUNGEN/TASTATUR die Tastaturbelegungsdatei MACROS.WWK gewählt haben.

Taste	Makrodatei	Erklärung
[Strg-Umschalt-A]	TEXTAUSR.WCM	Ruft Textausrichtungsmenü auf
[Strg-Umschalt-B]	BEARB.WCM	Bearbeitungsfenster des Codes, auf dem der Cursor momentan steht.
[Strg-Umschalt-C]	ERSETZEN.WCM	Ersetzt beliebige Textattribute (z. B. fett durch kursiv).
[Strg-Umschalt-E]	EINFUEG.WCM	Wenn der Cursor auf einem Code (im Steuerzeichenbildschirm) plaziert ist, kann ein zusätzliches Attribut gewählt werden.

Taste	Makrodatei	Erklärung
[Strg-Umschalt-F]	FORMEL.WCM	Ruft Formelfenster auf.
[Strg-Umschalt-G]	GLOSSAR.WCM	Ersetzt Kürzel im Text.
[Strg-Umschalt-L]	LESEZCHN.WCM	Fügt Lesezeichen in den Text ein.
[Strg-Umschalt-M]	MEMO.WCM	Erstellt ein Memo.
[Strg-Umschalt-N]	NEUBERCH.WCM	Berechnet Formeln in einer Tabelle neu.
[Strg-Umschalt-P]	PAPIER.WCM	Papiergrößen-Menü.
[Strg-Umschalt-R]	GROSSB.WCM	1. Buchstabe des aktuellen Wortes wird in Großbuchstaben umgeändert.
[Strg-Umschalt-S]	SUCHLESE.WCM	Sucht Lesezeichen.
[Strg-Umschalt-T]	TABAEND.WCM	Menü zum Ändern der Tabs.
[Strg-Umschalt-U]	UMSCHLAG.WCM	Druckt Adresse auf Briefumschlag.
[Strg-Umschalt-V]	VERTAUSC.WCM	Vertauscht die beiden links vom Cursor stehenden Zeichen.
[Strg-Umschalt-Z]	ZLOESCH.WCM	Löscht die aktuelle Zeile.

Eine Makro-Datei können Sie auf zweierlei Art und Weise erstellen. Entweder Sie zeichnen Arbeitsabläufe über den Makrorekorder auf und WordPerfect schreibt für Sie die dazu notwendigen Makro-Befehle, oder Sie programmieren die Makros selbst. Beide Vorgehensweisen haben ihre spezifischen Vor- und Nachteile. Die aufgezeichneten Makros sind auch für den Laien schnell erstellt. Sie lohnen sich selbst dann, wenn eine Arbeit nicht jeden Tag, sondern vielleicht nur einmal pro Woche wiederkehrt. Der Aufwand zur Aufzeichnung ist nämlich äußerst gering.

Mit programmierten Makros lassen sich sogar echte Textverarbeitungs-Applikationen erstellen. Doch bis zum funktionierenden programmierten Makro ist es ein harter und steiniger Weg, auch für den Textverarbeitungs- und EDV-Profi. Alle Befehle müssen von Hand erfaßt und mit den passenden Parametern versehen werden, Abfragen, Schleifen, Unterprogramme und Verzweigungen müssen durchdacht und codiert werden. WordPerfect ist hier so komplex wie eine moderne Programmiersprache. Dieses Buch soll aber den Anspruch erfüllen, wichtige Praxishilfen für den "normalen" Anwender zu geben und richtet sich nicht an den Programmier-Profi. Schließlich sollen Sie lernen, wie Sie Makros bei Ihrer täglichen Arbeit effektiv einsetzen können, und nicht, wie Sie ein eigenes Textverarbeitungsprogramm programmieren. Das würde entschieden zu weit führen.

8.2 Makro aufzeichnen und ausführen

Ein einfaches Beispiel für ein lohnendes Makro in der Praxis: Jeder Geschäftsbrief, den Sie schreiben, enthält dieselbe Grußformel. Diese Grußformel ändert sich nicht – es sei denn, Sie wechseln die Abteilung oder werden durch einen anderen Mitarbeiter ersetzt. Schreiben Sie die Grußformel in ein Makro, und Sie können die Zeilen in Zukunft per Tastendruck aufrufen, statt sie in jedem Brief von neuem zu tippen.

Um ein Makro aufzuzeichnen, gehen Sie wie folgt vor: Sie rufen im MAKRO-Menü den Befehl AUFZEICHNEN auf oder drücken [Strg-F10]. Es erscheint der Dialog MAKRO AUFZEICHNEN mit drei Textfeldern, genauer gesagt, zwei Textfeldern und einem Listenfeld.

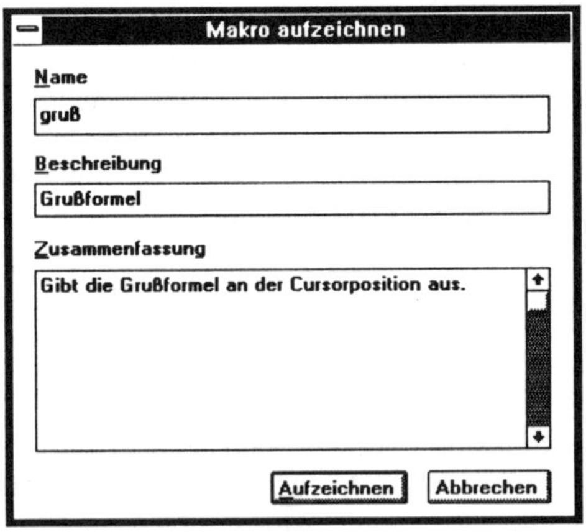

Abb. 8.2: Makro aufzeichnen

NAME gibt dem aufzuzeichnenden Makro einen möglichst prägnanten Namen. Dieser muß aber leider den DOS-Konventionen (8 Zeichen Länge, besser keine Umlaute, keine Leerzeichen) folgen, was der Prägnanz Grenzen setzt. Nennen Sie das Grußformel-Makro z. B. schlicht und ergreifend GRUSS.

BESCHREIBUNG ist die sinnvolle Ergänzung zum Namen, hier können Sie aussprechen, was das Makro darstellen soll. Tragen Sie in das Textfeld z. B. *Grußformel für Geschäftsbriefe* oder nur *Grußformel* ein.

ZUSAMMENFASSUNG schließlich gibt bei umfangreicheren Makros einen Überblick über Sinn, Zweck und Nutzen des Makros. Wie Sie schon an der Bildlaufleiste dieses Eingabefeldes sehen, können Sie hier in voller Prosa schwelgen. Für die kurze Grußformel erübrigt sich dieses Feld jedoch.

Makro aufzeichnen

Über den Schalter AUFZEICHNEN beginnt die eigentliche Makro-Aufzeichnung. In der Statuszeile erscheint die entsprechende Meldung MAKRO AUFZEICHNEN. Der Mauszeiger verwandelt sich in einen Kreis mit einem Schrägstrich dadurch – das bedeutet soviel wie *Mauseinsatz verboten*, d. h. die Mausbefehle werden im Makro grundsätzlich nicht aufgezeichnet. Sie müssen also alles, was später auch im Makro erscheinen soll, über die Tastatur eingeben.

Beginnen Sie nun mit dem Schreiben der Grußformel – der Makrorekorder im Hintergrund zeichnet jeden Ihrer Schritte auf. Schreiben Sie die Grußformel wie folgt (mit allen Leerzeilen):

```
Mit freundlichen Grüßen
[Leerzeile]
Teefrisch AG
[Leerzeile]
[Leerzeile]
[Leerzeile]
Jürgen Muster
Produktmarketing
```

Während der Aufzeichnung können Sie eine Pause einlegen, um eventuell die nächsten Schritte zunächst auszuprobieren. Das ist vor allem dann sinnvoll, wenn Sie sich über den weiteren Ablauf innerhalb des

Makros noch nicht so ganz im klaren sind. Wählen Sie dazu einfach den Befehl PAUSE im MAKRO-Menü. Weiter geht es, indem Sie PAUSE noch einmal wählen.

Makro speichern

Sind alle Tastenanschläge aufgezeichnet, wählen Sie im MAKRO-Menü den Befehl BEENDEN oder drücken [Strg-Umschalt-F10]. Ihr Makro wird in einer Datei im Verzeichnis C:\WPWIN\MACROS abgespeichert. Der Name wird aus dem Feld NAME im Dialog MAKRO AUFZEICHNEN genommen, die Endung .WCM wird automatisch angehängt.

Makro ausführen

Ein einmal aufgezeichnetes Makro zu nutzen, ist denkbar einfach. Angenommen, Sie haben gerade einen Geschäftsbrief geschrieben und sind nun an die Stelle gelangt, an der die Grußformel stehen soll. Um diese Formel automatisch einzufügen, wählen Sie im MAKRO-Menü den Befehl AUSFÜHREN und wählen in der Liste der Makros Ihr Makro – also GRUSS.WCM – aus. Klicken Sie das Makro doppelt an oder klicken auf den Schalter AUSFÜHREN. Ihr Makro wird an der aktuellen Cursorposition im Text automatisch abgearbeitet, und zwar exakt in der Reihenfolge der Aufzeichnung. Während das Makro läuft, wandelt sich der Mauszeiger wieder zu einem Kreis mit einem Schrägstrich darin.

Hinweis: Vor der Ausführung eines Makros erscheint der Hinweis KOMPILIERUNG in der Statuszeile. Jedes Makro wird von WordPerfect vor seiner Ausführung zunächst auf seine programmtechnische Stimmigkeit hin überprüft. Bei aufgezeichneten Makros dürfte hier eigentlich nichts passieren, bei programmierten Makros aber kann das schon ins Auge gehen. Sollte die Kompilierung nicht erfolgreich sein, bricht WordPerfect das Makro ab, noch bevor etwas getan wurde. Das hat den Vorteil, daß ein fehlerhaftes Makro nicht erst zur Hälfte seine Arbeit erledigt und dann den Kram liegen läßt.

Makro bearbeiten

Es kann immer mal wieder vorkommen, daß ein Makro nachträglich geändert werden muß. Beispielsweise sind Sie von einem unter vielen

314

Mitarbeitern im Produktmarketing zum Leiter der ganzen Abteilung aufgestiegen. Diese sehr erfreuliche Entwicklung wollen Sie natürlich auch der Außenwelt mitteilen, indem Sie Ihre neue Position unterhalb Ihres Namens in der Grußformel nennen. Bisher steht da ja nur der Name der Abteilung, nicht Ihr Rang in derselben.

Öffnen Sie zu diesem Zweck die entsprechende Makrodatei GRUSS.WCM über den Dialog DATEI ÖFFNEN. Wechseln Sie in das Makroverzeichnis – z. B. über Kurzliste – und klicken die gewünschte Datei doppelt an. Die Befehle, aus denen sich Ihr Makro zusammensetzt, werden auf dem Bildschirm angezeigt.

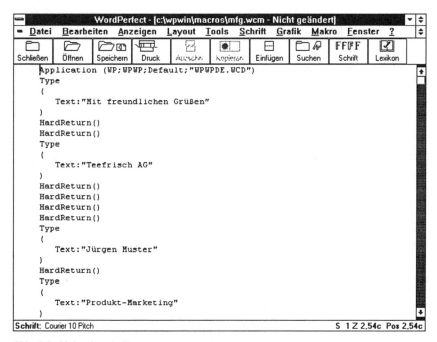

Abb. 8.3: Makro bearbeiten

Jeder Makrobefehl hat eine spezielle Aufgabe. Der Makrobefehl SCHREI-BEN bewirkt z. B., daß alle Zeichen, die hinter TEXT: folgen, als Text auf dem Bildschirm erscheinen. Sie können Ihren frisch erworbenen Titel im Makro bearbeiten, indem Sie im letzten SCHREIBEN TEXT-Befehl den Cursor vor den Abteilungsnamen *Produktmarketing* setzen – und zwar direkt hinter das Anführungszeichen. Ergänzen Sie diese Zeile nun

315

durch den Titel *Leiter,* so daß dort insgesamt *Leiter Produktmarketing* steht. Der entsprechende Befehl des Makros sieht jetzt so aus:

```
Schreiben
(
     Text:"Leiter  Produktmarketing"
)
```

Damit ist das Makro wunschgemäß bearbeitet; wählen Sie Schliessen und speichern Sie die vorgenommenen Änderungen mit Ja.

8.3 Das Makromodul

Sobald Sie ein Makro aufzeichnen oder ausführen, ruft WordPerfect sein Makromodul auf. Dahinter verbirgt sich nicht etwa ein Programmteil, sondern eine eigenständige Windows-Applikation. Das Makromodul bleibt nach einer ersten Verwendung solange aktiv, bis WordPerfect verlassen wird. Daher können Sie, wenn Sie gerade ein Makro aufgezeichnet haben, das Makromodul über den Task-Manager aufrufen. Drücken Sie also [Strg-Esc] und wählen Sie in der Task-Liste das Makromodul.

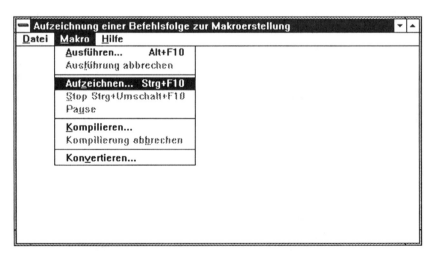

Abb. 8.4: Makromodul auf dem Bildschirm

Solange Sie Makros nur innerhalb der Textverarbeitung von WordPerfect anlegen und verwenden möchten, sind Sie auf das Makromodul eigentlich nicht angewiesen. Anders sieht es aus, wenn Sie ein Makro z. B. für den Datei-Manager von WordPerfect aufzeichnen möchten. Der hat nämlich kein MAKRO-Menü und entsprechend keine Möglichkeit, Makros aufzuzeichnen und auszuführen. Hier können Sie aber über das Makromodul gehen, denn es enthält im Menü MAKRO alle notwendigen Befehle:

Befehl	Bedeutung
AUSFÜHRUNG	führt ein Makro aus
AUFZEICHNEN	beginnt die Aufzeichnung eines Makros
PAUSE	unterbricht die Aufzeichnung
BEENDEN	beendet die Aufzeichnung und speichert das Makro

Voraussetzung ist nur, daß der Datei-Manager als aktive Anwendung zugrundeliegt. Sonst nimmt das Makromodul die Textverarbeitung als Arbeitsgrundlage an.

Konvertierung

Das Makromodul ist auch für die Anwender interessant, die alte WordPerfect für DOS-Makros nach WordPerfect für Windows übertragen wollen. Im MAKRO-Menü des Makromoduls befindet sich nämlich der Befehl KONVERTIEREN. Dieser Befehl wandelt die Makros um. Was dabei zu beachten ist, können Sie der Datei MACRO.DOC, die Sie im Verzeichnis C:\WPWIN finden, entnehmen. Leider ist diese Makro-Informationsdatei wie die gesamte Makro-Online-Hilfe nur in englischer Sprache zu haben.

8.4   Tastaturbelegung ändern

In WordPerfect haben Sie die Möglichkeit, Text oder ein Makro einer Tastenfolge zuzuordnen. Damit erstellen Sie sich im Extremfall ein völlig neues Tastaturlayout. Tastaturlayout-Dateien können aber auch nachträglich geändert werden – leider gilt dies nicht für die Standard-CUA-Belegung, denn diese liegt nicht in einer Datei vor. Wählen Sie dazu die Befehlsfolge DATEI/STANDARDEINSTELLUNGEN/TASTATUR/ERSTELLEN oder BEARBEITEN, je nachdem, ob Sie eine völlig neue Tastaturbelegung erstellen oder die aktuelle Belegung bearbeiten wollen. Es erscheint der folgende Dialog:

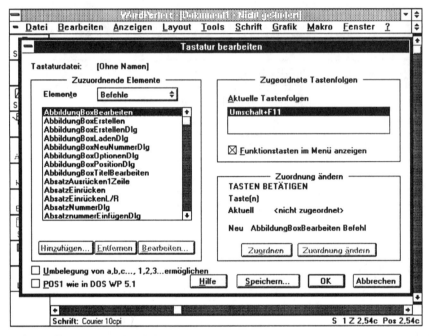

Abb. 8.5: Tastaturlayout bearbeiten

Sie haben zwei Möglichkeiten, die Tastaturbelegung zu variieren. Entweder Sie wählen zunächst die Tastenkombination, die Sie belegen möchten, oder Sie suchen sich zuerst den Menüpunkt, den Befehl oder das Makro aus, dem Sie eine Taste zuweisen wollen. Folgende Arbeitsschritte sind notwendig.

Taste einer Funktion zuweisen

■ Drücken Sie die zu belegende Tastenkombination, z. B. [Strg-M].

■ Unter ZUORDNUNG ANDERN erscheint die aktuelle Belegung der Taste.

318

- Wählen Sie über den Popup-Schalter ELEMENTE aus, ob dieser Tastenkombination ein Befehl, Untermenü oder ein Makro zugeordnet werden soll.

- Wählen Sie in der Liste der Elemente den gewünschten Befehl, das gesuchte Untermenü oder das zu belegende Makro. Ein Makro suchen Sie über den Schalter HINZUFÜGEN aus. Es erscheint dann eine Liste aller im Verzeichnis C:\WPWIN\MACROS enthaltenen Makrodateien.

- Drücken Sie unter ZUORDNUNG ÄNDERN den Schalter ZUORDNEN.

Hinweis: Tastenkombinationen wie [Strg-A] oder [Strg-1] können nur dann belegt werden, wenn Sie den Schalter A,B,C ... 1,2,3 ERMÖGLICHEN aktivieren.

Tastenbelegung löschen

- Drücken Sie die Tastenkombination, die nicht mehr belegt sein soll.

- Wählen Sie den Schalter ZUORDNUNG ÄNDERN.

Funktion einer Taste zuweisen

- Wählen Sie über den Popup-Schalter ELEMENTE aus, ob einem Befehl, einem Untermenü oder einem Makro eine Taste zugeordnet werden soll.

- Wählen Sie in der Liste der Elemente das gewünschte Menü, den zu belegenden Befehl oder das Makro aus.

- Drücken Sie die Tastenkombination, die dem gewählten Element zugeordnet werden soll.

- Drücken Sie unter ZUORDNUNG ÄNDERN den Schalter ZUORDNEN.

Neues Tastaturlayout speichern

Um das neu erstellte oder geänderte Tastaturlayout zu speichern, drükken Sie zunächst den Schalter SPEICHERN. Geben Sie dem Layout einen Namen mit der Endung .WWK. Anschließend drücken Sie den Schalter OK und kommen zurück in den Dialog TASTATUR-AUSWAHL. Hier können Sie über AUSWÄHLEN das gerade erstellte oder geänderte Tastaturlayout aktivieren und für Ihre Arbeit benutzen.

POS1 wie in DOS WP 5.1

Wird dieses Kontrollfeld markiert, können mit der [Pos1]-Taste dieselben Funktionen aufgerufen werden wie mit der [Home]-Taste in WordPerfect 5.1 für DOS. Auch bei der Cursorsteuerung gibt es dann keinerlei Unterschiede. Wenn Sie beispielsweise die Tastenfolge [Pos1-Pos1-Pfeil-↑] betätigen, wird der Cursor an den Anfang des Dokuments gesteuert. Die Tastenfolge [Pos1-Pos1-←] positioniert den Cursor an den linken Rand des Dokuments etc.

Hinweis: Eine Übersicht über die gegenwärtig gültige Tastaturbelegung finden Sie im Anhang in Kapitel 11.2.

Fragen und Übungen:

1. Was versteht man unter einem Makro, und welchen Sinn und Zweck erfüllt es?

2. Wie zeichnen Sie Makros auf, und wie führen Sie diese aus?

3. Legen Sie ein Makro an, das von ausgehender Korrespondenz eine Kopie in Entwurfsqualität für die Ablage und eine Kopie in sehr guter Textqualität für das Original druckt. Dafür ergibt sich folgende Befehlsfolge:

   - [F5], um den DRUCKEN-Dialog aufzurufen

   - ENTWURF in der Popup-Liste hinter TEXTQUALITÄT auswählen

   - DRUCKEN-Schalter anklicken

   - [F5], um erneut den DRUCKEN-Dialog aufzurufen

   - SEHR GUT in der Popup-Liste hinter TEXKEN-Schalter anklicken

   Zeichnen Sie diese Befehle in der Reihenfolge in einem Makro auf.

4. Wie funktioniert das Makromodul von WordPerfect?

5. Welche Möglichkeiten haben Sie, die aktuelle Tastaturbelegung zu ändern?

320

9 Der Datei-Manager
– Dateien verwalten

Im Laufe Ihrer Arbeit mit WordPerfect werden Sie wohl eine ganze Anzahl unterschiedlichster Dokumente erstellen und auf der Festplatte dauerhaft ablegen. Selbst wenn Sie sich vornehmen, Ihre Festplatte in regelmäßigen Zeitabständen von unnötigem Ballast zu befreien, indem Sie alle Dateien löschen, die Sie nicht mehr benötigen, so bleibt es erfahrungsgemäß meistens nur bei diesem frommen Vorsatz. Also speichern Sie weiterhin fleißig Texte, Grafiken und andere Dokumente in unterschiedlichen Verzeichnissen, bis Sie soviele Verzeichnisse und Dateien angelegt haben, daß Sie den Wald vor lauter Bäumen nicht mehr sehen.

Um dennoch immer den Überblick über den Inhalt Ihrer Festplatte behalten zu können, stellt Ihnen WordPerfect den Datei-Manager zur Verfügung. Der Datei-Manager ist ein sehr wirkungsvolles Mittel, um Dokumente aufzufinden, egal in welchem Verzeichnis sie gespeichert und mit welchem Anwendungsprogramm sie erstellt worden sind. Außerdem können Sie über den Datei-Manager Dokumente gezielt suchen, Verzeichnisse anlegen, wechseln und löschen, Dateien kopieren, löschen, umbenennen, verschieben u.v.m.

Der Datei-Manager ist nicht ein Programmteil von WordPerfect, sondern ein unabhängiges Programm. Wie das Lexikon und der Thesaurus, kann der Datei-Manager sowohl über das DATEI-Menü von WordPerfect als auch direkt vom Windows-Programm-Manager aus gestartet werden.

Da Sie sich bereits in WordPerfect befinden, rufen Sie den Datei-Manager über die entsprechende Option im DATEI-Menü auf (vgl. Abbildung 9.1).

Der Datei-Manager setzt sich in der Standardeinstellung aus folgenden Bestandteilen zusammen:

- Titelleiste

- Menü mit Untermenüs

- Tastenleiste

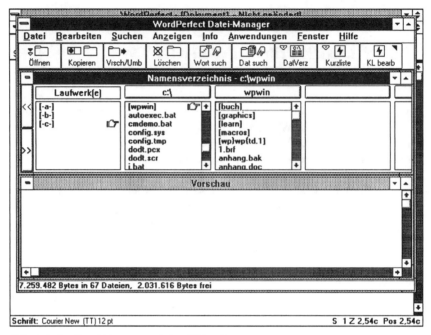

Abb. 9.1: Der Datei-Manager auf dem Bildschirm

- Systemmenü

- Namensverzeichnis-Fenster in der oberen Bildschirmhälfte

- Vorschaufenster in der unteren Bildschirmhälfte

- Statuszeile

Beim Öffnen des Datei-Managers werden standardmäßig das Namens-verzeichnis- und das Vorschaufenster angezeigt.

Im Namensverzeichnis steht jeweils der Inhalt eines Verzeichnisses, und zwar hierarchisch aufgebaut. In der linken Liste sind alle verfüg-baren Laufwerke aufgelistet, in der Regel die beiden Diskettenlaufwer-ke [-a-] und [-b-] sowie die Festplatte [-c-]. Rechts neben dem aktiven, d. h. ausgewählten Laufwerk, z. B. [-c-], weist das Symbol einer Hand den Weg in das Hauptverzeichnis C:\ der Festplatte. In dieser Liste sind alle auf Ihrer Festplatte installierten Anwendungen aufgeführt, u. a. auch WordPerfect für Windows. Mit einem Doppelklick auf das Hauptverzeichnis von WordPerfect [WPWIN] erscheint wiederum die

322

Hand, und die Liste rechts daneben zeigt alle Unterverzeichnisse von WordPerfect an, u. a. die drei Standard-Verzeichnisse [GRAPHICS], [LEARN] und [MACROS].

Jetzt kennen Sie das hierarchische Prinzip, nach dem das Namensverzeichnis-Fenster aufgebaut ist. Das zweite Fenster des Datei-Managers ist das Vorschau-Fenster, in dem Ihnen die Vorschau auf den Inhalt einer einzelnen Datei, die Sie im Namensverzeichnis ausgewählt haben, angezeigt wird.

In der Statuszeile können Sie ablesen, wie viele Bytes auf Ihrer Festplatte durch wie viele Dateien bereits belegt sind und wie viele freie Bytes Ihnen noch zur Verfügung stehen.

Bevor Sie den Datei-Manager näher kennenlernen, sollten Sie ihn der Übersichtlichkeit wegen auf volle Bildschirmgröße bringen, indem Sie das Vollbild-Symbol anklicken oder den Befehl VOLLBILD aus dem Systemmenü wählen. Verwechseln Sie das Vollbild-Symbol des Datei-Managers aber nicht mit dem entsprechenden Symbol des Namensverzeichnis-Fensters, denn auch dieses kann vergrößert werden.

Markieren im Datei-Manager

Damit Sie sich innerhalb des Datei-Managers sicher bewegen, hier noch einige Vorab-Bemerkungen zum Auswählen bzw. Markieren von Dateien innerhalb eines Verzeichnisses.

1. Markieren mit der Maus

    Eine einzelne Datei wird durch Anklicken des entsprechenden Dateinamens markiert. Mehrere unmittelbar aufeinanderfolgende Dateien werden markiert, indem Sie die erste Datei anklicken, die linke Maustaste gedrückt halten, den Mauszeiger bis zur letzten zu markierenden Datei ziehen und dann loslassen.

    Auch Anklicken der letzten Datei und Ziehen in Richtung erste Datei ist möglich. Mehrere nicht aufeinanderfolgende, sondern weiter auseinanderstehende Dateien werden markiert, indem Sie die [Strg]-Taste drücken und solange festhalten, bis alle gewünschten Dateien markiert sind. Sämtliche Dateien im aktuellen Verzeichnisfenster können auch mit ALLES MARKIEREN im BEARBEITEN-Menü in einem Rutsch markiert werden.

2. Markieren mit der Tastatur

Um eine einzelne Datei zu markieren, drücken Sie [Umschalt-F8] und betätigen danach die Leertaste. Um mehrere Dateien zu markieren, drücken Sie wiederum [Umschalt-F8] und betätigen danach die Umschalt- und Leertaste oder die Pfeiltasten in der jeweiligen Richtung.

9.1. Verzeichnisse verwalten

Wir haben Sie im Verlauf dieses Buches an einigen Stellen schon einmal darauf hingewiesen, daß es möglich und sinnvoll ist, für bestimmte Dokumentgruppen eigene Verzeichnisse anzulegen und alle Dokumente einer Art in einem einheitlichen Unterverzeichnis abzulegen, z. B.

- alle Produktinformationen im Verzeichnis PRODUKTE

- alle Geschäftsbriefe im Verzeichnis BRIEFE

- alle internen Mitteilungen im Verzeichnis MEMO

- alle Reiseberichte im Verzeichnis REISE

- alle Angebote im Verzeichnis ANGEBOT

- alle Rechnungen im Verzeichnis RECHNUNG

- alle Werbe-Mailings im Verzeichnis MAIL

Diese Liste ließe sich noch endlos weiterführen. Machen Sie die Probe aufs Exempel und legen sich eine Stoppuhr daneben. Wenn Sie nach einem bestimmten Reisebericht suchen, den Sie – wie alle anderen Dokumente – im Hauptverzeichnis von WordPerfect abgelegt haben, brauchen Sie garantiert länger, diesen zu finden, als wenn Sie den gewünschten Bericht gezielt im Unterverzeichnis REISE suchen. Grundsätzlich gilt: Je mehr Unterverzeichnisse Sie anlegen, desto größer ist die Übersichtlichkeit Ihrer Festplatte. Nach Dokumentgruppen geordnete Verzeichnisse sind ein enormer Beitrag zur Organisation Ihres Datei-Dschungels.

Verzeichnis anlegen

Fangen Sie am besten gleich damit an, diese guten Vorsätze in die Tat umzusetzen, indem Sie ein Unterverzeichnis für Ihre Geschäftskorrespondenz anlegen. Dieses Verzeichnis soll den Namen BRIEFE bekommen. Rufen Sie dazu aus dem DATEI-Menü die Option VERZEICHNIS ANLEGEN auf.

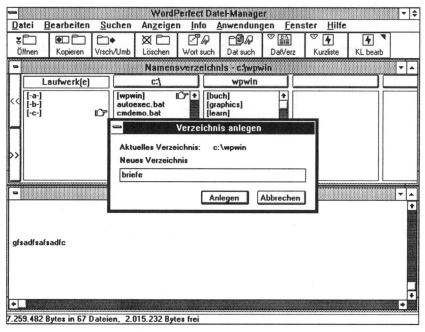

Abb. 9.2: VERZEICHNIS ANLEGEN

In der kleinen Dialogbox auf Ihrem Bildschirm wird Ihnen das aktuelle Verzeichnis angezeigt, also in Ihrem Fall das Hauptverzeichnis C:\WPWIN. Darunter geben Sie hinter NEUES VERZEICHNIS das gewünschte neue Verzeichnis ein, und zwar mit kompletter Pfadangabe. Da Sie ein Unterverzeichnis zum Hauptverzeichnis anlegen möchten, reicht der Verzeichnisname BRIEFE, den Sie in das Textfeld eingeben.

Hinweis: Wollen Sie später weitere Verzeichnisebenen anlegen und Unterverzeichnisse in weitere Verzeichnisebenen verzweigen lassen, müssen Sie in das Feld NEUES

325

VERZEICHNIS den vollständigen Verzeichnispfad eingeben, z. B. C:\WPWIN\BRIEFE\AUSLAND für die ausländische Korrespondenz.

Bestätigen Sie Ihre Wahl mit OK, und das Verzeichnis [BRIEFE] wird in die Liste unter [WPWIN] aufgenommen. Damit können Sie in Zukunft alle Briefe beim Speichern direkt in diesem Verzeichnis ablegen.

Verzeichnis wechseln

Angenommen, Sie möchten vom WordPerfect-Hauptverzeichnis in das Makro-Verzeichnis wechseln, um sich alle Makrodateien anzeigen zu lassen. Der einfachste Weg dorthin ist ein Doppelklick auf den gewünschten Verzeichnisnamen – in diesem Fall [MACROS] – im jeweiligen Verzeichnis. Nach dem Motto: "Warum einfach, wenn's auch kompliziert geht", können Sie auch die Option VERZEICHNIS WECHSELN im DATEI-Menü aufrufen.

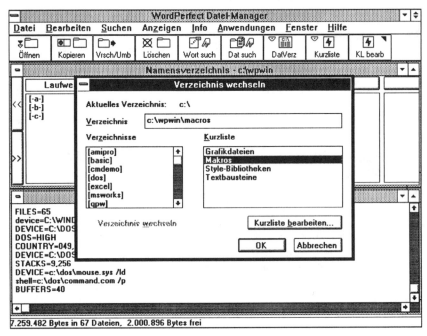

Abb. 9.3: VERZEICHNIS WECHSELN

Im Feld VERZEICHNIS tragen Sie den Namen sowie den Pfad zum ge-
wünschten Verzeichnis ein, also C:\WPWIN\MACROS oder wählen
aus dem Feld VERZEICHNISSE bzw. aus der Kurzliste das entsprechende
Verzeichnis aus (im letzteren Fall den Kurzlisteneintrag MAKRODATEIEN).
Wenn beim Aktivieren eines neuen Verzeichnisses auch die zugehöri-
gen Dateien angezeigt werden sollen, aktivieren sie das Kreuzfeld
VERZEICHNIS WECHSELN. Mit einem Klick auf OK wird Ihnen das neue
Verzeichnis mitsamt allen darin enthaltenen Dateien angezeigt.

Verzeichnis umbenennen

Wenn Ihnen der Name für das Verzeichnis, das für Ihre Geschäftskorrespondenz vorgesehen ist, nicht mehr gefällt, haben Sie die Möglichkeit, dieses Verzeichnis – genauso wie beliebig viele andere Verzeichnisse auch – nachträglich anders zu benennen. Hierbei sind Ihnen lediglich durch Ihre Zugriffsrechte auf Verzeichnisse Grenzen gesetzt,
wenn Sie z. B. in einem Netzwerk arbeiten. Ein Zielverzeichnis kann
vom Programm angelegt werden, wenn Sie den Namen eines noch
nicht existierenden Verzeichnisses angeben.

Markieren Sie das Verzeichnis BRIEFE in der Verzeichnisliste und wählen Sie im DATEI-Menü den Befehl VERSCHIEBEN/UMBENENNEN.

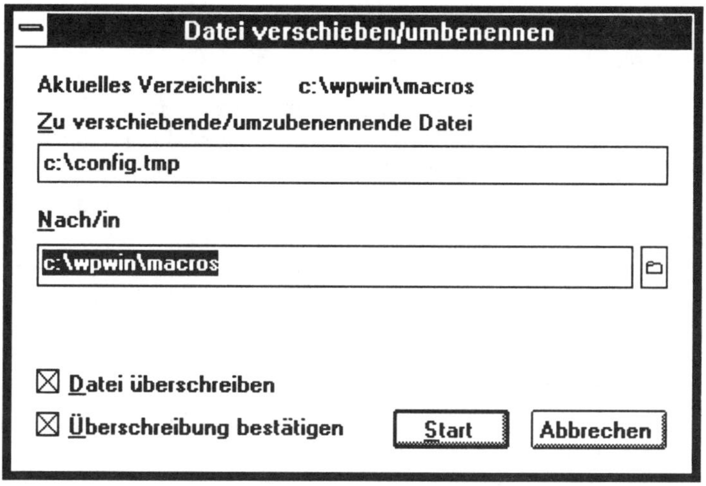

Abb. 9.4: Verzeichnis umbenennen

Diese Dialogbox hat – wie Sie sehr leicht erkennen können – zweierlei Funktion. Zum einen können Sie Verzeichnisse oder auch Dateien an eine andere Stelle, d. h. z. B. in ein anderes Verzeichnis, verschieben; zum anderen lassen sich Verzeichnis- oder Dateinamen nachträglich ändern.

Genau letzteres haben Sie vor. Im oberen Textfeld steht bereits der Pfad des Verzeichnisses, das Sie neu benennen möchten. Ihnen bleibt es jetzt überlassen, einen neuen Verzeichnisnamen im Textfeld NACH/IN darunter einzutragen. Wie wäre es z. B. mit KORRES für Korrespondenz? Im Textfeld sollte somit C:\WPWIN\KORRES stehen. Mit einem Klick auf START leiten Sie den Vorgang ein. Blitzschnell wird der alte Verzeichnisname durch den neuen ersetzt, wie Sie in der Verzeichnisliste umgehend erkennen können.

9.2 Dateien verwalten

Die Hauptaufgabe des Datei-Managers ist – wie der Name schon sagt – das Organisieren und Verwalten von Dateien. Sie können jede beliebige Datei über den Datei-Manager öffnen, löschen, kopieren, verschieben, umbenennen, gezielt danach suchen oder sich den Datei-Inhalt anzeigen lassen.

Dateien anzeigen

Fangen wir mit dem einfachsten an, dem Anzeigen des Inhalts einer bestimmten Datei im Vorschau-Fenster des Datei-Managers. Markieren Sie eine beliebige Datei im WordPerfect-Hauptverzeichnis C:\WPWIN durch einfachen Mausklick, und diese Datei wird im Vorschau-Fenster angezeigt. Sie müssen sich nicht auf Textdateien beschränken, sondern können sich genausogut auch Grafiken anzeigen lassen. Probieren Sie dieses aus, indem Sie eine ClipArt-Datei anklicken und sich anzeigen lassen (vgl. Abbildung 9.5).

Hinweis: Sie können Dateien im Vorschau-Fenster nicht bearbeiten. Diese Möglichkeit dient ausschließlich dazu, daß Sie sich den Inhalt eines Dokuments ansehen können, ohne dieses Dokument erst öffnen und den Datei-Manager verlassen zu müssen.

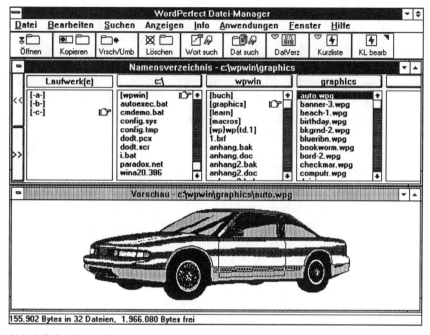

Abb. 9.5: Datei anzeigen lassen

Dateien öffnen

Sie befinden sich im Datei-Manager, und Ihnen fällt plötzlich ein, daß an einer bestimmten Datei nachträglich noch einige Änderungen vorgenommen werden müssen. Sie können diese Datei direkt vom Datei-Manager aus öffnen und brauchen dafür den Datei-Manager nicht extra verlassen, um über das WordPerfect-Menü die gewünschte Datei auf den Bildschirm zu holen.

Sie haben vier Möglichkeiten, eine Datei zu öffnen bzw. zu laden:

- Sie klicken den Dateinamen in der entsprechenden Liste doppelt an.

- Sie markieren die Datei und wählen aus dem DATEI-Menü die Option ÖFFNEN.

- Sie markieren die Datei und drücken [Strg-F].

329

- Sie markieren die Datei und drücken die Taste ÖFFNEN in der Tastenleiste (die Sie über das ANZEIGEN-Menü aufrufen können,
  wenn sie nicht sichtbar sein sollte).

Die Pfadangabe der gewünschten Datei wird Ihnen sozusagen als Sicherheitsabfrage in einem Bildschirmfenster angezeigt. Klicken Sie auf
ÖFFNEN, und die Datei wird geöffnet; Sie kehren zum WordPerfect-Bild-
schirm zurück. Haben Sie die Änderungen an dem Dokument vorgenommen und dieses wieder auf der Festplatte abgelegt, kehren Sie mit
der Option DATEI-MANAGER im DATEI-Menü von WordPerfect zum Bildschirm des Datei-Managers zurück.

Hinweis: Über den ÖFFNEN-Dialog im Datei-Manager können Sie
auch mehrere markierte Dateien öffnen und zudem Dokumente nicht nur in WordPerfect, sondern auch in andere Programme laden. Ferner haben Sie die Möglichkeit, mit dieser Option andere Anwendungsprogramme
aus dem WordPerfect-Datei-Manager zu starten, wobei
sowohl DOS- als auch Windows-Programme geöffnet
werden können.

Genausogut können Sie Dateien auch laden. Welche Unterschiede es
zwischen dem Laden und Öffnen gibt, ist Ihnen ja aus Kapitel 2.8.5
hoffentlich noch bekannt.

Dateien verschieben

Drehen wir die Zeituhr an dieser Stelle mal ein wenig nach vorn und
blättern drei oder vier Monate im Kalender weiter. Sie arbeiten erfolgreich mit Ihrem neuen Unterverzeichnis BRIEFE, in dem Sie die gesamte Korrespondenz ablegen. Aufgrund des regen Schriftverkehrs mit
Geschäftspartnern platzt dieses Verzeichnis jedoch schon sehr bald aus
allen Nähten. Daher möchten Sie eine Umstrukturierung vornehmen
und das Verzeichnis teilen. Da etwa zu gleichen Teilen Briefwechsel
mit Geschäftspartnern in Übersee und bundesdeutschen Unternehmen
anfällt, nehmen Sie zunächst einmal die gesamte ausländische Korrespondenz aus dem Briefe-Verzeichnis heraus und legen dafür ein neues Verzeichnis mit dem Namen AUSLAND an.

Anschließend müssen Sie noch die einzelnen Dateien in das neue Verzeichnis verschieben. Markieren Sie zunächst die Namen aller Briefe,
die ins Ausland gegangen sind, und rufen Sie den Dialog VERSCHIE-
BEN/UMBENENNEN auf, den Sie ja vom Umbenennen eines Verzeichnisses

330

bereits kennen. Übrigens können Sie auf gleiche Weise natürlich auch eine oder mehrere Dateien nachträglich umbenennen. Diesmal konzentrieren Sie sich jedoch auf die zweite Funktion dieses Dialogs, dem Verschieben von Dateien. Im oberen Textfeld stehen die Namen aller markierten Dateien hintereinander; in das Textfeld NACH/IN tragen Sie den Namen des Verzeichnisses ein, in das die Dateien verschoben werden sollen, also C:\WPWIN\AUSLAND. Nach einem Klick auf START werden alle markierten Dateien in das gewählte Verzeichnis geschrieben und gleichzeitig im Verzeichnis BRIEFE gelöscht.

Genauso verfahren Sie jetzt auch mit den inländischen Briefen: Legen Sie hierfür das Verzeichnis INLAND an und verschieben die entsprechenden Dokumente in dieses neue Verzeichnis. Wenn alle Dateien aus dem alten Verzeichnis BRIEFE auf die beiden neuen Verzeichnisse aufgeteilt sind und das Briefe-Verzeichnis somit leer ist, können Sie dieses löschen, da es ja nicht mehr gebraucht wird. Markieren Sie dazu den Verzeichnisnamen und wählen Sie den Befehl LÖSCHEN im DATEI-Menü oder klicken Sie auf die LÖSCHEN-Taste in der Tastenleiste.

Hinweis: Auf dieselbe Weise können Sie nicht mehr benötigte Dateien von Ihrer Festplatte entfernen.

Dateien kopieren

Ihr Kollege bittet Sie, ihm eine Kopie Ihrer Aktionärsdatei sowie der dazugehörigen Primärdatei auf Diskette zu geben, da er die Aktionärsadressen ebenfalls für ein Mailing benötigt und die Primärdatei ihm als Vorlage für einen peppigen Text dienen soll. Sie erinnern sich, daß Sie diese beiden Dateien für Ihre Einladung zur Aktionärsversammlung erstellt und unter den Namen AKTION.WKB und EINLAD.TXT abgelegt haben. Um Ihrem Kollegen eine Kopie davon zur Verfügung zu stellen, legen Sie zunächst eine formatierte Diskette in Laufwerk A ein. Dann markieren Sie beide Dateien im Hauptverzeichnis und wählen im DATEI-Menü den Befehl KOPIEREN oder klicken auf die KOPIEREN-Taste in der Tastenleiste (vgl. Abbildung 9.6).

Im oberen Bereich der Dialogbox sind alle markierten Dateien aufgelistet, in diesem Fall zwei. Darunter geben Sie an, wohin diese Dateien kopiert werden sollen. Da Sie beide Dokumente auf Diskette speichern möchten, schreiben Sie einfach *a:* und klicken Sie auf den Knopf ALLES KOPIEREN. Beide Dateien werden in einem Durchgang auf der Diskette abgelegt.

331

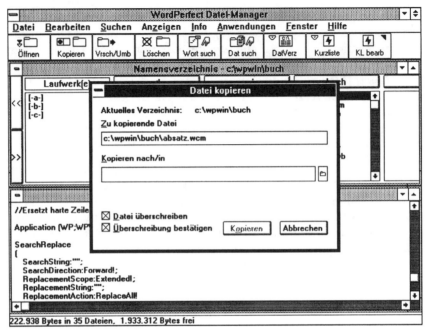

Abb. 9.6: Dateien kopieren

Tip: Eine Alternative zum Kopieren von Dateien ist es, dem Dokument über SPEICHERN UNTER *a:* einfach einen neuen Namen zu geben. Die Datei steht auf diese Weise sowohl unter dem bisherigen als auch dem neuen Namen zur Verfügung.

9.3 Suchoptionen

Nun kommen wir zur vielleicht wichtigsten Eigenschaft des Datei-Managers – der Möglichkeit einer gezielten Suche nach Wörtern bzw. Textpassagen innerhalb von Dateien oder nach Dateien. Sogar eine erweiterte Suche unter individuellen Suchbedingungen ist möglich.

Bevor wir auf die Einzelheiten eingehen, sind vielleicht einige Grundbemerkungen angebracht. Anstelle von unbekannten Zeichen innerhalb von Dateinamen oder Wörtern können Sie die beiden Platzhalter * und ? verwenden. Das Sternchen * ersetzt dabei mehrere Zeichen, während das Fragezeichen ? stellvertretend für ein einzelnes Zeichen steht. Beispiel: Wenn Sie den Suchbegriff *.TXT eingeben, werden alle Dateien mit der Endung .TXT ermittelt. Der Suchbegriff M?IER.TXT ermittelt sowohl den Brief an Herrn Maier als auch das Schreiben an Herrn Meier.

Suchoperatoren

Weiterhin stellt WordPerfect für die Suche sogenannte Suchoperatoren zur Verfügung, nämlich Semikolons, Kommata, Leerzeichen, Anführungszeichen und Bindestriche. Die Funktin der Operatoren jeweils am Beispiel erklärt:

Operator: Semikolon (;) Leerzeichen ( )

Beispiel: Äpfel;Birnen oder Äpfel Birnen

Ergebnis: Alle Dateien, die diese beiden Wörter enthalten, werden ermittelt.

Operator: Komma (,)

Beispiel: Äpfel,Birnen

Ergebnis: Alle Dateien, die mindestens eines dieser beiden Wörter enthalten, werden ermittelt.

Operator: Anführungszeichen (")

Beispiel: "Äpfel und Birnen"

Ergebnis: Alle Dateien, die exakt diese Wortfolge enthalten, werden ermittelt.

Operator: Bindestrich (-)

Beispiel: Äpfel-Birnen

Ergebnis: Es werden alle Dateien, die zwar das erste Wort enthalten, jedoch nicht das Wort, das rechts vom Bindestrich steht.

333

9.3.1 Wörter suchen

Jetzt geht es an die konkrete Suche – fangen wir mit der kleinsten Stufe an, der Suche nach bestimmten Wörtern. Dieser Vorgang wird auch Text Retrieval genannt und ist in der beruflichen Praxis von enormer Wichtigkeit. Es gibt viele Firmen, die sich mit Text Retrieval eine goldene Nase verdienen. Die Juris-Datenbank für Juristen ist z. B. ein Text-Retrieval-System.

WordPerfect bietet Ihnen sozusagen eine Kleinausgabe eines solchen Text-Retrieval-Systems. Sie haben damit die Möglichkeit, Informationen zu finden, selbst dann, wenn Ihnen Dateiname, Dateiverzeichnis und sämtliche sonstigen Anhaltspunkte zur Suche nach den Informationen fehlen.

Ein Beispiel: Ihr Chef fordert Sie auf, ihm einen Brief herauszusuchen, den Sie im vergangenen Jahr an einen Monsieur Bernard Petit in Paris geschrieben haben. Ihr Vorgesetzter erinnert sich nicht mehr an den Namen der Firma, sondern nur noch an seinen damaligen Ansprechpartner. Da Sie das Schreiben jedoch mit an Sicherheit grenzender Wahrscheinlichkeit unter dem Firmennamen abgelegt haben, stehen Sie jetzt ganz schön auf dem Schlauch. Die Wort-Such-Funktion von WordPerfect kann Ihnen in dieser ausweglosen Situation helfen. Markieren Sie alle Textdateien im Verzeichnis BRIEFE (oder im Verzeichnis AUSLAND, je nachdem, wie Sie das ganze strukturiert haben) und rufen dann die Option WÖRTER aus dem SUCHEN-Menü auf bzw. klicken auf die entsprechende Taste in der Tastenleiste.

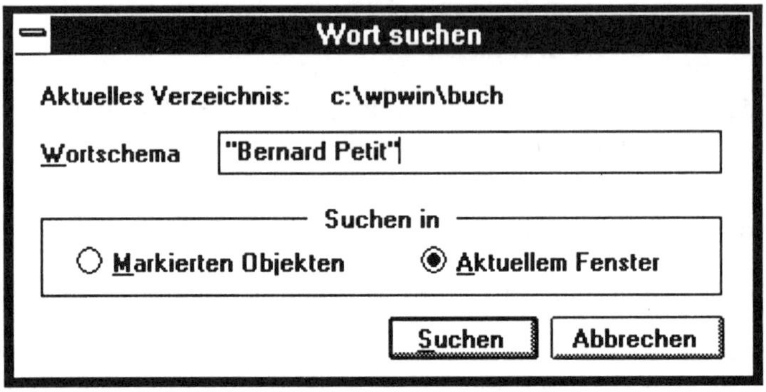

Abb. 9.7: Wörter suchen

In das Textfeld WORTSCHEMA tragen Sie den Suchbegriff ein. Hierbei steht ein Leerschritt für das Wort *und*. Soll nach Wortgruppen oder Ausdrücken gesucht werden, so sind diese in Anführungszeichen zu setzen. Setzen Sie den Namen des mysteriösen Franzosen also in An- und Abführung und schreiben in das Textfeld

```
"Bernard Petit".
```

Vergessen Sie die Anführungszeichen, würde WordPerfect dieses Wort-schema als *Bernard und Petit* interpretieren.

Unter SUCHEN IN klicken Sie auf den Knopf MARKIERTEN OBJEKTEN, damit WordPerfect sich bei der Suche auf die vorab markierten Dateien kon-zentriert. Mit einem Klick auf SUCHEN wird der Suchvorgang gestartet. Sobald WordPerfect eine Datei findet, die den Suchbegriff enthält, wird ein Suchergebnisfenster eingeblendet, das den Pfad zu den Dateien enthält, die den Suchbedingungen entsprechen.

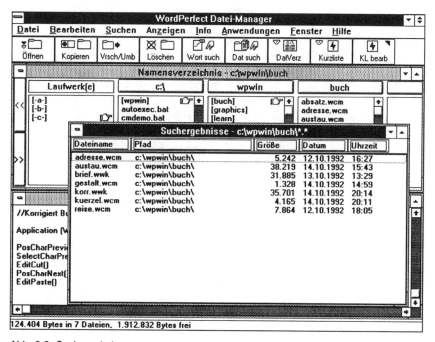

Abb. 9.8: Suchergebnis

Angenommen, WordPerfect hat eine einzige Datei gefunden, die das Stichwort *Bernard Petit* enthält. Damit ist die Suche nach der Stecknadel im Heuhaufen eigentlich abgeschlossen. Nun hat Ihr Chef Ihnen weiterhin aufgetragen, ihm mitzuteilen, um welchen Geschäftsabschluß es damals genau ging – also müssen Sie in diesem recht langen Brief die entsprechende Textstelle finden, um Informationen über Art und Umfang des betreffenden Geschäftsabschlusses zu erhalten.

Klicken Sie den Dateinamen einfach an, um sich den Inhalt des Dokuments im Vorschau-Fenster anzeigen zu lassen. Aktivieren Sie dann das Vorschau-Fenster durch einen Mausklick an einer beliebigen Stelle innerhalb des Fensters und wählen Sie die Option IM AKTUELLEN FENSTER im SUCHEN-Dialog oder drücken Sie [F2]. Schreiben Sie in das Textfeld SUCHSTRING den zu ermittelnden Text, also *Geschäftsabschluß*, legen Sie die Suchrichtung (vorwärts oder rückwärts) fest und klicken auf OK.

Hinweis: Da es sich um eine Stringsuche handelt, wird nach einer zeichengenauen Entsprechung gesucht, wobei auch Zeichen aus dem erweiterten Zeichensatz (Dialog WORDPERFECT-ZEICHENSÄTZE) zulässig sind; DOS-Platzhalterzeichen wie * und ? werden hierbei nicht berücksichtigt.

Haben Sie sich für den Vorwärtsgang entschieden, was auch gleichzeitig die Standardeinstellung ist, durchsucht WordPerfect den Text im Vorschau-Fenster von vorn nach hinten nach dem angegebenen Suchbegriff. Das erste Wort, das mit dem Suchbegriff übereinstimmt, wird invertiert angezeigt. An der Textstelle ist zwar von einem Geschäftsabschluß die Rede, doch Einzelheiten darüber sind noch nicht vorhanden. Also lassen Sie WordPerfect in Richtung Textende weitersuchen, und zwar mit dem Befehl SUCHEN VORWÄRTS im SUCHEN-Menü oder mit [Umschalt-F2], bis die Textstelle mit den gewünschten Einzelheiten zum getätigten Geschäft gefunden ist. Mit [Alt-F2] können Sie die Suche auch jederzeit rückwärts in Richtung Textanfang fortsetzen.

9.3.2 Dateien suchen

Angenommen, Sie suchen nach einem ganz bestimmten Brief. Wenn Ihnen ein Teil des Dateinamens oder der Pfad zu dieser Datei bekannt ist, können Sie gezielt nach dieser Datei suchen. Wählen Sie dazu aus dem SUCHEN-Menü die Option DATEIEN oder klicken auf die entsprechende Taste in der Tastenleiste. In das Textfeld NAMENSSCHEMA tragen

Sie den Dateinamen ein – wenn nicht vollständig, dann mit Platzhaltern. Soll in einem anderen als dem Standardverzeichnis bzw. -laufwerk gesucht werden, ist an dieser Stelle der Pfad zu einer Datei anzugeben, z. B. C:\WPWIN\BRIEFE*.TXT.

Geben Sie WordPerfect anschließend noch an, ob im aktuellen Verzeichnis, dem aktuellen Laufwerk oder in den aktuellen Unterverzeichnissen gesucht werden soll. Alternativ können Sie WordPerfect auch vorab markierte Objekte durchsuchen lassen. Mit SUCHEN beginnt das Programm mit der Suche. Auch hier erhalten Sie in einem Suchergebnisfenster Aufschluß über die gefundenen Dateien.

9.3.3 Erweiterte Suche

Zeit ist Geld – je nach Anzahl und Größe der Dateien, die WordPerfect in einem Suchvorgang zu durchforsten hat, kann eine Suche auch schon mal etwas länger dauern. Sie können sich in der Zwischenzeit einen Kaffee aufbrühen. Um den Suchvorgang zu beschleunigen, steht Ihnen die sogenannte erweiterte Suche zur Verfügung, bei der Sie die Kategorieren, nach denen gesucht werden soll, reduzieren. Sollen lediglich bestimmte Verzeichnisse, z. B. nur das Unterverzeichnis BRIEFE, oder bestimmte Dateien innerhalb eines Verzeichnisses durchsucht werden, markieren Sie diese zunächst. Rufen Sie anschließend aus dem SUCHEN-Menü den Befehl ERWEITERTE SUCHE auf oder drücken Sie [Strg-F2] (vgl. Abbildung 9.9).

Die einzelnen Bestandteile dieser Dialogbox sollen an dieser Stelle zum besseren Verständnis einzeln erklärt werden.

DATEINAMENSSCHEMA

In diesem Feld wird der Dateiname bzw. ein Namensschema für die zu ermittelnde Datei eingetragen. Zulässig sind alle gültigen DOS-Zeichen inkl. der Platzhalter * und ?. Fakultativ kann ein Pfad zu einem Verzeichnis angegeben werden.

WORTSCHEMA

In diesem Feld werden die Wörter eingetragen, nach denen innerhalb von Dateien gesucht werden soll. Bei der Suche nach Wörtern sind die Zeichen des Alphabets sowie Leerzeichen als Und-Verbindung erlaubt. Wortgruppen sollten zwischen Anführungszeichen gesetzt werden.

337

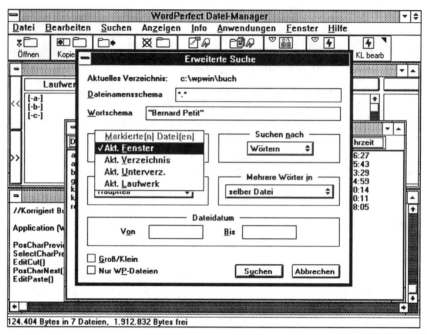

Abb. 9.9: Suchkategorien eingeben

SUCHEN IN

Hier können Sie angeben, ob bestimmte Dateien, das aktuelle Fenster, das aktuelle Verzeichnis (mit oder ohne Unterverzeichnisse) oder das aktuelle Laufwerk durchsucht werden sollen. Bei Auswahl von AKTUEL-LEN UNTERVERZEICHNISSEN wird das aktuelle Verzeichnis sowie die davon ausgehenden Unterverzeichnisse durchsucht. Wird unter DATEINAMENS-SCHEMA ein Pfad zu einem Verzeichnis angegeben, so gilt dieses Verzeichnis als aktuelles Verzeichnis.

SUCHEN NACH

Hier wird angegeben, ob nach Wörtern oder Strings gesucht werden soll. Bei der Suche nach Strings wird nach einer zeichengenauen Entsprechung des Suchtexts gesucht, wobei auch Zeichen aus dem erweiterten Zeichensatz (Dialog WORDPERFECT-ZEICHENSÄTZE) zulässig sind; beim Suchen nach Wörtern werden lediglich Zeichen des Alphabets in den Vorgang einbezogen; gesucht wird nach Wörtern oder Wortkombinationen. Der Suchtext ist unter WORTSCHEMA einzutragen.

338

BESCHRÄNKEN AUF

Hiermit wird die Suche auf bestimmte Suchkriterien eingeschränkt. Damit sparen Sie Zeit. Möglich sind die gesamte Datei (nur unter WordPerfect oder auch unter einem anderen Programm verfaßt), die erste Seite, Textangaben, beschreibende Namen, Dokumentartangaben, Verfasser/in, Schreibkraft, Betreff, Bezug, Stichpunkte und Zusammenfassung (siehe auch Kapitel 2.8.3, "Textangaben").

Hinweis: Die ausgewählte Option wird im Popup-Menü mit einem Häkchen markiert.

MEHRERE WÖRTER SUCHEN

Hier wird angegeben, wo nach mehreren Wörtern gesucht werden soll. Zur Auswahl stehen DATEI, SEITE, ABSCHNITT, ABSATZ, SATZ oder ZEILE. Beispiel: Wurden unter Wortschema die Begriffe *Sri Lanka* und *Tee* angegeben, können Sie bestimmen, ob danach auf derselben Seite, im selben Absatz etc. gesucht werden soll.

Hinweis: Die ausgewählte Option wird im Popup-Menü mit einem Häkchen versehen.

DATEIDATUM

Hier werden das Anfangs- und das Abschlußdatum eines Zeitrahmens angegeben, in welchem die zu suchenden Dateien erstellt wurden. Es genügt jedoch das Anfangs- oder das Abschlußdatum.

WEITERE SUCHKRITERIEN

Zwei weitere Suchkriterien stehen zur Verfügung. Mit dem ersten können Sie festlegen, ob bei den unter WORTSCHEMA eingegebenen Wörtern Groß- oder Kleinschreibung von Bedeutung ist, beim zweiten, ob nur WordPerfect-Dateien in Suchvorgänge einbezogen werden sollen. Haben Sie alle Einstellungen getroffen, klicken Sie auf SUCHEN, und WordPerfect startet die Suche anhand der gewünschten Kriterien.

9.4   Anzeige-Optionen

Jetzt wissen Sie, wie man Verzeichnisse und Dateien verwaltet und kennen verschiedene Suchformen. Was noch fehlt, sind Informationen über die unterschiedlichen Anzeigeformen im Datei-Manager. Wenn

Sie den Datei-Manager das erste Mal auf Ihren Bildschirm holen, werden Ihnen standardmäßig das Namensverzeichnis- sowie das Vorschaufenster angezeigt. Diese Einstellung können Sie jedoch beliebig ändern.

Vorab ist es wichtig zu wissen, daß der Datei-Manager insgesamt fünf verschiedene Fensterarten enthält. Neben den Ihnen bereits bekannten Fenstern Namensverzeichnis, Vorschau und Suchergebnis gibt es noch das Dateiverzeichnis und die Kurzliste. Auf diese beiden letzten Fenster soll hier einmal kurz eingegangen werden.

Dateiverzeichnis

Im Dateiverzeichnis werden neben den Namen der einzelnen Dateien und Unterverzeichnisse weitere dateibezogene Daten angezeigt, nämlich die Größe sowie Datum und Uhrzeit der Erstellung. Das Dateiverzeichnis wird vom ANZEIGEN-Menü oder vom Namensverzeichnis aus geöffnet; im letzteren Fall bleibt auch das Namensverzeichnis auf dem Bildschirm stehen.

Um das Dateiverzeichnis des Hauptverzeichnisses vom Namensverzeichnis aus zu öffnen, klicken Sie auf die Verzeichnistaste WPWIN oberhalb der entsprechenden Liste.

Alternativ können Sie das Dateiverzeichnis auch über die gleichnamige Option im ANZEIGEN-Menü öffnen. Die Namen der Dateien im aktuellen Verzeichnis werden in beiden Fällen angezeigt. Vom Dateiverzeichnis aus können Sie Dateien beliebig kopieren, verschieben, löschen oder öffnen. Im Unterschied zum Namensverzeichnis sehen Sie hier aber zusätzlich, wie groß die einzelnen Dateien sind und an welchem Datum sie um welche Uhrzeit angelegt wurden (vgl. Abbildung 9.10).

Standardmäßig werden im Dateiverzeichnis also vier Spalten angezeigt: Dateiname, Größe (in Bytes), Datum und Uhrzeit. Weitere Spalten und Angaben sind jedoch verfügbar. Klicken Sie dazu den grauen Bereich rechts neben den Spaltenüberschriften an und halten die linke Maustaste gedrückt, um die Popup-Liste sichtbar zu machen. Die ersten vier Listeneinträge stehen nicht zur Verfügung – sie sind bereits als Spalten vorhanden. Darunter finden Sie noch folgende vier Angaben:

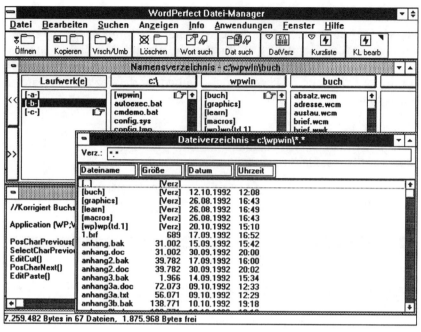

Abb. 9.10: DATEIVERZEICHNIS

ATTRIBUTE

In dieser Spalte wird angegeben, ob auf eine Datei nur Lesezugriff besteht oder ob es sich um eine Archiv-, System- oder um eine unsichtba-
re Datei handelt. Unter einem Attribut versteht man ein besonderes
Merkmal einer Datei. Das häufigste Attribut ist ARCHIV. Dieses Attribut
wird vom DOS-Befehl BACKUP benutzt, um festzustellen, welche Datei-
en bereits archiviert worden sind und welche nicht (letztere bekommen
dann das Attribut *a...* zugewiesen).

Hinweis: Mit der Option ATTRIBUTE ÄNDERN im DATEI-Menü können
Sie neue Attribute vergeben.

PFAD

Der komplette Pfad zu den Dateien wird angezeigt. Im Hauptverzeichnis haben alle angezeigten Verzeichnisse und Dateien den Pfad
C:\WPWIN.

341

Beschr. Name

Haben Sie die Textangaben zu jeder Datei auf Ihrer Festplatte ausgefüllt (siehe dazu Kapitel 2.8.3), durchsucht WordPerfect diese Textangaben nach dem Eintrag unter Beschreibender Name. Wird das Programm fündig, werden alle beschreibenden Namen zu den jeweiligen Dateien angezeigt.

Dokumentart

Hierbei handelt es sich ebenfalls um eine Textangabe, mit der Sie Dokumentgruppen klassifizieren können.

Markieren Sie in der Popup-Liste die Angabe Attribute und aktivieren Sie damit die Spalte für die Angabe der Dateiattribute.

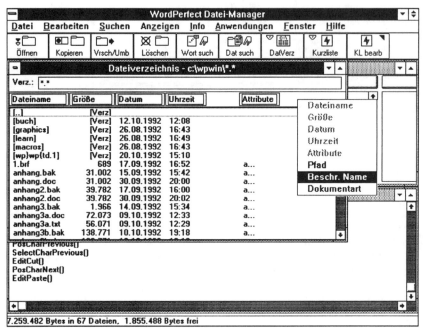

Abb. 9.11: Spalte hinzufügen

Diese Spalte wird in der Überschriftenleiste zunächst relativ weit rechts plaziert. Um die neue Spalte näher an die bereits bestehenden Spalten heranzurücken, klicken Sie die Spaltenüberschrift Attribute an, halten die linke Maustaste gedrückt und ziehen die Überschrift – und

342

damit die gesamte Spalte – unmittelbar neben die Überschrift UHRZEIT. Sie löschen eine Spalte wieder, indem sie die entsprechende Überschrift mit der Maus aus dem grauen Bereich der Überschriftenleiste herausziehen.

Kurzliste

Ihnen ist eine Kurzliste bereits ein Begriff – hierbei handelt es sich um eine definierte Liste mit den Namen häufig benötigter Verzeichnisse (siehe Kapitel 2.8.6). Eine in WordPerfect definierte Kurzliste wird auch im Datei-Manager angezeigt. Sie können eine Liste aller existierenden Kurzlisten mit der Option KURZLISTE im ANZEIGEN-Menü oder mit [Strg-K] aufrufen.

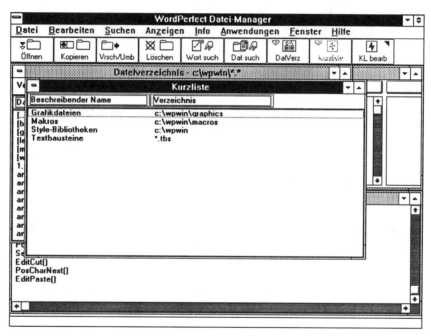

Abb. 9.12: Kurzliste anzeigen lassen

Durch zweimaliges Anklicken eines Verzeichnisses in der Kurzliste, z. B. GRAFIKDATEIEN, wird dieses Verzeichnis im Dateiverzeichnis angezeigt. Über die Option KURZLISTE BEARBEITEN im ANZEIGEN-Menü können Sie eine Kurzliste neu definieren oder ändern.

343

Anzeige-Optionen

Jetzt kennen Sie alle möglichen Fenster des Datei-Managers; kommen wir nun zu den unterschiedlichen Anzeige-Optionen, die Sie allesamt unter LAYOUTS im ANZEIGEN-Menü finden. Dahinter verbergen sich vordefinierte Kombinationen von Fenstern. Standardkombination ist NAMENSVERZEICHNIS (BREIT), VORSCHAU. Fünf weitere Fensterkombinationen stehen Ihnen zur Verfügung.

DATEIVERZEICHNIS (SCHMAL), VORSCHAU

In der linken Bildschirmhälfte wird das Dateiverzeichnis in Schmalform angezeigt; der übrige größere Bildschirmbereich wird von der Vorschau eingenommen.

KURZLISTE, VORSCHAU

Der Bildschirm wird vertikal zweigeteilt – die linke Hälfte ist von der Kurzliste, die rechte von der Vorschau belegt.

KURZLISTE, DATEIVERZEICHNIS, VORSCHAU

Das Dateiverzeichnis nimmt die gesamte linke Bildschirmhälfte ein; die rechte Hälfte teilen sich Kurzliste und Vorschau.

NAMENS- UND DATEIVERZEICHNIS, VORSCHAU

Im oberen Bildschirmbereich wird das Namensverzeichnis angezeigt; den unteren Bereich teilen sich Dateiverzeichnis und Vorschau.

Hinweis: Wenn Ihnen diese insgesamt sechs Anzeige-Modelle nicht genügen, haben Sie die Möglichkeit, über ORGANISIEREN unter LAYOUTS neue Layouts zu definieren, hinzuzufügen oder auch zu löschen. Dabei können Sie die Fenster beliebig neu kombinieren und auch die jeweilige Fenstergröße variieren.

STANDARDEINSTELLUNGEn/ORGANISATION

Zum Abschluß noch ein paar Worte zu einem Befehl im DATEI-Menü. Rufen Sie den Befehl STANDARDEINSTELLUNGEN/ORGANISATION auf.

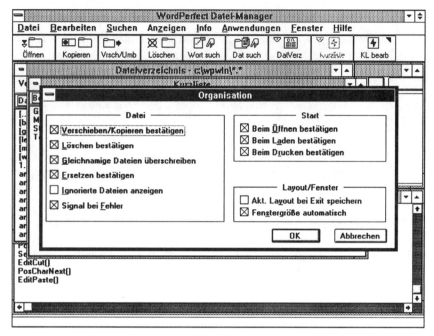

Abb. 9.13: STANDARDEINSTELLUNGEN/ORGANISATION

In diesem Dialog legen Sie die Arbeitsweise einiger Funktionen des Datei-Managers fest. Im folgenden erfahren Sie, was die einzelnen Funktionen bewirken, die standardmäßig bereits aktiviert sind.

FENSTERGRÖSSE AUTOMATISCH

Sie können die Größe des Datei-Manager-Fensters insgesamt verändern. Die Größenverhältnisse der einzelnen Fenster untereinander bleiben jedoch unverändert.

VERSCHIEBEN/KOPIEREN BESTÄTIGEN

Beim Kopieren oder Verschieben von Dateien bzw. Verzeichnissen erscheint die Aufforderung, diesen Vorgang zu bestätigen. Hiermit soll das versehentliche Überschreiben von Dateien verhindert werden.

LÖSCHEN BESTÄTIGEN

Sie müssen jeden Löschbefehl explizit bestätigen.

345

Beim Öffnen bestätigen

Der ÖFFNEN-Dialog wird angezeigt, sobald eine Datei geöffnet werden soll.

Beim Drucken bestätigen

Der DRUCKEN-Dialog wird angezeigt, sobald der Druckbefehl gegeben wird.

Beim Laden bestätigen

Der LADEN-Dialog wird angezeigt, wenn eine Datei geladen werden soll.

Ersetzen bestätigen

Wenn eine Datei in ein Verzeichnis verschoben oder kopiert werden soll, in dem sich bereits eine Datei mit gleichem Namen befindet, werden Sie gefragt, ob die alte Datei durch die neue Datei ersetzt werden soll.

Signal bei Fehler

Schleicht sich beim Kopieren, Verschieben oder Löschen einer Datei ein Fehler ein, wird eine entsprechende Fehlermeldung ausgegeben.

Gleichnamige Dateien überschreiben

Beim Kopieren oder Verschieben von Dateien in ein anderes Verzeichnis werden gleichnamige Dateien automatisch ersetzt.

Zwei weitere Funktionen sind standardmäßig nicht angekreuzt.

Ignorierte Dateien anzeigen

Beim Kopieren, Verschieben, Umbenennen oder Löschen von Dateien können Sie einzelne Dateien mit Hilfe der Option IGNORIEREN übergehen. Kreuzen Sie obige Funktion an, können solche ignorierten Dateien bei nochmaliger Anzeige der Dateinamen kopiert, verschoben, umbenannt oder gelöscht werden.

Aktuelles Layout bei Exit speichern

Das aktuelle Bildschirmlayout, d. h. die aktuelle Fensterkombination, wird beim Verlassen des Datei-Managers automatisch gespeichert. Kreuzen Sie obige Option an, setzen Sie die Anzeige des Standard-Bildschirmlayouts außer Kraft.

346

Hinweis: Die zweite mögliche Standardeinstellung ZUORDNEN soll in diesem Buch nicht weiter erläutert werden. Sie hat mit anderen Anwendungsprogrammen zu tun, die Sie über den WordPerfect-Datei-Manager starten können. Nur so viel dazu: Sie haben die Möglichkeit, über das ANWENDUNGEN-Menü direkt auf andere Anwendungen, z. B. das Lexikon oder den Thesaurus, zuzugreifen oder eine Anwendung Ihrer Wahl, z. B. Excel, ins ANWENDUNGEN-Menü aufzunehmen und dieses Programm zukünftig direkt über den Datei-Manager zu starten statt umständlich über den Programm-Manager.

Fragen und Übungen:

1. Legen Sie folgende neue Verzeichnisse an: PRODUKTE, MEMO und BERICHTE und löschen Sie das letzte anschließend wieder.

2. Wo liegt der Unterschied zwischen der Dateianzeige im Vorschau-Fenster und dem ÖFFNEN-Befehl?

3. Experimentieren Sie mit der Dateiverwaltung ein wenig herum, indem Sie beliebige Dateien öffnen, drucken, kopieren, umbenennen und verschieben (nicht löschen, denn dann sind sie verschwunden!).

4. Wonach können Sie im Datei-Manager suchen?

5. Wie heißen die verschiedenen Fenster im Datei-Manager, und welche Möglichkeiten gibt es, diese auf dem Bildschirm anzuordnen?

6. Was legen Sie mit STANDARDEINSTELLUNGEN/ORGANISATION fest?

10 Längere Dokumente erstellen

Sie wissen nun, wie Sie Briefe schreiben, Serienbriefe erstellen und Texte gestalten. Die berufliche Praxis bringt es mit sich, daß der größte Teil aller Dokumente, die Sie im Laufe der Zeit anlegen, nicht überdurchschnittlich lang ist. Die meisten Briefe, internen Mitteilungen, Berichte und sonstige Infos umfassen zwischen zwei und maximal zehn Seiten – also kein exorbitanter Umfang.

Bisher sind Sie also nicht in die Verlegenheit gekommen, längere Dokumente zu erfassen und zu organisieren. Plötzlich kommt alles ganz anders. Nichtsahnend gehen Sie in ein Abteilungsmeeting und kommen wenig später aus der Versammlung heraus mit einem dicken Auftrag in der Tasche – der Erstellung des Geschäftsberichts für das laufende Geschäftsjahr. Im Prinzip ist alles kein Problem, denn Sie wissen über Absatzstyles, die Formatierung von Seiten, das Anlegen von Tabellen, das Einbinden von Grafiken, überhaupt über das Thema Layout bestens Bescheid. Auch die Zusammenstellung des Geschäftsberichts selbst bedeutet keine endlose Schreiberei, denn Sie erhalten die Texte und Tabellen von Ihren Kollegen und brauchen diese nur noch von Diskette auf Ihren PC einzulesen und zusammenzustellen.

Doch in Sachen Verwaltung langer Dokumente kommt einiges auf Sie zu, z. B. Seitennumerierung, Gliederungen, Inhalts- und Stichwortverzeichnis, etc. WordPerfect hilft Ihnen mit vielen Funktionen dabei, den Geschäftsbericht anschaulich und ordnungsgemäß zu strukturieren.

10.1 Seiten numerieren

Sie haben alle Texte, Tabellen und Grafiken bereits eingelesen und entsprechend formatiert. Das Gerüst des Geschäftsberichts steht also fest. An dieser Stelle setzen wir an mit dem ersten nötigen Schritt zur Verwaltung eines langen Dokuments, dem Numerieren der Seiten.

Grundsätzliche Informationen zum Anbringen von Seitenzahlen haben Sie beim Definieren von Fußzeilen bereits kennengelernt. Sie wissen, daß man bei langen Dokumenten zwischen geraden und ungeraden Seiten unterscheiden muß: In einem aufgeschlagenen Buch – oder einem aufgeklappten Geschäftsbericht – sind die linken Seiten mit geraden und die rechten Seiten mit ungeraden Seitenzahlen versehen. Ihnen ist auch bekannt, daß die Seitenzahlen unten oder oben auf der Seite stehen können, und zwar wahlweise linksbündig, in der Seitenmitte oder rechtsbündig.

Sind Ihnen alle diese Grundlagen noch geläufig, können Sie getrost in die Tiefen dieses Kapitels einsteigen; fällt der Groschen nicht so richtig, lesen Sie lieber nochmal in Kapitel 3.3.3, "Kopf- und Fußzeilen", nach.

Um die Seiten Ihres Geschäftsberichts fortlaufend durchzunumerieren, steuern Sie den Cursor zunächst auf die Seite, an der die Seitennumerierung einsetzen soll. Das ist normalerweise die erste Textseite, in einem Geschäftsbericht meistens der einleitende Kommentar zum Verlauf des Geschäftsjahres vom Vorstandsvorsitzenden höchstpersönlich. Rufen Sie anschließend aus dem LAYOUT-Menü die Option SEITE/SEITENNUMERIERUNG auf und beschäftigen Sie sich mit der umfangreichen Dialogbox, die auf Ihrem Bildschirm erscheint.

Position

Im Bereich DEFINITION sehen Sie ein Beispiel für gegenüberliegende Seiten. Diese beiden Seiten sind am Anfang noch leer. Darunter befindet sich ein Popup-Schalter mit der Bezeichnung POSITION. Mit diesem Schalter legen Sie fest, wo auf der Seite die Seitenzahlen stehen sollen. Standardmäßig ist KEINE SEITENZAHLEN eingestellt; diese Einstellung möchten Sie aber ändern. Klicken Sie auf den Popup-Schalter, und eine ganze Reihe von Möglichkeiten wird aufgelistet (vgl. Abbildung 10.1).

Entscheiden Sie sich zunächst, ob die Seitenzahlen oben oder unten auf der Seite stehen sollen. In der Regel, z. B. in den meisten Büchern, befindet sich die Seitennumerierung am unteren Seitenrand – behalten Sie diese Norm doch einfach bei. Damit entfallen schon mal die ersten Einträge in der Liste. Widmen Sie sich also den verschiedenen möglichen Positionen am unteren Seitenrand. Mit den Optionen UNTEN LINKS und UNTEN RECHTS sollten Sie vorsichtig sein, denn damit würden die Seitenzahlen auf einer der beiden Seiten in die Buchbindung oder -heftung zwischen den gegenüberliegenden Seiten hineinrutschen – bei UNTEN LINKS die Seitenzahlen der rechten Seiten, bei UNTEN RECHTS entsprechend die Seitenzahlen der linken Seiten.

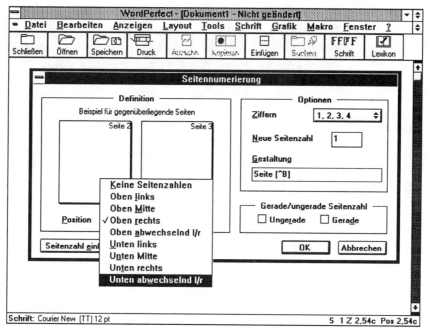

Abb. 10.1: Position der Seitenzahlen festlegen

Machen Sie sich selbst ein Bild davon, indem Sie beide Positionen nacheinander anklicken und sich die Auswirkung dieser Positionen auf die beiden gegenüberliegenden Seiten darüber anschauen.

Die anderen beiden Alternativen in der Liste hingegen sind durchweg praxistauglich. Die Seitenzahlen könnten z. B. immer unten in der Mitte stehen. Wenn Sie das gut finden, wählen Sie die Option UNTEN MITTE aus. Standard bei vielen längeren Dokumenten wie Büchern, Katalogen oder Geschäftsberichten ist es, die Seitenzahlen grundsätzlich am äußeren Rand der jeweiligen Seiten zu plazieren; d. h. auf geraden (linken) Seiten links unten und auf ungeraden (rechten) Seiten rechts unten. Damit WordPerfect die Seitenzahlen dafür richtig positioniert, wählen Sie aus der Liste den Eintrag UNTEN ABWECHSELND L/R aus. Werfen Sie einen Blick auf das Seitenbeispiel – so sehen die einzelnen Seiten in Ihrem Geschäftsbericht später aus.

Hinweis: Wenn Sie sich wundern, warum WordPerfect auf der linken Seite nicht mit der Seitenzahl 1, sondern gleich mit der zweiten Seite anfängt, so hat das einen ganz

einfachen Hintergrund: Von Seite 1 können keine gegenüberliegenden Seiten abgebildet werden, weil die erste
Seite eine ungerade und damit rechte Seite ist, zu der es
keine entsprechende linke Seite gibt (höchstens Seite 0,
doch das ist Unsinn).

Numerierart

Die Frage der Position ist somit geklärt; kommen Sie jetzt zur Numerierart im Bereich OPTIONEN rechts oben in der Dialogbox. Drei Arten
stehen Ihnen zur Verfügung, wie Sie feststellen werden, wenn Sie den
Popup-Schalter hinter ZIFFERN aufklappen. Standard sind arabische
Zahlen, also *1, 2, 3,* etc.

Alternativ können Sie aber auch römische Ziffern auswählen, obwohl
sich das für einen Geschäftsbericht mit schätzungsweise 100 bis 150
Seiten nicht empfiehlt. Oder wissen Sie auf Anhieb, daß Sie sich auf
Seite 184 befinden, wenn Sie die Seitenzahl CLXXXIV sehen? Das dürfte im Geschäftsbericht eines modernen, zeitgemäßen Unternehmens etwas antiquiert aussehen.

Um die römischen Gepflogenheiten noch weiter zu treiben, stellt Ihnen
WordPerfect als dritte Möglichkeit sogar noch die römischen Ziffern in
Kleinbuchstaben zur Verfügung, also i, ii, iii, etc. Belassen Sie es bei
der Vorgabe und numerieren Sie Ihren Geschäftsbericht mit "normalen" Seitenzahlen durch.

Hinweis: Wenn die Seitennumerierung mit einer anderen Zahl als
1 einsetzen soll, schreiben Sie die gewünschte Zahl in
das Textfeld NEUE SEITENZAHL. Das macht vor allem dann
Sinn, wenn Sie z. B. an einem Buch schreiben und jedes
Kapitel in einer Einzeldatei abgelegt und durchnumeriert haben.

Wenn Sie die einzelnen Kapitel später zu einem Ganzen
zusammenfügen, können Sie nicht bei jedem Kapitel
wieder mit Seite *1* anfangen, sondern müssen alles fortlaufend durchnumerieren. So würde das zweite Kapitel
z. B. nicht mit Seite *1*, sondern mit Seite *54* beginnen
(mchr zur Arbeit mit Haupt- und Teildokumenten in Kapitel 10.8).

Gestaltung

In der Regel besteht eine Seitenzahlangabe nur aus der "nackten" Seitenzahl, also *1, 2, 3*, etc. Viel besser macht sich aber manchmal ein kurzer Textzusatz, im einfachsten Fall in der Form

```
Seite 100.
```

Für Ihren Geschäftsbericht sähe auch ein längerer Hinweis bestimmt gut aus, z. B.

```
Geschäftsbericht 1992 - Seite 100.
```

Im Textfeld unter GESTALTUNG steht bereits der Code für die Seitenzahlen *[^B]*. An Stelle dieses Codes wird später im Dokument die jeweilige Seitenzahl stehen. Setzen Sie den Cursor vor den Code und schreiben Sie den Text, so daß hinterher

```
Geschäftsbericht 1992 - Seite [^B]
```

in der Zeile steht.

Nun noch kurz zu den beiden letzten Optionen im Dialog SEITENNUMERIERUNG, die für Sie zwar nicht akut sind, einen kleinen Exkurs aber wert sind.

GERADE/UNGERADE SEITENZAHL

Diese Funktion ist von Nutzen, wenn bestimmte Seiten, z. B. die erste Seite der einzelnen Kapitel eines Buches, stets mit einer geraden oder einer ungeraden Seitenzahl versehen werden sollen. Jedes Buchkapitel beginnt häufig auf einer rechten, also ungeraden Seite. Um an diesen Stellen jeweils eine ungerade Seitenzahl zu erzwingen, setzen Sie den Cursor auf die betreffende Seite und kreuzen unter GERADE/UNGERADE SEITENZAHL das Feld UNGERADE an.

SEITENZAHL EINFÜGEN

Sie können an jeder beliebigen Position auf der Seite eine Seitenzahl einfügen. Beispiel: Unten auf der letzten Seite Ihres Dokuments steht der Satz *Dieses Dokument besteht aus insgesamt 150 Seiten*. Für diese Feststellung müssen Sie die Seiten des Dokuments nicht einzeln durchzählen, sondern wie folgt vorgehen: Schreiben Sie *Dieses Dokument besteht aus*, rufen Sie den SEITENNUMERIERUNG-Dialog auf und klicken Sie auf den Schalter Seitenzahl einfügen. WordPerfect fügt die aktuelle Seitenzahl (die der letzten Seite) an dieser Stelle automatisch ein, so daß Sie den Satz nur noch vervollständigen müssen.

Mit Ok bestätigen Sie Ihre Angaben und schließen die Dialogbox. WordPerfect numeriert nun die Seiten Ihres Dokuments fortlaufend durch. Wenn Sie später noch Änderungen an Ihrem Geschäftsbericht vornehmen oder ihn um weiteren Text ergänzen, werden die Seitenzahlen automatisch neu angepaßt, d. h. aktualisiert.

Sollten Sie auf Ihrem Bildschirm nach den Seitenzahlen suchen, so werden Sie mit Sicherheit nicht fündig. Das liegt daran, daß die Seitenzahlen im Dokumentfenster nicht angezeigt werden, sondern erst beim Ausdrucken des Dokuments in Kraft treten. Wenn Sie so lange nicht warten können, wechseln Sie mit [Umschalt-F5] in die Druckbildansicht; hier können Sie sich die Seitennumerierung vor dem Drucken anzeigen lassen.

10.2 Fußnoten und Endnoten verwalten

In vielen Büchern, vor allem in Schulbüchern, wissenschaftlichen Arbeiten und anderen langen Dokumenten findet man hin und wieder eine Anmerkung am unteren Seitenrand sowie einen entsprechenden Hinweis darauf im Text. Diese Anmerkungen werden *Fußnoten* genannt und dienen dazu, Quellenangaben oder Erläuterungen bzw. weiterführende Informationen zu einzelnen Textpassagen aufzunehmen. Legt man ein Buch für den Deutschunterricht zugrunde, könnte im Kapitel *Gedichte* z. B. folgende Fußnote auf einer Seite plaziert sein:

[2]) Zitiert aus "Faust" von Johann Wolfgang von Goethe, 1749-1832

An der Textstelle, auf die sich die jeweilige Fußnote bezieht, wird eine kleine Nummer eingefügt, die mit der Nummer vor der Fußnote identisch ist – der Fußnotenverweis. Alle Fußnoten, die Sie anlegen, werden automatisch durchnumeriert.

Endnoten unterscheiden sich inhaltlich nicht von Fußnoten. Der einzige wirkliche Unterschied zwischen beiden Noten ist die Form der Plazierung: Während Fußnoten immer auf derselben Seite stehen wie der

Text, auf den sie sich beziehen, werden Endnoten gesammelt, fortlaufend durchnummeriert und am Ende des Textes plaziert.

10.2.1 Fußnoten erstellen

Auch für Ihren Geschäftsbericht eignen sich Fußnoten, zumindest an einigen Stellen. Nehmen wir z. B. die Seite, auf der ein Interview mit dem General Manager Ihrer Tochtergesellschaft *Tea Fresh Inc.* in Chicago abgedruckt ist. Am Anfang dieses Interviews – wenn der Name Ihrer Tochter zum ersten Mal fällt – möchten Sie in Form einer Fußnote darauf hinweisen, daß *Tea Fresh Inc.* im Jahre 1990 ins Leben gerufen wurde und heute ca. 35 Mio. Dollar Umsatz macht.

In der folgenden Abbildung sehen Sie einen Ausschnitt aus dem Interview. Erfassen Sie diesen Text auf Ihrem Bildschirm.

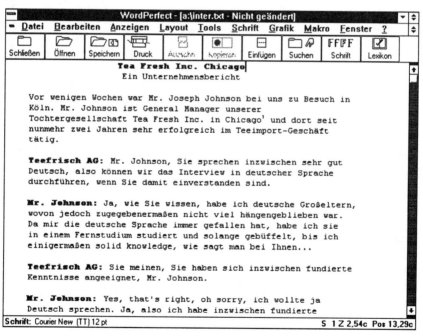

Abb. 10.2: Interview-Text

Im ersten Satz werden *Mr. Johnson* und die *Tea Fresh Inc., Chicago* vorgestellt; auf diese Textstelle soll sich auch die Fußnote beziehen. Setzen
Sie den Cursor hinter *Chicago* und rufen Sie aus dem LAYOUT-Menü den
Befehl FUSSNOTE/ERSTELLEN auf. Das Fußnotenfenster öffnet sich, wie Sie
an der Titelleiste sehr leicht feststellen können.

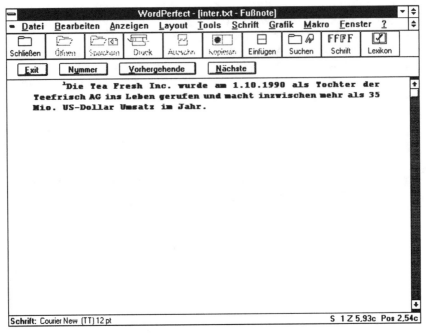

Abb. 10.3: Fußnote erstellen

Oben links in diesem Fenster ist bereits die Fußnotennummer eingefügt, dahinter steht der Cursor. Da es sich um die erste Fußnote handelt, die Sie eingeben, wird auch entsprechend die Nummer *1* angezeigt, allerdings in Form eines senkrechten Strichs. Erfassen Sie nun an
der Cursorposition folgenden Fußnotentext in Fettschrift. Stellen Sie also vorab mit [Strg-F] Fettdruck ein und schreiben Sie:

```
Die Tea Fresh Inc. wurde am 1.10.1990 als Tochter
der Teefrisch AG ins Leben gerufen und macht inzwi-
schen mehr als 35 Mio. US-Dollar Umsatz im Jahr.
```

Hinweis: Sie können jede Fußnote beliebig formatieren und neben sämtlichen Attributen wie Kursiv, Unterstreichen, etc. eine andere Schrift bzw. Schriftgröße einstellen oder die Ausrichtung ändern.

Mit einem Klick auf den Schalter EXIT kehren Sie zu Ihrem Interview-Text zurück. Die aktuelle Fußnotennummer *1* erscheint an der Cursorposition hinter *Chicago*, der Inhalt der Fußnote wird Ihnen am unteren Seitenrand jedoch nicht angezeigt. Fußnoten werden erst in der Druckbildansicht oder beim Ausdruck auf Papier sichtbar. Wenn Sie wollen, schalten Sie mit [Umschalt-F5] kurz in den Druckbildmodus, um sich die Fußnote anzeigen zu lassen.

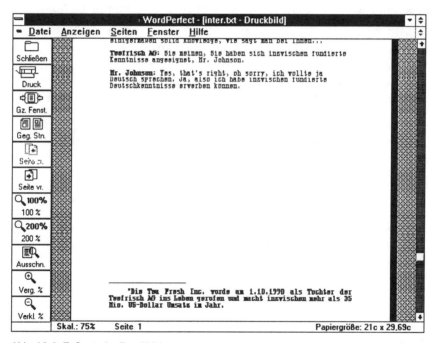

Abb. 10.4: Fußnote im Druckbild

Stellen Sie die Skalierung in Prozent so ein, daß die Fußnote lesbar wird, aber auch noch etwas von Ihrem Interview-Text zu sehen ist (dieser ist ja noch keine ganze Seite lang). Sie sehen, daß die Fußnote mit einem Strich vom übrigen Text der Seite abgesetzt und die erste Zeile nach rechts eingerückt geschrieben wird.

357

Fußnote bearbeiten

Schließen Sie die Druckbildansicht. Plötzlich klingelt bei Ihnen das Telefon, und Sie erfahren, daß die *Tea Fresh Inc.* zum Ende des laufenden Geschäftsjahres eine Umsatzsteigerung von fast 20 % verzeichnen wird, so daß sich der Gesamtjahresumsatz auf sage und schreibe 42 Mio. US-Dollar erhöht. Die Umsatzzahl müssen Sie in der Fußnote natürlich sofort korrigieren. Rufen Sie die entsprechende Fußnote über den Befehl FUSSNOTE/BEARBEITEN im LAYOUT-Menü wieder auf den Bildschirm. WordPerfect fragt Sie zunächst nach der gewünschten Fußnotennummer. Geben Sie eine *1* ein und lassen Sie sich mit OK den Inhalt der Fußnote anzeigen. Nehmen Sie die Korrektur vor und kehren Sie mit EXIT wieder zum Interview-Text zurück. Die Änderung der Fußnote kommt wiederum erst in der Druckbildansicht oder beim Ausdruck zum Tragen.

Sie können im weiteren Verlauf Ihres Geschäftsberichts so viele Fußnoten anlegen, wie Sie wollen, und zwar an jeder beliebigen Stelle im Text. Jedesmal, wenn Sie eine neue Fußnote erstellen, werden die bereits vorhandenen Fußnoten neu durchnumeriert und das Dokument je nach Umfang der Fußnoten neu formatiert.

Hinweis: Mehrere Fußnoten können nacheinander über FUSSNOTE/BEARBEITEN geändert werden, indem Sie im Fußnotenfenster mit den Schaltern VORHERGEHENDE bzw. NÄCHSTE zur vorhergehenden bzw. nächsten Fußnote springen und sich den jeweiligen Fußnotentext anzeigen lassen.

Sie löschen eine Fußnote wieder, indem Sie die Fußnotennummer im Dokumentfenster löschen oder das Fußnotensteuerzeichen im Steuerzeichenfenster markieren und [Entf] drücken.

Optionen

WordPerfect stellt Ihnen zusätzlich noch eine ganze Reihe von Möglichkeiten zur Änderung der Numerierart und Formatierung zur Verfügung. Diese Optionen wirken sich ausschließlich auf die Fußnoten aus, die nach der Textstelle folgen, an der Sie den OPTIONEN FUSSNOTE-Dialog aufgerufen haben. Sollen die Einstellungen für alle Fußnoten in Ihrem Geschäftsbericht gültig sein, positionieren Sie den Cursor vor der ersten Fußnote im Dokument, und Sie rufen dann im LAYOUT-Menü den Befehl FUSSNOTE/OPTIONEN auf. Es erscheint eine kompliziert anmutende Dialogbox.

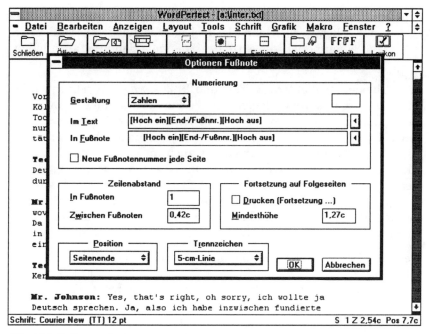

Abb. 10.5: Fußnoten-Optionen

Folgende Einstellungen können Sie in diesem Dialog vornehmen:

NUMERIERUNG

Standardmäßig verwendet WordPerfect zum Numerieren von Fußnoten hochgestellte Zahlen, und zwar sowohl im Fußnotenhinweis im Text als auch in der Fußnote selbst, wobei die Zahl innerhalb der Fußnote zusätzlich auch noch eingerückt wird. Beides – sowohl die Numerierart als auch die Formatierung des Fußnotentextes – können Sie ändern.

Um die Numerierart zu ändern, klappen Sie den Popup-Schalter hinter GESTALTUNG auf und wählen aus, ob die Fußnoten mit Zahlen, Zeichen oder Buchstaben durchnumeriert werden sollen. Entscheiden Sie sich für die Option ZEICHEN, muß das gewünschte Zeichen, z. B. *, im gleichnamigen Textfeld rechts daneben eingetragen werden. Ein Zeichen wird ebenfalls fortlaufend durchgezählt, und zwar in folgender Form: *, **, *** für die ersten drei Fußnoten.

Hinweis: Sie können auch mehrere Zeichen hintereinander eingeben, jedoch ohne Leerzeichen dazwischen. WordPerfect
numeriert die einzelnen Fußnoten dann mit allen möglichen Kombinationen der Zeichen.

In den beiden Textfeldern IM TEXT und IN FUSSNOTE darunter sehen Sie
die Steuerzeichen, die festlegen, wie die Fußnotennummern im Dokument und im Fußnotentext dargestellt werden. Vorgabe ist hier in beiden Fällen die Hochstellung der Fußnotennummern. Sie können die
Fußnoten – sowohl im Dokument als auch im Fußnotentext – jedoch
mit beliebig vielen anderen Attributen versehen, wie Sie feststellen
werden, wenn Sie mit der Maus auf die Pfeil-Symbole rechts neben
dem jeweiligen Textfeld klicken. Eine ganze Liste verschiedenster Ge-
staltungsattribute, von Fett über Unterstreichen bis hin zu Größenattributen, steht Ihnen zur Auswahl.

Wenn die Fußnotennumerierung auf jeder Seite wieder bei 1 beginnen
soll, müssen Sie das Kreuzfeld NEUE FUSSNOTENNUMMER JEDE SEITE aktivieren. Standardmäßig ist dieses Feld nicht angekreuzt. Wenn Sie jedoch viele Fußnoten in einem Dokument anlegen, kann es eventuell
für die Optik des Ganzen besser sein, auf jeder Seite wieder bei 1 anzufangen, denn sonst sind Sie hinterher bei der Fußnotennummer 105
angekommen, und das sieht nicht ganz so gut aus. Ob Sie eine durchgängige Numerierung vorziehen oder auf jeder Seite wieder bei 1 anfangen, ist ganz einfach Geschmackssache.

ZEILENABSTAND

Standardmäßig werden Fußnoten mit einfachem Zeilenabstand gedruckt. Wenn Sie mehrere Fußnoten auf einer Seite definiert haben, beträgt der Abstand zwischen den Fußnoten 0,42 cm (=Höhe einer 12-
Punkt-Schrift). Sie können sowohl den Abstand innerhalb einer Fußnote (anderthalbfacher oder doppelter Abstand) als auch den Abstand
zwischen Fußnoten ändern.

FORTSETZUNG AUF FOLGESEITEN

Bei mehreren Fußnoten auf einer Seite kann es passieren, daß diese
nicht vollständig auf dieser Seite untergebracht werden können und
daher auf die nächste Seite umbrochen werden müssen. Sie haben dabei Einfluß darauf, wieviel Platz am unteren Seitenrand mindestens für
Fußnoten vorgesehen ist. Standardmäßig bringt WordPerfect Fuß-

notentext von mindestens 1,27 cm Höhe auf einer Seite unter. Durch Ändern des Wertes im Feld MINDESTHÖHE können Sie bestimmen, wieviel Fußnotentext mindestens auf der Seite erscheinen muß.

Wenn Sie mit vielen Fußnoten arbeiten, wird es wahrscheinlich unvermeidbar sein, daß der eine oder andere Fußnotentext auf die jeweils nächste Seite umbrochen werden muß. Wenn Fußnoten auf der Folgeseite fortgesetzt werden sollen, darf der Übersichtlichkeit wegen ein entsprechender Fortsetzungshinweis nicht fehlen. Aktivieren Sie dazu das Kreuzfeld DRUCKEN (FORTSETZUNG...), und WordPerfect druckt sowohl in der letzten Fußnotenzeile der ersten Seite als auch in der ersten Fußnotenzeile der Folgeseite den Hinweis

```
(Fortsetzung...).
```

POSITION

Normalerweise stehen Fußnoten immer am unteren Seitenrand, unabhängig davon, wieviel Text auf der Seite steht. Das bedeutet im Klartext: Auch wenn nur zwei oder drei Zeilen auf einer Seite stehen und sich in diesen Zeilen ein Fußnotenhinweis befindet, wird die dazugehörige Fußnote unten auf der Seite gedruckt. Sie sehen, daß die entsprechende Einstellung SEITENENDE unter POSITION bereits eingestellt ist.

Alternativ haben Sie aber die Möglichkeit, Fußnoten direkt unterhalb der letzten Textzeile der Seite zu plazieren, was – je nach Geschmack – vielleicht die Optik halbvoller Seiten verbessert. In diesem Fall wählen Sie die Option UNTER TEXT.

TRENNZEICHEN

WordPerfect trennt den Textbereich und die Fußnoten auf einer Seite standardmäßig durch eine 5 cm lange Linie voneinander. Wenn Ihnen diese recht kurze Trennlinie nicht reicht, können Sie die Fußnoten auch mit einer Linie über die gesamte Seite vom Text abgrenzen, indem Sie die Option ÜBER GESAMTE SEITE auswählen. Legen Sie hingegen überhaupt keinen Wert auf eine Trennlinie, lassen Sie diese mit KEINE LINIE ganz wegfallen.

Haben Sie alle Einstellungen vorgenommen, schließen Sie die Dialogbox mit OK.

10.2.2 Endnoten anlegen

Sie haben nun das Verfahren zum Anlegen und Verwalten von Fußnoten kennengelernt. Auf dem gleichen Prinzip ruht auch die Erstellung von Endnoten, nur daß diese am Ende des Dokuments aufgelistet werden. Sie könnten also sämtliche Fußnoten, die Sie in Ihrem Geschäftsbericht anlegen, auch als Endnoten definieren und entsprechend ganz hinten im Bericht plazieren.

Endnoten werden genauso erstellt, bearbeitet und formatiert wie Fußnoten; das Vorgehen ist exakt gleich. Rufen Sie die Option ENDNOTE/ERSTELLEN aus dem LAYOUT-Menü auf und geben Sie in das Endnotenfenster den Fußnotentext aus dem vorherigen Abschnitt ein (oder denken Sie sich einen anderen Text aus). Mit EXIT wird der entsprechende Endnotenhinweis in Ihr Dokument eingefügt.

Optionen

Genau wie bei Fußnoten gibt es auch bei Endnoten diverse Optionen, die Sie vorab einstellen können – wahlweise für alle Endnoten oder nur für einzelne Endnoten. Am besten ist jedoch immer eine einheitliche Einstellung für alle Endnoten eines Dokuments. Rufen Sie den Optionen-Dialog über ENDNOTE/OPTIONEN auf Ihren Bildschirm. Dieser Dialog gleicht dem Dialog OPTIONEN FUSSNOTE (vgl. Abbildung 10.6).

Die Gestaltung der Endnoten liegt wiederum in Ihrer Hand – sei es, daß sie mit Zahlen, Buchstaben oder beliebigen Zeichen durchnumeriert werden. In den beiden Textfeldern IM TEXT und IN ENDNOTE erkennen Sie, wie die Endnotenhinweise im Text und die Endnoten selbst standardmäßig gestaltet sind.

Die Endnoten selbst werden mit ganz normalen Zahlen durchnumeriert (1., 2., 3., etc.), während die Endnotenverweise im Text mit hochgestellten Zahlen versehen sind. Diese Vorgaben können Sie durch Gestaltungs- und Größenattribute aus der Popup-Liste, die sich hinter dem Pfeil-Symbol verbirgt, ändern oder ergänzen.

Auch in Endnoten ist ein einfacher Zeilenabstand Standard; der Abstand zwischen den einzelnen Endnoten beträgt beim späteren Ausdruck des Dokuments normalerweise 0,42 cm. Ist Ihnen das zu wenig, vergrößern Sie die Abstände nach Ihren Vorstellungen.

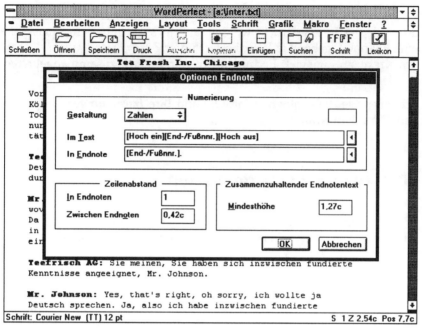

Abb. 10.6: Endnoten-Optionen

Die Gestaltung der Endnoten liegt wiederum in Ihrer Hand – sei es, daß sie mit Zahlen, Buchstaben oder beliebigen Zeichen durchnumeriert werden. In den beiden Textfeldern IM TEXT und IN ENDNOTE erkennen Sie, wie die Endnotenhinweise im Text und die Endnoten selbst standardmäßig gestaltet sind. Die Endnoten selbst werden mit ganz normalen Zahlen durchnumeriert (*1., 2., 3.,* etc.), während die Endnotenverweise im Text mit hochgestellten Zahlen versehen sind. Diese Vorgaben können Sie durch Gestaltungs- und Größenattribute aus der Popup-Liste, die sich hinter dem Pfeil-Symbol verbirgt, ändern oder ergänzen.

Auch in Endnoten ist ein einfacher Zeilenabstand Standard; der Abstand zwischen den einzelnen Endnoten beträgt beim späteren Ausdruck des Dokuments normalerweise 0,42 cm. Ist Ihnen das zu wenig, vergrößern Sie die Abstände nach Ihren Vorstellungen.

Endnoten werden normalerweise immer am Ende eines Dokuments gedruckt; diese Regel können Sie aber unterbinden (welchen praktischen Nutzen das haben kann, erfahren Sie in Kapitel 10.7, "Arbeit mit

Haupt- und Teildokumenten"). Soviel vorweg: Soll eine Endnote also am Ende der Seite gedruckt werden, auf die sie sich bezieht (quasi wie eine Fußnote), geben Sie WordPerfect unter ZUSAMMENZUHALTENDER END-NOTENTEXT an, wieviel Endnotentext mindestens zusammengehalten werden soll (Vorgabe ist hier 1,27 cm).

Schließen Sie die Dialogbox mit OK, und Ihre Einstellungen treten augenblicklich in Kraft.

10.3 Textverweise definieren

Was Textverweise sind, können Sie am besten in diesem Buch feststellen, das an sehr vielen Stellen Textverweise enthält, etwa in der Art

```
siehe dazu Kapitel 2.8.3
```

oder ähnlich. Demnach handelt es sich bei einem Textverweis um die Stelle im Dokument, von welcher aus mit Text und/oder Zahlen auf andere Stellen im Dokument hingewiesen wird. Ausgangspunkt ist dabei die Textstelle, an der der jeweilige Textverweis angebracht wird; Ziel ist die Textstelle, an der der Leser nachsehen soll. Textverweise und dazugehörige Ziele werden immer eindeutig miteinander verknüpft.

Sie können auch noch einen Schritt weitergehen und Hinweise auf die entsprechende Seitenzahl eingeben, also in der Form:

```
siehe dazu Kapitel 2.8.3 auf Seite 253.
```

Der Clou dabei: Sie können beliebig viele Textverweise erstellen; diese bleiben auch beim nachträglichen Hinzufügen von Text, Tabellen oder Abbildungen immer mit den korrekten Seitenzahlen verbunden. Wie das funktioniert, soll dieses Kapitel zeigen.

10.3.1 Textverweis erstellen

In Ihrem Geschäftsbericht sind einige Textverweise mit Sicherheit nicht verkehrt. Achten Sie aber darauf, daß es nicht allzu viele werden, denn

364

auch der geduldigste Leser wird irgendwann ärgerlich, wenn er ständig von Pontius nach Pilatus durch Ihren Geschäftsbericht gescheucht wird.

Beispiel: Sie haben ein Kapitel über alle Produkte der *Teefrisch AG* in den Geschäftsbericht integriert, und zwar in Form einer Kurzbeschreibung über Typ, Art und Herkunft der einzelnen Produkte Ihres Hauses. Am Ende dieses Kapitels möchten Sie gern auf eine Tabelle weiter hinten im Geschäftsbericht verweisen, in der sich eine Preis- und Lieferliste aller aktuellen Produkte befindet.

Da der Geschäftsbericht noch nicht gedruckt und vervielfältigt ist, sondern sich noch in Rohfassung auf Ihrem PC befindet, wissen Sie auch noch nicht, auf welcher Seite diese Tabelle tatsächlich endgültig steht. Wüßten Sie das, könnten Sie die Seitenangabe direkt in den Textverweis einfügen. Das geht zum jetzigen Zeitpunkt aber noch nicht, also überlassen Sie diese Aufgabe WordPerfect.

Textverweis markieren

Als erstes steuern Sie den Cursor an die Textstelle, an welcher der Textverweis stehen soll, also an das Ende Ihres Kapitels über die Produkte. Schreiben Sie dann den einleitenden Text für den Verweis, z. B.

```
Eine Übersicht über Preise und Lieferkonditionen
finden Sie auf Seite
```

An dieser Stelle folgt nun der eigentliche Textverweis, der mit einem Leerzeichen vom einleitenden Text getrennt wird. Haben Sie den Leerschritt eingegeben, wählen Sie im TOOLS-Menü die Option TEXT MARKIEREN/TEXTVERWEIS (vgl. Abbildung 10.7).

Sie haben nun zwei Möglichkeiten – entweder markieren Sie Textverweis und Ziel in zwei Durchgängen oder beides auf einen Rutsch. Fangen Sie der Einfachheit und besseren Übersichtlichkeit wegen mit getrennten Durchgängen an und klicken Sie in der Dialogbox auf den Knopf TEXTVERWEIS(E).

365

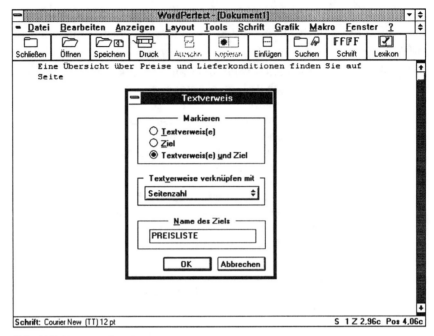

Abb. 10.7: Textverweis setzen

Bevor Sie weitermachen, müssen Sie WordPerfect mitteilen, womit der Textverweis verknüpft werden soll. Klappen Sie die entsprechende Popup-Liste unter TEXTVERWEISE VERKNÜPFEN MIT auf. Verweise sind nicht nur auf Seitenzahlen möglich, sondern auch auf Fuß- und Endnotennummern, auf Nummern der Absatznumerierung oder der Automatischen Numerierung sowie auf alle Sorten von Boxen (Text-, Abbildungs-, Formel-, Verzeichnis- und benutzerdefinierte Boxen). Sämtliche Boxen gelten als Grafikboxen.

Hinweis: Sie markieren für die Elemente innerhalb der betreffenden Box ein Ziel, indem Sie den Cursor unmittelbar rechts neben den Code der Box steuern und die Markierung setzen – und zwar bei geöffnetem Steuerzeichenfenster, das Sie kurz mit [Alt-F3] auf den Bildschirm holen.

Sie bleiben aber bei der Standardeinstellung SEITENZAHL, weil sie das Phänomen kennenlernen möchten, wie WordPerfect immer die korrekte Seitenzahl einsetzt. Tragen Sie in das Textfeld NAME DES ZIELS einen

beliebigen, aber eindeutigen Namen ein, z. B. *Preisliste*. Klicken Sie auf
OK, um die Dialogbox zu schließen – der Textverweis ist nun markiert
und hinter Ihrem einleitenden Text erscheint ein *?* als Platzhalter für
die spätere konkrete Seitenzahl.

Ziel markieren

Jetzt fehlt noch die Zielangabe. Setzen Sie den Cursor also unmittelbar
rechts neben die gewünschte Tabelle und rufen Sie den Dialog TEXTVER-
WEIS ein zweites Mal auf, um dieses Ziel auch ordnungsgemäß zu markieren. Klicken Sie diesmal auf den Knopf ZIEL.

Im Textfeld NAME DES ZIELS müssen Sie exakt den gleichen Namen eingeben wie beim Textverweis, also *Preisliste*. Darauf müssen Sie achten,
denn sonst kann WordPerfect den Textverweis der dazugehörigen Tabelle nicht richtig zuordnen. Groß- und Kleinschreibung spielt dabei
keine Rolle, wichtig ist nur, daß beide Namen Buchstabe für Buchstabe
identisch sind. Beispiel: Würde einmal *Preisliste* und einmal *Preislisten*
als Name eingegeben, könnte WordPerfect keinen Textverweis erstellen.

Textverweis erstellen

Haben Sie alles richtig eingegeben, folgt nun das eigentliche Erstellen
des Textverweises. Wählen Sie dazu im TOOLS-Menü die Option ERSTEL-
LEN oder drücken Sie [Alt-F12]. Daraufhin erscheint der Hinweis, daß
während der Erstellung sämtliche bereits existierenden Indizes, Verzeichnisse und Verweise – das letzte allein ist an dieser Stelle interessant für Sie – überschrieben werden.

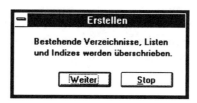

Abb. 10.8: Textverweis erstellen

Klicken Sie auf OK, und der gewünschte Textverweis wird erstellt. Ihr Textverweis am Ausgangspunkt lautet nun etwa so (abhängig von der Seite, auf der Ihre Tabelle steht):

```
Eine Übersicht über Preise und Lieferkonditionen
finden Sie auf Seite 25.
```

Hinweis: Haben Sie bei der Seitennumerierung für die Seitenzahlen zusätzlichen Text definiert, erscheint dieser ebenfalls bei der Erstellung eines Textverweises und muß nachträglich wieder gelöscht werden. Beispiel: Sie haben im Dialog SEITENNUMERIERUNG unter GESTALTUNG festgelegt, daß Ihre Seitenzahlen in der Form

```
Geschäftsbericht 1992 - Seite 1
```

gedruckt werden; damit würde auch der Textverweis anders lauten, nämlich

```
Eine Übersicht über Preise und Liefer-
konditionen finden Sie auf Seite
Geschäftsbericht 1992 - Seite 1.
```

Tip: Ändern Sie das Dokument, also Ihren Geschäftsbericht, nachträglich, sollten Sie zur Sicherheit die vorhandenen Textverweise erneut erstellen lassen, damit WordPerfect auch wirklich alle Seitenzahlen aktualisiert.

Textverweis und Ziel markieren

An dieser Stelle erfahren Sie, wie Sie Textverweis und Ziel in einem einzigen Durchgang markieren, um Zeit und Arbeit zu sparen. Positionieren Sie den Cursor an der Stelle, an welcher der Textverweis stehen soll, also an das Ende Ihres Produktkapitels und schreiben Sie wieder den bekannten einleitenden Text mit einem Leerschritt hinter dem letzten Wort *Seite*.

Rufen Sie dann den TEXTVERWEIS-Dialog auf und aktivieren Sie den Knopf TEXTVERWEISE(E) UND ZIEL. Da der Textverweis weiterhin mit einer Seitenzahl verknüpft werden soll, lassen Sie diese Einstellung stehen. Geben Sie nun noch in das Textfeld NAME DES ZIELS den Namen *Preisli-*

ste ein und schließen Sie den Dialog mit OK. WordPerfect fordert Sie in einer Bildschirmmeldung auf, den Cursor zum Ziel zu steuern und dann einmal [Eingabe] zu drücken, um das Ziel zu markieren. Steht der Cursor rechts neben Ihrer Tabelle, betätigen Sie die [Eingabe]-Taste, und Ihr Textverweis wird augenblicklich mit der korrekten Seitenzahl vervollständigt.

Hinweis: Öffnen Sie mit [Alt-F3] das Steuerzeichenfenster, und Sie sehen, daß die Steuerzeichen für den Textverweis und das Ziel eingefügt worden sind und im Textverweiscode die Seitenzahl erscheint.

10.3.2 Mehrfachverweise anlegen

WordPerfect erlaubt Ihnen neben den einfachen Textverweisen, bei denen immer ein Verweis pro Ziel angelegt wird, auch zwei Arten von Mehrfachverweisen: Sie können ein und dasselbe Ziel mit mehreren verschiedenen Ausgangspunkten verknüpfen oder mehrere Ziele mit demselben Ausgangspunkt verbinden.

Verschiedene Ausgangspunkte

Wenn Sie ein Ziel mit mehreren Ausgangspunkten verknüpfen wollen, müssen Sie für jeden einzelnen Ausgangspunkt (z. B. Seitenzahlen, Abbildungen oder Tabellen) einen entsprechenden Verweis markieren. Das Ziel selbst ist jedoch nur einmal zu markieren, vorausgesetzt, Sie verwenden für sämtliche Verweise einen einheitlichen Zielnamen. Beispiel:

```
Siehe dazu Seite 25, Abb. 1
```

In diesem Beispiel werden eine Seitenzahl (Seite 25) und eine Grafikbox (Abb. 1) markiert. Diesen Textverweis erstellen Sie in zwei Durchgängen. Setzen Sie den Cursor an die Stelle, an der der Textverweis erscheinen soll, schreiben Sie den einleitenden Text

```
Siehe dazu Seite
```

und fügen Sie einen Leerschritt ein. Rufen Sie jetzt den TEXTVERWEIS-Dialog auf, wählen Sie TEXTVERWEISE(E) UND ZIEL, suchen Sie sich die

Verknüpfung mit einer Seitenzahl aus, vergeben Sie einen prägnanten Namen für das Ziel und schließen Sie die Dialogbox mit OK. Anschließend steuern Sie den Cursor auf die Seite, auf die Sie Bezug nehmen wollen, und drücken [Eingabe]. Die erste Verweismarkierung ist somit gesetzt.

Rufen Sie nun den TEXTVERWEIS-Dialog ein zweites Mal auf, um die zweite Verknüpfung mit einer Grafikbox zu definieren – alles andere bleibt unverändert, vor allem der Name des Ziels.

Ein Klick auf OK, und Sie positionieren den Cursor rechts neben der Grafikbox mit der gewünschten Abbildung (oder direkt in der Zeile darunter) und betätigen die [Eingabe]-Taste. Die zweite Markierung steht – Ihr Textverweis ist somit vollständig.

Hinweis: Beim Verweis auf Grafikboxen – damit sind alle Boxarten gemeint – wird der Grafiktitel mit der entsprechend gewählten Numerierart eingefügt (siehe dazu Kapitel 3.4). Standardmäßig lautet der Boxtitel und damit der Verweis

Abb. 1

Haben Sie etwas anderes definiert, könnte der Textverweis auch anders aussehen, z. B.

Pazifik bei Sonnenuntergang 1.

Mehrere Ziele

Wenn Sie einen Textverweis mit mehreren Zielen verbinden, brauchen Sie den Verweis selbst nur einmal markieren; danach folgt die Markierung der einzelnen Ziele, wobei Sie stets denselben Zielnamen vergeben müssen, um eine eindeutige Identifizierung zu ermöglichen. Beispiel:

Siehe dazu Seite 25, 31 und 49

Setzen Sie den Cursor an die Textstelle, an welcher der Verweis plaziert werden soll, schreiben Sie den einleitenden Text, also

Siehe Seite

mit einem Leerschritt am Ende und rufen Sie den TEXTVERWEIS-Dialog auf, um den Textverweis zu markieren. Wie Sie dabei vorgehen, wissen Sie ja nun – klicken Sie den Knopf TEXTVERWEIS(E) an; alle anderen Vorgaben bleiben, wichtig ist der Name des Ziels. Nach einem Klick auf OK müssen Sie die drei Ziele jeweils in einem getrennten Arbeitsgang markieren. Steuern Sie den Cursor auf das erste Ziel, d. h. auf Seite 25, und markieren Sie dieses in bekannter Weise (Klick auf den Knopf ZIEL). Ist dieses Ziel markiert, folgen noch die beiden weiteren Ziele, die ebenfalls einzeln markiert werden. Positionieren Sie den Cursor auf die nächste Zielseite, nach unserem Beispiel Seite 31, und markieren Sie das Ziel. Der Name des Ziels muß mit dem Namen, den Sie für das erste Ziel vergeben haben, absolut identisch sein. Schließen Sie die Dialogbox mit OK und wiederholen Sie diesen Vorgang für das letzte Ziel auf Seite 49.

Mit der Option ERSTELLEN im TOOLS-Menü oder mit [Alt-F12] legen Sie den Textverweis endgültig an. WordPerfect trennt dabei die einzelnen Verweise jeweils durch ein Komma und ein Leerzeichen voneinander.

10.4 Gliederungen erstellen

Jedes längere Dokument muß bei seiner Erstellung vernünftig strukturiert werden, damit der Leser jederzeit den Überblick behält und Gedanken und Informationen im Text zuordnen kann.

Eine Gliederung – und darum geht es hier – ist hierarchisch strukturiert, d. h. in verschiedene Ebenen aufgeteilt. Die Gliederung in Ihrem Geschäftsbericht könnte z. B. so aussehen:

```
1 Einleitung durch Herrn Dr. Moser
2 Das Geschäftsjahr 1992 im Überblick
   2.1   Die Umsatzentwicklung
          2.1.1 Umsätze nach Produktgruppen
          2.1.2 Umsätze der letzten fünf Jahre
   2.2   Die Zentrale in Köln
3 Die Tochtergesellschaften im Ausland
   3.1   Tea Fresh Inc., Chicago
          3.1.1 Interview mit Mr. Johnson, General Manager
```

371

So – oder so ähnlich – könnte es jetzt noch weitergehen bis zum Ende des Geschäftsberichts, der Bilanz für das aktuelle Geschäftsjahr. Genau diese Gliederung möchten Sie jetzt erstellen. WordPerfect bietet dazu zwei Funktionen an – Absatznumerierung und Automatische Numerierung. Mit beiden Funktionen können Sie Gliederungen erstellen, allerdings mit unterschiedlichen Schwerpunkten. Auf den folgenden Seiten werden Sie kennenlernen, wann Sie welche Numerierung einsetzen.

10.4.1 Automatische Numerierung

Mit der automatischen Numerierung können Sie recht komfortabel eine vollständige Gliederung für ein Dokument erstellen. WordPerfect hilft Ihnen dabei, die einzelnen Gliederungspunkte und -stufen zusammenzustellen und durchzunumerieren.

Numerierung definieren

Bevor Sie sich daranmachen, für Ihren Geschäftsbericht eine Gliederung anzulegen, müssen Sie die Numerierung zunächst einmal definieren. Jede Gliederungsebene ist durch eine spezielle Art der Numerierung gekennzeichnet. Das muß auch so sein, denn sonst könnten Sie die unterschiedlichen Stufen ja nicht unterscheiden. Legen Sie mit Datei/Neu ein neues Dokument an, um einen leeren Bildschirm zu bekommen. Wählen Sie dann im Tools-Menü die Option Automatische Numerierung/Definieren.

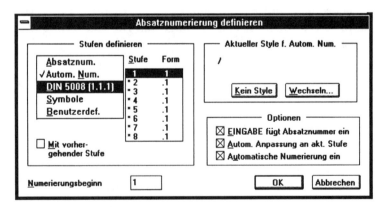

Abb. 10.9: Numerierung definieren

Anhand dieser Dialogbox können Sie Gliederungen individuell an Ihre Anforderungen und Vorstellungen anpassen. Die Einstellungen, die Sie hier vornehmen, sollen für das aktuelle Dokument – also für die Gliederung Ihres Geschäftsberichts – sowie für alle zukünftigen Dokumente gelten (obwohl Sie natürlich für jedes Dokument wieder eine andere Numerierung festlegen können, wenn Sie wollen).

Widmen Sie sich dem Bereich STUFEN DEFINIEREN – denn das ist für Sie der zunächst wichtigste. Hier bestimmen Sie, in welcher Form die einzelnen Stufen der Gliederung durchnumeriert werden sollen. Klappen Sie die Popup-Liste unter VORDEFINIERTE FORMATE auf, und Sie sehen, daß Ihnen verschiedene Formate zur Verfügung stehen.

Rechts daneben erkennen Sie, daß Sie maximal acht verschiedene Gliederungsstufen anlegen können. In der Praxis kommt es so gut wie nie vor, daß alle acht Stufen tatsächlich in einem Dokument angelegt werden. Üblich sind maximal drei Gliederungsstufen, um die Gliederung nicht zu sehr zu verschachteln.

Unter FORM wird Ihnen die Gliederungsform angezeigt, die Sie in der Liste VORDEFINIERTE FORMATE aktuell markiert haben. Markieren Sie sämtliche Formate nacheinander und sehen Sie sich an, wie die Gliederungsstufen jeweils durchnumeriert werden.

Die meisten angebotenen Numerierformen sind mehr oder weniger aberwitzig und erfüllen ganz und gar nicht den Zweck, Ihr Dokument übersichtlich zu strukturieren. Hinter ABSATZNUMERIERUNG und AUTOMATISCHE NUMERIERUNG verbirgt sich eine wirre Kombination von Zahlen und Buchstaben, mit oder ohne Klammern. Da steigt hinterher mit Sicherheit niemand mehr durch. Genausowenig eignen sich Symbole, und eigene Numerierformen anzulegen, dürfte den Aufwand nicht lohnen. Denn schließlich ist glücklicherweise die – zumindest in Deutschland übliche – Standardnumerierung nach DIN 5008 ebenfalls in der Liste enthalten. Damit erreichen Sie die Numerierung, die zu Anfang dieses Kapitels in dem Beispiel vorgegeben wurde, nämlich *1, 1.1, 1.1.1*. Wählen Sie dieses Format aus.

Sie sehen, daß unter STUFE ab der zweiten Stufe vor jeder Zahl ein Sternchen steht, also *2, *3, etc. Das bedeutet, daß in einer dreistufigen Gliederung, die Sie anlegen möchten, auf allen Stufen auch die Nummern der vorhergehenden Stufen angegeben werden.

Beispiel: Ohne Sternchen würde bei *Interview mit Mr. Johnson...* im dritten Kapitel

```
.1 Interview mit Mr. Johnson ...
```

stehen, mit Sternchen würde die Gliederungsstufe lauten

```
3.1.1 Interview mit Mr. Johnson ...
```

Hinweis: Bei den anderen Gliederungsformaten müssen Sie dazu das Kreuzfeld MIT VORHERGEHENDER STUFE ankreuzen, um sicherzustellen, daß WordPerfect auch bei der dritten Gliederungsstufe die beiden ersten Stufen nennt.

Hinter NUMERIERUNGSBEGINN legen Sie fest, auf welcher Stufe die Gliederung beginnen soll. Vorgabe ist 1, und für die automatische Numerierung belassen Sie es dabei. Welchen Sinn und Zweck diese Angabe erfüllt, erfahren Sie im nachfolgenden Kapitel "Absatznumerierung".

Zum Bereich AKTUELLER STYLE FÜR AUTOMATISCHE NUMERIERUNG kommen wir zu einem späteren Zeitpunkt.

Bleiben in der Dialogbox noch die drei Kreuzfelder unter OPTIONEN. Alle drei Kreuzfelder sind standardmäßig bereits aktiviert, was Sie auch nicht ändern sollten. Die Optionen bewirken im einzelnen:

EINGABE FÜGT ABSATZNUMMER EIN

Wenn Sie an der gewünschten Stelle im Dokument eine Absatznummer einfügen möchten, brauchen Sie nur [Eingabe] drücken. Ist diese Option nicht angekreuzt, wird statt dessen ganz normal eine Zeilenschaltung vorgenommen.

AUTOMATISCHE ANPASSUNG AN AKTUELLE STUFE

Sämtliche Absatznummern, die Sie einfügen, bleiben auf derselben Stufe. Wünschen Sie einen Wechsel der Gliederungsebene, müssen Sie diesen manuell herbeiführen – und zwar wechseln Sie mit [Tab] auf die nächste und mit der Funktion RANDLÖSER zurück auf die vorhergehende Stufe.

374

AUTOMATISCHE NUMERIERUNG EIN

Mit dieser Option wird die automatische Numerierung eingeschaltet, und zwar mit allen vorgenommenen Einstellungen in diesem Dialog.

Mit einem Klick auf OK treten sämtliche gewählten Einstellungen ab sofort in Kraft.

Gliederung erstellen

Nachdem Sie nun in mühevoller Kleinarbeit die automatische Numerierung definiert haben, können Sie sich an die konkrete Gliederung machen.

Tip: Die automatische Numerierung können Sie am besten im Steuerzeichenfenster nachvollziehen; daher rufen Sie mit [Alt-F3] oder über das ANZEIGEN-Menü die Steuerzeichen auf.

Der Cursor steht auf Ihrem (noch) leeren Bildschirm ganz oben links an der Stelle, an der auch die erste Absatznumerierung erfolgen soll. Wählen Sie aus dem TOOLS-Menü den Befehl AUTOMATISCHE NUMERIERUNG/EIN. Im Steuerzeichenfenster erscheint an der Cursorposition – also ganz oben auf dem Bildschirm – der Code [Autom.Num.ein]. Die Meldung AUTOMATISCHE NUMERIERUNG in der Statuszeile weist Sie zudem darauf hin, daß die Funktion aktiv ist. Jetzt können Sie loslegen. Abbildung 10.10 zeigt Ihre fertige Gliederung.

Drücken Sie einmal [Eingabe], und auf Ihrem Bildschirm erscheint eine *1* – dahinter geben Sie nun den ersten Gliederungspunkt ein. Um Abstand zwischen der Gliederungsnummer und dem Text zu schaffen, rücken Sie den Cursor über ABSATZ/EINRÜCKEN im LAYOUT-Menü nach rechts ein und schreiben den Text

```
Einleitung durch Herrn Dr. Moser
```

Beenden Sie diese Zeile mit [Eingabe], und in der nächsten Zeile erscheint eine *2* für den zweiten Haupt-Gliederungspunkt

```
Das Geschäftsjahr 1992 im Überblick,
```

375

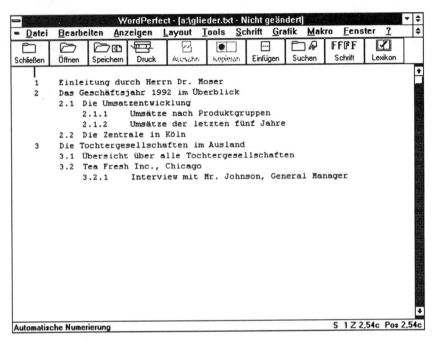

Abb. 10.10: Fertige Gliederung

den Sie wiederum entsprechend einrücken. Nach [Eingabe] ist Word-Perfect automatisch bereit für den dritten Haupt-Gliederungspunkt. Der soll an dieser Stelle aber noch gar nicht eingegeben werden, denn hier folgt zunächst einmal ein Eintrag auf der nächstniedrigeren Stufe. Drücken Sie [Tab], und aus der *3* wird umgehend die richtige Stufe *2.1* – außerdem wird diese Stufe automatisch eingerückt, um sie optisch vom Hauptgliederungspunkt abzuheben. Schreiben Sie nun

```
Die Umsatzentwicklung.
```

Alle weiteren Gliederungspunkte geben Sie bitte nach dem folgenden Schema ein.

Hinweis: Denken Sie daran, daß Sie mit [Tab] jeweils zur nächstniedrigeren Stufe gelangen und mit ABSATZ/RANDLÖSER im LAYOUT-Menü wieder zurück zur nächsthöheren Ebene.

376

- [Eingabe]

- [Tab]
  ABSATZ/EINRÜCKEN
  Umsätze nach Produktgruppen
  [Eingabe]

- ABSATZ/EINRÜCKEN
  Umsätze der letzten fünf Jahre
  [Eingabe]

- ABSATZ/RANDLÖSER
  ABSATZ/EINRÜCKEN
  Die Zentrale in Köln
  [Eingabe]

- ABSATZ/RANDLÖSER
  ABSATZ/EINRÜCKEN
  Die Tochtergesellschaften im Ausland
  [Eingabe]

- [Tab]
  ABSATZ/EINRÜCKEN
  Tea Fresh Inc., Chicago
  [Eingabe]

- [Tab]
  ABSATZ/EINRÜCKEN
  Interview mit Mr. Johnson, General Manager

Damit ist Ihre Gliederung – oder zumindest ein Teil davon – fertig. Wenn Sie Zeit und Lust haben, können Sie Ihrer Phantasie freien Lauf lassen und die Gliederung noch um weitere Punkte auf verschiedenen Ebenen ergänzen.

Gruppe kopieren

Eine Gruppe innerhalb einer Gliederung besteht aus der Gliederungsnummer der Zeile, in der sich der Cursor gerade befindet, und allen Gliederungsnummern auf den niedrigeren Stufen, inklusive des dazugehörigen Textes. Eine Gruppe wäre z. B.

```
3 Die Tochtergesellschaften im Ausland
   3.1 Tea Fresh Inc., Chicago
       3.1.1 Interview mit Mr. Johnson, General Manager
```

Sie können jede Gruppe innerhalb der Gliederung kopieren, verschieben oder auch löschen. Fangen wir mit dem Kopieren an. Sie wollen als vierte Gliederungsgruppe alle Filialen im Inland einfügen, und zwar in der gleichen Form wie die dritte Gliederungsgruppe *Die Tochtergesellschaften im Ausland.*

Normalerweise müßten Sie dazu jede Zeile manuell der jeweiligen Ebene zuordnen. Diese Arbeit können Sie sich erleichtern, indem Sie die Gliederungsstruktur der dritten Gruppe einfach komplett kopieren und damit für die nächste Gruppe übernehmen.

Setzen Sie den Cursor vor die erste Gliederungssstufe der dritten Gruppe, also vor die *3*, und wählen Sie im TOOLS-Menü die Option AUTOMATISCHE NUMERIERUNG/GRUPPE KOPIEREN. Eine Kopie der dritten Gruppe wird direkt hinter der Original-Gruppe invertiert angezeigt.

Beachten Sie, daß WordPerfect diese neue Gruppe ganz von selbst als vierte Gruppe kennzeichnet. Welch ein Komfort! Der Mauszeiger verwandelt sich in ein "Verbotsschild", d. h. Sie müssen die nächste Eingabe über die Tastatur vornehmen. Wie Sie in der Statuszeile lesen können, haben Sie nun noch die Möglichkeit, die kopierte Gruppe mit Hilfe der Richtungstasten an eine andere Position zu verschieben oder Sie mit [Eingabe] an der Stelle, an der sie sich gerade befindet, festzunageln. Drücken Sie [Eingabe], denn die Gruppe steht goldrichtig.

Hinweis: Sie können jede beliebige Gruppe jederzeit über AUTOMATISCHE NUMERIERUNG/GRUPPE VERSCHIEBEN an eine beliebige neue Position verschieben.

Was jetzt noch zu tun bleibt, ist das Überschreiben des jeweiligen Textes in den drei Zeilen (nur den Text, nicht die Struktur!), und zwar wie folgt:

```
4 Die Filialen im Inland
   4.1 Tee Import GmbH, München
       4.1.1 Interview mit Dr. Maler, Geschäftsführer
```

Wenn Sie sich im nachhinein überlegen, daß Sie diese Gruppe eigentlich doch lieber nicht in Ihre Gliederung aufnehmen wollen, setzen Sie den Cursor vor die Hauptstufe *4* und wählen Sie Automatische Numerierung/Gruppe löschen.

Nach einer kurzen Rückfrage, ob diese Gruppe wirklich gelöscht werden soll, die Sie mit Ja beantworten, verschwindet die Gruppe von Ihrem Bildschirm.

Gliederung bearbeiten

Jede Gliederung kann nachträglich noch überarbeitet werden – so kann es ein, daß Sie im nachhinein noch Haupt- oder Unterpunkte einfügen möchten. WordPerfect paßt sämtliche nachfolgenden Gliederungsnummern automatisch an die neu eingefügte Stufe an.

Ein Beispiel: Sie möchten in der dritten Gruppe zuerst eine Übersicht über alle ausländischen Tochtergesellschaften einfügen, bevor Sie sich den einzelnen Companies widmen. Setzen Sie dazu den Cursor hinter den Hauptgliederungspunkt *Die Tochtergesellschaften im Ausland* und drücken Sie [Eingabe]. WordPerfect fügt in der nächsten Zeile eine neue Gliederungsnummer ein, und zwar zunächst auf derselben Hauptebene. Mit [Tab] machen Sie aus der *4* eine *3.1*, denn die gewünschte Übersicht soll schließlich auf der nächstniedrigeren Stufe stehen. Werfen Sie nun einen Blick auf die beiden folgenden Zeilen, zwischen denen Sie den neuen Gliederungspunkt einfügen. WordPerfect ändert die ursprünglichen Nummern *3.1* und *3.1.1* automatisch in *3.2* und *3.2.1*.

Schreiben Sie nun hinter dem neuen Gliederungspunkt *3.1* den – natürlich eingerückten – Text

```
Übersicht über alle Tochtergesellschaften.
```

Sie sind nun am Ende der Gliederung angelangt und können die Gliederungsfunktion jetzt ausschalten. Positionieren Sie den Cursor am Ende des letzten Gliederungspunktes und wählen Sie Automatische Numerierung/aus. Im Steuerzeichenfenster – sofern Sie dieses noch geöffnet haben – erscheint der Code

```
[Autom.Num.aus]
```

und die Meldung Automatische Numerierung verschwindet aus der Statuszeile.

10.4.2 Gliederungs-Styles definieren

Sie wissen ja bereits, was ein Style ist (siehe Kapitel 3.3.4, "Absatzstyles"). Styles vereinfachen grundsätzlich das Bearbeiten von Texten. Auch für Gliederungsstufen können Sie Styles definieren. Dabei werden sowohl die Gliederungsnummern selbst als auch der dazugehörige Text von der Cursorposition bis zum Abschluß der Gliederung gestaltet. In folgenden Einsatzbereichen macht so etwas Sinn:

1. Sie können sich ein eigenes Format für die Gestaltung Ihrer Gliederungen zusammenstellen, und zwar auf der Basis der Einstellungen, die Sie im Dialog ABSATZNUMERIERUNG DEFINIEREN vorgenommen haben.

2. Sie können ein Gliederungsformat definieren, bei welchem in den jeweiligen Gliederungsstufen sämtliche Tabs, Einrückungen, Randlöser und Zeilenschaltungen automatisch eingefügt werden.

3. Sie können festlegen, wie die einzelnen Stufen formatiert werden sollen, und zwar komplett von den Codes bis hin zur Gestaltung des entsprechenden Textes (z. B. fett, kursiv, unterstrichen).

So legen Sie einen Style fest: Öffnen Sie den Ihnen bereits bekannten Dialog ABSATZNUMERIERUNG DEFINIEREN. Widmen Sie sich in dieser Dialogbox ausschließlich dem Bereich AKTUELLER STYLE F. AUTOM. NUM. rechts oben, den wir bei der Definition zunächst ausgelassen hatten.

Mit einem Klick auf den Schalter WECHSELN öffnet sich ein weiterer Dialog. Hier werden alle bereits vordefinierten Styles für die Absatznumerierung aufgelistet (diese stehen in der Datei LIBRARY.STY im Hauptverzeichnis C:\WPWIN zur Verfügung, die bei der Installation auf Ihre Festplatte kopiert wurde). Sie wollen sich jedoch einen eigenen Style erstellen und klicken daher auf ERSTELLEN. Der nächste Dialog wird aufgerufen (vgl. Abb. 10.11).

In das Textfeld NAME tragen Sie einen Namen für den zu erstellenden Style ein, z. B. *Gliederung 1* für die erste Gliederungsstufe. Wenn Sie wollen, können Sie in das Textfeld BESCHREIBUNG darunter eine kurze Beschreibung des Styles eingeben, z. B. *Style für die erste Gliederungsebene.*

380

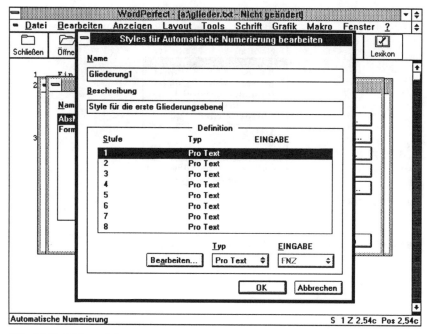

Abb. 10.11: Style erstellen

Unter DEFINITION finden Sie die acht möglichen Gliederungsstufen, für die Sie jeweils einen Style anlegen können. Sie beschränken sich jedoch auf drei Stufen.

Hinweis: Standardeinstellung unter TYP ist PRO TEXT. Alternativ könnten Sie über den Popup-Schalter TYP darunter auch TEMPORÄR wählen (den Unterschied kennen Sie ja). Da sich Ihre Styles, die Sie im folgenden anlegen, auf das gesamte Dokument, d. h. auf jeden einzelnen Gliederungspunkt der jeweiligen Stufe, beziehen sollen, lassen Sie die Vorgabe PRO TEXT stehen.

Für den Style der ersten Gliederungsebene markieren Sie die erste Stufe in der Definitionsliste und klicken auf BEARBEITEN. Das Fenster zum Erstellen eines Styles öffnet sich. Hier geben Sie nun ein, wie die erste Gliederungsstufe grundsätzlich gestaltet sein soll. Die Gliederungsnummer im gewählten Format steht bereits oben links im Eingabefenster; der entsprechende Code im Steuerzeichenfenster darunter.

381

Abb. 10.12: Style definieren

Gestalten Sie Ihren Style nun z. B. wie folgt:

- ABSATZ/EINRÜCKEN

- [Strg-F] für Fettschrift

- Schrift Times Roman in der Größe 14 Punkt im SCHRIFT-Dialog

- [Eingabe], um am Ende der Zeile eine Zeilenschaltung einzufügen

- [Tab], um anschließend zur nächstniedrigeren Gliederungsebene überzugehen

Die entsprechenden Codes werden nacheinander im Steuerzeichenfenster angezeigt. Mit EXIT kehren Sie zum vorherigen Dialog zurück, in dem Sie nun in ähnlicher Weise einen Style für die nächste und danach auch für die dritte Gliederungsebene definieren. Gehen Sie wie folgt vor:

2. Gliederungsebene

- NAME: *Gliederung 2*

- BESCHREIBUNG: *Style für die zweite Gliederungsebene*

- Markieren der zweiten Stufe unter DEFINITION

- Klick auf BEARBEITEN

- ABSATZ/EINRÜCKEN

- [Strg-U] für Unterstreichen

382

- Schrift Times Roman in der Größe 12 Punkt im SCHRIFT-Dialog

- [Eingabe], um am Zeilenende eine Zeilenschaltung einzufügen

- [Tab], um automatisch zur dritten Gliederungsstufe zu springen

- EXIT, um das Fenster zu schließen

3. Gliederungsebene

- NAME: *Gliederung 3*

- BESCHREIBUNG: *Style für die dritte Gliederungsebene*

- Markieren der dritten Stufe unter DEFINITION

- Klick auf BEARBEITEN

- ABSATZ/EINRÜCKEN

- [Strg-I] für Kursivschrift

- Schrift Times Roman in der Größe 10 Punkt im SCHRIFT-Dialog

- [Eingabe], um am Zeilenende eine Zeilenschaltung einzufügen

- ABSATZ/RANDLÖSER, um wieder zur nächsthöheren Gliederungsstufe zu springen

- EXIT, um das Fenster zu schließen

Damit haben Sie Styles für die drei ersten Gliederungsstufen erstellt und kehren mit OK zum ersten Dialog zurück. Hier sehen Sie, daß Ihre drei neuen Styles bereits in die Liste aufgenommen wurden. Mit SCHLIESSEN verlassen Sie auch diese Dialogbox und kehren zu Ihrem Dokument zurück.

Style auswählen

Wenn Sie in Zukunft eine Gliederung mit Hilfe der Styles erstellen, setzen Sie den Cursor an die Stelle, an welcher der jeweilige Style aktiviert werden soll, und wählen zunächst AUTOMATISCHE NUMERIERUNG/DEFINIEREN. Mit einem Klick auf den Schalter WECHSELN rufen Sie die Liste aller vorhandenen Styles für die automatische Numerierung auf und markieren den gewünschten Style – je nachdem, ob Sie sich gerade auf der ersten, zweiten oder dritten Gliederungsebene befinden. Mit einem Klick auf AUSWÄHLEN aktivieren Sie den Style, verlassen auch den ersten Dialog mit OK und kehren zu Ihrem Dokument zurück. Ab jetzt werden alle Einträge, die Sie vornehmen, anhand des gewählten Styles formatiert. Wenn Sie auf einer anderen Gliederungsstufe angelangt sind, wählen Sie auf die gleiche Weise den entsprechenden Style aus.

Style löschen

Sie können einen Gliederungs-Style jederzeit wieder löschen. Soll die Formatierung des Styles lediglich an einer Stelle im Text nicht mehr greifen, entfernen Sie einfach den entsprechenden Style-Code im Steuerzeichenfenster.

Möchten Sie einen Style hingegen aus dem gesamten Dokument entfernen, rufen Sie den Dialog ABSATZNUMERIERUNG DEFINIEREN, klicken auf WECHSELN, markieren den Style, den Sie löschen wollen, und klicken auf LÖSCHEN.

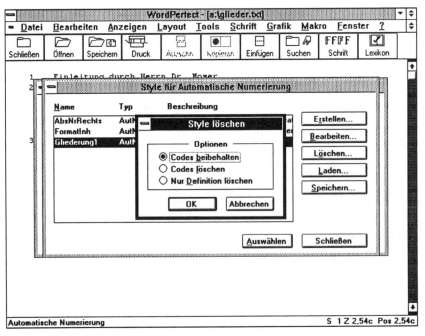

Abb. 10.13: Style löschen

Sie haben jetzt drei Möglichkeiten:

CODES BEIBEHALTEN

Der Style wird aus der Style-Liste in der Dialogbox entfernt und die Codes für diesen Style aus dem Dokument gelöscht. Die Formatierung des Styles im Text – also z. B. Fettauszeichnung – bleibt jedoch unverändert erhalten.

CODES LÖSCHEN

Style- und Formatiercodes werden aus dem Text gelöscht.

NUR DEFINITION LÖSCHEN

Lediglich die Style-Definition in der Dialogbox wird gelöscht. Das ist dann ganz nützlich, wenn Sie viele Styles für die automatische Numerierung definiert haben und den Überblick behalten wollen, welchen Style Sie denn nun in Ihr Dokument integriert haben.

Mit OK wird Ihr Style entsprechend der Wahl, die Sie getroffen haben, gelöscht.

10.4.3 Absatznumerierung

Mit Hilfe der Absatznumerierung können Sie einzelne Abschnitte numerieren oder eine Gliederung erstellen. Für letzteres empfiehlt sich jedoch eher die automatische Numerierung, denn die ist für komplette Gliederungen wesentlich komfortabler.

Wenden Sie die Absatznumerierung an, wenn Sie an bestimmten Stellen innerhalb Ihres Dokuments Absatznummern einfügen möchten. Dabei können Sie frei entscheiden, welche Stufe der jeweiligen Absatznummer zugewiesen werden soll. Doch was nützt alle Theorie der Welt – Sie begreifen eher, um was es geht, wenn Sie es einfach mal ausprobieren.

Bevor Sie sich ans Werk machen, überprüfen Sie, ob das gewünschte Format DIN 5008 eingestellt ist (Dialog ABSATZNUMERIERUNG DEFINIEREN). Auch das Textfeld NUMERIERUNGSBEGINN ist hier von Interesse, denn das besagte Interview befindet sich bereits in der dritten Gliederungsgruppe. Standard ist jedoch, daß WordPerfect grundsätzlich bei jeder Gliederung ganz vorn bei 1 anfängt, es sei denn, Sie ändern diese Vorgabe.

Wenn Sie also nicht wollen, daß vor dem Interview eine *1* steht, geben Sie in das Textfeld eine *3* ein und schließen Sie den Dialog mit OK.

Tip: Öffnen Sie auch hier das Steuerzeichenfenster, um jeden Schritt bzw. jeden Code nachvollziehen zu können.

Steuern Sie dann den Cursor an die Position, an der Sie eine Absatznummer einfügen möchten, z. B. zum *Interview mit Mr. Johnson*, dem General Manager von *Tea Fresh Inc., Chicago*, im dritten Kapitel *Die Tochtergesellschaften im Ausland*. Dieses Interview wollen Sie mit einer Absatznummer versehen. Wählen Sie dazu im TOOLS-Menü die Option AUTOMATISCHE NUMERIERUNG/ABSATZNUMERIERUNG. Es erscheint eine kleine Dialogbox, in der Sie gefragt werden, ob WordPerfect die Stufe selbst bestimmen soll, oder ob Sie die gewünschte Numerierstufe selbst definieren möchten.

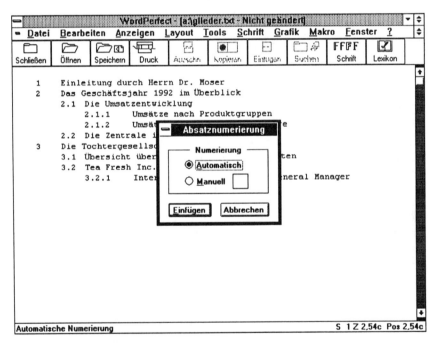

Abb. 10.14: ABSATZNUMERIERUNG

Standardmäßig ist der Knopf AUTOMATISCH aktiviert – belassen Sie es in diesem Fall bei der Einstellung und drücken Sie auf EINFÜGEN. Word-

Perfect fügt an der gewünschten Position eine 3 ein und kennzeichnet den betreffenden Absatz als dritten Hauptgliederungspunkt der ersten Stufe; im Steuerzeichenfenster erscheint der Code [Absznr.:Autom.].

Hinweis: Sie können bei automatischen Absatznummern jede Gliederungsstufe mit [Tab] oder ABSATZ/RANDLÖSER beliebig verändern. Sie haben alternativ jedoch die Möglichkeit, einer Absatznummer eine bestimmte Stufe zuzuweisen, die das Programm nicht verändern kann – man spricht hier von einer festen Absatznummer. Sie definieren z. B. eine Absatznummer der Stufe 3, indem Sie im Dialog ABSATZNUMERIERUNG den Knopf MANUELL anklikken, dahinter 3 eintragen und auf EINFÜGEN klicken. Diese Nummer der dritten Gliederungsebene ändert sich nie, wie oft Sie auch [Tab] drücken oder ABSATZ/RANDLÖSER auswählen. Im Steuerzeichenfenster erscheint der Code [Absznr.:3], um die dritte Stufe zu kennzeichnen.

10.5 Inhaltsverzeichnis erstellen

Zu jedem Buch und überhaupt zu jedem langen Dokument gehört ein Inhaltsverzeichnis. Manchmal sieht man das Inhaltsverzeichnis hinten im Buch, doch da hat es eigentlich nichts zu suchen. Ein Inhaltsverzeichnis muß dem Leser einen Überblick über die Themen geben, die ihn in dem Buch, das er gerade aufgeschlagen hat, erwarten.

Interessiert er sich für ein bestimmtes Thema, sieht er auch gleich, auf welcher Seite das gewünschte Kapitel steht. Da wohl jeder vorne anfängt zu lesen, gehört ein Inhaltsverzeichnis eigentlich immer auf die ersten Buchseiten.

Auch in Ihrem Geschäftsbericht darf ein Inhaltsverzeichnis nicht fehlen – wird dieser Bericht doch in der ganzen Welt verteilt. Es empfiehlt sich natürlich, ein Inhaltsverzeichnis erst dann anzulegen, wenn die redaktionelle und gestalterische Arbeit an dem Geschäftsbericht endgültig abgeschlossen ist, wenn Sie also am Ende Ihrer Arbeit angelangt sind.

Glücklicherweise müssen Sie ein solches, unter Umständen recht komplexes Inhaltsverzeichnis nicht mühsam manuell erstellen. Ihre Aufgabe besteht lediglich darin, die Textstellen zu markieren, die in das Verzeichnis aufgenommen werden sollen – den Rest erledigt WordPerfect für Sie.

Das fertige Inhaltsverzeichnis sollte hinterher so aussehen:

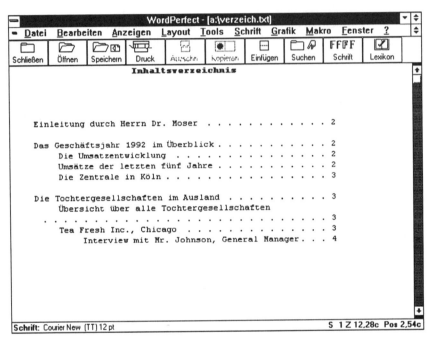

Abb. 10.15: Inhaltsverzeichnis

Laden Sie die Datei, in der sich Ihr Geschäftsbericht befindet, auf den Bildschirm.

Tip: Wenn Sie kein längeres Dokument zur Verfügung haben, legen Sie die Überschriften aus Ihrer Gliederung zugrunde. Legen Sie ein neues Dokument an und kopieren sämtliche Überschriften aus der Gliederung nacheinander in die Zwischenablage – die erste Überschrift mit KOPIEREN, alle anderen mit ANHÄNGEN. Dann rufen Sie sämtliche Überschriften mit [Umschalt-Einfg] aus der Zwischenablage auf Ihren Bildschirm. Sämtliche Überschriften werden zunächst einfach aneinandergehängt.

388

Formatieren Sie für jede Überschrift eine neue Zeile und schreiben Sie zur Übung zu jedem Punkt ein oder zwei Sätze – wenn Sie dazu keine Lust haben, geben Sie statt dessen einige Leerzeilen ein.

Einträge markieren

Damit ein Inhaltsverzeichnis erstellt werden kann, müssen vorab sämtliche Einträge markiert werden, die in das Verzeichnis aufgenommen werden sollen.

Hinweis: Sie können den Text, der im Inhaltsverzeichnis stehen soll, auch schon direkt bei der Eingabe des Textes markieren.

Markieren Sie nun die erste Überschrift *Einleitung durch Herrn Dr. Moser* und wählen Sie im TOOLS-Menü die Option TEXT MARKIEREN/INHALTSVERZEICHNIS.

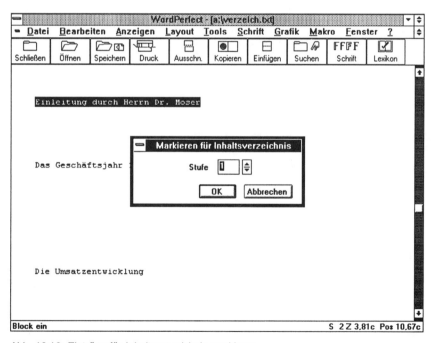

Abb. 10.16: Einträge für Inhaltsverzeichnis markieren

WordPerfect fragt Sie nun nach der Stufe, die diesem Eintrag zugewiesen werden soll. Dabei orientieren Sie sich an den jeweiligen Gliederungsstufen, in diesem Fall die Stufe 1. Klicken Sie auf OK, und die markierte Zeile wird im Hintergrund für das Inhaltsverzeichnis vorgemerkt. Sie kehren zu Ihrem Dokument zurück, wo Sie nun den zweiten Eintrag markieren und diesem über TEXT MARKIEREN/INHALTSVERZEICHNIS wiederum die gewünschte Stufe zuweisen. Markieren Sie nach folgendem Muster alle weiteren Überschriften für Ihr Inhaltsverzeichnis:

Erste Stufe:

```
Einleitung durch Herrn Dr. Moser
Das Geschäftsjahr im Überblick
Die Tochtergesellschaften im Ausland
```

Zweite Stufe:

```
Die Umsatzentwicklung
Die Zentrale in Köln
Übersicht über alle Tochtergesellschaften
Tea Fresh Inc., Chicago
```

Dritte Stufe:

```
Umsätze nach Produktgruppen
Umsätze der letzten fünf Jahre
Interview mit Mr. Johnson, General Manager
```

Tip: Damit Sie mit den Stufen nicht durcheinanderkommen und immer wissen, welchen Eintrag Sie bereits aufgenommen haben und welchen noch nicht, rufen Sie zur Kontrolle das Steuerzeichenfenster auf den Bildschirm.

Inhaltsverzeichnis erstellen

Sind alle Einträge markiert, können Sie sich ans Erstellen des Verzeichnisses machen. Das Inhaltsverzeichnis steht immer auf einer separaten Seite vor dem Dokument, auf das es sich bezieht. In Ihrem Fall bedeutet das, daß Sie vor Ihrem aktuellen Dokument eine leere Seite einfügen müssen, auf der hinterher das Inhaltsverzeichnis stehen soll. Ge-

390

hen Sie also mit zweimaligem [Strg-Pos1] an den Anfang des Textes, und zwar vor alle Codes (daher auch zweimal [Strg-Pos1]). Geben Sie jetzt mit [Strg-Eingabe] einen festen Seitenumbruch ein und steuern Sie den Cursor mit [↑] auf die neue, am Dokumentanfang eingeschobene Seite.

Das Inhaltsverzeichnis sollte durch eine entsprechende Überschrift auch als solches gekennzeichnet werden – das übernimmt WordPerfect nämlich nicht automatisch. Diese Überschrift formatieren Sie zentriert und fett ausgezeichnet, indem Sie nacheinander [Strg-M] und [Strg-F] drücken. Schreiben Sie nun

```
Inhaltsverzeichnis,
```

und fügen dahinter mit dreimaligem [Eingabe] zwei Leerzeilen ein. Vergessen Sie nicht, mit [Strg-F] den Fettdruck wieder abzuschalten und mit [Strg-L] für das Inhaltsverzeichnis die normale linksbündige Ausrichtung einzustellen.

In einem nächsten Schritt wird das Layout des Inhaltsverzeichnisses definiert. Rufen Sie dazu im Tools-Menü den Befehl Definieren/Inhaltsverzeichnis auf, und eine Dialogbox erscheint.

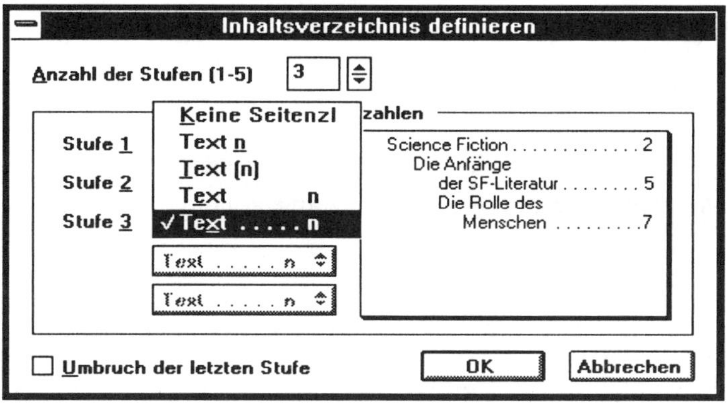

Abb. 10.17: Inhaltsverzeichnis definieren

Hinter Anzahl der Stufen geben Sie ein, wie viele Gliederungsstufen das Inhaltsverzeichnis haben soll – maximal fünf Stufen sind möglich. Ihr Verzeichnis hat wie Ihre Gliederung drei Stufen, also geben Sie die entsprechende Zahl ein. Auf den Schaltern darunter finden Sie fünf Popup-Schalter, von denen die ersten drei aktiviert sind. Hier stellen Sie ein, wie jede einzelne Stufe formatiert werden soll. Sie haben in jeder Stufe die Wahl zwischen fünf unterschiedlichen Formaten:

KEINE SEITENZAHL

WordPerfect versieht die jeweilige Stufe nicht mit Seitenzahlen. Beispiel: Bei sehr umfangreichen Druckwerken können einzelne Kapitel durch ein Deckblatt voneinander getrennt werden (*Teil I, Teil II,* etc.) Diese Deckblätter sollen im Inhaltsverzeichnis auftauchen. Da es sich aber nur um Trennseiten ohne Text handelt, wird kein Leser nach diesen Seiten über eine Seitenzahl suchen. Entsprechend kann die Seitenzahl im Inhaltsverzeichnis entfallen.

TEXT N

Die Seitenzahlen *n* erscheinen unmittelbar hinter dem jeweiligen Text, also z. B.

```
Die Zentrale in Köln 2
```

TEXT (N)

Die Seitenzahlen werden in Klammern direkt hinter dem dazugehörigen Text gedruckt, z. B.

```
Die Zentrale in Köln (2)
```

TEXT   N

Die Seitenzahlen werden rechtsbündig ausgerichtet, z. B.

```
Die Zentrale in Köln                    2
```

TEXT ....N

Die Seitenzahlen werden am rechten Rand gedruckt, und der Abstand zwischen Text und Seitenzahl wird mit Punkten aufgefüllt, z. B.

```
Die Zentrale in Köln .................2
```

Die rechtsbündige und ausgepunktete Formatierung ist der Standard bei Inhaltsverzeichnissen – stellen Sie dieses Format daher bei allen drei Stufen ein. Im Beispielfenster rechts daneben erkennen Sie, wie das Inhaltsverzeichnis anschließend anhand der getroffenen Einstellungen gestaltet wird.

Hinweis: Text, der länger als eine Zeile ist, wird automatisch in die nächste Zeile umbrochen. Im Inhaltsverzeichnis wird diese umbrochene Zeile normalerweise eingerückt. Aktivieren Sie jedoch das Kreuzfeld UMBRUCH DER LETZTEN STUFE, hat dies folgende Auswirkungen: 1. Die dritte Stufe wird ohne Einrücken umbrochen. 2. Es stehen für die letzte Stufe nur die ersten drei Formate zur Verfügung – rechtsbündig und/oder ausgepunktet ist nicht möglich. 3. Alle Überschriften der letzten Stufe werden in eine Reihe geschrieben.

Mit OK ist die Definition abgeschlossen. Dem Erstellen Ihres Inhaltsverzeichnisses steht nun nichts mehr im Wege. Wählen Sie aus dem TOOLS-Menü die Option ERSTELLEN und klicken Sie auf den Schalter WEITER.

WordPerfect beginnt im Hintergrund mit der Zusammenstellung des Verzeichnisses. Das kann ein wenig dauern – in der Titelleiste wird Ihnen klargemacht, daß das System fieberhaft arbeitet. In der Statuszeile sehen Sie die Meldung WIRD ERSTELLT. Ist WordPerfect damit fertig, wird das Inhaltsverzeichnis am Anfang des Dokuments eingefügt. Wie das aussieht bzw. aussehen sollte, haben Sie ja zu Anfang dieses Kapitels bereits gesehen.

10.6 Index erstellen

Was vorne im Buch das Inhaltsverzeichnis, ist hinten im Buch das Stichwortverzeichnis, der sogenannte Index. Während sich der Leser im Inhaltsverzeichnis einen Überblick über die Struktur des Buches verschafft, kann er im Index kapitelübergreifend nach alphabetisch geordneten Stichwörtern suchen, die irgendwo im Text vorkommen.

Beispiel: Ein Leser Ihres Geschäftsberichts sucht Informationen zu Ihrem neuen Knüller-Produkt *Asia Grande*. Also schlägt er den Index unter *A* wie *Asia Grande* auf, sucht nach dem gewünschten Indexeintrag

und entdeckt, daß das gewünschte Produkt auf Seite 23 näher beschrieben wird.

Der fertige Index für Ihr Dokument kann hinterher etwa so aussehen:

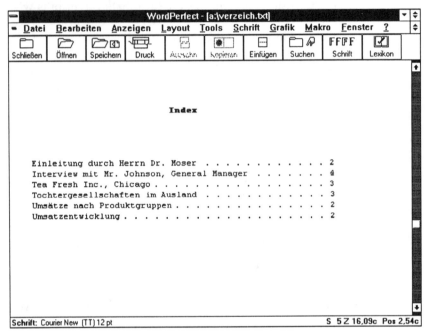

Abb. 10.18: Fertiger Index

Wenn Sie einen Index erstellen möchten, müssen Sie – wie beim Inhaltsverzeichnis – zunächst die Einträge, also die Wörter und Begriffe,
die in den Index aufgenommen werden sollen – kennzeichnen. Sie haben zwei Möglichkeiten, einen Index zu erstellen. Beide Wege sollen
Ihnen hier einmal vorgestellt werden.

Vorab eine Grundregel, wann Sie welche Methode anwenden: Kernbe-
griffe, d. h. die entscheidenden Grundbegriffe, schreiben Sie in eine
Konkordanzdatei; eine vollständige Sammlung von Stichwörtern erreichen Sie hingegen nur über manuelles Markieren der Begriffe im Text.
Wenn Sie schnell und ohne allzugroßen Aufwand einen Index der
wichtigen Stichwörter im Dokument erstellen wollen, sind Sie mit der
Konkordanzdatei gut bedient. Legen Sie aber Wert auf Vollständigkeit

und wollen wirklich alle im Text vorkommenden Einträge in den Index übernehmen, müssen Sie diese manuell indizieren. Am allerbesten ist eine Kombination von beidem: Eine Vorabauswahl der Schwerpunkte in der Konkordanzdatei und anschließend eine detaillierte Bestandsaufnahme im Text.

10.6.1 Konkordanzdatei anlegen

Mit einer Konkordanzdatei erleichtern Sie sich die Übernahme der Stichwörter in den Index, denn statt Ihr gesamtes Dokument manuell auf die gewünschten Einträge hin zu untersuchen, schreiben Sie die Stichwörter in einer getrennten Datei einfach untereinander. WordPerfect überprüft anschließend Ihr Dokument nach den jeweiligen Stichwörtern und markiert diese automatisch – egal, wie häufig sie im Text vorkommen. Beachten Sie dabei bitte, daß WordPerfect bei der Erstellung des Indexes nur die Wörter und Begriffe aus dem Dokument in den Index aufnimmt, die dem Stichwort in der Konkordanzdatei exakt, d. h. buchstabengenau entsprechen. Haben Sie z. B. *Ausländische Tochtergesellschaften* geschrieben, wird der Eintrag *Tochtergesellschaften im Ausland* im Geschäftsbericht vom Progrmm ignoriert. Groß- und Kleinschreibung spielen hingegen keine Rolle.

Die einzelnen Einträge in einer Konkordanzdatei können beliebig lang sein; jeder Eintrag muß jedoch mit dem Zeilenende-Code [FNZ] abschließen, d. h. Sie müssen nach jedem Eintrag die [Eingabe]-Taste betätigen.

Zur Praxis: Schreiben Sie die gewünschten Indexeinträge für Ihren Geschäftsbericht einfach untereinander, z. B.

```
Einleitung durch Herrn Dr. Moser
Geschäftsjahr 1992 im Überblick
Umsatzentwicklung
Umsätze nach Produktgruppen
Umsätze der letzten fünf Jahre
Zentrale in Köln
Tochtergesellschaften im Ausland
Übersicht über alle Tochtergesellschaften
Tea Fresh Inc., Chicago
Interview mit Mr. Johnson, General Manager
```

Diese Liste können Sie durch weitere Stichwörter ergänzen, z. B. Produktnamen, Geschäftsbereiche, etc. Denken Sie jedoch daran, jede Zeile mit [Eingabe] abzuschließen.

Haben Sie alle Indexeinträge vollständig erfaßt, sollten Sie diese in der Datei noch alphabetisch sortieren. Schließlich ist jeder Index alphabetisch aufgebaut. Markieren Sie dazu alle Einträge und rufen Sie aus dem TOOLS-Menü die Option SORTIEREN auf. Die Standardeinstellungen der Dialogbox entsprechen genau Ihren Wünschen, also brauchen Sie den Sortiervorgang nur noch mit OK einzuleiten. WordPerfect sortiert Ihre Einträge von A bis Z.

Hinweis: Das Sortieren über den SORTIEREN-Dialog funktioniert nur dann reibungslos, wenn kein Stichwort länger als eine Zeile ist. Sollten längere Einträge vorkommen, empfiehlt es sich, die Begriffe von Anfang an, also schon beim Erfassen in der Konkordanzdatei, alphabetisch geordnet einzugeben.

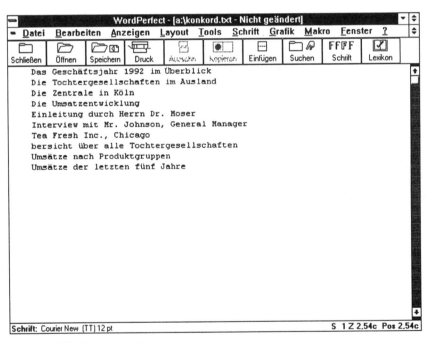

Abb. 10.19: Konkordanzdatei

Die fertige Konkordanzdatei muß nun noch unter einem eindeutigen Namen gespeichert werden, z. B. KONKORD.TXT.

Index definieren

Nachdem Sie alle gewünschten Indexeinträge erfaßt haben, definieren Sie in einem nächsten Schritt den Index. Vorher überlegen Sie sich noch, wo der Index stehen soll. Normalerweise wird das Stichwortverzeichnis im Anschluß an den Text gedruckt – gehen Sie dafür mit zweimaligem [Strg-Ende] ganz ans Ende des Textes und fügen Sie mit [Strg-Eingabe] einen festen Seitenumbruch ein. Wie das Inhaltsverzeichnis soll auch der Index mit einer fett ausgezeichneten und zentrierten Überschrift versehen werden. Drücken Sie nacheinander [Strg-F] und [Strg-M], schreiben Sie

```
Index
```

und schaffen Sie zwei Leerzeilen mit dreimaligem [Eingabe]. Danach setzen Sie den Cursor mit [Strg-L] wieder linksbündig und rufen den Befehl DEFINIEREN/INDEX im TOOLS-Menü auf.

Abb. 10.20: INDEX DEFINIEREN

Unter SEITENZAHLEN legen Sie fest, wie die Seitenzahlen für Ihre Stichwörter angezeigt und gedruckt werden. Die Popup-Liste, die sich hinter dem Schalter verbirgt, ist Ihnen vom Definieren des Inhaltsverzeichnisses her bekannt und bedarf daher keiner weiteren Informatio-

397

nen. Wählen Sie auch für den Index die Gestaltung TEXT .....N, damit die Seitenzahlen rechtsbündig und ausgepunktet gedruckt werden. Im Vorschaufenster darunter sehen Sie an einem Beispiel, wie sich die gewählte Gestaltung auf den Index auswirkt.

Unten im Dialog finden Sie ein Textfeld mit der Bezeichnung KONKOR-DANZDATEI. Hier tragen Sie den Namen Ihrer Konkordanzdatei, also KONKORD.TXT ein. Wenn Sie sich an den Namen nicht mehr genau erinnern, klicken Sie die Verzeichnistaste daneben an und wählen Sie im Dialog DATEI WÄHLEN die gewünschte Konkordanzdatei aus.

Mit einem Klick auf OK schließen Sie die Indexdefinition ab und machen sich ans endgültige Erstellen des Stichwortverzeichnisses. Das funktioniert bekanntermaßen mit der Option ERSTELLEN im TOOLS-Menü und des weiteren mit einem Klick auf den Schalter WEITER. Word-Perfect erstellt nun Ihren Index und schreibt ihn – wie gewünscht – ans Textende. Wie das aussehen sollte, hat Ihnen ja bereits die Abbildung am Anfang dieses Kapitels gezeigt.

10.6.2 Einträge markieren

Kommen wir nun zur zweiten Möglichkeit, Indexeinträge zu kennzeichnen – dem manuellen Markieren direkt im Text.

Tip: Zur Übung nehmen Sie wieder die Überschriften aus Ihrer Gliederung sowie eventuell vorhandenen Text dazwischen und markieren einfach beliebig einzelne Wörter.

Markieren Sie den ersten Eintrag *Einleitung durch Herrn Dr. Moser* und rufen Sie aus dem TOOLS-Menü die Option TEXT MARKIEREN/INDEX auf.

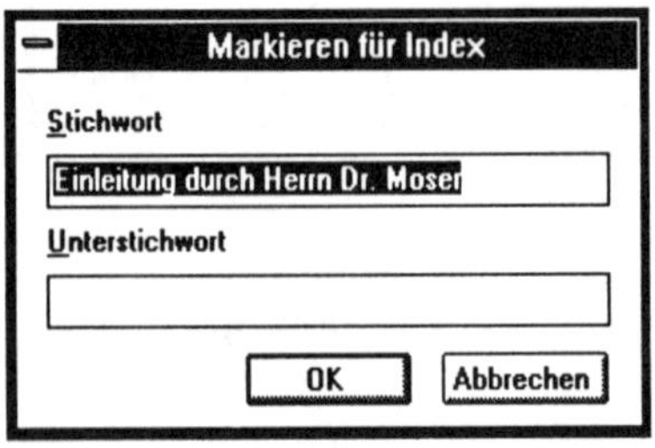

Abb. 10.21: Text markieren

Der im Text markierte Eintrag erscheint in der Dialogbox automatisch im Textfeld STICHWORT.

An dieser Stelle lernen Sie den wesentlichen Vorteil des manuellen Markierens der Stichwörter kennen: Sie können alle Einträge beliebig manipulieren. Es ist demnach nicht zwingend erforderlich, daß die Stichwörter im Index identisch sind mit denen im Text, sondern jene können im Index auch in anderem Wortlaut erscheinen. Ein Beispiel soll dies verdeutlichen:

In Ihrem Dokument steht die Überschrift *Umsätze nach Produktgruppen*. Diese Überschrift können Sie über die manuelle Markierung in mehreren Varianten in Ihren Index aufnehmen, so daß der Leser des Geschäftsberichts die gewünschte Seite in jedem Fall findet, egal nach welchem Stichwort er sucht. Angenommen, zum Kapitel *Umsätze nach Produktgruppen* sollen folgende Stichwörter im Index stehen:

- *Umsätze*

- *Produktgruppen*

Dafür müssen Sie den gewünschten Eintrag entsprechend oft, also zweimal hintereinander markieren und den Eintrag im Feld STICHWORT entsprechend zurechtstutzen.

Unterstichwörter

Ebenfalls ist es möglich, zu einzelnen Stichwörtern sogenannte Unterstichwörter zu definieren. Arbeiten Sie z. B. für das Kapitel *Die Umsatzentwicklung* mit Unterstichwörtern, könnte folgende Einteilung sinnvoll sein:

Hauptstichwort: Umsätze

Unterstichwort: Entwicklung
                   nach Produktgruppen
                   der letzten fünf Jahre

Zurück zum Markieren der Einträge: Wenn Sie einen Eintrag nur als Hauptstichwort aufnehmen wollen, erfassen Sie ihn im Textfeld STICHWORT in der gewünschten Form und klicken auf OK. Wenn Sie Unterstichwörter anlegen möchten, schreiben Sie das Hauptstichwort in das erste und das dazugehörige Unterstichwort in das zweite Textfeld und klicken dann auf OK.

Gehen Sie folgendermaßen vor:

- Markieren: Einleitung durch Herrn Dr. Moser
  Stichwort: Einleitung

- Markieren: Das Geschäftsjahr 1992
  Stichwort: Geschäftsjahr 1992

- Markieren: Die Umsatzentwicklung
  Stichwort: Umsätze
  Unterstichwort: Entwicklung

- Markieren: Die Umsatzentwicklung
  Stichwort: Umsätze
  Unterstichwort: nach Produktgruppen

- Markieren: Die Umsatzentwicklung
  Stichwort: Umsätze
  Unterstichwort: der letzten fünf Jahre

- Markieren: Die Zentrale in Köln
  Stichwort: Zentrale in Köln

- Markieren: Die Tochtergesellschaften im Ausland
  Stichwort: Tochtergesellschaften im Ausland
  Unterstichwort: Übersicht

- Markieren: Die Tochtergesellschaften im Ausland
  Stichwort: Tochtergesellschaften im Ausland
  Unterstichwort: Tea Fresh Inc., Chicago

Haben Sie alle Stichwörter markiert, definieren Sie den Index mit DEFI-NIEREN/INDEX, wählen dort die gewünschte Seitengestaltung aus und leiten abschließend die Index-Erstellung in die Wege.

10.7 Quellenverzeichnis anlegen

In Kapitel 10.3 haben Sie kennengelernt, wie Sie Quellenangaben und andere Informationen in Fuß- und Endnoten anlegen sowie verwalten. Vor allem in wissenschaftlichen Dokumentationen, geschichtlichen Abhandlungen und Seminar- bzw. Doktorarbeiten ist eine Vielzahl von Quellennachweisen geradezu unverzichtbar.

In solche Dokumente ist daher meistens ein Quellenverzeichnis integriert, das sämtliche Quellen, die für das Dokument zu Rate gezogen wurden, gesammelt auflistet.

Sie haben sich vorgenommen, ein solches Quellenverzeichnis auch für Ihren Geschäftsbericht zu erstellen. Schließlich haben Sie Zitate aus Fachbüchern und Fachzeitschriften, Marktforschungsergebnisse vom INFAS-Marktforschungsinstitut sowie Informationen aus Branchenbüchern in den Bericht eingebunden. Letztere dienen dazu, den Umsatz Ihres Unternehmens mit den Umsätzen anderer Firmen der Branche zu vergleichen und schwarz auf weiß belegen zu können, daß deren Umsätze tatsächlich weit unter Ihren Jahresergebnissen liegen. Fairerweise sollten Sie auf diese Quellen verweisen.

Wenn Sie wollen, können Sie Ihr Quellenverzeichnis in mehrere Abschnitte unterteilen. Jeder Abschnitt kann zudem separat formatiert werden.

Das Erstellen eines Quellenverzeichnisses umfaßt im Grunde genommen drei Schritte:

1. Markieren der Quellen, Zitate, etc., die in das Quellenverzeichnis aufgenommen werden sollen

2. Definition der einzelnen Abschnitte des Verzeichnisses

3. Erstellen des Verzeichnisses

Bevor Sie sich ans Markieren der Quellenangaben machen, sollten Sie den Aufbau des Verzeichnisses festlegen, z. B. die Anzahl der gewünschten Abschnitte und die Reihenfolge, in der die Abschnitte im Quellenverzeichnis auftauchen. Die Quellenangaben in Ihrem Geschäftsbericht können in drei verschiedene Abschnitte unterteilt werden (und zwar in genau dieser Reihenfolge):

1. BÜCHER für Zitate aus Fachbüchern

2. ZEITSCHRIFTEN für Zitate aus Fachzeitschriften

3. ANALYSEN für alle Markt- und Branchenanalysen

Das fertige Quellenverzeichnis wird später so aussehen:

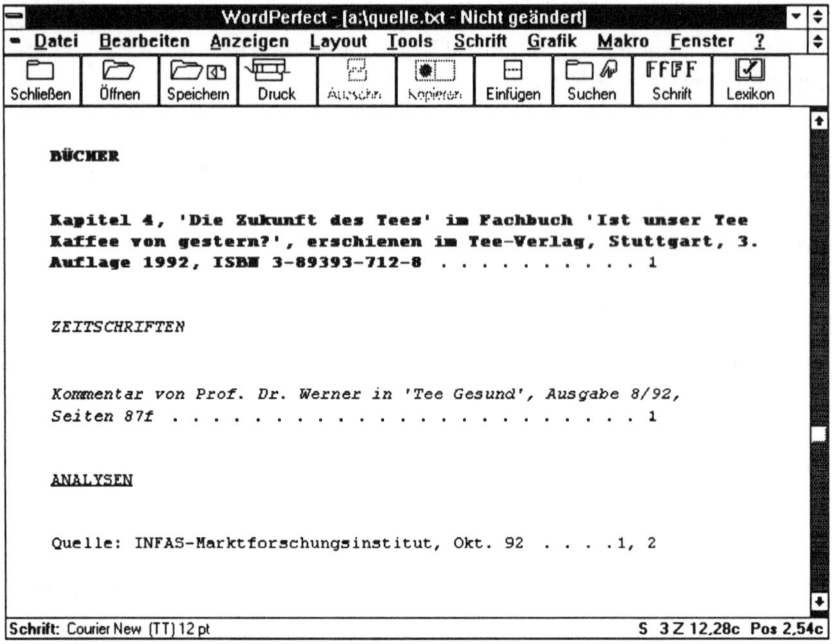

```
▬              WordPerfect - [a:\quelle.txt - Nicht geändert]           ▼ ▲
  ▪ Datei  Bearbeiten  Anzeigen  Layout  Tools  Schrift  Grafik  Makro  Fenster  ?   ▲
  ▯        ▭       ▭▫      ▭▭      ▭       ▮       ▭        ▭▫    FFFF    ▯
 Schließen  Öffnen  Speichern  Druck  Ausschn.  Kopieren  Einfügen  Suchen  Schrift  Lexikon
```

BÜCHER

**Kapitel 4, 'Die Zukunft des Tees' im Fachbuch 'Ist unser Tee
Kaffee von gestern?', erschienen im Tee-Verlag, Stuttgart, 3.
Auflage 1992, ISBN 3-89393-712-8** 1

ZEITSCHRIFTEN

*Kommentar von Prof. Dr. Werner in 'Tee Gesund', Ausgabe 8/92,
Seiten 87f* 1

ANALYSEN

Quelle: INFAS-Marktforschungsinstitut, Okt. 92 . . . .1, 2

```
Schrift: Courier New (TT) 12 pt                    S 3 Z 12,28c Pos 2,54c
```

Abb. 10.22: Quellenverzeichnis

Text markieren

Markieren Sie eine Quelle zum ersten Mal im Text, sollte der Text so bearbeitet werden, wie er im Quellenverzeichnis erscheinen soll. Das Ergebnis wird als Vollform bezeichnet und kann maximal 30 Zeilen umfassen. Damit diese Vollform nicht jedesmal beim Markieren weiterer Zitate derselben Quelle vollständig ausgeschrieben werden muß, wird ihr eine Kurzform zugewiesen.

Normalerweise müssen Sie zum Anlegen eines Quellenverzeichnisses ein längeres Dokument zugrundelegen, in dem die einzelnen Zitate und Quellen bereits enhalten sind – entweder im Text selbst oder in Fußnoten. Haben Sie kein solches Dokument zur Verfügung, arbeiten Sie mit einem kleinen Trick. Legen Sie ein neues Dokument an und schreiben Sie für jeden Abschnitt jeweils eine imaginäre Quellenangabe, z. B.

Kapitel 4, "Die Zukunft des Tees" im Fachbuch "Ist unser Tee Kaffee von gestern?", erschienen im Tee-Verlag, Stuttgart, 3. Auflage 1992, ISBN 3-89393-712-8

Kommentar von Prof. Dr. Werner in "Tee Gesund", Ausgabe 8/92, Seiten 87f

Quelle: INFAS-Marktforschungsinstitut, Okt. 92

Kopieren Sie die letzte Zeile (INFAS...), fügen Sie so viele Leerzeilen ein, bis Sie auf die zweite Seite gelangen, und fügen Sie diese kopierte Zeile mit [Umschalt-Einfg] ein. Welchen Sinn das hat, werden Sie bald feststellen.

Sie gehen nun wie folgt vor:

Markieren Sie die erste Quellenangabe mit der Maus und rufen Sie aus dem TOOLS-Menü die Option TEXT MARKIEREN/QVZ VOLLFORM auf. Der Dialog QUELLENVERZEICHNIS (VOLLE FORM) wird angezeigt.

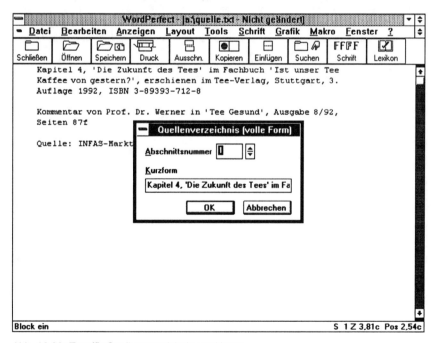

Abb. 10.23: Text für Quellenverzeichnis markieren

Geben Sie hinter ABSCHNITTSNUMMER die Nummer des gewünschten Abschnitts ein. Die erste Quellenangabe soll unter dem ersten Abschnitt *Bücher* stehen, also tragen Sie in das Feld eine *1* ein. Im Textfeld darunter wird ein Teil Ihres markierten Textes angezeigt. Hier haben Sie die Möglichkeit, für die genannte Quelle, in diesem Fall das Fachbuch *Ist unser Tee Kaffee von gestern?* eine Kurzform zu definieren.

Die Kurzform muß eindeutig sein und darf nur einmal vergeben werden, denn hiermit wird die Quellenangabe durchgehend, d. h. für das gesamte Dokument, gekennzeichnet. Sie dient sozusagen zur eindeutigen Identifikation der Vollform. Die Kurzform empfiehlt sich jedoch nur dann, wenn Sie in Ihrem Geschäftsbericht an mehreren Stellen auf exakt die gleiche Quelle verwiesen haben (dazu später).

Da jedoch kein zweites Zitat aus dem genannten Fachbuch im weiteren Verlauf des Textes vorkommt, können Sie darauf verzichten und auf OK klicken. Ihr markierter Text wird nun in ein Bearbeitungsfenster geschrieben und kann dort nach Ihren Wünschen formatiert werden.

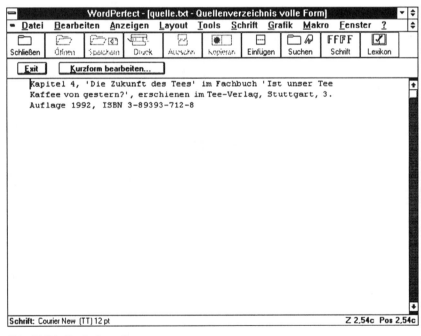

Abb. 10.24: Quelle formatieren

Ändern Sie den Text hier so, wie er im Quellenverzeichnis ausgegeben werden soll, z. B. fett ausgezeichnet, indem Sie ihn markieren und [Strg-F] drücken. Schließen Sie dann das Fenster mit EXIT, und Sie kehren zu Ihrem Dokument zurück, in dem Sie nun die zweite Quellenangabe markieren und dabei genauso vorgehen wie bei der ersten, nur daß Sie im Dialog QUELLENVERZEICHNIS (VOLLE FORM) die Abschnittsnummer 2 für *Zeitschriften* eingeben. Diese Quellenangabe soll kursiv formatiert werden, also markieren Sie den Text im Bearbeitungsfenster und drücken [Strg-I] für Kursivschrift. Ein Klick auf EXIT, und Sie sind wieder in Ihrem Dokument.

Für das dritte Zitat gilt analog die Abschnittsnummer 3 für *Analysen*; für diese Quelle wollen Sie aber eine Kurzform definieren, denn das INFAS-Marktforschungsinstitut wird im Laufe des Geschäftsberichts noch weitere Male genannt (in Ihrem Dokument ganz konkret ein zweites Mal auf der zweiten Seite). Löschen Sie die Angabe im Textfeld KURZFORM und schreiben Sie statt dessen INFAS. Klicken Sie dann auf OK, und das Bearbeitungsfenster öffnet sich. Die Quellenangaben im dritten Abschnitt sollen grundsätzlich unterstrichen werden, was Sie hier entsprechend mit [Strg-U] auch definieren.

Hinweis: Wenn Sie möchten, können Sie sich durch einen Klick auf den Schalter KURZFORM BEARBEITEN überzeugen, ob WordPerfect auch wirklich die richtige Kurzform gespeichert hat; Sie haben auch Gelegenheit, sich vielleicht eine andere Kurzform auszudenken.

Klicken Sie auf EXIT und wandern Sie in Ihrem Dokument zum zweiten Vorkommen der INFAS-Quelle auf der zweiten Seite, markieren Sie diese Zeile und rufen Sie aus dem TOOLS-Menü die Option TEXT MARKIEREN/QVZ KURZFORM auf, da für diese Quelle eine Kurzform angelegt wurde. WordPerfect zeigt Ihnen im Textfeld KURZFORM die markierte Zeile an, die Sie löschen und durch die Kurzform INFAS ersetzen. Mit einem Klick auf OK schließen Sie die Dialogbox wieder. Damit sind alle Quellen/Zitate für Ihr Quellenverzeichnis markiert und wunschgemäß formatiert.

Hinweis: Geben Sie aus Versehen eine Kurzform ein, der keine Vollform zugewiesen wurde, z. B. *Marktforschung* statt *INFAS*, wird diese Kurzform mit einem Sternchen versehen und an den Anfang des Quellenverzeichnisses gestellt.

405

Quellenverzeichnis definieren

Nun müssen Sie festlegen, an welcher Stelle und in welchem Format die einzelnen Quellen im Verzeichnis aufgeführt werden sollen. Sie haben den Quellen ja bereits beim Markieren einen Abschnitt zugewiesen – WordPerfect weiß also bereits, welche Art von Quellenangabe die einzelnen Abschnitte enthalten. Die konkrete Überschrift sowie das Format jedes Abschnitts sind allerdings noch nicht bekannt.

Fangen Sie mit dem ersten Abschnitt an und steuern Sie den Cursor an die Stelle, an der das Quellenverzeichnis zusammengestellt werden soll, am besten ans Ende Ihres Textes, also auf die zweite Seite. Soll das Quellenverzeichnis auf einer neuen Seite stehen, geben Sie mit [Strg-Eingabe] einen Seitenumbruch ein. Geben Sie dem Kind zuerst einen Namen, indem Sie [Strg-F] und [Strg-M] drücken und

```
Quellenverzeichnis
```

schreiben, und zwar zentriert. Drücken Sie zweimal [Eingabe], schalten Sie den Fettdruck wieder aus und setzen Sie den Cursor mit [Strg-L] linksbündig. Schreiben Sie nun die Überschrift für den ersten Abschnitt

```
Bücher,
```

die fett formatiert und in Großbuchstaben geschrieben werden soll. Schaffen Sie dann in Form von zwei Leerzeilen Platz darunter und rufen Sie aus dem TOOLS-Menü die Option DEFINIEREN/QUELLENVERZEICHNIS auf.

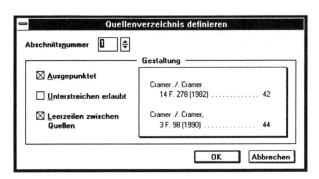

Abb. 10.25: Quellenverzeichnis definieren

Hinter Abschnittsnummer geben Sie die Nummer des betreffenden Abschnitts – eine *1* – ein, damit WordPerfect die bereits gespeicherten Quellenangaben diesem Abschnitt korrekt zuordnen kann. Anschließend legen Sie das Format für diesen Abschnitt fest. Drei Möglichkeiten stehen zur Wahl:

AUSGEPUNKTET

Die Seitenzahlen (= der Verweis auf die Seiten Ihres Dokuments, auf denen die Quellenangaben zu finden sind) werden rechtsbündig ausgerichtet und durch Punkte mit dem dazugehörigen Text verbunden.

UNTERSTREICHEN ERLAUBT

Unterstrichener Text wird unverändert aus dem Dokument übernommen, d. h. die Unterstreichungscodes bleiben erhalten.

LEERZEILEN ZWISCHEN QUELLEN

Die einzelnen Quellenangaben werden jeweils durch eine Leerzeile voneinander getrennt.

Lassen Sie das erste und dritte Kreuzfeld gemäß der Standardeinstellung aktiviert. Welche Auswirkungen Ihre Wahl auf das Erscheinungsbild des Verzeichnisses hat, zeigt Ihnen das Vorschaufenster. Schließen Sie den Dialog mit OK.

In Ihrem Dokument folgt die zweite Überschrift

```
Zeitschriften
```

- kursiv und in Großbuchstaben. Fügen Sie zwei Leerzeilen ein und rufen Sie erneut den Dialog QUELLENVERZEICHNIS DEFINIEREN auf. Tragen Sie die Abschnittsnummer *2* ein und lassen Sie alle anderen Einstellungen unverändert. Genauso verfahren Sie zum Schluß noch mit dem dritten Abschnitt

```
Analysen
```

- Schreiben Sie auch diese Überschrift in Großbuchstaben, aber ohne weitere Formatierung. Im Dialog tragen Sie die Abschnittsnummer *3* ein.

407

Hinweis: Wenn dem Quellenverzeichnis noch Seiten folgen – was bei Ihnen aber nicht der Fall ist, weil das Verzeichnis ganz hinten steht – müssen Sie der Folgeseite über SEITE/SEITENNUMERIERUNG im LAYOUT-Menü eine neue Seitenzahl vorgeben. Ansonsten stimmen die Seitenzahlen nachher nicht mehr, da durch das Quellenverzeichnis neue Seiten hinzugekommen sind.

Sie erstellen das Quellenverzeichnis, indem Sie den Befehl ERSTELLEN aus dem TOOLS-Menü wählen und auf den Schalter WEITER klicken. WordPerfect wird während des Erstellens eine Fehlermeldung auf Ihrem Bildschirm einblenden und Sie darauf hinweisen, daß kein Steuerzeichen für eine neue Seitenzahl gefunden wurde. Ignorieren Sie diese Meldung, indem Sie auf OK klicken, denn die Eingabe einer neuen Seitenzahl ist für Sie nicht relevant. Ist die Erstellung des Quellenverzeichnisses abgeschlossen, erscheint das Verzeichnis auf Ihrem Bildschirm (siehe Abbildung am Anfang dieses Kapitels). Sie sehen, daß hinter der Quellenangabe

```
Quelle: INFAS-Marktforschungsinstitut, Okt. 92
```

zwei Seitenzahlen stehen – ein Hinweis darauf, daß diese Quelle im Dokument an zwei verschiedenen Stellen zitiert wird. Alle anderen Quellen sind einmalig. Erscheint außerdem ein Eintrag mit einem Sternchen *, so haben Sie Voll- und Kurzform nicht korrekt zugeordnet. Überprüfen Sie das entsprechend.

Vollform bearbeiten

Nach dem Erstellen eines Quellenverzeichnisses kommt es gelegentlich vor, daß Sie eine Vollform ändern müssen. Hierfür ist zuerst die Stelle zu ermitteln, an der die betreffende Vollform zum ersten Mal im Text vorkommt, z. B. *INFAS-Marktforschungsinstitut, Okt. 92* auf der ersten Seite. Haben Sie diese Stelle gefunden, rufen Sie zunächst mit [Alt-F3] das Steuerzeichenfenster auf Ihren Bildschirm und setzen den Cursor rechts neben den Vollform-Code [Quellenvrz.:3,INFAS...,Volle Form], wobei die 3 den dritten Abschnitt *Analysen* kennzeichnet. Dann rufen Sie TEXT MARKIEREN/QVZ VOLLFORM BEARBEITEN auf. Die Quellenangabe erscheint im Bearbeitungsfenster und kann dort beliebig geändert werden.

408

Hinweis: Falls Kurzform und Abschnittsnummer ebenfalls geändert werden sollen, klicken Sie auf den Schalter KURZFORM BEARBEITEN.

Durch Auswahl von EXIT speichern Sie die Änderungen. Anschließend müssen Sie das Quellenverzeichnis neu erstellen, d. h. aktualisieren, damit die Änderungen wirksam werden.

10.8 Arbeit mit Haupt- und Teildokumenten

Wenn Sie an sehr umfangreichen Dokumenten arbeiten, z. B. an einem Buch, empfiehlt es sich, diese Dokumente in mehrere Teildokumente zu splitten, die einzeln verwaltet und anschließend wieder zu einem Ganzen, dem sogenannten Hauptdokument, zusammengeführt werden.

Beispiel Bücher: Jedes Kapitel wird in einer separaten Datei abgelegt. Besteht das Buch aus insgesamt zehn Kapiteln, würden entsprechend zehn Teildokumente geschaffen. Das Buch setzt sich aus diesen einzelnen Kapitel-Dateien zu einem Hauptdokument zusammen. Das Hauptdokument enthält Teildokumentmarkierungen, aus denen hervorgeht, an welcher Stelle die einzelnen Teildokumente (Kapitel) in das Buch eingefügt wurden.

Angenommen, Sie möchten auch Ihren Geschäftsbericht aus vielen einzelnen Teildokumenten erstellen – zu jedem Thema ist eine Datei angelegt worden, z. B.

- EINLEIT.TXT für die Einleitung

- STORY.TXT für die Unternehmensgeschichte

- PRODUKT.TXT für Produktinfos

- UMSATZ.TXT für Umsatztabellen und -diagramme

- MARKT.TXT für Marktanalysen

- BILANZ.TXT für die Bilanz

Die Teildokumente sind vollständig und können nun zu einem Hauptdokument zusammengefügt werden. Dieser Vorgang unterscheidet sich so gut wie gar nicht vom Anlegen eines normalen WordPerfect-

Dokuments mit Text und Steuerzeichen. Allein die notwendigen Teildokumentmarkierungen müssen noch zusätzlich eingefügt werden. Dazu gehen Sie wie folgt vor:

Ihr Hauptdokument enthält noch keinen Text – Sie haben also einen leeren Bildschirm vor sich. Steuern Sie den Cursor an die Stelle, an der die Markierung für das erste Teildokument eingefügt werden soll – also ganz am Anfang des Dokuments – und wählen Sie im Tools-Menü die Option HAUPTDOKUMENT/TEILDOKUMENT aus. In der Dialogbox TEILDOKUMENT AUFNEHMEN, die mit dem DATEI ÖFFNEN-Dialog quasi identisch ist, wählen Sie die gewünschte Datei aus, z. B. EINLEIT.TXT für die Einleitung zum Geschäftsbericht. Mit einem Klick auf den Schalter EINFÜGEN übernehmen Sie dieses Teildokument bzw. die entsprechende Markierung in Ihr Hauptdokument.

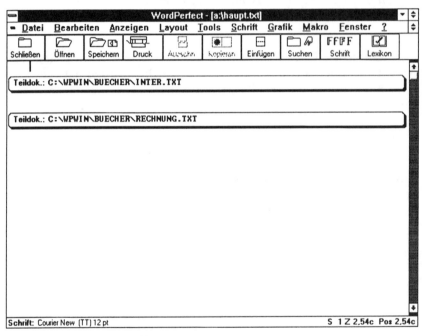

Abb. 10.26: Teildokumentmarkierung

Sie sehen, daß die Teildokumentmarkierung auf dem Bildschirm in einer Anmerkungsbox dargestellt wird, welche die komplette Laufwerks- und Pfadangabe sowie den Dateinamen des Teildokuments enthält. Sie können beliebig viele Teildokumente in ein Hauptdokument einfügen. Verfahren Sie nun genauso mit den anderen, oben genannten Dateien (oder anderen Dateien Ihrer Wahl). Wenn jedes Teildokument auf einer neuen Seite beginnen soll, fügen Sie vor der jeweiligen Teildokumentmarkierung mit [Strg-Eingabe] einen festen Seitenumbruch ein.

Hauptdokument erweitern

Am Ende besteht das Hauptdokument aus entsprechend vielen Teildokumentmarkierungen. Von den dazugehörigen Texten, Tabellen, Grafiken, etc. ist jedoch nichts zu sehen. Sie möchten vom Geschäftsbericht einen Probeausdruck machen, was mit den Markierungen allein natürlich nicht geht. Um den Inhalt der jeweiligen Teildokumente in das Hauptdokument zu laden, müssen Sie erst den Befehl HAUPTDOKU-MENT/HAUPTDOKUMENT ERWEITERN im TOOLS-Menü wählen. Danach werden alle Teildokumente entsprechend der aktuellen Druckerauswahl für das Hauptdokument formatiert. In der Anmerkungsbox wird der Hinweis

```
Teildok.:C:\WPWIN\EINLEIT.TXT
```

ersetzt durch

```
Start Teildok.:C:\WPWIN\EINLEIT.TXT
```

am Anfang und

```
Ende Teildok.:C:\WPWIN\EINLEIT.TXT
```

am Ende des Teildokuments (diese Pfadangabe kann natürlich je nach gewählter Datei ein wenig anders lauten).

Anhand dieser Anmerkungen können Sie jederzeit feststellen, aus welchen Teildokumenten sich Ihr Hauptdokument zusammensetzt. Sie können jedoch ganz beruhigt sein: Diese Boxen werden nicht mitgedruckt.

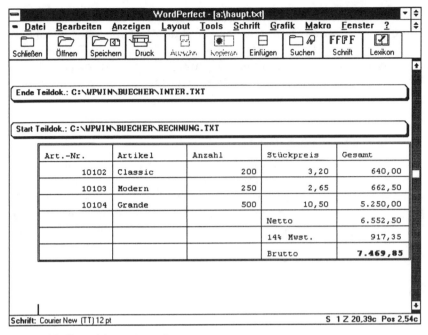

Abb. 10.27: Hauptdokument erweitern

Hauptdokument komprimieren

Speichern Sie das Hauptdokument nun unter dem Namen haupt.txt. Das Speichern geht genauso vor sich wie bei jedem anderen Dokument auch. WordPerfect zeigt Ihnen jedoch die Meldung DOKUMENT IST ERWEITERT; KOMPRIMIEREN? an. Wählen Sie NEIN, wird das Hauptdokument in seiner erweiterten Form gespeichert; wählen Sie JA, beginnt WordPerfect, das Dokument zu komprimieren. Dabei werden alle Teildokumente wieder herausgenommen, allerdings nur der Text, nicht die dazugehörigen Anmerkungsboxen.

Hinweis: Ein Hauptdokument, das nicht erweitert wurde, braucht natürlich auch nicht komprimiert zu werden.

Sie komprimieren Ihr Hauptdokument, indem Sie aus dem TOOLS-Menü den Befehl HAUPTDOKUMENT/HAUPTDOKUMENT KOMPRIMIEREN wählen. Es erscheint ein kleiner Dialog, in dem Sie gefragt werden, ob die Teildokumente gespeichert werden sollen oder nicht. Haben Sie Änderungen daran vorgenommen, klicken Sie auf JA. Die nächste Dialogbox

412

erscheint. WordPerfect teilt Ihnen mit, daß die erste Datei bereits existiert, und fragt, ob sie durch das Teildokument ersetzt werden soll. Bevor Sie auf JA klicken, sollten Sie sich über die Bedeutung des Kreuzfeldes WEITERFRAGEN bewußt sein: Wenn Sie vor jedem Ersetzen sicherheitshalber zur Bestätigung aufgefordert werden möchten, aktivieren Sie dieses Feld; soll WordPerfect alle in das Hauptdokument integrierten Teildokumente ungefragt speichern, d. h. ersetzen, löschen Sie diese Markierung. Starten Sie den Ersetzen-Vorgang mit JA.

Numerierung anpassen

Die Arbeit mit Haupt- und Teildokumenten wirkt sich auf alle Numerierungsfunktionen aus, wie z. B. Seitennumerierung, Fuß- und Endnoten, Textverweise sowie sämtliche Verzeichnisse (Inhaltsverzeichnisse, Indizes, Quellenverzeichnisse).

Sämtliche Angaben zu Numerierungen von Seiten, Fuß- und Endnoten sowie Boxen (Formel-, Text- und Grafikboxen) müssen bei der Arbeit mit Haupt- und -Teildokumenten ganz am Anfang des Hauptdokuments (noch vor dem Einfügen-Code für das erste Teildokument) vorgenommen werden. Nur so ist es möglich, eine durchgängige Numerierung über alle Teildokumente hinweg zu erreichen. WordPerfect numeriert alle Seiten und Boxen sowie alle Fuß- und Endnoten im Hauptdokument fortlaufend und korrekt durch.

Alle Textverweise, die Sie in den Einzeldateien bereits definiert und eingetragen haben, bleiben auch im Hauptdokument erhalten und werden mit der jeweils korrekten Seitennummer versehen.

Auch auf Inhaltsverzeichnisse, Indizes und Quellenverzeichnisse hat die Arbeit mit einem Hauptdokument Einfluß. Wollen Sie z. B. einen Index erstellen, müssen Sie die gewünschten Einträge zunächst in den Teildokumenten markieren. Danach steuern Sie den Cursor an die Stelle im Hauptdokument, an der der Index zusammengestellt werden soll – in der Regel ans Dokumentende – und fügen über DEFINIEREN/INDEX im TOOLS-Menü einen Indexdefinitionscode ein. Wenn Sie danach den Befehl ERSTELLEN aufrufen, wird das komprimierte Hauptdokument automatisch erweitert und anschließend wieder komprimiert. Während der Index erstellt wird, werden Sie über ein Fenster gefragt, ob die Teildokumente aktualisiert werden sollen. Wählen Sie NEIN, um die Teildokumente ohne vorheriges Speichern wieder zu löschen; oder

413

wählen Sie JA, um alle Teildokumente zu speichern, bevor sie wieder aus dem Hauptdokument herausgenommen werden.

Hinweis: Letzteres bezieht sich ausschließlich auf komprimierte Hauptdokumente, nicht auf solche, die vorab bereits erweitert worden sind.

Fragen und Übungen:

1. An welcher Position sollten Seitenzahlen in einem Dokument am besten stehen?

2. Worin unterscheiden sich Fußnoten von Endnoten?

3. Was verstehen Sie unter der Quelle und dem Ziel bei Textverweisen?

4. Wie legen Sie Gliederungs-Styles an?

5. Wann setzen Sie die automatische Numerierung und wann die Absatznumerierung ein?

6. Rekonstruieren Sie die einzelnen Schritte zum Erstellen eines Inhaltsverzeichnisses.

7. Welche zwei Möglichkeiten gibt es, Einträge in den Index aufzunehmen, und worin unterscheiden sich diese beiden Methoden?

8. Warum unterscheidet man bei Quellenverzeichnissen zwischen Vollform und Kurzform, und worauf müssen Sie bei Verwendung der Kurzform achten?

9. Wann empfiehlt sich das Arbeiten mit Haupt- und Teildokumenten?

10. Wie passen Sie die Numerierung der Teildokumente im Hauptdokument neu an?

414

11 Anhang

11.1 WordPerfect installieren und starten

Bevor Sie WordPerfect installieren, überprüfen Sie, ob folgende unerläßliche Hardware- und Softwarevoraussetzungen erfüllt sind:

- PC mit 80386er-Prozessor (besser ist ein 80486er), mindestens 6 MB freier Festplattenspeicher und mindestens 4 MB RAM

- 3,5- und/oder 5,25-Zoll-Diskettenlaufwerk

- VGA-Monitor

- Maus

- Windows-Version 3.0 oder höher

WordPefect installieren

Nehmen Sie nun die WordPerfect-Programmdisketten zur Hand. Diese Disketten sind komprimiert. Bevor Sie mit den darauf gespeicherten Dateien arbeiten können, muß diese Komprimierung aufgehoben werden. Das geschieht, während das Installationsprogramm die Dateien auf Ihre Festplatte kopiert.

Der Witz an der Sache: Obwohl es sich um ein Windows-Textverarbeitungsprogramm handelt, kann WordPerfect nicht von Windows aus installiert werden. Sie müssen also erst alle eventuell aktiven Anwendungen schließen und Windows verlassen. Es geht dann los mit der Diskette, die die Aufschrift *Installation/Programm 1* trägt. Legen Sie diese Diskette in das Diskettenlaufwerk A: und geben Sie hinter der DOS-Eingabeaufforderung

A:INSTALL

ein. Drücken Sie einmal [Eingabe], und auf Ihrem Bildschirm erscheinen acht Installationsoptionen, zwischen denen Sie auswählen können. Im einzelnen (von 1 bis 8):

STANDARD	Installation in die vom Installationsprogramm vor-gegebenen Verzeichnisse C:\WPWIN und C:\WPC
INDIVIDUELL	Installation in benutzerdefinierte Verzeichnisse, also in Verzeichnisse Ihrer Wahl
NETZWERK	Installation in einem Netzwerk (diese Option sollte allerdings dem System-Manager vorbehalten bleiben)
DRUCKER	Installation weiterer oder aktueller Druckerdateien
INTERIM	Installation eines Interim-Release, mit dem bereits vor-handene WordPerfect für Windows-Versionen überschrieben werden
KOPIE	Installation bestimmter Dateien in eigene Verzeich-nisse (vor allem für die Druckerdateien .ALL interes-sant)
SPRACHE	Installation weiterer WordPerfect-Sprachmodule
README-DATEIEN	Installation der Readme-Dateien, die wichtige Änderungen oder Aktualisierungen von einzelnen Programmfunktionen enthalten

Unten auf dem Bildschirm steht hinter AUSWAHL schon die Nummer 1 als Vorgabe für die Standardinstallation. Genau diese sollten Sie auch auswählen, also brauchen Sie nichts weiter zu tun, als die Vorgabe mit [Eingabe] zu bestätigen.

Auch den Hinweis, daß die Installation aus Laufwerk A: erfolgt, soll-ten Sie mit [J] oder [Eingabe] bestätigen. Daraufhin werden Informatio-nen über den verfügbaren Speicher auf Ihrem PC eingeblendet – und zwar vor und nach der Installation. Mit [J] setzen Sie die Installation in Gang, und das Installationsprogramm beginnt, die Dateien auf der Diskette zu dekomprimieren und in das vorgegebene Standardver-zeichnis auf Ihrer Festplatte zu kopieren. Hat es alle Dateien auf der ersten Diskette gelesen, werden Sie aufgefordert, die zweite Diskette in Laufwerk A: einzulegen. Mit [Eingabe] setzen Sie die Installation fort. Genauso verfahren Sie auch mit den übrigen Disketten, so lange, bis das Installationsprogramm auch die letzte Datei von der letzten Dis-kette auf Ihre Festplatte kopiert hat.

416

WordPerfect starten

Nachdem Sie WordPerfect installiert haben, können Sie das Programm aufrufen, indem Sie zunächst einmal Windows wieder starten und auf das Symbol für die WordPerfect-Gruppe doppelklicken, um diese zu öffnen. In der WordPerfect-Gruppe stehen neben dem eigentlichen Programm standardmäßig die drei eigenständigen, in WordPerfect integrierten Module Datei-Manager, Lexikon und Thesaurus.

Mit einem Doppelklick auf das WP-Programmsymbol starten Sie WordPerfect, und es öffnet sich ein leeres Dokumentfenster. Nun können Sie Ihre Arbeit mit dem Programm beginnen.

11.2 Die wichtigsten Tastenbefehle

In WordPerfect können Sie alternativ die CUA-Tastatur (CUA = Common User Access) oder die DOS-Tastatur für Ihre Arbeit zugrundelegen. Tip: Wählen Sie auf jeden Fall die CUA-Tastatur, denn Windows ist nach dieser Tastaturbelegung ausgerichtet. Auch in WordPerfect für Windows können Sie nur mit der CUA-Tastatur vernünftig arbeiten. Schalten Sie nämlich auf die DOS-Tastatur um, die u. a. auch WordPerfect für DOS-kompatibel ist, laufen Sie Gefahr, die ganze Windows-Standardisierung außer Kraft zu setzen, was sicherlich Ihre Arbeit unter Windows stark beeinträchtigen würde.

11.2.1 Funktionstasten CUA-Tastatur

In WordPerfect sind alle zwölf Funktionstasten mit verschiedenen Tastenkombinationen mehrfach belegt. Man nennt diese Tastenbelegungen *Hot Keys*. Sämtliche Funktionen, die dahinterstehen, sollen hier einmal nach Funktionstasten geordnet aufgeführt werden.

[F1]	Hilfe
[Umschalt-F1]	Info über
[Strg-F1]	Lexikon
[Strg-Umschalt-F1]	Standardeinstellungen

[Alt-F1]	Thesaurus
[F2]	Suchen
[Umschalt-F2]	Suchen vorwärts
[Strg-F2]	Ersetzen
[Alt-F2]	Suchen rückwärts
[F3]	Speichern unter
[Umschalt-F3]	Speichern
[Strg-F3]	Neuanzeige
[Strg-Umschalt-F3]	Entwurfsmodus
[Alt-F3]	Steuerzeichen
[Alt-Umschalt-F3]	Lineal
[F4]	Datei öffnen
[Umschalt-F4]	Datei neu
[Strg-F4]	Datei schließen
[Strg-Umschalt-F4]	Fensterinhalt löschen
[Alt-F4]	Exit
[F5]	Datei drucken
[Umschalt-F5]	Druckbild einsehen
[Strg-F5]	Datum einfügen
[Strg-Umschalt-F5]	Datumscode einfügen
[Alt-F5]	Absatznumerierung
[Alt-Umschalt-F5]	Absatznumerierung definieren
[F6]	Vorheriges Teilfenster
[Umschalt-F6]	Nächstes Teilfenster
[Strg-F6]	Nächstes Dokumentfenster
[Strg-Umschalt-F6]	Vorheriges Dokumentfenster

[Alt-F6]	Nächstes Programmfenster
[Alt-Umschalt-F6]	Vorheriges Programmfenster
[F7]	Absatz einrücken
[Umschalt-F7]	Zeile zentrieren
[Strg-F7]	Ausgerückte erste Zeile
[Strg-Umschalt-F7]	Absatz links und rechts einrücken
[Alt-F7]	Absatz rechtsbündig ausrichten
[Alt-Umschalt-F7]	Dezimaltabulator setzen
[F8]	Markiermodus einschalten
[Umschalt-F8]	Feld markieren
[Strg-F8]	Seitenränder
[Alt-F8]	Styles
[Alt-Umschalt-F8]	Spezielle Codes
[F9]	Schrift
[Umschalt-F9]	Layout Zeile
[Strg-F9]	Layout Tabelle
[Strg-Umschalt-F9]	Layout Dokument
[Alt-F9]	Layout Seite
[Alt-Umschalt-F9]	Layout Spalte
[F10]	Menüleiste
[Strg-F10]	Makro aufzeichnen
[Strg-Umschalt-F10]	Makro beenden
[Alt-F10]	Makro ausführen
[F11]	Abbildung laden
[Umschalt-F11]	Abbildung bearbeiten
[Strg-F11]	Linie horizontal

[Strg-Umschalt-F11]	Linie vertikal
[Alt-F11]	Textbox erstellen
[Alt-Umschalt-F11]	Textbox bearbeiten
[F12]	Text markieren
[Umschalt-F12]	Verzeichnis definieren
[Strg-F12]	Mischen
[Strg-Umschalt-F12]	Sortieren
[Alt-F12]	Verzeichnis erstellen

11.2.2 Standardtasten

Mit Standardtasten sind alle Tasten auf Ihrer Tastatur gemeint, mit denen Sie den Cursor bewegen.

[↑]	Cursor wird in die darüberliegende Zeile gesteuert
[↓]	Cursor wird in die darunterliegende Zeile gesteuert
[←]	Cursor wird ein Zeichen weiter nach links gesteuert
[→]	Cursor wird ein Zeichen weiter nach rechts gesteuert
[Bild↑]	Cursor wird einen Bildschirm weiter nach oben gesteuert
[Bild↓]	Cursor wird einen Bildschirm weiter nach unten gesteuert
[Pos1]	Cursor wird an den Anfang der Zeile gesteuert (hinter etwaige Steuerzeichen)
[Pos1][Pos1]	Cursor wird an den Anfang der Zeile gesteuert (vor etwaige Steuerzeichen)
[Ende]	Cursor wird an das Ende der Zeile gesteuert
[Ende][Ende]	Tabelle: Cursor wird in das letzte Feld der Reihe gesteuert
[Entf]	Zeichen an der Cursorposition wird gelöscht; markierter Text wird gelöscht

[Einfg]	Überschreiben
[Eingabe]	Zeilenschaltung zum Beenden eines Absatzes
[Rücktaste]	Zeichen links vom Cursor wird gelöscht
[Leertaste]	Leerzeichen wird eingefügt
[-]	Trennstrich

11.2.3 Tastenfolgen [Umschalt-]

[Umschalt-↑]	Block wird auf die darüberliegende Zeile ausgedehnt
[Umschalt-↓]	Block wird auf die nächste Zeile ausgedehnt
[Umschalt-←]	Block wird auf das vorangehende Zeichen ausgedehnt
[Umschalt-→]	Block wird auf das nächste Zeichen ausgedehnt
[Umschalt-Bild↑]	Block wird ab Cursorposition auf den vorangehenden Bildschirm ausgedehnt
[Umschalt-Bild↓]	Block wird ab Cursorposition auf den nächsten Bildschirm ausgedehnt
[Umschalt-Pos1]	Block wird bis zum Beginn der Zeile ausgedehnt (hinter Steuerzeichen)
[Umschalt-Pos1] [Umschalt-Pos1]	Block wird bis zum Beginn der Zeile ausgedehnt (vor Steuerzeichen); Tabelle: Block wird bis zum ersten Feld der Reihe ausgedehnt
[Umschalt-Ende]	Block wird ab Cursorposition bis ans Ende der Zeile ausgedehnt
[UmschaltEnde] [UmschaltEnde]	Tabelle: Block wird bis zum letzten Feld der Reihe ausgedehnt
[Umschalt-Entf]	Ausschneiden
[Umschalt-Einfg]	Einfügen
[Umschalt-Esc]	Storno

[Umschalt-Tab]	Randlöser; Tabelle: vorhergehendes Feld
[Umschalt-Eingabe]	weicher Zeilenumbruch
[Umschalt-Rücktaste]	Zeichen links vom Cursor wird gelöscht

11.2.4 Tastenfolgen [Strg-]

[Strg-↑]	Cursor wird an den Anfang des vorhergehenden Abschnitts gesteuert; Formel: Vergrößern %; Spalte markieren (Tabelle: Feld markieren)
[Strg-↓]	Cursor wird an den Anfang des nächsten Abschnitts gesteuert; Formel: Verkleinern %; Spalte markieren (Tabelle: Feld markieren)
[Strg-←]	Cursor wird an den Anfang des vorhergenden Wortes gesteuert; Reihe markieren (Tabelle: Feld markieren)
[Strg-→]	Cursor wird an den Anfang des nächsten Wortes gesteuert; Reihe markieren (Tabelle: Feld markieren)
[Strg-Bild↑]	Bildschirm wird nach links verschoben
[Strg-Bild↓]	Bildschirm wird nach rechts verschoben
[Strg-Pos1]	Cursor wird an den Anfang des Dokuments gesteuert (hinter etwaige Steuerzeichen)
[Strg-Pos1] [Strg-Pos1]	Cursor wird an den Anfang des Dokuments gesteuert (vor etwaige Steuerzeichen)
[Strg-Ende]	Cursor wird an das Dokumentende gesteuert
[Strg-Ende] [Strg-Ende]	Ab Cursorposition wird Text bis zum Ende des Dokuments markiert
[Strg-Entf]	Löschen bis Zeilenende
[Strg-Einfg]	Kopieren
[Strg-Esc]	Task-Liste wird angezeigt

[Strg-Tab]	Tabsprung wird eingefügt
[Strg-Eingabe]	Fester Seitenumbruch; Spalte: nächste Spalte anfangen; Tabelle: Feste Reihe
[Strg-Rücktaste]	Wort löschen
[Strg-Leertaste]	Festes Leerzeichen
[Strg-/]	Silbentrennung stornieren

11.2.5 Tastenfolgen [Strg-Umschalt-]

[Strg-Umschalt-↑]	Block bis zum Anfang des vorhergehenden Abschnitts ausdehnen
[Strg-Umschalt-↓]	Block bis zum Anfang des nächsten Abschnitts ausdehnen
[Strg-Umschalt-←]	Block bis zum Anfang des vorhergehenden Wortes ausdehnen
[Strg-Umschalt-→]	Block bis zum Anfang des nächsten Wortes ausdehnen
[Strg-Umschalt-Pos1]	Block ab Cursorposition bis zum Anfang des Dokuments ausdehnen (hinter evtl. Steuerzeichen)
[Strg-Umschalt-Pos1-Pos1]	Block ab Cursorposition bis zum Anfang des Dokuments ausdehnen (vor evtl. Steuerzeichen)
[Strg-Umschalt-Ende]	Block ab Cursorposition bis zum Dokumentende ausdehnen
[Strg-Umschalt-Esc]	Task-Liste wird angezeigt
[Strg-Umschalt-Tab]	Funktion RANDLÖSER wird aufgerufen

423

11.2.6 Tastenfolgen [Alt-]

[Alt-↑]	Tabelle: Cursor wird in die darüberliegende Reihe gesteuert; Dialogbox: Eine Popup-Liste wird geöffnet
[Alt-↓]	Tabelle: Cursor wird in die darunterliegende Reihe gesteuert; Dialogbox: Eine Popup-Liste wird geöffnet
[Alt-←]	Spalte: Cursor wird in die vorangehende Spalte oder in das vorangehende Feld (Tabelle) gesteuert
[Alt-→]	Spalte: Cursor wird in die nächste Spalte oder in das nächste Feld (Tabelle) gesteuert
[Alt-Bild↑]	Cursor eine Seite nach oben
[Alt-Bild↓]	Cursor eine Seite nach unten
[Alt-Pos1]	Cursor wird an den Anfang der Seite, der Spalte oder des Feldes gesteuert
[Alt-Ende]	Cursor wird an das Ende der Seite, der Spalte oder des Feldes gesteuert
[Alt-Entf]	Tabelle: Reihe löschen
[Alt-Einfg]	Tabelle: Reihe einfügen
[Alt-Esc]	Nächste Anwendung
[Alt-Tab]	Nächste Anwendung
[Alt-Eingabe]	Mischen: Ende Feld
[Alt-Rücktaste]	Rückgängig machen
[Alt-Leertaste]	Systemmenü der Anwendung
[Alt- –]	Systemmenü des Dokuments

424

11.2.7 Tastenfolgen [Alt-Umschalt-]

[Alt-Umschalt-↑]	Tabelle: Block auf die darüberliegende Reihe ausdehnen
[Alt-Umschalt-↓]	Tabelle: Block auf die darunterliegende Reihe ausdehnen
[Alt-Umschalt-←]	Spalte: Block auf die vorangehende Spalte oder auf das vorangehende Feld (Tabelle) ausdehnen
[Alt-Umschalt-→]	Spalte: Block bis zur nächsten Spalte oder zum nächsten Feld (Tabelle) ausdehnen [Alt-Umschalt-Bild↑]
[Alt-Umschalt-Bild↓]	Block ab Cursorposition auf die nächste Seite ausdehnen
[Alt-Umschalt-Pos1]	Block bis an den Anfang der Seite, der Spalte oder des Feldes ausdehnen
[Alt-Umschalt-Ende]	Block bis an das Ende der Seite, der Spalte oder des Feldes ausdehnen
[Alt-Umschalt-Einfg]	Tabelle: Reihe anhängen
[Alt-Umschalt-Esc]	Vorherige Anwendung
[Alt-Umschalt-Tab]	Vorherige Anwendung
[Alt-Umschalt-Eingabe]	Mischen: Ende Datensatz
[Alt-Umschalt-Rücktaste]	Löschung rückgängig machen

11.2.8 Tastenfolgen [Strg-A] bis [Strg-Z]

Die Taste [Strg] ist nicht nur mit Funktionstasten und Standardtasten verbunden, sondern dient zusätzlich in Kombination mit Buchstabentasten zum Aufruf bestimmter Funktionen.

[Strg-A]	Ausschneiden
[Strg-B]	Zeilenausrichtung: Blocksatz
[Strg-C]	Rückgängig machen
[Strg-D]	Dokument drucken
[Strg-E]	Einfügen
[Strg-F]	Schriftattribut: Fett
[Strg-G]	Größenattribute
[Strg-H]	Linie ziehen
[Strg-I]	Schriftattribut: Kursiv
[Strg-L]	Zeilenausrichtung: Links
[Strg-N]	Schrift Normal
[Strg-R]	Zeilenausrichtung: Rechts
[Strg-U]	Schriftattribut: Unterstreichen
[Strg-W]	WordPerfect-Zeichensätze
[Strg-Z]	Gehe zu

11.3 Die wichtigsten Fehlermeldungen

Damit Sie bei Fehlermeldungen auf Ihrem Bildschirm nicht im Regen stehen, sondern sich zu helfen wissen, sind hier einmal die wichtigsten und am häufigsten vorkommenden Fehler aufgelistet.

Arbeitsspeicher belegt

Ursache: Es sind zu viele Dokumentfenster geöffnet oder zu viele Anwendungen aktiv.

Lösung: Beenden Sie alle Anwendungen – außer WordPerfect – und öffnen Sie nur ein Dokumentfenster.

Box nicht gefunden

Ursache: Wenn Sie eine Grafikbox bearbeiten möchten und eine entsprechende Nummer eingben, kann WordPerfect keine Box finden.

Lösung: Vergewissern Sie sich, daß das Dokument, in dem sich die Grafikbox befindet, aktiv ist und geben Sie die korrekte Nummer für die Grafikbox an.

Datei nicht gefunden

Ursache: WordPerfect soll auf eine Datei zugreifen, konnte diese im angegebenen Verzeichnis aber nicht finden.

Lösung: Prüfen Sie nach, ob Dateiname und -pfad korrekt eingegeben wurden.

Dateiformat inkompatibel

Ursache: Die Datei besitzt nicht das richtige Format für den gewünschten Vorgang.

Lösung: Geben Sie das korrekte Dateiformat an.

Dateiname ungültig

Ursache: Der angegebene Dateiname ist zu lang oder enthält ungültige Zeichen.

Lösung: Geben Sie einen Dateinamen von maximal acht Zeichen Länge ein.

Platte voll

Ursache: Auf Ihrer Festplatte ist nicht mehr genügend Speicher vorhanden, um eine Datei abspeichern zu können.

Lösung: Löschen Sie nicht mehr benötigte Dateien von Ihrer Festplatte, um Platz zu schaffen, oder speichern Sie die Datei auf Diskette.

Drucker nicht ausgewählt

Ursache: Sie wollen einen Text drucken, haben jedoch noch keinen Drucker ausgewählt.

Lösung: Wählen Sie einen Drucker aus und geben Sie den Druckbefehl erneut.

Fehler beim Lesen von

Ursache: Es wurde keine Diskette im angegebenen Laufwerk eingelegt.

Lösung: Legen Sie die Diskette korrekt im angegebenen Laufwerk ein und wählen Sie WIEDERHOLEN.

Kein Papier im Drucker

Ursache: Beim Drucken ging das Papier aus, oder das Kabel zwischen Drucker und PC ist lose.

Lösung: Legen Sie Papier nach. Funktioniert es dann immer noch nicht, überprüfen Sie, ob das Druckerkabel richtig sitzt.

Nicht behebbarer Fehler im Anwendungsprogramm

Ursache: Fehler beim systeminternen Datenaustausch.

Lösung: Verlassen Sie Windows, schalten Sie Ihren PC aus und starten ihn nach wenigen Sekunden erneut.

Systemfehler: Laufwerk nicht gefunden

Ursache: Die Diskette wurde in das falsche Laufwerk oder nicht richtig eingelegt.

Lösung: Legen Sie die Diskette korrekt und vor allem in das richtige Laufwerk ein und wählen Sie WIEDERHOLEN.

Zuviel Text

Ursache: Sie wollten Kopf- oder Fußzeilen, eine Fuß- oder Endnote, eine Text- oder Grafikbox oder Styles verlassen, haben jedoch zuviel Text eingegeben. Fuß- und Endnoten dürfen maximal je 64 KB enthalten, alle anderen Texte höchstens eine Seite lang sein.

Lösung: Setzen Sie die Schriftgröße herab oder löschen so viel Text, daß die maximale Länge nicht mehr überschritten wird.

11.4 Die Steuerzeichen auf einen Blick

Das passiert leicht: Man tippt versehentlich eine unbekannte Tastenkombination, und schon fängt WordPerfect damit an, den sauber formatierten Text umzuwirbeln. Kein Mensch weiß, was passiert ist. Schließlich hat niemand gesehen, welche Tasten denn nun eigentlich gedrückt wurden. Suchend wandert der geplagte Anwender von Menü zu Menü, um eine Einstellung zu finden, die er gar nicht vorgenommen hat oder nicht vornehmen wollte.

Einfacher lassen sich solche Faux-Pas vermeiden, wenn man sich unter ANZEIGEN die STEUERZEICHEN zeigen läßt. Hier präsentiert WordPerfect in codierter Form, was Sie alles an Befehlen und Texten eingetippt haben. Und da ist ein Malheur schnell erkannt. Änderungen der Schriftart, ungewollte Einrückungen, unerklärliche Textboxen und Linien verraten sich schnell durch die entsprechenden Codes. Markieren und Löschen genügt, um dem Unheil ein Ende zu bereiten. Nochmal ANZEIGEN/STEUERZEICHEN wählen, und die hilfreichen Zeichen sind wieder verschwunden.

Einzige Voraussetzung für den sicheren Umgang mit den Steuercodes ist, daß Sie wissen, welcher Code was bewirkt. Daher die unten folgende Übersicht über alle WordPerfect-Steuerzeichen.

Hinweis: Die standardmäßige Größe des Steuerzeichen-Fensters wird über DATEI/STANDARDEINSTELLUNGEN/BILDSCHIRM in Prozent des Dokumentfensters bestimmt. Wollen Sie die Größe individuell einstellen, können Sie auch den schwarzen Fensterteiler rechts unterhalb der vertikalen Bildlaufleiste mit der Maus ergreifen und nach oben ziehen. Damit öffnen Sie das Steuerzeichen-Fenster bis zu der von Ihnen gewünschten Höhe.

WordPerfect setzt übrigens die Steuercodes automatisch, d. h. nicht immer an der Cursorposition. So werden Seitenformatierungscodes am Anfang der Seite eingebaut, Absatzformatierungscodes am Anfang des Absatzes etc. Sollten Sie dies wider Erwarten nicht wollen, können Sie das über DATEI/STANDARDEINSTELLUNGEN/ORGANISATION unter AUTOMATISCHE CODE-POSITION abschalten.

Liste der WordPerfect-Steuerzeichen (im Steuerzeichen-Fenster erscheinen die Steuerzeichen immer in eckigen Klammern):

Steuerzeichen	Erklärung
–	Trennstrich
-	Systemtrennstrich
Abb.Opt.	Abbildungsboxoptionen
Abb.	Abbildungsbox
Abbnr.neu	Neue Nummer für Abbildungsbox
Absznr.	Absatznumerierung
Abszsch.aus	Absatzschutz aus

Steuerzeichen	Erklärung
Abszsch.ein	Absatzschutz ein
Anmerk.	Anmerkung
Ausgebl.aus	Ausgeblendete Formatierung aus
Ausgebl.ein	Ausgeblendete Formatierung ein
Autom.Num.aus	Ende der automatischen Numerierung
Autom.Num.ein	Anfang der automatischen Numerierung
Bed.SE	Bedingtes Seitenende
Ben.BoxOpt.	Benutzerboxoptionen
Benutz.Box	Benutzerbox
Blockschutz	Blockschutz
Block	Beginn der Textmarkierung
Box Num	Boxnummer
Datum	Datum und Uhrzeit
DDE-Verkn.Anfg.	Beginn der DDE-Verknüpfung
DDE-Verkn.Ende	Ende der DDE-Verknüpfung
Def.Absznr.	Definition der Absatznumerierung
Def.Mark.:Index	Indexdefinition
Def.Mark.:Inhvrz	Definition des Inhaltsverzeichnisses
Def.Makr.:Liste	Listendefinition
Def.Mark.:Quellenvrz	Definition des Quellenverzeichnisses
Dez Tab	Dezimaltabulator
DEZ Tab	Fester Dezimaltabulator
Dez./Ausrzchn	Dezimal-/Ausrichtzeichen
Dopp.unterst.ein	Doppelt unterstrichen ein
Dopp.unterst.aus	Doppelt unterstrichen aus

Steuerzeichen	Erklärung
Druckerbef.	Druckerbefehl
Durchschuß	Durchschuß
Durchstr.aus	Durchgestrichen aus
Durchstr.ein	Durchgestrichen ein
Einr. l/r	Einrückung links oder rechts
Einr.	Einrückung
End Verknüpf.	Ende der Arbeitsblattverknüpfung
End.Def.	Ende der Definition von Index, Liste, Inhaltsverzeichnis
End.Makr.	Ende der Blockmarkierung
End-/Fußnnr.	End-/Fußnotennummer
Ende Teildok.	Ende eines Teildokuments
Endn.	Endnote
Endnnr.neu	Neue Endnotennummer
Erzw.	Gerade/Ungerade Seitenzahl erzwingen
Extra groß aus	Attribut Extra groß aus
Extra groß ein	Attribut Extra groß ein
Farbe	Druckfarbe
Feld	Tabellenfeld
Fester Leerschritt	Fester Leerschritt
Feste Reihe	Feste Reihe
Fett aus	Fett aus
Fett ein	Fett ein
Fein aus	Attribut Fein aus
Fein ein	Attribut Fein ein

Steuerzeichen	Erklärung
FNS	Fester Seitenumbruch
FNZ	Zeilenschaltung
FNZ-NS	Zeilenschaltung-Seitenumbruch
Formelboxnr.neu	Neue Formelboxnummer
FormelboxOpt.	Formelboxoptionen
Formelbox	Formelbox
Fußnnr.neu	Neue Fußnotennummer
Fußnote	Fußnote
Fußz.A	Fußzeile A
Fußz.B	Fußzeile B
Groß aus	Attribut Groß aus
Groß ein	Attribut Groß ein
Grundl.:Aus	Grundlinienfunktion ausgeschaltet
Grundl.:Ein	Grundlinienfunktion eingeschaltet
Hoch aus	Attribut Hoch aus
Hoch ein	Attribut Hoch ein
Horiz.	Horizontale Linie
Inaktive FNZ	Inaktive Zeilenschaltung
Index	Indexeintrag
Kapit.aus	Attribut Kapitälchen aus
Kapit.ein	Attribut Kapitälchen ein
Kern.	Kerning
Klein aus	Größenattribut Klein aus
Klein ein	Größenattribut Klein ein
Kopfz.A	Kopfzeile A

Steuerzeichen	Erklärung
Kopfz.B	Kopfzeile B
Korrkenn aus	Korrekturkennung ausgeschaltet
Korrkenn ein	Korrekturkennung eingeschaltet
Kursiv ein	Kursiv ein
Kursiv aus	Kursiv aus
L/R Rand	Linker/Rechter Rand
Mark.:Inhvrz.	Eintrag für das Inhaltsverzeichnis
Mark.:Liste	Listeneintrag
Nr.Ben.Box neu	Neue Benutzerboxnummer
NS	Seitenumbruch
NZ	Zeilenumbruch
NZ einfg.	Trennungsumbruch
NZ lösch.	Trennung im Spaltensatz
O/U Blattrd.	Blattrand Oben/Unten
Opt.End.	Endnotenoptionen
Opt.Fußn.	Fußnotenoptionen
Papier G/A	Papiergröße und -art
Plazierung Endnote	Position der Endnote im Text
Quellenvrz.	Eintrag im Quellenverzeichnis
Randl.	Linker Randlöser
Randz.	Randzone
Rbdg.	Rechtsbündig
Reihe	Reihe in Tabellen
Schattiert aus	Attribut Schattiert aus
Schattiert ein	Attribut Schattiert ein

Steuerzeichen	Erklärung
Schrift	Grundschrift
Sehr groß aus	Attribut Sehr groß aus
Sehr groß ein	Attribut Sehr groß ein
Seite zentr.	Seite zentrieren
Seitenzl einfg.	Seitenzahl einfügen
Seitenzl.	Neue Seitenzahl
Seitenzlpos.	Position der Seitenzahlen
Silb.tr. strn (/)	Silbentrennung stornieren
Silben.aus	Silbentrennung ausgeschaltet
Silben.ein	Silbentrennung eingeschaltet
Spal.aus	Spaltensatz aus
Spal.ein	Spaltensatz ein
Spalt.def	Spaltendefinition
Sprache	Sprache
Start Teildok.	Anfang eines Teildokuments
Stufe Autom.Num.;Style p. Text	Pro-Text-Style für autom. Numerierung
Stufe Autom.Num.;Style aus	Style für autom. Numerierung aus
Stufe Autom.Num.;Style ein	Style für autom. Numerierung ein
Style aus	Style aus
Style ein	Style ein
Style p. Text	Style pro Text
SZgestaltung	Seitenzahlgestaltung
Tab	Links-Tab
Tab	Fester Links-Tab
Tab Mitte	Zentrier-Tab

Steuerzeichen	Erklärung
Tab MITTE	Fester Zentrier-Tab
Tab rechts	Rechts-Tab
Tab RECHTS	Fester Rechts-Tab
Tab setzen	Tabstops setzen
Tbl aus	Ende der Tabelle
Tbl. Def.	Tabelle erstellen
Teildok.	Teildokument
Textboxnr.neu	Neue Textboxnummer
TextboxOpt.	Textboxoptionen
Textbox	Textbox
Textpos.	Textposition
Textverweis	Textverweis
Tief aus	Attribut Tief aus
Tief ein	Attribut Tief ein
Unbekannt	WPWin 5.1 Steuerzeichen
Unterdr.	Seitenformat unterdrücken
Unterstr.:Leerschritte.Tabs	Leerschritte/Tabs unterstreichen
Unterstr. ein	Unterstreichen ein
Unterstr. aus	Unterstreichen aus
Verknüpf.	Arbeitsblatt verknüpfen
Verschachtelt	Verschachtelung von Makros
Vertik.	Vertikale Linie
Verzchnr.neu	Neue Verzeichnisnummer
Vrzchn.Opt.	Verzeichnisboxoptionen
Vrzchn.	Verzeichnisbox

436

Steuerzeichen	Erklärung
Wort-/Zeichenabstand	Wort- und Zeichenabstand
Wortabst.i.Blocks	Wortabstand im Blocksatz
Zeichenkomb.	Zeichenkombination
Zeilenabst.	Zeilenabstand
Zeilenausrtg.:Blocksatz	Blocksatz
Zeilenausrtg.:Links	Linksbündig
Zeilenausrtg.:Rechts	Rechtsbündig
Zeilenausrtg.:Mitte	Zentriert
Zeilenhöhe	Zeilenhöhe
Zeilennr.:Aus	Zeilennumerierung ausgeschaltet
Zeilennr.:Ein	Zeilennumerierung eingeschaltet
Zentr.	Zeile zentrieren
Zentr.aus	Zeilen-/Seitenzentrierung ausgeschaltet
Ziel	Ziel (Textverweis)

Index

Das riesige Computerbuch für Kinder

Eine Computergeschichte zum Lesen, Lernen und Lachen nicht nur für Kinder

Junior heißt er, und eigentlich ist er ein Spielzeug-Computer, den Stefanie zum Geburtstag geschenkt bekommt. Damit beginnt eine aufregende Zeit voller Überraschungen und Entdeckungen in der Welt der Bits und Bytes, denn der kleine tragbare Computer entpuppt sich als geduldiger und schlauer Begleiter bei Stefanies Einstieg in die elektronische Datenverarbeitung.

auch zum Verschenken!

Stefanie macht ihre ersten Erfahrungen mit ihrem kleinen Freund Junior, lernt aber bald auch andere Computer kennen: Es beginnt mit dem Homecomputer ihres Klassenkamerads Marc, der mit seinen Freunden vor allem Ballerspiele austauscht, und führt die jungen Leser zwischen 8 und 13 Jahren im Laufe der Geschichte bis hin zum PC ihres Onkels Willi, der dem Leser vielleicht schon aus dem *Riesigen Buch zu PC & EDV* bekannt ist.

Zwischen Realität und Phantasie lernt Stefanie den Aufbau und die Funktionsweise eines Digitalcomputers und der angeschlossenen Geräte kennen. Sie macht erste Gehversuche mit Betriebssystemen und klassischen Anwendungsprogrammen, erlebt die Folgen von Computerviren und erkennt so Möglichkeiten und Grenzen moderner Informationsverarbeitung.

Geschrieben von dem ausgebildeten Lehrer und Lektor des BHV Verlags, Thomas Rütten, und in bewährter und lustiger Form illustriert von Rolf Boyke, ist das Computerbuch für Kinder eine spannende und unterhaltsame Einführung in die Welt der Datenverarbeitung.

ISBN 3-89360-009-4, 192 S., 29,80 DM (233 öS)
Überformat 24x34cm, zweifarbig gedruckt auf chlorfrei gebleichtem Papier

Lerne mit Erfolg!

Das riesige Buch zu PC & EDV

auch zum Verschenken!

Ein nicht ganz ernstgemeintes Einsteigerseminar zum Lesen, Lernen und Lachen

Im Überformat 24x34 cm stellt dieses nicht ganz ernstgemeinte Einsteigerseminar unterstützt von vielen Comics grundlegende Themen im Umgang mit dem PC verständlich aufbereitet dar. Genießen Sie die Abenteuer unseres Comic-Helden Willi beim Einstieg und Umgang mit seinem ersten PC. So erhalten Sie auf unterhaltsame Art einen Überblick über die Entstehung und Entwicklung der elektronischen Datenverarbeitung und Einblick in die Anwendungsmöglichkeiten und die Arbeitsweise eines PCs sowie in den Einsatz wichtiger Programme unter MS-DOS, dem Standard-Betriebssystem für PCs.
ISBN 3-89360-005-1, 192 S., 49,00 DM (382 öS)
zweifarbig gedruckt auf chlorfrei gebleichtem Papier

Word 5.5 für den Anwender

Das Textverarbeitungsprogramm Word hat mit der neuen Version 5.5 weitere Verbesserungen erfahren wie die neue Benutzeroberfläche nach SAA, Textformatierung über die Zeichenleiste und die Unterstützung von MS-Works-Dateien. Die Autoren führen den Anfänger wie den fortgeschrittenen Anwender Schritt für Schritt an praxisnahen Beispielen durch alle Anwendungsgebiete des Programms bis hin zu den speziellen Funktionen professioneller Textverarbeitung. Zahlreiche Übungen dienen der Festigung des Gelernten.
ISBN 3-89360-087-6, 512 S., 39,00 DM (304 öS)

MS Excel 4.0 für den Anwender

Mit diesem Buch lernen Sie den Umgang mit der Version 4.0 des Tabellenkalkulationsprogramms Excel und erstellen ein Kassenbuch samt der zugehörigen Rechnungsformulare und machen sich mit Formeln und Funktionen und der Präsentation von Daten in Diagrammen vertraut. Nach der Vorstellung des Recherchemoduls Q & E finden Sie im Profi-Teil eine Einführung in die Makroprogrammierung, die Datenbankfunktionen von Excel und die Möglichkeiten, eigene Dialogboxen zu entwerfen. Der Anhang enthält u. a. Funktionstasten, Fehlerwerte und die Tabellen- und Makrofunktionen.
ISBN 3-89360-007-8, 480 S., 39,00 DM (304 öS)

dBASE IV Vs. 1.5 für den Anwender

Die Bedienung der Standard-Datenbank dBASE wird, durch eine Vielzahl von Abbildungen unterstützt, anschaulich dargestellt. Am praktischen Beispiel werden unter anderem Kunden- und Rechnungsdateien erstellt. Sie lernen, Dateien zu erstellen, deren Struktur zu verändern und Auswertungen der Daten vorzunehmen. Abschließend wird kurz die Programmierung dargestellt.
ISBN 3-89360-021-3, 416 S., 39,00 DM (304 öS)

Lerne mit Erfolg!

EDV-Grundlagenwissen

Das vorliegende Buch bietet einen leicht verständlichen Überblick über Entwicklung und Stand der elektronischen Datenverarbeitung mit dem Personalcomputer im Mittelpunkt. Neben der Darstellung der Grundlagen des PC und des Betriebssystems MS-DOS finden Sie praktische Übungen zu wichtigen Benutzeroberflächen (Windows 3.1) und Anwenderprogrammen (Word 5.5, Excel 4.0, dBASE IV Vs. 1.5, BASIC). Ein Glossar mit Abkürzungen und Fachbegriffen aus der Computerszene vervollständigt den Band.
2., völlig neubearbeitete Auflage
ISBN 3-89360-018-3, 416 S., 29,80 DM (233 öS)

MS-DOS 5 für den Anwender

Neben den Grundlagen zum Aufbau von Computern und Betriebssystemen und einer praktischen Einführung in die Bedienung von MS-DOS 5 anhand von vielen Arbeits- und Übungsaufgaben wird für fortgeschrittene Anwender die Konfiguration von Rechner und Festplatten und die Installation des Systems erläutert. Das ausführliche Befehlsverzeichnis und ein Glossar wichtiger Fachbegriffe helfen Ihnen bei der Arbeit am PC.
2., überarbeitete und aktualisierte Auflage
ISBN 3-89360-079-5, 544 S., 29,80 DM (233 öS)

Windows 3.1 für den Anwender

Windows 3.1 ist die erweiterte Version von Microsoft Windows, der erfolgreichen grafischen Betriebssystemerweiterung für MS-DOS-Rechner. Sie lernen u. a. den Umgang mit Windows-Applikationen wie *Paintbrush* und *Write* und dem Taskmanager kennen, richten DOS-Anwendungen unter Windows ein und konfigurieren Ihre persönliche Windows-Umgebung. Zum Abschluß erfahren Sie Wissenswertes zu den Windows-Betriebsarten, der Speicherverwaltung und der Optimierung Ihres Systems.
ISBN 3-89360-105-8, 608 S., 39,00 DM (304 öS)

Novell NetWare für den Anwender

Mit zunehmender Verbreitung von PCs in der Wirtschaft wächst auch der Wunsch nach einer Vernetzung der Einzelplatzrechner. Novell NetWare ist eines der wichtigsten Systeme in diesem Bereich und verbindet nicht nur PCs, sondern auch Macintosh- und UNIX-Rechner miteinander. Der Titel stellt die Grundlagen lokaler Netzwerke am Beispiel von Novell NetWare dar. Sie lernen die Komponenten und die verschiedenen Netzwerktopologien, die Anforderungen an die Hardware und die verschiedenen Datensicherheitsmechanismen (Zugriffsrechte, Paßwort, SFT, Disk-Duplexing usw.) kennen.
ISBN 3-89360-019-1, 352 S., 39,00 DM (304 öS)

Lerne mit Erfolg!

Visual Basic
Professional Edition

neue Reihe!

Mit Visual Basic stehen der großen Gemeinde von Hobby-Programmierern nun auch alle Möglichkeiten der grafischen Benutzeroberfläche Windows zur Verfügung. Damit verbunden ist der konsequente Umstieg von der strukturierten auf die ereignisorientierte Programmierung.

Der Leser, der über grundlegende Kenntnisse in Basic verfügen sollte, lernt den Entwurf von Menüs und Dialogfenstern kennen und entwickelt im Verlauf des Buches komplexe Front-End-Anwendungen für andere Applikationen und Projekte unter Einsatz anderer Programmiersprachen. Dazu kommt der Umgang mit DLLs und Windows-API-Funktionen. Ein Anhang mit wichtigen Windows-Konstanten rundet das Buch ab. *(Listings auf Diskette)*

ISBN 3-89360-020-5, 640 S., 59,00 DM (460 öS)

C
Professional Edition

neue Reihe!

C ist nach wie vor die Sprache, in der Betriebssysteme und professionelle Anwendungen geschrieben werden. Voraussetzung für den Leser sind Grundkenntnisse in einer strukturierten Sprache. Anhand eines durchgängigen Beispielprogramms erfahren Sie u. a. alles über den Umgang mit Funktionen, Zeigern und zusammengesetzten Datentypen, die Verwaltung von Dateien und die Möglichkeiten der bitorientierten Datenmanipulation. Der Anhang enthält eine Einführung in einen Library Manager, ein Glossar und Literaturverweise.

(Listings auf Diskette)

ISBN 3-89360-004-3, 448 S., 59,00 DM (460 öS)

Word für Windows 2.0
Professional Edition

neue Reihe!

Die Version 2.0 von Word für Windows bietet dem professionellen Anwender noch mehr Möglichkeiten bei der Texterfassung und -gestaltung. Nach einer Einführung in die grundlegenden Techniken wie Suchen und Ersetzen, Einsatz von Textbausteinen, Rechtschreibprüfung und Erstellung von Serienbriefen, werden die fortgeschrittenen Funktionen der leistungsfähigen Textverarbeitung vorgestellt. Dazu gehören Fußnoten und die Gliederungsfunktion, die Verwendung ausgefeilter Druckformatvorlagen für verschiedene Aufgaben und die Verwendung der BASIC-ähnlichen Makro-Programmiersprache. In einem abschließenden Kapitel lernen Sie die Satz- und Gestaltungsfunktionen kennen und verbinden Grafiken und Texte zu professionell anmutenden Dokumenten.

(Texte und Makros auf Diskette)

ISBN 3-89360-300-X, 528 S., 59,00 DM (460 öS)